JN319952

この世とあの世のイメージ
描画のフォーク心理学

やまだようこ [編]

やまだようこ・加藤義信・戸田有一・伊藤哲司 [著]

新曜社

はじめに

　人間の生涯は、個人が生まれてから死ぬまでで終わりだろうか。現代の科学的知識では、人は死ねば無になるはずである。しかし、どの文化にも「あの世」や「たましい」というような集合的イメージがあり、今でもそのイメージは根強く生きている。人は死んでも、「あの世」と名づけられた世界で生き続けるといわれてきた。人が死ぬとき、「たましい」が肉体から抜けて、あの世へ行くと想像されてきた。この世からあの世へたましいが移行していく形は、なぜか風や火の玉や鳥のような姿であらわされてきた。

　このようなイメージは幻想かもしれない。しかし、人々が生から死へ死から生へ、世代から世代へと何かを受け継いでいく物語をはぐくむ上で、重要な心理的機能をもっているのではないだろうか。人の一生を個人に閉じないで、生まれる前の世界や死んだ後の世界までつつみこむ、より大きな文化的物語としての人生(ライフ)サイクル、世代間循環を含むいのち(ライフ)サイクルのなかに組み入れて眺めてみたらどうなるだろうか。

　本書では、このような問いをもとに「この世とあの世のイメージ」を探ろうとする。それは、あの世のイメージはこの世のイメージと、死のイメージは生のイメージと切り離すことができないとみなし、両者を対にした関係概念としてとらえる理論から出発した。また、この世とあの世を、二つの心理的場所(サイコロジカル・トポス)とみなし、それらの場所のあいだを移動する移行表象として「たましい」という概念があるのではないかと考えた。このような生と死をむすぶ物語(ナラティヴ)は、共時的な画面配置としてイメージ表現する方法で探究される。この方法は、ヴィジュアル・ナラティヴという新しい物語論へのチャレンジでもある。

　本書では、死後の世界をフォークイメージとしての想像世界としてとらえている。したがって、あの世は本当にあるのかという他界の実在を問うものではない。また、イメージや想像力を個人の内側に閉じた「こころ」の産物

とは考えないで、集合的な文化的物語(ナラティヴ)としてとらえている。本書がめざすのはフォークイメージであり、個人の心や個人差に関心をもってきた伝統的な心理学とも、心理現象を社会や文化や習俗など大きな枠組みに還元してしまう伝統的な社会学や文化人類学や民俗学のアプローチとも異なっている。

本書では、方法論的にも新しい提案をしている。あらゆる学問の方法の基礎には「比較」という作業がある。たったひとつだけを見て、ものごとの真理を探究することはできない。本書の研究では、「この世とあの世のイメージ」を、日本、フランス、イギリス、ベトナム、4か国の大学生2040人が描いた描画を比較した。従来の比較文化的研究では、2か国をとりあげて二項対立的に比較して、文化差など「差異性」を強調することが多かった。本研究では4か国という多国比較をおこない、それぞれの文化や事例のズレを多様なかたちで比較しながら、それらに基本的に共通するものは何かを考え「共通性」を見いだす観点を特に重視した。

研究全体としては、描画だけではなく言語による質問紙調査も併用し、他界の信念を問う質問紙調査もおこなった。本書では紙面の都合で質的分析を中心にまとめたが、描画データも数量的分析と質的分析の両方をおこなって妥当性のある絵を事例として用いた。

質的な描画データはどのように分析してまとめたらよいのか大変難しく、長年にわたってさまざまな試行錯誤をくり返して「多声モデル生成法」という方法論を開発した。この方法論では、文化を超えた共通性と、個々の多様性の理解という矛盾する要請を同時に満たし、なおかつ全体を統一的に理解できる多重のモデルを生成することができる。

その結果、「あの世が天上にある」「あの世の人がこの世の人を見守っている」「死後のたましいが肉体から抜けていく」「たましいが空に浮き上がっていく」「たましいが循環して生まれ変わる」などのイメージが、モデルのなかに位置づけられ、いかに文化を超えて共通性が高いかが浮き彫りになった。

人々が描くイメージは個々に個性的であり、どれひとつとしてまったく同じものはないが、しかしまた驚くほど

ii

共通性も高かった。それは、想像世界といえどもまったく自由にどのようにもイメージできるわけではないことを示している。イメージにも文法があり、そこには多くの人々に共通するイメージ化のルールがあり、物語の語り方(ナラティヴ)があるといえよう。それらは、個人に閉じられた「主観的」なものでも、ばらばらの断片でもなく、ある意味で合理的な心理学的ルールに基づいているのではないだろうか。

このように本書では、新しい多くの試みを提案したが、まだまだ道なかばでもある。全体を見渡すモデルを眺め、ひとつひとつの生き生きした事例を比較しながら、ここからまた新鮮なイメージがふつふつとわき出し、さまざまな問いが紡ぎ出され、新たな発見が生まれてくることを願っている。

本書に成るまでには長い年月がかかった。1994年の研究開始からかぞえると約16年になる。最初はすぐにも本にする予定であったが、理論とモデルと分析方法のすべてにわたって何度も振り出しに戻って事例を見つめ直し、何度もモデルに修正を加え、何度も頓挫しながら書き直す作業をくり返した結果、長いあいだ抱えこんでしまった。

本書のデータ収集や結果の解釈にあたっては、Dr.Philippe Wallon (Institut National de la Santé et la Recherche médicale)、Dr. Claude Mesmin (Université Paris VIII)、Prof. Lecouteux.C. (Université Paris IV)、Ms. Phan Thi Mai Huong (ベトナム社会人文科学国家センター心理学研究所)、Prof. Sepp Linhart (University of Vienna)、Dr. Susanne Formanek (Austrian Academy of Sciences)、Prof. Carl Becker (京都大学)、小嶋秀夫名誉教授 (名古屋大学)、矢野智司教授 (京都大学)、西平直教授 (京都大学)、皆藤章教授 (京都大学)、小松和彦教授 (国際日本文化研究センター)、北山修名誉教授 (九州大学)、後藤倬男名誉教授 (愛知県立芸術大学)、渡辺恒夫教授 (東邦大学)、竹内謙彰教授 (立命館大学)、井上篤子さん (ロンドン大学) に多大な御支援と御教示をいただいた。本書をまとめるにあたっては、新曜社の塩浦暲さんに、大変お世話になった。

ここに記しきれなかった方々も含め、長年にわたって国際的・学際的に多岐にわたる方々と国際学会、国内学会、研究会など多様な場で数々の討論を行ってきた。本書が何とかまとめられたのは、これらの方々のおかげである。

iii　はじめに

大勢の方々に支えられてここまで来られたことは、本当にありがたいことである。心より深く感謝する。

本研究には、おもに下記の二つの科学研究費の補助を得た。公刊した関連論文、国際学会や国内学会などの発表は多数におよぶ。それらは下記の報告書や文献を参照していただきたい。

山田洋子（研究代表者）、（2001）、現代日仏青年の他界観の生涯発達心理学的研究、平成10-12年度科学研究費基盤研究（C）研究成果報告書

山田洋子（研究代表者）、（2004）、人生サイクルと他界イメージの多文化比較による生命観モデルの構築、平成13-15年度科学研究費基盤研究（B）研究成果報告書

目次

はじめに　i

序章　いのちサイクルの心理学を　1

1 生と死のイメージ／2 この世とあの世のイメージ画——ビジュアル・ナラティヴの心理学／3 フォークイメージとしての他界——共同的想像世界の心理学／4 日本文化に根ざし多文化にひらく——多声モデル生成法／5 人生の物語といのちサイクル——死生観と世代連関を含む生涯発達心理学

第Ⅰ部　ものの見方と問い方——イメージ画のフォーク心理学を求めて　9

1章　何を問うか、どのような方法か——イメージ画のフォーク心理学　11

1節　オリジナルな視点　11

1 人びとの心理学／2 何を問うか——二つの問い／3 想像世界としての「あの世」／4 「心理的場所（トポス）」と「移動」／5 「個人」から「関係」概念へ

2節　オリジナルな方法　17

1 イメージ描画法——言語偏重からの脱却／2 平凡なものにひそむルールを／3 多声モデル生成法／4 質的研究と量的研究の統合／5 多文化との対話——クロノトポス・モデル

v

3節 イメージ画のフォーク心理学 26

1 イメージとは／2 イメージ画は、個人の内的表象の表現か、社会の外的表象の再現か／3 イメージ画／4 フォークイメージ──表象概念の変革／5 集合的表象とフォークイメージ／6 社会的表象とフォークイメージ／7 イメージ画のネットワークモデルとフォークイメージ／8 目的と方法のまとめ──多文化のイメージ画による心理学モデルの生成

2章 二つの心理的場所(トポス)「ここ」と「あそこ」

1節 基底概念としての「心理的場所(トポス)」と「移動」 39

1 不変項と変化項／2 境界の長いトンネルを抜けるとあの世であった

2節 「ここ」と「あそこ」 42

1 コソアドの体系／2 「ここ」でない場所(トポス)「あそこ」

3節 「世」という概念 46

1 「よ(世・代)」とは／2 「あの世」の関連語──「他界」「来世」

4節 心理的場所(トポス) 48

1 空間と場所(トポス)／2 生態学的場所(トポス)／3 記憶の基盤としての場所(トポス)／4 認識の発生基盤としての場所(トポス)と移動／5 場所と時間的変化

5節 本書のテーマ──この世の人(生者・身体)とあの世の人(死者・たましい)の関係性 54

3章 モデル生成と分析方法

1節 多声モデル生成法 57

2節 モデルとは？——半具象モデルをビジュアル・モードで 60

3節 三水準のモデル生成 63
1 モデルⅠ——抽象モデル——基本枠組／2 モデルⅡ 媒介モデル、半具象モデル——基本構図／3 モデルⅢ 具象モデル——基本単位、基本形、事例

4節 モデルⅠ 基本枠組と生成プロセス 67
1 座標系／2 水平軸——基盤としての地面／3 垂直軸——上下／4 原点——自己・人間形／5 三つの領域——地面、天空、地下／6 二つの心理的場所〔トポス〕——この世とあの世／7 境界と移行領域

5節 モデルⅢ 基本単位——モデルⅢの生成プロセス 75
1 生データから基本単位へ——「たましいの形」を例に／2 現場データ〔フィールド〕の加工と編集——まるごと手の内へ入れる知の縮小化／3 現場データ〔フィールド〕の観察と対話——有限情報の対話的観察を繰り返して基準づくり／4 現場データの質的典型性と多様性の発見／5 基本単位の生成

6節 イメージ画の量的分析と質的分析 80
1 量的分析と質的分析の特徴／2 量的分析——分類カテゴリー作成と頻度の比較／3 質的分析——基本単位の共通性、関係性、多様性

7節 モデルⅡ 基本構図の生成プロセス 86
1 モデルⅡ 基本構図——たましいの形態変化モデル／2 人間形から無形化へ／3 人間形から天体形へ／4 人間形から異形化へ／5 モデルⅡ「たましいの形態変化モデル」まとめ

第Ⅱ部　イメージ画の分析——質的方法を中心に　95

4章　この世とあの世の位置関係——日本のイメージ画1をもとに　97

1節　この世とあの世の位置関係モデル　97
 1　基本構図モデル／2　垂直モデルと水平モデル——天上、地下、地上の他界

2節　あの世はどこにあるか——先行研究より　101
 1　他界のありか（1）——垂直他界／2　他界のありか（2）——水平他界／3　他界のありか（3）——近傍他界／4　この世とあの世の境界と移動

3節　垂直他界——天上界のイメージ　111
 1　あの世は上に——イメージ画1の数量的分析／2　天上他界のイメージ——典型事例／3　自然の楽園としての天上他界／4　あの世の人が見守るということ

4節　垂直他界——地下他界のイメージ　126

5節　垂直他界——三層他界のイメージ　127
 1　天上・地上・地下／2　多層他界のイメージ

6節　水平他界——地上遠隔他界のイメージ　130
 1　併存する別世界／2　あべこべ鏡映他界／3　此岸と彼岸／4　あの世は左か右か

7節　水平他界——地上近傍他界のイメージ　135
 1　この世で共存／2　あの世の人を区別する標識——身体の変形、背後霊や影／3　入れ子の他界

8節 この世とあの世の境界 143
1 この世とあの世の分離のしかた／2 境界／3 雲と川

9節 天のあの世から、地のこの世を見守る——日本のイメージ画1のまとめ 146

5章 たましいの形といのち循環(ライフサイクル)——日本のイメージ画2をもとに 149

1節 たましいに形があるなら 149

2節 たましいとは 150
1 心とマインド／2 ソウル、スピリット、アニマ／3 たましい、たま、カミ／4 たましい、むすぶ、むす（生す）

3節 たましいの形の多様性と変化プロセス 158
1 たましいの形態変化／2 気化プロセスの三基本形——人間形、人魂形、気体形

4節 人間形のたましい 161
1 「人間形のたましい」の肉体からの分離のしかた——抜け出る、起き上がる／2 人間形とは何か——死んでも変わらない、あの世で再会する／3 幽霊形（足の脱落）／4 影形（人間の影）

5節 人魂形のたましい 176
1 人魂形の基本形と多様性／2 玉と炎の人魂形／3 そのほかの人魂形——雲形、渦巻、水滴、虫、ハート形など

6節 気体形のたましい 184
1 気体形のイメージ／2 気体形の身体からの分離と移行／3 気体形の世界——不可視化と浄化、

ix 目次

7節 拡散と消失／4 風になるたましい

8節 神形や天体形への変化プロセス 190

9節 異形への変化プロセス——たましいの動物化と他者化 192
　1 天人形——天女、魔女、天の車、衣服や道具や乗り物で飛ぶ／2 天使形——羽の生えた人／3 鳥形——動物化とお迎え／4 鬼形——他者化と異形化

10節 たましいの連続性——不死性、同一性と形態変化 209

11節 たましいの往来プロセスと生まれ変わり 212
　1 たましいの往来パターン／2 たましいの往来と生まれ変わり

12節 いのち(ライフ)サイクルと循環する時間 220

6章 フランスのイメージ画をもとに 227

1節 フランスの他界イメージをめぐる社会的・宗教的背景 229
　1 キリスト教移植以前のヨーロッパの他界観／2 中世のカトリック・フランス／3 「ライシテ」国家としての近現代フランス

2節 フランスのイメージ画1——事例と特徴 234
　1 この世に対するあの世の位置／2 あの世はどういうところか？／3 見守る死者、手を差し伸べる死者

3節 フランスのイメージ画2——事例と特徴 243
　1 イメージとしての「この世への帰還」と教義としての「ありえない帰還」／2 フランスにも人魂形がある？／3 イメージの欠落——「信じないゆえにイメージせず」と「信ずるゆえにイメージせず」

4節 フランスのイメージ画の特徴——まとめ 253

7章 イギリスのイメージ画をもとに

1節 イギリスの他界観をめぐる歴史的状況 255
2節 調査地域と調査協力者 256
3節 イギリスのイメージ画1——事例と特徴 257
　1 この世に対するあの世の位置／2 あの世はどういうところか？／3 見守る死者、手を差し伸べる死者
4節 イギリスのイメージ画2——事例と特徴 262
　1 この世への帰還のイメージ／2 植物への再生のイメージ
5節 この世とあの世のアイデンティティの連続性 263
　1 この世とあの世のアイデンティティの連続性の描画表現／2 この世とあの世のアイデンティティの連続性の問題／3 あの世におけるアイデンティティのあり方
6節 この世での行動とあの世での姿の因果関係 273
　1 この世での行動とあの世での姿の因果関係の問題／2 この世での行動とあの世での姿の因果関

8章 ベトナムのイメージ画をもとに　277

1節　ベトナムの社会的・宗教的背景
1　ベトナムの国の成り立ち／2　ベトナムと日本の文化的共通性／3　宗教的背景／4　陰陽思想／5　死者の弔いと祖先崇拝／6　魂と魄――お化けと悪鬼／7　遅れてやってきた近代化と科学信仰

2節　ベトナムのイメージ画1――事例と特徴　284

3節　ベトナムのイメージ画2――事例と特徴　290

4節　ベトナムの他界イメージの探究――映画や小説等を手がかりに　297

資料　(21)
1　調査方法と調査協力者／2　他界信念調査――4か国の比較分析

引用文献　(9)

索引　(1)

装幀＝桂川　潤

序章　いのちサイクルの心理学を

鳥は生を名づけない
鳥はただ動いているだけだ
鳥は死を名づけない
鳥はただ動かなくなるだけだ

(谷川俊太郎「鳥」)

1　生と死のイメージ

　生きものは、いつかは死んでいく。草も木も魚も鳥も羊もみんな死んでいく。草や木は枯れてひからび、魚はひっくり返って水に浮かぶ。鳥や羊は身をよじってうめき、しずかに黙って地に横たわって動かなくなる。
　人間も、例外ではない。しかし、例外でもある。人間は、そのような現象の不思議に撃たれ、怖れおののき、そして「死」と名づけてきたからである。「誰でもいつかは死ぬ」。そのように予測し、そのように語ることができるのは、「死」という名で呼ばれる何らかのイメージを私たちが共有しているからである。「生」も「死」も、ひとまとまりの意味をもち、あるイメージをもち、それについて語るようになったときから、単なる生物現象とはいえなくなった。人間が長年にわたってつくりだしてきたものの総体を文化と呼ぶならば、「死」は、少なくとも二重の見方で、つまり生物としての死に、文化としての死のイメージを重ねて眺められるべきだろう。
　ことばやイメージによって、人間は、自分が今見ている「ここ」の世界のほかに、想像世界をかたちづくってきた。かつて見たことがあるが今はここにない記憶の世界や、まだ見えないがやってくると予想される仮定の世界は、想像世界の一部である。私たちは、今ここにある現前の世界に加えて、ここにない過去の世界やここにない未来の世界を二重化させて生きているのである。しかも時間と共に「ここの世界」と「ここにない世界」が少しずつズレ、二つの世界が共に変化していくことは避けられない。「あ

るかないか、それが問題だ」とは、ハムレットのせりふであるが、「ある」と「ない」の境界はそれほど明らかではない。人間はこここにある世界とここにない世界、二つの世界が併存しながら共変していくパラレル・ワールドに生きているからである。人はイマジネーションの力、想像力によって、ここの世界の境界を超え、この時の有限性を超えようとしてきた。あの世やたましいという概念は、私たちが生きている「この場所」と「この時間」を超えようとする試みの一端とみなすことができよう。

2 この世とあの世のイメージ画
——ビジュアル・ナラティヴの心理学

人間が「死」のイメージをもてば、死の向こうには何があるのか、死んだ後はどうなるのか、人間はどこからきてどこへ行くのかという問いが生まれる。しかし、孔子が諭したように、問うてみてもしかたがない。それより、今の現実世界をより良く生きることを考えたほうが役に立つ。また、問うても確かめることができないから決着がつかない。誰もその存在の有無を確かめることはできないし、実地調査に行くわけにはいかないからである。論理実証的なパラダイムをもつ自然科学の枠組では、まずいちばんに捨て去るべき問いであった。したがって長らく心理学は、二つの道に大きく隔たってきた。アカデミックな心理学では、この世とあの世のイメージという心理現象を無視してきた。それは、野蛮で未熟な心性の反映かオカルトの世界であり、まともな心理学の対象とはみなされなかった。もう一方で、魔術やオカルトや霊の世界に関心のある少数の人びとは、精神世界といわれるものを熱狂的に信じてきた。日本でも海外でも書店で「心理学」と名づけられたコーナーに行くと、前者と後者は水と油ほどの違いがある。

本書では、観念的で思いつき的な議論ではなく、アカデミックな心理学が築いてきた厳密な対象へのアプローチや方法論において、この世とあの世のイメージというテーマを扱おうとする。しかし、そのためには、旧来の心理学の人間観や方法論を大きく超えていく、新しい試みが必要である。

今までの心理学は、「生きること」と「死ぬこと」という人間のもっとも大きな問題に、正面から向き合うことは少なかった。人間の日常生活にとって核心となるテーマが疎かにされすぎてきたのである。人が生と死をどのように意味づけるかということは、人がどのように生きるかを考える基礎となる、現代心理学が挑戦すべきもっとも根幹となるテーマの一つだと考えられる。

もちろん、今までも、宗教心理学者や臨床心理学者や超心理学者などによって、他界観や死生観の研究はなされてきた。宗教心理学は、宗教教義とかかわる意識調査や、高僧やシャーマンなど

特殊な宗教家の行動や意識を調べるという方法をとってきた。そして臨床心理学は、臨床事例をもとにした集合的無意識の研究や死にゆくプロセスや喪の臨床研究を行ってきた。超心理学は、心霊現象の実在や変成意識のあり方などを実験的に調べてきた。

それらのアプローチとは違って、本書で扱うのは、現代のふつうの人びとが他界やたましいについて、日常生活で何げなく想っていることや世界の見方の特徴を、イメージ画を用いて具体的に明らかにすることである。イメージ画をビジュアル・ナラティヴとしてとらえることによって、この世とあの世のイメージは実在概念から解放されて、物語概念として扱うことができよう。

ただし、ここで使う物語(ナラティヴ)という概念は、日常語でフィクションを意味する「物語」よりもはるかに広い意味で、「広義のことばによって語られたものと語る行為」をさす。広義のことばには、描画や映像や身振り、習俗や儀礼、建築や都市なども含まれる。

また、ナラティヴは、多くの研究者によって「はじめ、中間、おわり」など時間的な筋立てによって定義されてきたが、本書では通常のナラティヴの範囲を大きく超えたビジュアル・ナラティヴという新しい領域をひらこうとする。時間的順序に依存しないで同時代的・両行的・多声的・同時共存的な視覚的配置やコンポジションと、その生成的組み合わせと変容プロセスを重視するのである。「多声同時代ゲーム」ナラティヴと名づけられるかもしれない(やまだ 1997, 2006, 2008a)。

本著は「死後の世界は本当に存在するのか」という問いに答えるものではない。実証を重んじる心理学が長年依拠してきたのは、「あるか、ないか」という論理実証モードによる問い方である。「ある」「ない」という概念は相互背反的だから、二つが両立することはありえない。しかし、物語モードによれば、いくつもの矛盾した物語が同時に併存することはありうる(ブルーナー1990/1999; やまだ 2000a)。

人間は論理的で首尾一貫した存在とは限らない。死の向こう側は完全な虚無であり、肉体の消滅とともにすべてが終わるという近代的な世界観をもっていても、現実に自分自身や身近な人の死にかかわったときはどうだろうか。死体には何の感覚もないことがわかっていても、傷つけることはためらわれる。死体に花を飾っても追悼のことばを捧げても、死者には知覚も意識もないはずではないか。死者が花を眺めるはずはないし、喜ぶはずもないのに、なぜ私たちはそうするのだろうか。

私たちは一方で「たましい」の存在を疑っているが、もう一方で「死ねば無になる」という死生観だけで生きることも耐えがたいと感じている。人は死ねば無でしかないならば、死体はモノでしかない。死者に花を捧げることも、墓も、追悼のことばも、すべて無意味なはずである。現実には人は、死によってすべてが終わるという合理的思考だけで生きているのではなく、さまざまなイメージや物語によって、死に意味づけを与えながら生きているのではないだろうか。

しかも、イメージや物語によって形づくられた世界は決して

個々人の「心のなか」に閉じられた主観的なものではないし、無秩序ででたらめでもない。イメージや物語にも、ある種のルールがあり、それを成立させているナラティヴ・ワールドには、人間にとって重要な心理的機能があると考えられる。

ある現象が「ある」か「ない」か、「正しい」か「誤り」か、「主観」か「客観」かというような問い方から離れてみよう。現に人びとがもっている素朴なイメージがあるとしたら、それをできるだけありのままに目に見える形にして調べてみたらどうだろうか。本書の目的は、そのようなイメージで調べてみたらどうだろうの有無を論じることではない。また、あの世を信じる人はどのようなタイプの人か、その信念や価値観の個人差を論じることでもない。この本では、本来目に見えないイメージである「あの世」と「あの世」の関係を、イメージ画という目に見える形にすることである。ビジュアル・ナラティヴとして描かれた「この世とあの世のイメージ」から、現代民衆の心理世界のコスモロジーを浮き彫りにしてみたいのである。

3 フォークイメージとしての他界
──共同的想像世界の心理学

世界のあらゆる民族が、生物的な死によって人間の生を終わらせず、「霊魂」や「死後の世界」というイメージを発達させ、長年にわたって伝承してきた。それらのイメージは、時代によって変容してきたし将来的にも変化するだろうが、近代合理的な考え方が浸透した現代においても、人は死によって消滅するという人生観や世界観だけで生きているとはいえない。それらは、心理的リアリティ現実として、想像力によって育まれてきた「生の世界」と「死の世界」を関係づけるイメージやナラティヴとして、今も私たちの日常生活のなかに生きている。

心理学的に見れば、霊魂や死後の世界のイメージは、ライフ（いのち・人生・生活）観とかかわり、目に見えない聖なるものを怖れ敬う気持ちや倫理観と連動する。さらに共同体の伝統や死者の記憶を次の世代に伝え、過去の世代と将来世代の子どもたちを世代を超えてむすびつける生成継承性ジェネラティビティの働きをする。

人間が、自分の生きている世界（この世）以外に、もう一つの世界（あの世）を想像することは、不思議でも神秘的でもなく、ありふれた心理的営みの一部である。想像力は、「ここ」に現在ある世界だけではなく、ここにない不可視の世界、時間的・空間的に隔たった世界をむすびつける機能をもつからである。

想像力は、人間がその有限の地平をとび越えようとする心理的働きである。そして、他界のイメージは、人間がその有限性と限界に挑んできた想像力の極限のジャンプであろう。人びとは、現在の制約を超えて、過去の人びととともに未来の人びととつながり、いのちの一回性と有限性を超えるイメージや物語を生成してきた。しかも、それらのイメージや物語は、個人の創造力によって

新たに生み出される部分を含むが、個人に所属するというより集合的なもので、共同体の長い歴史のなかで文化的想像力として育まれてきたと考えられる。

あの世のイメージは、人びとがこの世をどのように眺めているかという、現在、今ここの心理世界と関係する。ただし、単なる虚構の世界でも個人の内なる世界でもない。それらは、人びとに世界の見方を示す人類の知恵の宝庫であり、エスノ心理学の貯蔵庫（小嶋 2000）のひとつである。そして同時に現在生きている人々に生のリアリティをもたらし、人生の意味と見通しをもたらし、人びとの生き方を変化させるアクチュアルな意味をもつ。

本書では、イメージを個人の「心のうち」にある個々別々のものとは考えない。本書で扱うのは、フォークイメージ、つまり人びとのあいだにある集合的で共同的な想像力の賜としての「この世」と「あの世」のイメージである。本書のアプローチはフォーク心理学と名づけられる。フォーク（folk）とは、〈生活様式を共にする〉人びとの意味である。民間、民俗、民族、民衆という訳もあるが、どれもぴったりしないので、やむをえずカタカナにしている。

4 日本文化に根ざし多文化にひらく
──多声モデル生成法

本書の研究は、現代日本文化のフィールドに根ざしたオリジナルな発想と方法論によってはじめられ、それを国際社会に向けて発信していきたいという明確な方向性をもっている（Formanek & Lafler 2004）。

今まで多くの比較文化研究は、輸入型だったといえよう。つまり欧米でつくられた理論枠組や方法論を日本に翻訳して適用することが多かった。その場合には、欧米でクリアーに出る結果が日本ではあいまいになるという結果になりがちであった。サイード（1978/1986）が『オリエンタリズム』で指摘したように、対等な対話によってつくられたものでもなかった。多くの研究では、「欧米対日本」「欧米対アジア」など二項対立的な問題設定によって、極端に相違を強調して「異文化」を浮き彫りにする結果を出してきた。このような欧米を基準にした二項対立の比較研究だけでは、日本文化に根づいた発想を理解するには不十分である。

一方、日本文化に関心が強い研究は、日本のみに注目して、その独自性や特異性を強調しがちであった。身近な狭いフィールドの細かい考証に関心を限ったり、国内の読者に向けたエッセイ風の軽やかな美しい言説で終わることも多かった。真に海外の研究と対峙して対話しながら自己の理論を構築したり、地道に集めた確かな分厚いデータによってきちんと発信していく学問姿勢は弱い傾向があった。

それに対して本書の研究では、ローカルな日本文化に足をつけて考えながら、それをインターローカルにして世界にひらいていこうとする多声的モデル生成法を開発してきた。

まず日本語や日本文化に根づいているものの見方や方法を重視

して、日本で質問紙を構成した。そして日本とフランスの二か国比較に加えて、イギリス、ベトナムを加えて四か国でイメージ画と他界観信念の調査を行った。データの分析は、質的方法と量的方法の長所を生かすかたちで両方行った。

モデル生成も多段階にわたって多様に行った。理論からのトップ・ダウンの方向と現場データからのボトム・アップの方向、両者を対話させる方法によって、普遍化した抽象モデルでもなく、特定の現場にしか通用しない具象モデルでもなく、その中間となる「半具象モデル」の水準を重視した。多声的なモデル生成のしかたも、本書の研究をすすめながら一般的な方法論にまで練り上げてきた。そして国際学会で積極的に発表し、海外の共同研究者と対話しながらモデルを修正してきた。

多声モデル生成法の一つの特徴は、すべての文化を普遍（ユニバーサル）という名の一つの枠組、西欧文化的な抽象化のしかた、つまりグランド・セオリーやマスター・ナラティヴに回収しようとしないで、ズレや矛盾を含んだフィールドの多声的なイメージを尊重することにある。もう一つは、異文化の相違をきわだてるよりも、多文化の多様性やズレを記述しながら、その核にある「共通性」に着目することである。

長いあいだ、このような学問がしたいと志し、あたため続け、語り直してきたことばがある。それは、鶴見俊輔さんが、かつて木下順二さんの「聴耳頭巾」によせて書かれたことばである。

「……いや、この頭巾は、死んだおとっつぁまのゆずりもんだが、こういう面白いことがあるとは、おら、きょうのきょうまで知らなんだ。いや、おとっつぁまも、きっと知らなんだに違いねえ。」

ぼくたちも、こういえる時がくるならば、と思う。古びた頭巾のほかに何も持っていないのだが、この頭巾がぼくたちにはじめなものと見え、ひけめに感じられるばかりで、これの使い方がわからない。ぼくたちの身についている唯一のものであるこれについて、いつかは、新しい方向においてこれを使う工夫がたつようになるだろうか。……

ぼくたちの持つもっとも確かな思想、ぼくたちの心の底のもつともたしい感情、そういうものにたよりながら、それら自身を想像の領域に開放して新しい可能性を打ちひらくことによって、ぼくたちの精神の改作に役立てること。

（鶴見俊輔『限界芸術論』）

5 人生の物語といのちサイクル
―― 死生観と世代連関を含む生涯発達心理学

本書の研究は、生涯発達心理学のなかに死生観や他界観を組みこもうとするものである。人間の一生を「個人」でとらえれば、生まれてから死ぬまでで生涯は終わりである。しかし、どの文化においても、人間はその生命を「個」として終結させず、人生の延長上に「あの世」を想定することによって、より大きな世代サ

6

イクルの社会的連鎖や生命循環や自然生態系のなかに、ひとりの人の短い人生を位置づけようとしてきた。このような世界観は、科学の支配する現代においても根強く民衆心理のなかに存在し、人が素朴に人間の人生やいのちをイメージする上で重要な機能をもっていると考えられる。

従来の発達心理学は、乳幼児期と青年期を中心にして、大人になるまでの人間の成長過程を扱ってきた。最近では、人生後半の老いや死までを視野に入れる「生涯発達心理学」に変化してきた。しかし、個人が生まれてから死ぬまでの一生涯しか視野に入れておらず、個人中心の見方は変わっていない。それに対して、本書では、個人の生涯を超えるライフサイクル論、死生観と世代間連関を含む生涯発達心理学をつくっていきたいと考えている。

ライフサイクルという用語は、エリクソン（1982/1989）をはじめとして多く使われてきた。しかし多くは、サイクルという用語に反して、個人の人生の誕生から老年までを扱い、それをサイクル（循環）ではなく、階段状に上昇する進歩的発達図式で記述されてきた。

ライフには、いのち・人生・生活、そのすべての意味が含まれる。ここでは、ライフサイクルを人間の人生や生活の根源にある「いのちサイクル」としてとらえ、真の意味でサイクル（循環）する時間概念のもとで考えてみたい（やまだ 2000b; Yamada 2002; 2004; Yamada & Kato 2006a）。

私たちは、自己の人生の出発点を誕生におくのではなく、自分が生まれるはるか前に生きていた祖先や先祖と呼ばれる人びとが残してくれたものに思いをはせる。また、自分が死んだ後でこの世が終わるのではなく、死んだ後にも続いていくものがあるとイメージするからこそ、自分が死んだ後で将来や未来に生きるはずの世代に何かを残そうとする。

このようなイメージは、個を超える世代間循環や生態循環を含む、共同体の集合ナラティヴの意味体系として存在しており、私たちの時間軸を拡大させる。個体としては生命活動が完全に停止した状態である死は、生とは不可逆的である。臨死状態から生き返ることはあっても、完全に死んだ人間が生き返ることは、通常はありえない。しかし、生まれ変わりや復活や死後の世界のイメージは広く流布している。もしかしたら、人が死ななければならないことを何とか理解し納得するために、多くの宗教や儀式や物語などの文化がつくられたのかもしれない。生と死、この世とあの世の関係づけは、宗教や物語のもっとも根幹をなす部分であるとともに、今ここで営まれる人生と生活の意味づけを行う文化的な物語装置であろう。

ナラティヴ物語とは、「二つ以上の出来事をむすびつけて筋立てる行為」として定義できる（やまだ 2000a）。本書の研究では、「この世」と「あの世」の二つの場所がどのようにむすびつけられるかと問うている。これは、人生の物語を死後の極限まで拡張する研究である。また、二つの事象をもっとも単純にむすんで問う、ビジュアル・ナラティヴ研究だといえるだろう。

本書の研究は、人生の見取り図を「個人」単位のものに終わらせず、集合的な人びとの死生観や他界観を含む世代サイクルや生命サイクルなど多重のサイクルのなかで多次元的に描いてみたいという構想からはじまった。その構想は、人生サイクルといういのち循環を重ねあわせて、新たな生涯発達観と生命観のモデルを生み出していくことをめざしている。この研究は、そのような大きな見通しをもつ多重のライフサイクル研究の一環のなかに位置づけられる。

　ある人間の生涯を考えるとして、その誕生の時からはじめるのじゃなく、そこよりはるか前までさかのぼり、また彼が死んだ日でしめくくるのでなしに、さらに先へ延ばす仕方で、見取り図を書くことは必要です。あるひとりの人間がこの世に生まれ出ることとは、単にかれひとりの生と死ということにとどまらないはずです。かれがふくみこまれている人びとの輪の、大きな翳のなかに生まれてきて、そして死んだあともなんらかの、続いてゆくものがあるはずだからです。

（大江健三郎『M/Tと森のフシギの物語』）

第I部 ものの見方と問い方
―― イメージ画のフォーク心理学を求めて

そのようにして僕は次つぎにあらわれてくる硝子玉のように明るい空間に、ありとあるわれわれの土地の伝承の人物たちを見たのだった。それも未来の出来事に関わる者らまで、誰もかれもが同時に共存しているのを。僕はそれらを見ながら幾日も歩きつづけるうち、銀河系宇宙の外にまで探しに行くことはない、アポ爺、ペリ爺の二人組のいったとおり、実地調査できるこの森のなかにすべてがあると納得した。ここに現にあるものこそ、自分が道化て口に出した、ほとんど無限に近い空間×時間のユニットの、一望にある眺めだと。それもこのような言葉によってではなく、次つぎに眼の前にあらわれるヴィジョンの総体が、自然な仕方でそれを教えてくれたのだが。

（大江健三郎『同時代ゲーム』）

　移動する観察点で世界を見る。十分に広がった経路群で十分に長い時間にわたって、世界を、まるで世界のあらゆる場所に同時にいるかのように、すべての観察点から見る。……どのモノもすべての方向から見え、どの場所もその周囲とむすびついて見える。世界は遠近法的に眺められるのではない。変化する遠近法的構造から基底をなす不変構造が浮かび出てくる。

（ギブソン『生態学的視覚論』一部改訳）

1章　何を問うか、どのような方法か——イメージ画のフォーク心理学

日常の平凡なものが非常に大切なのです。普通に使われているものを、よくあらためて見ることが肝要なのです。

(佐久間鼎『現代日本語の表現と語法』)

平凡な事象は、その平凡さの裏に、強制的であり、なおかつ誘因力のある知識体系や、文化のエッセンス、あるいは神話とさえいえるものをはらんでいる。ボードレールはこう問いかけた。「平凡な事象以上に興味を引き実り豊かで、よい意味で刺激的なものが果たしてあるだろうか？」私なら、「平凡な事象以外に集合体を動かしえるものなど、果たしてあるだろうか？」とつけ加えるところである。

(モスコビッシ『自然と社会のエコロジー』)

1節　オリジナルな視点

1　人びとの心理学

ふつうの人びとがふだん何げなくイメージしていること、どこにでも当たり前にあるような平凡なこと、それを目に見える形にしてとらえてみたい。心というものは、水の波紋のように、光と影が織りなす彩のように、いつも動いているからとらえられない。

心というものには、かたちがない。しかし、心理学はそれを何とかしてとらえようとしてきた。心をとらえる方法は多岐にわたるが、この本では、心というものをイメージ画という形にしてとらえようとする。この本は、いわば人びとの心が描き出した多数の波紋のいろいろの形の見本を集めた描画カタログである。

イメージとは何だろうか。今まで心理学では、イメージを個人の心のなかの「表象」として、あるいは個人の無意識やパーソナリティや生育歴などの「投影」として、あるいは個人差を見る検査の「道具」として扱ってきた。いずれもイメージ画を、個人を調べるための手段として、「このような絵を描く人は、どのよう

な人か？」という問い方で扱ってきた。

この本では、3節で論じるように、イメージのとらえ方や問い方を根本的に変革している。私たちが「りんご」や「みかん」ということばを発する人は、どのようなパーソナリティかと問わないのと同じである。ことばは、個人の内的表象やパーソナリティの投影である以上に、ある文化のなかで流通するもの、人びとに共有されているものである。イメージ画も、ことばと同じように、「人びとが文化的に共有しているもの」としてとらえられる。それがこの本で追究する、イメージ画によるフォーク（人びとの）心理学のアプローチである。

2 何を問うか──二つの問い

この本は、日本、ベトナム、フランス、イギリスの四か国の大学生、総計2040人以上の人びとが描いた「この世とあの世のイメージ画」をまとめたものである。1994年から2010年まで、16年にわたる研究の成果である。イメージ画は、巻末資料にあるように次の二種類の問いかけによって描いてもらった。

① **イメージ画1** もし死後の世界があるとしたら、どうでしょうか？ あの世にいる人とこの世にいる人との関係をイメージして絵に描いてください。説明をつけ加えてください。

② **イメージ画2** もし死んでも「たましい」があるとしたら、どうでしょうか？ 亡くなった人のたましいが、この世からあの世へ「いく」過程、あの世からこの世へ「かえる」過程をイメージして絵に描いてください。説明をつけ加えてください。

イメージ画1は、「この世とあの世（二つの心理的場所）」「この世の人とあの世の人（生者と死者）」の関係性を問いかけている。イメージ画2は、「たましいの移動プロセス（人の生から死へ、死から生への変化）」を問いかけている。

学問とは、問うて学ぶことである。学問にとってもっとも大切なことは、答えを出すことよりも、何を問うのか、問い方にあるといえよう。問い方によって、答え方は変わってくるからである。あらゆる視点から見ることも、世界のすべてを視野に入れることもできない。ある視点から見るときには、別のものを視野からはずす選択をしなければならない。イメージ画1、2と名づけた二種類の問い方は、何でもないように見えるかもしれないが、厳選された問いである。この問い方が、本書の研究の根幹にある考え方やものの見方と深くかかわっている。問いを出すことは、混沌とした世界をどのような視点から眺めるのか、ものの見方や焦点化の方向を相手に投げかけることである。その問いは、その問いに喚起されて、イメージを生成的に思い浮かべて絵を描いていく。

問いを出すことと、それに応えることは、対話的な相互生成プロセスである。同じ人を相手にしても、別の問い方をすれば別の応え方が出てくるかもしれないし、別の時には別のイメージを思い浮かべるかもしれない。石の投げ方で水の波紋が変わるように、描かれたイメージ画は流動するもので、絶対的な固形物ではない。しかし、水の波紋を集合すれば一定の規則をもった形になるように、多くの波紋を集合にも基本的な形がある。一人一人、一回一回をとってみれば、流動的で偶然的にできるイメージ画の軌跡を集合してみると、描かれた形には共通性や規則性が見いだせるはずである。

3 想像世界としての「あの世」

本書の研究では、想像世界、イマジネーションの世界を扱っている。したがって、先の二つの問いは、「もし、あの世があるとしたら」「もし、たましいがあるとしたら」という仮定法で問うていることに注意してほしい。

現実に「あの世」があるかどうか、つまり他界の「実在」を問うているわけではない。また、その人が「あの世」を信じているかどうか、つまり「信念」を問うているのではない。そして「あの世」にかかわる「体験」、たとえば死別体験や臨死体験や死の不安感などの個人的体験を問うているのでもない。

実在の問い、信念の問い、体験の問い、それらはイメージ画と関連するかもしれないので、別に質問項目をつくって調査した。しかし、本書の研究の中心は、想像世界、イマジネーションの世界を描き出すことにある。実在や体験との関連でいえば、あの世は、究極の想像世界である。誰も、あの世を実地調査し、実体験することはできない。それでも、あの世の実在を信じていなくても、あの世のイメージを描くことはできる。また信念に関しては、あの世の実在を信じていなくても、あの世のイメージを描くことはできる。ここで扱うのは、あくまでも想像世界としての「この世とあの世のイメージ」である。

4 「心理的場所（トポス）」と「移動」

本書の研究の二つの問い、その問いの根底にある「ものの見方」について、もう少し考えてみることにしよう。たとえば、ふだん私たちは死後の世界を考えるとき「人はどこから来てどこへ行くか？」という問い方をよくする。なぜ、そのような問い方をするのだろうか。

人びとはものを見るとき、変化しないもの（不変項）を抽出し、それを基にしてものを見るという生態的知覚のしくみをもっている（ギブソン 1979/1985）。

不変なものは流動がなければ明確には現れない。本質的なものは非本質的なものが変化するという文脈の中で明白になる。

次のような古くからのことわざに含まれている矛盾を考えてほしい。"変われば変わるほど、同じになる（"The more it changes, the more it is the same thing."）……つまり、何であれ不変なものは、変化がないことにより不変性が明確になるよりは、変化が生じることによってその不変性がいっそう明確になるという事実である。

(ギブソン『生態学的視覚論』p.78-79)

また、人びとが古来語り伝えてきた昔話も、主題や主人公など物語の内容や歴史的変化を分類する試みが多くなされてきたが、あまりにも多種多様に変化して収拾がつかなかった。プロップ(1987)は、そのようなものを変化項（ヴァリアブル）と呼び、何が不変項（コンスタンツ）かと考えた。彼は、比較的不変なコア機能として物語の形式を取り出して、形態学（モルフォロジー）と呼んだ。

変形に基づいたひとつの一般的な原型なるものが、あらゆる種類の有機体を貫いており、ある中間段階では、有機体のあらゆる部分のうちに、その一般的な原型が認められるということ、この点については、私は充分に確信をもっていた。

(ゲーテの覚え書き。プロップ『昔話の形態学』p.31)

人びとや人びとをとりまく世界は常に動いてやまない。人びとは変化し続ける世界から不変項を抽出しながら相対的に安定した世界を生成している。なお、ここでいう不変項とは、かつてギリシアで考えられた古典的な原子論や同一性の仮定とは、根本的に異なることに注意が必要である。原子は、あらゆるものから独立して永続し、いつどこで誰が見ても普遍的（ユニバーサル）であると仮定された。ここでいう不変項は、変化する文脈や関係性のネットワークのなかの結び目のようなもので、観察者の位置によって見えも変わりうる相対的なものである。

「人はどこから来てどこへ行くか？」という問いも、不変項と変化項に分けられる。「どこ」という「場所」が問われるのは、「場所」をもとにものを見ているからである。ふだん人びとは知らず知らずのうちに、不変項としての認識の枠組を「場所」においている。それに対して、「人」は、変化項あるいは移動する可動体とみなされている。だから「来る」「行く」という移動（動詞）によって変化が表される。

ただし物理的な事実として「場所」が移動しないわけではない。地球や地面という「場所」は、地球の回転によって休みなく移動し続けている。人びとが「場所」を不変項とみなす心理的しくみによって、そこを「変わらない」とみなしているだけである。

今まで死後の世界を呼んできた日本語の名前は、「あの世」「異界」「天国」「浄土」「地獄」「根の国」「黄泉の国」「ハハの国」など多々ある。それらがすべて「場所」メタファーによって名づけられていることは、重要な意味をもつと考えられる。人間が死ぬとは、「生きた状態」から「死の状態」へ変化することである。この変化には時間変化や状態変化も含まれるのだが、その変化プロセスもまた、「この世からあの世へ行く」など「A

からBへ行く」、つまり「場所」から「場所」への「移動」として表現されてきた。日常語で「人が死んであの世へ行く」と言うときに、「場所」は、不変項であり、「人」は、変化あるいは移動する可動体とみなされている。場所は変わらないで存在し続けるが、人は死んで（変わって）存在しなくなる、あるいは移動するとイメージされているのである。

このように「場所」と「移動」メタファーは、この世とあの世の関係性や生から死への変化プロセスを表すのに、日常生活で暗黙のうちに使われてきた。この本では、ふつうの日常語のなかにすでにある「ものの見方」を、学問の理論として洗練していきたいと考えている。平凡な日常語や日常のイメージのなかにある心理的しくみを、心理学のまな板にのせる作業を行うのである。

なお、ここで扱う「場所」は、実在する地形などの地理的場所や物理的場所と同義ではないので、「心理的場所（psychological topos）」と名づけている（やまだ 1988、やまだ・山田 2009）。この本では、ただ「場所」とだけ呼ぶときにも、すべて心理的場所のことをさしている。

イメージ画1の問いでは、この世とあの世という二つの場所の位置関係と、その二つの場所にいる生者と死者がどのような関係をむすんでいるか、つまり「二つの場所の関係性」に焦点をあてている。

イメージ画2の問いでは、生から死へ、死から生へと変化するプロセスを、たましいが「場所から場所へ移動するプロセス」と

みなして、そのイメージの生成を求めている。この世とあの世は別個のものではなく、対になった場所、つまり「関係」概念としてとらえられる。その関係性を、「心理的場所」と「移動」という二つの基本概念で見ていこうというアイデアが、本書の研究のもとになっている。

5　「個人」から「関係」概念へ

本書の研究の前提には、「個」の概念によって考えてきた心理学のモデルを根底から変革し、関係概念でものを考えていこうという考え方がある。

今までおもに心理学が基底としてきた概念は、「個人（individual）」であった。「自己」や「主体」という概念も同じ基底から出される。私たちをとりまく具体的なもの、現実のものはくっついたものであり、複雑な関係体として存在している。現実のものは、背景や文脈、環境や生態系、時代や文化や社会などに埋め込まれている。そこで、余分なものはできるだけ切り離し、「これ以上分割できない」作業から取り出される。個人は、「原子」と同語源であり、これ以上分割できないもの（in＝not divide）という意味をもつ。この語源に表されているように、個人は、「分割する」「切り離す（divide）」作業から取り出される。私たちをとりまく具体的なもの、現実のものはくっついたものであり、複雑な関係体として存在している。現実のものは、背景や文脈、環境や生態系、時代や文化や社会などに埋め込まれている。そこで、余分なものはできるだけ切り離し、できるだけ分割し細分化し、「これ以上分割できない」したもの、それが個人という概念にほかならない。究極の単体にまで分割し細分化し、個人という概念は、ホワイトヘッド（1925/1981）などを参考に

まとめると三つの仮定から成立している(やまだ 2006)。第一には、これ以上分割できない最小の単位という仮定、第二に堅い一つの実体としての「モノ」であるという仮定、第三に、個人は、他のものと本質的な関連をもたなくても存在できるという仮定、つまり場面や文脈などから独立して単純に局在化できるという仮定である。

自己や主体という概念も、個人という概念をもとに、これ以上分割できない単体であり、文脈や環境によって変わらないモノ、同一性と一貫性をもって持続する実体であると仮定されてきた。

従来の心理学は、このような個人、自己、主体という概念を基礎に組み立てられてきた。それに対して、「関係性」をもとにして理論化していこうとする、やまだ(1987, 1988)の考え方が、この本のもとになっている。

「この世とあの世」は、一対の「関係イメージ」である。やまだ(1988)は『私をつつむ母なるもの』において、私(自己)と母(他者)を「二者関係そのもの」まるごとひとまとまりのイメージとしてとらえた。自己は、他者との関係性のなかで定義され、個々に切り離すことができない。同様に本書でも、生者(私たち、この世の人)と死者(あの世の人たち)を別々に見るのではなく、その関係性をとらえようとしている。したがって、「あの世を描いてください」「死の世界を描いてください」「他界とはどんなところですか」という問い方をしないで、必ず二つの世界の関係性

に焦点をあてて、問いを出しているのである。

関係性を中心に世界を見る考え方は、より大きな理論的枠組では、文脈主義(contextualism)として位置づけられる(やまだ 1995)。文脈主義とは、人間や事象を、社会・文化・歴史的文脈などのコンテクストと切り離さずにとらえる考え方である。廣松(1993)の用語を用いれば、「物的世界観から事的世界観へ」といってもよいかもしれない。事的世界観とは、「物」に対する「事態」の本源性、「実体」に対する「関係」の第一次性を基礎とする世界観である。

さらに本書では、場所のなかに入れ子になった人間の関係性を見たいと考えた。「母」は、個人としての人間というよりも「母なるもの」であり、「心理的場所」「自己をつつむ場所」「自己の居場所」として描かれることに気づいたからである。なぜ、人間なのに場所としてイメージされるか、それをさらに探求してみたいと考えた。

従来の関係概念では、人間を、人と人とのあいだ、つまり自己と他者という関係性のなかで定義してきた。それに対して、人間を定義する基準枠として、人間よりも相対的に動かない枠組を必要としているのではないかと考えたのである。人間は、人と人とのあいだ(木村 1972)に生きていると考えるのは、人間中心すぎる見方ではないだろうか。人間は、地面や天空など圧倒的に大きい生態的環境にアフォードされて生きている(ギブソン)。人間を「場所」との関係性のなかで生きる存在としてとらえた

16

い。

ここでは、人間を「個人」として定義するのではなく、また「人と人とのあいだ」つまり人間関係のなかで定義するのではなく、人間を「心理的場所」との関係性のなかで定義する。そして、人間を定義する基底となる「心理的場所」の代表として、「ここ」と「あそこ」という名前を選んだ。

「ここ」「あの世」という二つの場所は、人間存在を位置づける「こころ」「あそこ」という「心理的場所」の特殊にして究極の名前である。この世の人（生者）は「ここ」の、あの世の人（死者）は「あそこ」の、いずれも両極の場所に属する。この世の人は「自己」（私たち）であるが、あの世の人は「他者」である。この世の死者は、究極の他者だと考えられるからである。このような「場所」と「場所」をむすびつける概念が「移動（transfer, passague）」である。

以上のように、本書は、「個」の概念ではなく、「関係」概念をベースにしている。「個人」中心の心理学から、「人びと」を「場所」との関係性のなかでとらえるフォーク心理学へ向かうのである。

本書は、さらに「個人」の生涯に中心をおいてきた発達心理学から、「世代間の関係性」を視野に入れたライフサイクル心理学へ向かうという意味でも個人を超えようとしている。

発達心理学は、生物的な種としての「進化」発達を扱うか、生まれてから死ぬまでの「個体」発達を扱うかどちらかであった。文化・社会によって伝承されてきた民衆の生活を扱うという方向性は弱かったといえよう。本書では、「序章」に述べたように、死生観をベースにおくことによって、個人の発達心理学から脱して、世代間をむすび、人びとのいのち循環を視野に入れたライフサイクル心理学を提案していきたい。

2節　オリジナルな方法

1　イメージ描画法——言語偏重からの脱却

本書では、イメージ描画法（Image Drawing Method; IMD）を用いている。イメージ描画法は、「私と母の関係イメージ」（やまだ 1988）「人生のイメージ地図」（やまだ 2010; Yamada, Grabner et al. 2008）など多くの研究に用いられ、国際的にもユニークな研究法として注目されてきた。この方法の特徴は、次の6点にまとめられる。

（1）イメージ画を、何かの心理現象を見る手段としてではなく、それ自体を描画ナラティヴとして心理学データとする。イマジネーションの世界、想像世界を実在しない空虚な世界と見るのではなく、心理的リアリティのある世界として扱

(2) イメージ画を、描いた個人を見るために使うのではなく、昔話や民俗芸能のように人びとに共有されているフォークイメージとして扱う。

また、イメージ画を使用することによって、心理学の言語、論理、認知偏重から脱却することができるであろう。狭義の言語と比較して描画は、次のような長所をもつと考えられる。

(3) イメージ画を使用することによって、時間系列、因果的思考や狭義の物語的思考から脱却できる。

狭義の言語では、音声を使った場合でも、文字で記した場合でも、時間的シークエンスによって語られる。それに対して、描画は空間的な表現、つまり一つの画面に時間系列を含めた全体構造や配置をホリスティックに同時共存的に関連づけるのに適している。言語によって語られる文章や物語は、順序が変わると意味が変わってしまう。それに対して絵は多くの情報を一目で全体を、しかも時系列的な順序にしばらないで表すことができる。したがって言語は、一方向にしすむ時間系列に沿った因果関係をつくりだすモデルや、進化・発展を表すモデルに適している。絵画は、時間系列ではなく、場所や空間配置を表すモデルに適している。

(4) イメージ画を使用することによって、直感的で生成的な表現が可能になる。

描画は、論理的秩序や文法の規則が明確でルールにしたがって表現される言語よりも、直感的な表現や感情表現が柔軟にでき、イメージの変容を生成的に同一画面に表すことができる。

(5) イメージ画を使用することによって、文化・歴史的文脈を超えやすい。

描画は、狭義の言語よりも文化や歴史的文脈を超えて通用しやすく、言語的ルールにしばられにくい。描画も、広義にはある種の言語といえる。したがって、完全にはカルチャー・フリーでもノン・バーバルでもないが、狭義の言語よりも文化や時代の制約から自由であり、翻訳を介さないで了解可能な普遍性をもつ。

(6) イメージ画を使用することによって、日本文化の表現法を生かせる。

絵画、マンガ、浮世絵、アニメなど描画による表現は、日本文化において特に発達しており、言語による論述よりも描画による表現のほうが、日本人にとって得意な表現方法であ
る。日本とフランスの描画表現と言語記述の差異を比較すると、描画表現は日本で、言語表現はフランスで有意に詳細で長い表現がなされた（やまだ・加藤 1993、加藤・やまだ 1993）。

また、日本の学生が描いたイメージ画表現は国際学会でも高く評価されてきた。

2 平凡なものにひそむルールを

イメージ画は、従来はおもに臨床場面で心理テストとして用いられてきた。描画は、個人の心のなかの意識やパーソナリティや生育歴や家族関係の「投影」、個人差を知る検査の「道具」とされてきた。本書では、イメージ画を、個人差を調べるための検査や診断の道具にせず、どのような価値評価も行わない。したがって、描画による心理テストとは目的が異なることに注意が必要である。

心理テストのうち、標準化された性格テストや知能テストなどでは、均一で同一の結果が出るような問い方が望ましい。それに対して、本書の二つの問いは、ビジュアル・ナラティヴを生み出す問い方であり、相手にイメージを喚起させる「ひきがね(trigger)」や「呼び水」となる生成的役割をする。したがって、単純な問いでも、できるだけ自由度が高く、多様なイメージが出現する問い方をするほうが望ましい。

心理テストのうち、ロールシャッハやTATのような投影法は、健常範囲から逸脱した独特の反応を検知しようとする。したがって、もともと無意味なインクの染みや、特殊な情動や物語を喚起しやすい奇妙な絵がひきがねとして用いられる。投影法では、「平凡」「常識」から逸脱した「特異反応」が注目されるのである。

それに対して、本書では、異常なものや変わったものではなく、ふつうの人びとのパターン化した絵、ロールシャッハでいえば平凡反応に注目している。精神を病む人の絵には、ときに芸術家のような迫力と表現力をもつ印象的で個性的な絵が見られる。ここでは、そのような驚くほど凄く極限の絵を期待してはならない。「日常の平凡なものをよく見る」ことで、そこにひそむルールを見いだすことが本書の目的だからである。

ここで扱うイメージ画は、ごくふつうの人びとが描いたありたりの絵である。歴史学者や民俗学者が資料にしてきた「図像資料」、臨床心理学者が対象にしてきたアブノーマルな心理状態で描かれた「臨床描画」、画家の独特の個性が強調された「芸術作品」などとは違っている。ここには、現代の多くの人びとに共通してみられる平凡でありふれた絵、どこにでもあるようなパターン化した絵がある。技術的には巧くない個性的面白もない。ここで求めるものは、逸脱したまれな事例ではなく、ふつうの人びとが何げなくふつうにやっていることのなかにひそむ一般的なルールだからである。

3 多声モデル生成法

方法論においても、本書はオリジナルで革新的な考え方にもとづいている。それは、やまだ(1986)が「モデル構成的現場心理学」と名づけて理論化してきた方法論である。これは修正を重

ねて「対話的モデル生成法」(やまだ 2007a) から、最近になって「多声モデル生成法 (Polyphonic Model Production; PMP)」へと発展している。

「多声モデル生成法」は、ボトムアップとトップダウン、二つの方向の対話的関係性からさらに多様な対話的関係性を生み出していく、多重のモデルを生成する方法論である。ボトムアップの方向では、人びとが生きている日常生活、現場（フィールド）から出発してモデル生成を行う。この方向では、現場に密着し、生のもの、日常のもの、具体的な事例をていねいによく見ることからはじめる。そして、そこから仮説を立て、一般化可能なモデルをつくっていく。

トップダウンの方向では、基本枠組となる理論モデルをつくり、それを基盤にして大枠を描くことから出発する。現場から出発するボトムアップだけでは多様なディテールの彩に惑わされ、一つのモデルですべてを説明できるとは考えず、目的に応じて重層的な水準で多様なモデル生成を行うことである。ボトムアップとトップダウン、二つの異なる方向からの対話、そしてそこから生成的にズレて変異し生成される三項関係の対話、さらにそこから生成

「多声モデル生成法」では、ボトムアップのモデルとトップダウンのモデルの二つの対話だけではなく、そのあいだを対話的にむすぶ媒介モデルの生成を重視する。そのモデル生成法の特徴は、現場から出発する理論重視のトップダウンが、本研究をすすめるうちに、ますます重要であることがはっきりしてきた。

していく多声的対話が重要である。

「対話 (Dialogue)」とは、もともとは二つ (di-) に分かれたことば (logue) の意味である。「ポリローグ (Polylogue)」は、それを多声的な対話に変えた用語である (クリステヴァ 1977/1999)。多声とは、単に複数の声が転移的に重なった異質なものが同時共存しながら対話することである (バフチン 1988,1995)。多声的対話では、いくつもの声が飛躍的に新たな「むすび」をつくるわからない生成的な対話がなされる時間・空間的なズレや変異と出会いを生み、どことどこが飛躍的に新たな「むすび」をつくるわからない生成的な対話がなされる（デリダ 1972/2002, 1987/2003）。

多声モデル生成法では、疑問をいだくにつれ、考えを深めるにつれ、何度でも生のデータに戻ったり、理論に戻ったり、分析法を変えたりしながら、モデルを修正していく。この作業は、多様な方向にすすみ繰り返しなされる。生まれたモデルも、モデルどうしが縦横に交わす多声的な対話によってさまざまに変容していく生きものである。

ここで考えるモデルは、研究者のコントロールを超えて、モデル自体が相互引用による対話を重ねながら変化していく可能性をはらむ生成的なものである。従来の考え方では、モデル者が目的、主体的、人為的、意図的に「構成」される静的な構造物やシステムであった。本書では、モデルは、いくつもの有機的なネットワークの対話的むすびつきによって生きものように「生成」される網目のような有機体で、いつどこで新たな生成を

生み出すかわからない。たとえば、両親の対話むすびつきがないと子どもは生まれない。しかし、両親の意図や目的によって子どもがどのようにも構成できるわけではない。子どもは自律的に、新たな方向に動きだして、親が予期できなかった変化を生み出す。そのために、「モデル構成」から「モデル生成」へと方法論の用語を変えた。モデルのメタファーを、機械や物品や建築のようにつくられる「構造」から、子どものように生み出されて生育し動いていく「生きもの」に変え、その働きを表す用語を「構成」から「生成」に変えたのである（やまだ 2007a）。

4 質的研究と量的研究の統合

この本では質的研究を中心に記述しているが、本研究全体としては、質的研究と量的研究の有機的な統合を行おうとしてきた（山田 2001, 2004 など報告書）。本書の研究をはじめた１９９４年ころは、「質的研究」という用語もなく方法論もなかった。この10年ほどのあいだに、質的研究のうち、言語によるナラティヴ（語り）研究はかなりの発展をみた（やまだ 2007c）。しかしまだ、本書で名づけたビジュアル・ナラティヴという用語は新しい。本書は、「ナラティヴ・ターン（物語的転回）」の次は「ビジュアル・ターン（図像的転回）」がやってくるはずと想定する未来に向けて発信するものである。

本書の研究では、イメージ画による「この世とあの世イメージ」の二つの調査のほかに、21項目の他界観の質問項目によって「他界観調査」を行い、統計的分析にも力をそそいだ。それら量的分析の結果の一部は巻末の資料にまとめた。

イメージ画は、絵の事例そのものが興味深いので質的分析が適しているが、統計的に量的に比較してはじめて見えてくる現象も多い。質的方法と量的方法、両者の異質な方法の長所と短所を明確にして、その長所を生かすような組み合わせを考えて、統合的に考察することが重要である。

イメージ画の量的分析のためには、まず絵を分類するためのカテゴリー作成作業を行う。そしてカテゴリーの定義と判定基準を明確にし、カテゴリーの信頼性を測定し、各カテゴリーの出現頻度を調べる。質的分析では、典型的なイメージ画事例を選択して、それら事例間の関係性をネットワーク（網目）モデルのなかに位置づける。

量的分析の特徴は、図 1-1 の相互背反的な分割や分岐を前提とするツリーモデルで考えることができる。融合した具体物を「個」に「分割する」作業がツリーの操作である。ツリーの操作では、カテゴリーに分類して頻度を数えるので、境界を明確にして、「分割する」働きが重要になる（やまだ 2007a）。

カテゴリー分類では、似たイメージや中間のイメージや重複するイメージを、ＡかＢかどちらにカテゴライズするかを決めるための定義と境界基準をつくることが重要になる。そして、出現頻度の量によって重要性が決まる。数量的分析では、直感的な思い

21　1章 何を問うか、どのような方法か──イメージ画のフォーク心理学

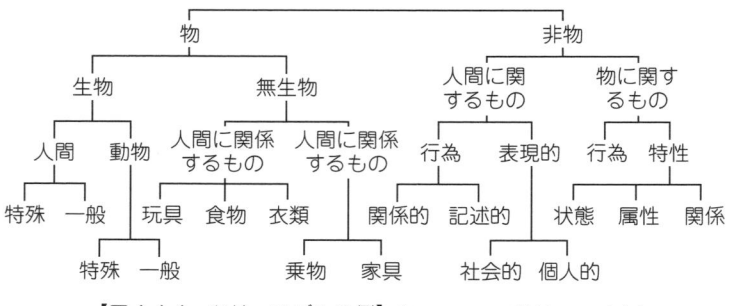

【図 1-1-1　ツリーモデルの例】（Nelson 1971/ 村田 1977 より）

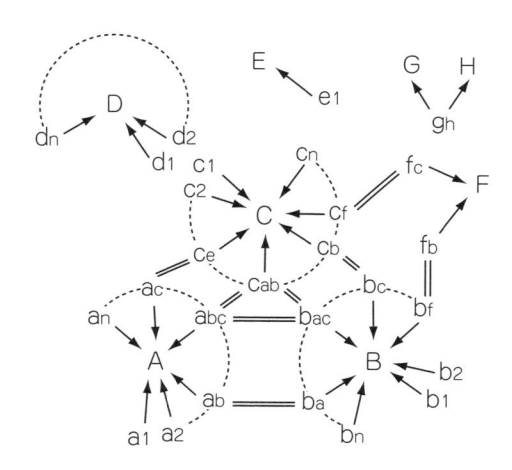

【図 1-1-2　ネットワークモデルの例】（中村 1977 より）

図1-1　ツリーモデルとネットワークモデル（やまだ 1987 より）

【図1-2-1　ツリーモデル〈分割と対立〉】
① 2つのカテゴリーに分割
② 境界の明確化
③ 2つのカテゴリーを対立させて比較

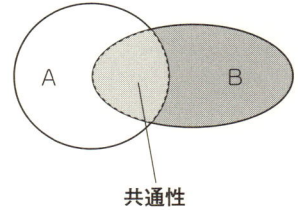

【図1-2-2　ネットワークモデル〈共通性とズレ〉】
① 2つの領域の関係性
② 共通性（網目の重なりと結び目）の明確化
③ 2つの領域の共通性とズレ（変異やバリエーション）を比較

図1-2　ツリーモデルとネットワークモデルの基本操作（やまだ2008aを改変）

こみや恣意的選択を避けることができ、数量による比較が容易になる。

質的分析では、図1-2のような相互の共通性と結び目を前提とするネットワーク（網目）モデルで考えることができる。ネットワークの操作では、網目の一目、一目に分割する作業は意味をなさない。網目の「むすび方」が重要になる。したがって、ネットワークの操作では、「むすぶ」「むすび方」操作が基本になる（やまだ2007a）。

ネットワークモデルでは、ツリー操作のように、境界を明確にすること、カテゴリーを分割することは重要ではなくなる。そして、ネットワークの中核の「結び目」に位置する典型事例を選択することと、その典型事例と関連する事例やズレを豊富に提示することが重要になる。典型事例の選択基準は、数量的基準ではなく、理論やモデルとの意味的関係において決まってくるので、たった一つしかない事例でも重要な位置を占めることがある。しかし、質的分析においても恣意的選択が許されるわけではない。事例を他の事例との関係ネットワークのなかに位置づけて、合理的に説明しようとすれば、おのずから関係する位置は決まってくる。

量的分析と質的分析の相違は、量的頻度や平均値を代表にして考えるか、意味連関でものを考えるかの相違である。どちらが優れているかはいちがいにいえない。世界を数量的なものさしに一

次元化して記述するか、広義の言語と意味連関で多次元的に記述するか、どちらによれば現象がより良く見えてくるかによって方法論が分かれる。

5 多文化との対話——クロノトポス・モデル

本書は、日々生きている日本文化の現場から出発した。私たちが生きている日常的現実のなかにあるものの見方と、欧米文化を基準としてつくられた学問体系、その理論枠組とのあいだにギャップがあると感じ、違和感をいだいたところからはじまった。したがって、出発点は、日本文化に生きる人びとの現場に根ざした、日常的なイメージを知りたいというところにある。

しかし、本書は、従来の比較文化研究や日本文化研究とは大きく異なる。従来の日本文化研究の一つの方向は、欧米との比較を中心にしたクロス文化研究で、おもに欧米の枠組を用いて、欧米との差異を強調してきた。もう一方では、日本文化を閉じたものと考え、その内側から見た特殊性や固有性を強調してきた。

本書では、日本文化のイメージに根ざしながら、東アジアや欧米のイメージとの比較を通じて、対話的に多文化に共通するものへとひらいていきたいと考えている。このイメージ画の調査は、日本の研究から出発して、フランスとの比較研究へ、そしてベトナムとイギリスを加えて多文化研究へと展開してきた。それは、現代日本のイメージを、多文化や多時代を超える共通性のなかで

とらえようとするクロノトポス・モデル（やまだ・山田 2009）に拠っている。

私たちは人間である限り、人類として、あるいは陸生動物としての共通性をもつ。しかし、もう一方で文化的背景も歴史も言語も異なる多様な人びとを、一律に同じ尺度の上で見ることには無理がある。本書では、世界の見方や意味づけ方、特に人生観や死生観にかかわるイマジネーションのあり方について、個々の文化を超えてインターローカルな知を生み出していく共通性を見る方向と、文化的文脈の相違をふまえてローカルな知を大切にしていく多様性を見る方向、その両方を大切にする。そして、文化の相違を超えたインターローカルな共通性にもとづく基本のモデルと、具体的な文化の文脈をふまえて個別事例に寄り添うローカルなモデルの両方を希求していきたい。

多文化研究のもつ意義は、次のように考えられる。心理学の理論や概念や測定基準は圧倒的に欧米文化のなかでつくられてきたので、その文化を普遍（universal）とみなし、それをもっとも進んだ価値基準とする暗黙のバイアスが働いてきた。世界には多くの文化や言語や宗教があるのだから、多くのものの見方や人生観・死生観が共存しているはずである。心理学に限らず明治以後の日本の学問研究は、西欧文化の発想や尺度を輸入してそれを基準になされてきた。人間の認識や行動を、欧米文化に合わせる方向で、普遍化され一元化されてきたのである。文化を人間がつくりだしたものの総体と定義するならば、歴史や宗教を含む文化の

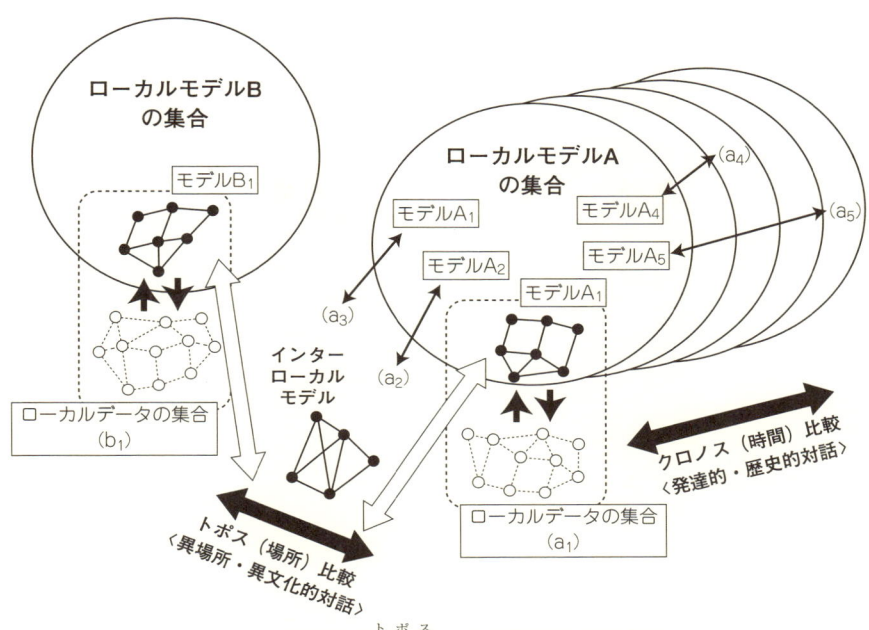

図1-3　クロノトポス・モデル──異場所と異時間の対話モデル（やまだ・山田 2009）

違いは無視されるか、一次元上のものさしの上に並べられて進歩の度合いの相違だとされがちであった。特に西欧文化をもとにした「西洋と東洋」という二項対立的比較は、問題が大きかったといえよう。

もう一方では、今までの日本文化研究は日本という狭い枠にこだわりすぎ、日本を特殊化して日本型モデルを考えてきた。日本のなかだけにいると、自分たちがふだんやっていることは、かえって気づきにくく説明しにくい。そこで日本文化を知るためにも、対照される他者としての他文化が複数必要ではないかと考えた。実験結果を見るのに対照群との比較が不可欠なように、方法としての比較は重要である。他者との比較と対話によって、他者の視点や他文化の視点をふまえた上で、日本文化をより広い視野から考えていきたい。

現代ではグローバル化した情報化社会への変化が急速にすすんでいるが、一つの価値観がすべてを覆うものの見方は人類の将来を考える上でも危険であろう。ヨーロッパから見れば極東に位置する日本から何が見えるか、そこから見た人生観や死生観を世界にひらいて、国際的に発信していくことによって、これからの人間のあり方を問う上で興味深い人生観や死生観の視点が提供できないかと考えられる。

多文化研究の方法論は、図1-3に示したクロノトポス・モデルによって示される（やまだ・山田 2009）。これは、ローカルなフィールドを重視しながら、対話的に共通性を高めながら、どのよ

25　1章　何を問うか、どのような方法か──イメージ画のフォーク心理学

うにインターローカルにし一般化していくかを示すモデルである。各フィールドにおけるデータの集合からローカルモデルがつくられ、そのローカルモデルに共通するインターローカルモデルがつくられる。このモデル生成法によって、異場所と異時間、つまり異文化と歴史的比較を視野に入れることが可能になる。

図1-3には、二つの場所しか描かれていないが、多文化になり、場所が多数になっても、基本の対話的操作は同じである。

本書では、現代というトポス、現代という表面において、多文化イメージを同時共存的に扱っている。もう一つの重要なアプローチは、クロノスにあたる時間軸を重視する研究である。「この世とあの世のイメージ」や「たましいのイメージ」の心性史や文化社会史、死生観の歴史的変化を調べることによって、歴史的に比較し対話する方法論による研究である。アリエス（1975/1983, 1983/1990）、ゴドウィン（1990/1993）、マクダネルとラング（1988/1993）、佐藤（2008）、マクマナーズ（1981/1989）、ヒューズ（1968/1997）、堀（1953）など、多くの研究はこのような歴史的アプローチをとっている。それは、もう一つ別の軸の立て方と切り口になる。

本書では、あるイメージがいつごろできたのかという起源の問いや、時代によってどのように変遷してきたかという時代変化の問いを扱うことはできない。ただし現代というトポスには、その起源や変遷は別にして、古層から現代までのさまざまなイメージが星座のように輝いているという見方もできるだろう。星座は、

地球という位置から見れば、その関係性と配置の位置から見れば、その関係性と配置は変化するので、宇宙の他のあいだの距離を無視した幻の配置にすぎない。星座は、地球と星とのあいだの距離はさまざまであっても、何億光年前に発せられた光も、数十年前の光も、今という時点でここという場所で同時に見ることができる。しかも、その運行には一定のルールがあるので、現在においても星の配置はモデルとしての有効性を失っていない。クロノトポス・モデルによって生成される多様なモデルのようなものである。古いものも新しいものも、現代というのようなものである。古いものも新しいものも、現代という面において同時共存しながら、「同時代ゲーム」のように多声対話的にむすばれている様を描くことができよう。

3節　イメージ画のフォーク心理学

1　イメージとは

イメージ（image）とは何だろうか。イメージの名詞としては、像、絵画、人形、映像、画像、心象、表象、印象、生き生きした表現などを意味する。動詞としては、心に描く、想像する、（彫刻、絵画などで）描く、描写する、表現する、生き生きと描写する、像を映すなどを意味する。イメージは、もとはラテン語のイマーゴ（imago 写し、似顔絵）からきているが、類似語の「模倣

26

する(imitate)」が、あるものを忠実に再現することであるのに対して、「イマジン(imagine)」は、心に描く、思い浮かべる、想像する、推測する、仮定することである。「イメージする」は、心の内なる世界に思い描くことも、外的世界に絵などを描くことも両方をさす。

イメージや表象について、心理学の伝統的な考え方では、外部にある事物を心の内部に写し取った「もの」、あるいは心の内部で思い描いた像を外部に表現することだと考えられてきた。「表象(representation＝再現前)」ということばが、その思想をよく表している。伝統的な考え方では、イメージ画を描くとは、人が自己の内にもつ記憶像を外に表現することだと考えられてきた。人間の内側に固定したイメージがあり、それが絵や像や図式や命題のようなモノとして、貯蔵されていて、それが表に表現される(express)かのようにみなしてきたのである。

本書では、次に述べるようにイメージを個人の内側にあるものとは考えないで、場のなかの対話的インタラクションのなかで産出されるナラティヴの一種として考えている(やまだ 2008a)。ただし、狭義の言語によるナラティヴ、つまり時系列に偏ったナラティヴではない。ビジュアル・ナラティヴ、つまり時系列ではなく、空間的配置による描画ナラティヴを考えているからである(やまだ 2010)。

2　イメージ画は、個人の内的表象の表現か

本書の研究に今まで寄せられた疑問のうち、もっとも多かったのは、次のようなものであった。産出されたイメージ画は、その個人の「内なるイメージ」を正確に外部に「反映」しているといえるだろうか？　これを別の言い方にすれば、次のような疑問になる。

個人が暗黙にもっている「内なるイメージ」と、外部に現れた絵の「表現」とにズレが生じるのではないか？　問い方や状況が変わればイメージ画も変わるのならば、たまたま質問紙に向かったときに偶然に描かれたイメージ画は、その人がもっている固有のイメージといえるか？　つまり、描かれた絵と個人のイメージ画の一貫性や信頼性があるといえるか？　個人がイメージ画を描くときの心的関与の水準はさまざまで、ある人は自己の体験にもとづいて無意識の深い層からインスピレーションを得て絵を描くかもしれないし、ある人はマンガなどマスメディアにあふれている定型表現を適当になぞって描くだけかもしれない。深い体験にもとづいて描かれた絵と表層で描かれたのだろうか？　絵を描くときの心的状態や関与のしかたなどに、何らかのコントロールが必要ではないか？

以上のような疑問は、いずれも次の二つの基本的な前提からきている。まず第一の前提は、「イメージ」を個人の心の内側にし

まわれているものとみなし、それを外部に「投影（project）」するための装置として「イメージ画を描く」という課題があるとみなす考え方である。バウムテスト、家族画、風景構成法など多くの心理描画テストは、いずれもこのような「投影法」の一種で、個人の「パーソナリティ」「無意識の欲望」など、目に見えない内部のものを外に映し出すという描画観にもとづいている。しかし、本書では、イメージや表象を「内部」と「外部」に分割するものの見方から開放する考え方に立っている。イメージとは、もともと個人の内部に存在しているのではなく、絵を描くという行為をすることによって、その場で生成されるものと考えるのである。

上記のような考え方に立つと、状況や問いが違えば、同じ個人でも異なるイメージがわいてきて異なる絵が産出されてもおかしくはない。同じ個人でも全然違うタイプの複数の多様なイメージを抱くこともあるだろうし、次の日には、今日とはまったく異なる別の絵を描くかもしれない。

この考えは、第二の前提とかかわってくる。それは従来の研究が、個人や個人差を理解するために描画を使ってきたという前提である。このような前提のもとに、ひとりの個人でも、いくらでも多様な絵が現れてきてしまべて個人や個人差に関心を向けた問いである。このような問いは、すどのようなタイプか？　正常か異常か？　このような発達水準か？　どのようなパーソナリティか？　どのような体験をした人か？　どのような絵を描く人は、

まうから、一枚の絵がその個人を代表するとはいえないのではないか？という疑問が発せられるのである。

しかし、本書の研究の目的は、従来の研究のように「個人」を理解することに焦点をあてて、「この絵を描く人は、どのようなパーソナリティの人か？」という種類の問いを探求するものではない。その一枚の絵が、その個人をよく代表しているか、つまりその一枚の絵が個人を代表する「良い鏡」になっているかどうかという意味での妥当性や信頼性を求めようとするのではない。個人内の一貫性も問題にしない。同じ人があるときにはある種の絵を描くかもしれないが、別のときには別の絵を描くかもしれない。

本書では、一枚の絵は、その個人を理解する道具としてではなく、集合的なフォークイメージの一部として扱われる。つまり、個々のイメージは、その個人がどういう人柄でどのような人生経験を経てきたか、そのライフヒストリーを知るためにではなく、ある文化に属する人びとにある程度共通するものの見方、フォーク（人びとの）心理を知るために集められる。

あの世もたましいも目に見えないものなので、それをイメージ画にするのだから、千差万別の絵が描かれるのではないか？　個人が何でも好き勝手に想像できるのだから、何の根拠もないでたらめな絵がいくらでも描けるのではないか？　そう思われるだろう。

しかし、イメージは、個人が好きなようにどのようにも描けるものではないと考えられる。人びとは自分が生きている現実世界

からどれほど大きくイメージで飛翔しようとしても、自分たちの生が埋め込まれている生態学的・文化・歴史的文脈から、完全に離脱できるほど自由とはいえない。また人びとは、人間としての身体をもち、地上に暮らす生態学的環境に生きているから、その制約のなかでイメージするほかない。かつて想像された宇宙の生物が、月のウサギであったり、人間やタコに似た火星人であったり、妖怪やお化けが動物に似ていることを思い起こすだけでも、イメージ世界がこの世の人間の生の営みの制約からまったく自由になれるわけではないことがわかるだろう。人間のイマジネーションには大きな制約があり、芸術家でさえそれほど独創的で奇抜なイメージが描けるわけではない。私たちは、大同小異の共通イメージ世界に生きているといえよう。

3 イメージ画は、社会の外的表象の再現か

本書の研究に寄せられる第二の疑問は、イメージの内部説とは逆に、社会や環境など外部の影響によってイメージがいかにもつくりだされると考えるものである。それは次のような疑問として表される。イメージ画は社会的な影響力の産物ではないか? マスメディアでつくりだされた絵と似たイメージ画が産出されるだけではないか? 社会に広まっているイメージ、たとえばマンガやテレビなどマスメディアで見聞きされた絵が、個人のイメージのなかに侵入して、それが単にコピーされて、絵のなかに再

現・表象(represent)されるだけではないか?

もちろん、マスメディアの影響は無視できない。しかし、社会のなかで意図的につくられたイメージが個人に浸透して再生産されるという単純なメカニズムの説明では、機械的すぎるだろう。人間はそれほど単純ではないし、単なる受け身の存在ではない。私たちが知識として知っていることと、自発的に表現することのあいだには大きなギャップがある。たとえば記憶の実験によって、私たちが数分前に見た画像でさえ、そっくり再現することは容易ではないことが確かめられている。再現過程では、時間がたてばたつほど個人のフィルターがかかり、元の図像から変形が行われる。マスコミがつくりだし社会的に広がったイメージを個人が意図的に同じように描こうとしたときでさえ、細部の取捨選択がその人の関心や記憶のしかたが影響を与える。このように、個人が自発的に描くイメージ画には、多かれ少なかれ個人によって変形がなされる。

個人は、社会と無関係に独立している(independent)といえるほど主体的な存在ではないが、社会が個人との相互作用なしに一方的に影響を与えられるほど個人の主体性は弱くないといえるだろう。

また実際に、イメージ画とマンガで描かれた「たましいの形」を比較したところ(渡辺 2001)、人びとが自発的に描くイメージ画は、マスコミで広まっていたり知識として知っているイメージ画と同じではなかった。たとえば「ドラゴンボール」「ときめき

ゥナイト」「幽遊白書」などのマンガでは、主人公があの世でアイデンティティを失ったり、気体のように霧散してしまうことはなかった。イメージ画で多く見られた人魂形や気体形のたましいはあの世へ移動して名前も意識も形もなくなる。しかし、マンガではあの世へ移動してパワーアップしたり霊感を獲得するなど力を得ることが多く、この世に生まれ変わるときには前世の記憶をもっており、この世とあの世の移動によって無化することはなく、主人公のアイデンティティの存続は明確であった。また平和な天国よりも、地獄や冥界、闘いや審判、閻魔や死神や妖怪などがマンガではよく現れた。これらは知識としてはよく目にするあの世の図像であるが、イメージ画ではまれにしか現れなかった。

本書では、イメージ発生の起源や影響過程をつきとめることを問題にしていない。したがって、マスメディアが個人にどのように影響するかというテーマは別に研究しなければならない。だが社会に広まっている図像がそのまま影響してイメージ画として描かれるというほど、単純な関係でないことは確かである。

今までの議論をまとめると、本書でイメージ画は、図1-4のようにまとめられる。個人のパーソナリティの表現でもなく、そのときどきに社会的文脈のなかで流通している社会的表象の現れでもなく、社会・文化的文脈のなかで人と人とのあいだで生み出されるビジュアル・ナラティヴであると考えられる。

4 フォークイメージ——表象概念の変革

本書では、他者やたましいのイメージを、人びとの想像力によって生み出され人びとに共有されているイメージ、つまりフォークイメージとして扱う。イメージ画は、個々いろいろで、厳密にいえば一つとして同じものはなく、多様で個性的である。しかしもう一方で、集合的に見たときには共通性があり、個人が独創的に描いた絵でもどこか他の人の絵と似ているところがある。個人に描いた私的イメージとしての一般的パターンから無縁ではないのである。

また、あるイメージを図像表象として表現するときの比喩的思考方法や、描画方法にも一般的なパターンやルールがあると考えられる。イメージ画は、絵の描き方などの技術も含めて、個人の主観だけで表現されるのではなく、歴史・社会・文化的文脈のなかで型として蓄えられてきた人間の知恵、認識のしかたや表現のしかたと深く関係していると考えられる。

この本では、イメージ画を集合的なフォークイメージとしてアプローチする。フォークイメージは、個人のイメージと相互作用するが、個人のイメージには還元されず、多くの人の心に影響をもたらす、それ自体で自律した生きもののような存在と考えられる。共有され、一人一人の心に影響をもたらす、それ自体で自律した

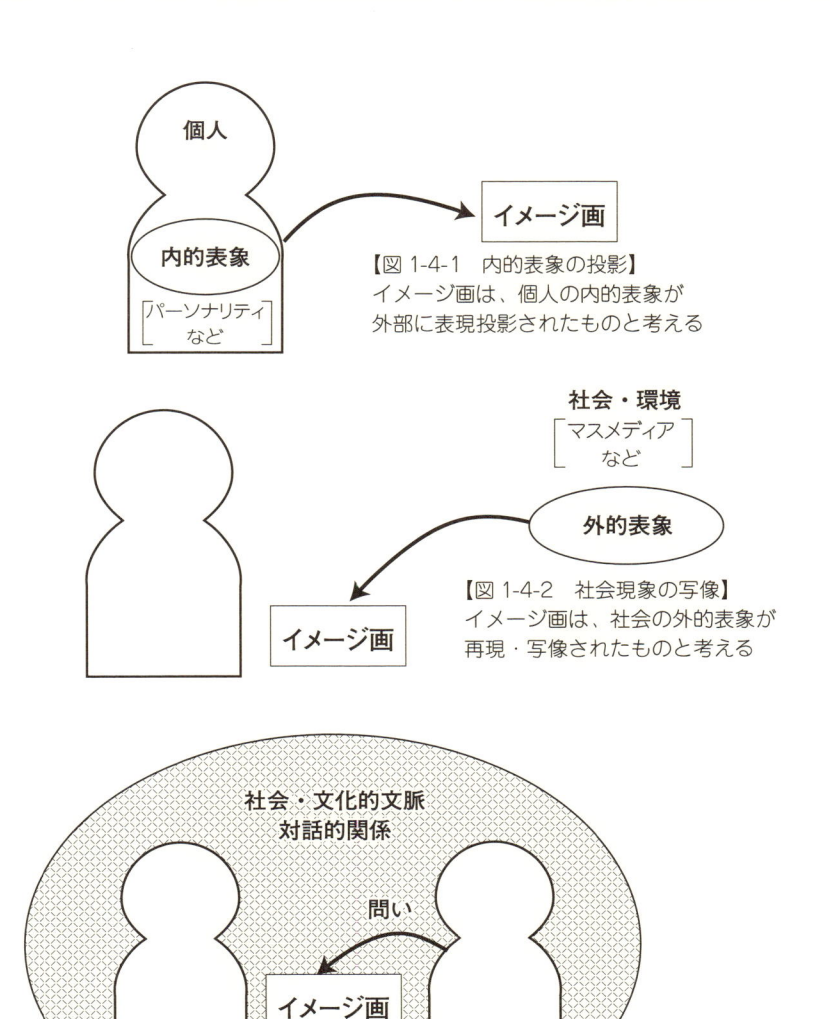

【図 1-4-1　内的表象の投影】
イメージ画は、個人の内的表象が外部に表現投影されたものと考える

【図 1-4-2　社会現象の写像】
イメージ画は、社会の外的表象が再現・写像されたものと考える

【図 1-4-3　ビジュアルナラティヴ】
イメージ画は、社会文化的文脈において人と人との対話的関係になかで生成されるビジュアルナラティヴである
（本書の立場）

図1-4　イメージ画とは何か──三つの考え方

今まで心理学の関心は、個人に向けられることが多かった。イメージを扱うときにも、ある種のイメージをもつ人はどのようなパーソナリティ（信念、価値観、態度）をもつ人かという問いが立てられ、イメージの多様性や変異は個人差を調べるために使われてきた。イメージは、個人の心の投影として扱われてきたのである。

しかし、本書では、個々の人びとが思い描いたイメージの多様性を、個人の内面に帰属させて考察するのではなく、フォークイメージの個々のヴァリエーションとして扱う。

本書の中心的テーマは、民衆文化のなかに共有されている他観やのちの共通イメージ、人びとが暗黙のうちに抱いているたましいの共通イメージを探ることである。本書では描画を個人の特徴を調べるためではなく、人びとが描く集合的なイメージの基本形やそれらの関係性をいくつか抽出しモデル化することにある。そのためには表象概念を変革しなければならない。

5　集合的無意識や元型とフォークイメージ

本書で扱うフォークイメージは、個人内の表象ではなく集合的に見られる「形式」であるという意味では、ユング（1999）の集合的無意識や元型という概念に近い。ユングは、次のように説明している。集合的無意識という概念は、図1-4の個人の「内的表象」と考えられてきたものを外部に拡張した考えといえよう。

　集合的無意識とは個人的な体験に由来するのでなくしたがって個人的に獲得されたものではないという否定の形で、個人的無意識から区別されうる部分のことである。個人的無意識が、一度は意識されながら、忘れられたり抑圧されたために意識から消え去った内容からなっているのに対して、集合的無意識の内容は一度も意識されたことがなく、それゆえ決して個人的に獲得されたものではなく、もっぱら遺伝によって存在している。

　[個人的無意識がほとんどコンプレックスから成り立っているのに対して、集合的無意識は本質的に元型によって構成されている。]

　元型という疑念は集合的無意識の観念に必ずついてまわるものであるが、それは心の中にいくつもの特定の形式があることを示唆している。しかもそれらの形式はいつの時代にもどこでも広く見いだされる。……この集合的無意識は個々人において発達するのではなく、遺伝していくのである。それは存在に先んずる形式であるいくつもの元型から成り立っているが、この元型は間接的にしか意識化することができない、意識の内容にはっきりした形式を与えている。

（ユング『元型論』p.87）

フォークイメージは、文化や時代を超えて、また伝播によらないでも世界各地によく似たイメージの形式が頻繁に見られる。しかし、本書では、それらを人びとに共通する文化的イメージであると考えており、「無意識」という概念によっては説明しない。イメージの形式を、それと隔たった見えない何か、つまり心の深淵にある無意識の象徴（ユング 1964/1983）であるとみなす深層的な

解釈をしないのである。イメージの形式が互いに似ているとすれば、どのように似ているか、ある形式と別の形式がどのような関係であるかと議論する。イメージの形式の相互関係だけを問題にし、あえて「表層」でとどめることによって、議論を際限なく複雑で証明できない神秘的な象徴に帰さないわけである。

ユングは元型を「遺伝によって存在する」「存在に先んずる形式」と述べている。本書では、形式が似ているとき、それがどこからきたのかを問わない。遺伝など内的要因に帰すことも、宗教や慣習など外的要因に帰すこともしない。本書は、因果関係を調べて因果的説明をするための研究ではなく、いくつかのイメージ形式の関係性パターンを調べる研究である。研究において、わからないことは、わからないままとどめておくことが重要である。

6 社会的表象とフォークイメージ

フォークイメージは、「社会的表象」という概念にきわめて近い。社会的表象とは、表象を個人の内的表象や内的表象が外に表現されたものとみなすのではなく、もともと社会的なものだとみなす考え方である。この考えは、図1-4の「外的表象」の拡張と位置づけられるだろう。

社会的表象という考え方は、「集団表象」に起源をもっている。ある社会、ある文化の成員に共通する信念や感情を、個人の心理的次元から区別して、集団表象(representations collectives)とし

て研究すべきだと説いたのはデュルケム(1912/1985)であった。彼の次のような論考は、今でも新鮮である。

> 今日では、同一原理(principle d'identité)の思想が科学思想を支配している。しかし思想の歴史で重要な役割を演じて、しかももっとも荒唐なものからもっとも学問的なものにいたるまでの神話学である。神話学では、もっとも矛盾した属性を同時に具えているもの、すなわち一であるとともに多、物質的であるとともに精神的であり、自己を構成するものから何ひとつ失わずに、どんな風にでも細分されるというような、そのような存在を絶えず問題にしているのである。部分は全体に等しいとは神話学での公理である。現在われわれの論理を支配しているように見える規準が歴史中で経てきた変化は、それが、人間の心意的構造に永遠的に録されたものではなく、少なくとも一部は歴史的なしたがって社会的な素因にもとづくものであることを証明している。われわれは、このような素因が何であるかを正確には知らないが、それが存在することは推定できるのである。
>
> (デュルケム『宗教生活の原初形態』(上)pp.36-37)

彼らの方法論は、文献研究が主体ではあったが、それまでの研究とは大きく異なっていた。エヴァンズ゠プリチャードがエルツ(1960/1985)の本の序文で評しているように、「社会進化や社会発展の法則を見ようとする研究」や「世界中のあらゆる事例を

文脈抜きに収集する研究」とは異なり、「一定地域に集中した注意深い比較分析と鋭い理論的洞察」を行ったからである。しかし、先に引用した短い一文だけでも、彼らのものの見方の特徴と方法論的な問題が指摘できる。それは、集合表象を物（object）のように客観的な実体としてみる見方、歴史的、社会的素因を求めるように客観的な実体としてみる見方、未開社会に遡るともっとも単純な原始形態や基本の形があるとみる見方などである。

モスコビッシ（Moscovici 1984, 1989, 2001）によると、デュルケムが宗教的信念や道徳感情の問題を、心理学から社会学の問題へと移行させた後、心理学は素朴な社会常識や、俗信、集団的信念などを扱わなくなった。心理学のなかでこうした研究対象が復活するのは１９６０年代以降である。モスコビッシは、「集合表象」から「社会的表象（representations sociales）」へ変えることによって、こうしたアプローチを復活すると共に革新してきた。

モスコビッシ（1984, 2001）は、集合表象と社会的表象の違いを次の二点にまとめている。第一に古典的な意味での集合表象は、個人表象と対立させた「説明概念」であり、科学、神話、宗教などの一般的な観念や信念の体系のことである。しかし、社会的表象は、記述され、説明されるべき「現象」である。社会的表象は、日常生活における個々の理解やコミュニケーションの様式、あるいは日常生活にかかわる個々の現実や常識の、両方をつくりだすための様式にかかわる現象である。

第二に集合表象は、科学、宗教、神話、時間や空間の様式など

を含む広範な知の様式であり、共同体のなかで生じるあらゆる観念、感情、信念が含まれていた。しかし、それではあまりに多くのことを把握しようとし、すべてを得ようとしてすべてを失ってしまう危険がある。したがって彼は、次の二つの制限を設けた。

第一の制限として社会的表象は、理解とコミュニケーションという社会的な営みのための、一つの具体的な方法とみなされるべきである。社会的表象は、概念（concepts）と知覚（percepts）の中間的な性質をもっている。概念とは、世界から意味を抽出し世界に秩序をもたらすものである。知覚は、世界を意味解体的に再生産する。社会的表象は、知覚と概念の両面にかかわり、知覚を概念にむすびつけ、同時に概念を知覚にむすびつける働きをする。

第二の制限は、現代の社会的表象の流動的、可塑的、動的特徴を強調することである。日常世界や常識がどのように構成され、変容するかに着目するのである。社会的表象は、一般的で抽象的な科学や宗教と個人の社会的活動とむすびつき、科学や宗教の世界とは異なる「常識」世界を構成する。社会的表象は、抽象的な観念を、人びとの集合的な経験や相互作用のなかに具現化する働きをする。現代社会では、公式の科学、宗教、イデオロギーなどの統合システム自体が多様化し動揺しているので、それらを日常生活にむすびつける社会的表象の役割はますます増大している。現代では「常識」、つまり社会や集合体の機能にとって欠くことができないイメージや意味の土台となる理解の形式が、たえま

34

く再構成される必要がある。したがって、社会的表象がもつ日常生活の構成や変容という機能に注目すべきである。

社会的表象とは、社会的に練り上げられ共有される知識の一形態であり、実践知の一形態として立ち現れ、社会全体に共通する現実（realite）の構成に貢献する。これはフォーク心理学の立場では、常識知、素朴知といってもよいだろう。このような知の形態は、とりわけ科学的知識と区別されるが、科学的知識と同様に研究対象になりうる。

モスコビッシによると、社会的表象は、それ自体が自立的な存在であり、論理の法則とは異なる独自の法則をもち、人間の行動を慣習化し規定している。社会的表象は、ある種の環境であり、個々の人びとが考える以前に慣習や伝統として存在し、私たちの経験や過去の観念を現在に生かし、活動し、浸透させ、変化させている。

社会による思考の産物、つまり社会的表象は、一方では現実を慣習のなかに取り込む。他方では伝統や慣習を通じて私たちの知覚やイメージを規定する。この双方向の作用を通じて、社会的表象は現実の環境をつくりだしていく。社会的表象は、たとえ物質的実在ではなく観念的実在であったとしても、自律性（慣習的性質）と強制力（規定的性質）をもち、疑いようのない現実として立ち現れる。社会的表象によってつくられてきた歴史や習慣にも匹敵する。いや、ときには物質的環境の重みにも匹敵する。目に見えないものは、私たちにとって物質的環境よりも大きい影響力をもつ。目に見えないものは、目に見えるものよりも直接に対峙しにくいからである。

このように社会的表象は、多くの人びとに共有されて、一人一人の精神に影響を及ぼしている。人びとは社会的表象を新たにつくりだして変容させることもできる。しかし、それは社会的表象を独自に創造し、自分で考え出しているというよりも、過去の経験の蓄積である社会的表象を、改めて心に描き直す、改めて自己のバージョンによって引用し直す、表象を再演しているのだといえる。

社会的表象の考え方を以上のようにとらえるならば、それを社会的表象と呼ぶか、ナラティヴと呼ぶか、用語は違うが、少なくとも次の三点において、物語論の考え方と共通していることがわかるであろう。

第一には、科学を成立させている様式「論理実証モード」とは異なる日常的な様式「物語モード」を重要と考えること（ブルーナー 1990/1999 など）。第二に、社会文化的文脈のなかで共同化された物語や神話と、個々人が自分の語りによって生み出す物語や個人的神話との関連と、個々人が自分の語りによって、語りと語り直しの連続としての物語の変容や意味の再構成過程を重視すること（ガーゲン 1999/2004）などである。

社会的表象という考え方の長所は、次の二点にある。第一には、「内側にあるイメージの外への反映」という考え方から解放されること、第二には、個人の表象と社会の表象とを明確に分離して、片方を心理学者に、片方を文化人類学者や社会学者にゆだねるの

ではなく、両者をむすび合わせ、生き生きとした「表象」を扱うことによって、「個人か、社会か」という二元分割の問いを超えることができると共に、「表象」概念を変革できるからである。

しかし、共通点が大きいものの、ここではフォークイメージということばを使い、社会的表象という概念をそのまま使わないことにした。それは、「表象(representation)＝再現前」という用語をあくまで避けたいと考えたからある。モスコビッシは、「知覚＝イメージ＝画像」と説明している。しかし、知覚は画像的な「個人」と「社会」の二元分割を引きずってしまう危険性がある。社会的表象は、個人に「社会」を帰属させる「表象」を帰属させてしまう危険性によって表象概念を変革したが、社会的表象をモノとみなし、自律した現実として扱うアプローチに現れている。

この本では、現代という時代において、ある文化を共有する人びとが共通してもっている「この世とあの世の関係」の心理的コスモロジーとたましいイメージをフォークイメージとしてとらえる。そのために、多くの人びとに共通する最大公約数ともいうべき典型的な構図をできるだけ単純化して抽出するとともに、それらの多声的関係性を描出することを試みる。

7　イメージ画のネットワークモデル

イメージは生きもののように変化する。それならば、描画よりも、ＶＴＲや動画のほうが現実の生きた動きを反映できるのではないかと問われる。確かに、描画は、生きものとしてのイメージ生成という側面から見ると制約が大きすぎる表現である。何かに焦点をあてれば、何かを捨てねばならない。イメージ画という二次元の表現は、立体空間で表す三次元表現や時間軸が入る四次元表現に比べると制約があるが、固有の長所もある。一枚の絵や写真は、詩にも似て、情報の極限までの縮約化によって力を発揮する。

たとえば尾形光琳が描いた紅梅白梅屏風の絵を思い起こしていただきたい。紅梅と白梅のあいだに描かれた川の波の文様は、川の水のたえまない動きや波の響きの現実的な再現性という点では、現実の一枚の屏風に波の形の多様性を全体として縮約するという点では、動いているＶＴＲよりもはるかに完璧なモデルをつくりだしている。描画は、二次元から三次元へというように情報を縮約化して重要な核の部分を浮きださせるのに効力をもつのである。（やまだ 2010）。

本書では、描画のもつ縮約化の利点を最大限に引き出しすため

に、さらに縮約化を試みた。線描による「形」に着目したイメージ画に焦点化して、問いを二つに厳選し、大きさを限定し、色彩による感情表現を捨てたのである。

本書では、文化の異なる人びとが描いたよく似ている絵、少しずつズレを含む多くの人びとの絵を一同に並べて質的に見比べる。個人のイメージを問題にするのではなく、全体として曼荼羅のように複雑に織られているイメージ世界の意味や、それらに共通する社会的表象としての一般性を見いだすのである。多文化の人びとから集めた多くのイメージ画を縦横に織り合わせて、生きた模様や文様をもつ織物のようなモデルにしあげることで、個々の要素としては静的であるが全体的な集合としては動きのある、生き生きしたイメージ世界を眺めてみたいと思う。

8 目的と方法のまとめ
―― 多文化のイメージ画による心理学モデルの生成

人びとがそれぞれ勝手にばらばらに多様に描くように見えるイメージの世界も、フォークイメージとして集合的にとらえると、ある程度共通したパターンや様式があるのではないかと考えられる。その心理的様式を探求するために、多文化のイメージ描画をもとに、「質的方法」と「量的方法」の両者の長所を生かして多様なモデル生成を行う。そして、「この世とあの世の関係性」や「たましいの往還プロセス」を理解するための心理的モデルを、具体的で豊富なイメージ画の事例と共に提示することが、本書の大きな目的である。

本書がめざす研究と方法の特徴は、次の8点にまとめられる。

（1）他界やたましいのイメージを、単独の概念ではなく、この世とあの世、生と死という「関係概念」でとらえる。

（2）他界やたましいのイメージを、「心理的場所」と「移動」という二つの基本概念でとらえる。

（3）ビジュアル・ナラティヴを生み出すイメージ描画法を用いて、人びとがいだく想像世界「この世とあの世のイメージ」を目に見える形にして描き出す。

（4）イメージ画は、多文化の人びとが描いた集合的なフォークイメージとしてとらえられる。それは、イメージを個人の内部にあると仮定してパーソナリティや個人差を見ることを目的とする従来の心理学とは異なる。

（5）特に従来の学問の基礎は西欧文化的な視点に立っていたので、それだけではなく、日本やほかの東アジアの視点を入れて、文化的文脈が異なる人びとが描いた多様なイメージ画をもとにして考える。

（6）「質的方法」と「量的方法」の両者を相補的に用いて分析し、両者の長所を生かすかたちで対話的に統合する。

（7）多文化の人びとのイメージ画データをもとにした「クロノトポス・モデル」の生成をめざす。特に、多文化の人びと

（8）モデル化の方法論としては、現場の生のデータからボトムアップしたモデルと、理論からトップダウンでつくられたモデルを多重に対話させる「多声モデル生成法」による。
に共通する基本的なモデルを多様な形式と事例で提示する。

2章　二つの心理的場所「ここ」と「あそこ」

主体をここの領域にとどめるには、ここというい心理的場所がはっきりしなければならない。ここという場所が定まらなければ、こことと区別されたあそこも存在しえない。主体の居場所ここがはっきりするためには、世界を統一し、まとめる中心が必要である。

そして、ここの中心に形成されるものこそ、行為の主体としての自分という意識、私は私を基準にまとめられ、意味づけられる。世界を眺める視点（view point）が定まらなくて、どうして世界をまとめる枠組が得られようか。

（やまだようこ『ことばの前のことば』）

1節　基底概念としての「心理的場所（トポス）」と「移動」

1　不変項と変化項

本書の目的は、人びとが日常的にもっている「この世とあの世のイメージ」を、「心理的場所」「移動」という概念をもとにしたイメージ画によって調べることである。

① イメージ画1では、「この世の人とあの世の人の関係イメージ」を見る。人間をこの世とあの世という二つの「心理的場所」のなかで定義したとき、各場所にいる人びと（生者と死者）がど

のような関係性でイメージされるかを調べる。

② イメージ画2では、生から死、死から生への変化における「たましいの移行イメージ」を見る。場所の移動にともなって「この世の人からあの世の人に変化する」「生者から死者になる」「人間からたましいになる」など、形態や存在様式も移動する。

2章では、本書の前提になる「心理的場所」概念について考察する。このアイデアのもとには、日本文化の発想、特に日本語の構文と、コソアドの体系がある。それらは、世界をどのような視点からどのように切り取っていくかという、ものの見方の根本的な議論と関連している。したがって、多少の回り道かもしれない

が、まず日本語の構文や発想について考えてみたい。

　「この世」と「あの世」は、場所概念であるとともに時間概念を含んでおり、興味深い意味を内包する日本語である。「この世」と「あの世」の基礎にある、コソアド体系のなかの「ここ」と「あそこ」、「よ」（世・代）という概念についても説明を試みる。

　1章にも記したように、世界をとらえるときに、もっとも単純な方法の一つは、何かを「不変項」として認識の枠組におき、何かを「変化項」としてみることであろう。相対的だが比較的変わらないものを不変項にするのである。

　たとえば、次のような例で考えてみたらどうだろうか。駅が不変項として固定された位置におかれるから、電車はA駅からB駅へ「移動」することができるが、もし駅も電車と共に同じ速度で動くならば、物理的には電車が動いていても、いつまでもA駅に「とどまる」ことになり、「行く」という移動にはならない。したがって、ここで記述する「移動」は、物理的な運動ではなく、「行く」というような言語レベルで記述される世界の見方としての「移動」である。また、このような記述が成り立つ前提として、「電車」も同じ変わらないものであるとみなされ、暗黙のうちに不変項とされていることがわかる。A駅からB駅へ移動するあいだに、「電車」が「バス」に変わってしまったら、「電車」が「行く」ことにはならない。厳密にいえば、同じ電車ではなく変化しているかもしれない。たとえば、A駅からB駅に移動する途中で雨が降って車体の見え方や色が変化しても、「変わらない」同じ

「電車」とみなされる。したがって、単に物理的な変化の有無を問うているのではなく、相対的な世界の見方と記述のしかたを問題にしているのである。

　「変わる」「なる」という種類の「移動」も、不変項と変化項によって記述できる。「子どもが大人になる」というときには、「子ども」「大人」ということばが「駅」にあたる不変項、子どもから大人になって、見かけも行動もすっかり変化してしまっても、同一性と連続性で定義されるアイデンティティをもつ「同じ人」、つまり不変項とみなされている。

　このように単純化すれば、一般には名詞が不変項を、動詞が変化項と記述を表すと考えていいだろう。言語は、数学と並んで世界の見方と記述のしかたをつくっている人類の財産である。数学が純粋に抽象的な関係性を記述するのに対して、言語は文化的文脈に密着したローカルな体系であるから、何が不変項の位置におかれるかは、言語体系によって異なる。

　英語など西欧語では、もっとも基本となる構文は、S（主語）V（動詞）O（目的語）である。「私がA駅へ行く」というように、主体（動作主、agent）が、何か（目的）に向かって、何かをする

2　境界の長いトンネルを抜けるとあの世であった

日本語では、主体が何かをするという構文よりも、「場所で何かになる」という構文で記述されやすい。「場所言語」「なる言語」といわれる（池上 1981）。

たとえば「国境の長いトンネルを抜けると雪国であった」という川端康成（1984）の小説『雪国』の冒頭をとりあげてみよう。この文章を英語に翻訳するときには、「電車がトンネルを抜けると」か「私がトンネルを抜けると」か、主語をどちらかにしなければならない。英語では、移動の主体が電車なのか私なのかが重要である。英語では、移動の主体を不変項として、他動詞構文（SVO）がつくられる。

それに対して、「場所言語」「なる言語」では、場所（国境、トンネル、雪国）は明示されるが、そこでおのずから「出来事」が起こったかのように自動詞構文がつくられる。川端の文章のように、日本語では、「場所」が不変項になり、何が「主体」「主語」「動作主」かは、必ずしも重要ではない。

西欧語では、個人が不変項になりやすい。個人が行為の「主体」となり、一貫して「同じ自己」としてアイデンティティをもつ

（移動や変化をつくりだす）という構文である。不変項としてもっとも重要な位置におかれるのは、場所よりも、「私」というモノ、一人称の主体である。

と前提される。それに対して日本語では、「場所」が不変項になる。自己が一貫して同じアイデンティティをもつどころか、場所や状況や相手によって変化するかのように記述される。

川端の文章は、そのまま「境界の長いトンネルを抜けるとあの世であった」と言い換えることができる。この世からあの世まで、長いトンネルを抜けて行く。あの世まで行く移動の「乗り物」が主語ではないので、乗り物が「銀河鉄道」なのか「渡し舟」なのかはわからない。また、「私」が主語ではないので、私が自分の意志で主体的にあの世へ行く行為をしたかどうかもわからない。ふだ気がついたら「あの世であった」という場所を主体とした自動詞で記述される。生者の世界「この世」と、死者の世界「あの世」という二つの場所のあいだに「境界」があり、境界の長いトンネルを抜けると別の場所になる。この『雪国』の冒頭は、「この世からあの世への移動」を表す日本語として、正確で過不足ない基本構文でできている。

興味深いことに、日本語だけではなく西欧語でも、生から死、死から生へ移動するときには、「場所言語」「なる言語」で表される。死生にかかわる行為は、「死ぬ」「生まれる」という自動詞で表され、その行為を引き起こした主体や動作主は問われない。そして、西欧語においても「どこから来て、どこへ行くのか」というように、生から死への移動が、場所から場所への移動として記述される。日本語の基本構文は、生死の移動を表す心理的リアリティを表すときには適しており、普遍性をもつ様式と思われる。

近称・中称・遠称および不定称が分かれる次第です。

(佐久間鼎『現代日本語の表現と語法』)

2節 「ここ」と「あそこ」

1 コソアドの体系

本書のテーマである「この世」と「あの世」は、コソアドの体系のなかの「ここ」と「あそこ」という場所概念をもとにしている。佐久間 (1936) は、言語活動を、話し手と聞き手の両者を含む現前の事態や場（現場、行動の場、指示の場）でとらえるという観点を提出した。そして、日本語では場所を基準とする「指す語」の体系が、たとえば英語の here, there などよりもはるかに整然とした合理的なシステムを形成していることを発見した。彼は、「指す語」あるいは「事所」語として、図2-1のようなコソアドの体系を見いだした。

いはゆる代名詞の職能を「指示」あるいは「オリエンティション」に認めるとすれば、自己を中心として「もの」または「こと」がどういふ位置にあり、どの方向にあり、どういふ有様を呈しているかについての立言が、直接にこれによって指されるのは当然で、かうして話し相手との関係における、いはゆる人代名詞の称格、すなはち自称、対称、他称および不定称が分れ、対象の指示における、いはゆる指示代名詞（または地所代名詞）について

コソアドの体系は、日本語の人称ともむすびついている。佐久間は、図2-1のように日本語の人称概念として、話し手をさす自称（一人称）、聞き手をさす対称（二人称）、他称（三人称）をコソアドの体系の上に整理した。西欧語の一人称、二人称、三人称が、話し手、聞き手、第三者という独立した個人をさすのに対し、場所にもとづくところが異なっている。場所と人称との関連は、おおまかに言えば、近称コ系に属する

	近称	中称	遠称	不定称
もの	コレ	ソレ	アレ	ドレ
方角	コチラ / コッチ	ソチラ / ソッチ	アチラ / アッチ	ドチラ / ドッチ
場所	ココ	ソコ	アスコ	ドコ
人（卑）[もの]	コイツ	ソイツ	アイツ	ドイツ
形容	コンナ	ソンナ	アンナ	ドンナ
指定	コノ	ソノ	アノ	ドノ
容子	コー	ソー	アー	ドー

図 2-1　コソアドの体系（佐久間1936）

層に、「わたし」という自称が属している。ソ系は、相手の領分であり、第三者は遠称ア系に属している。それは心理的距離によって使い分けられる概念であり、いわゆる三人称とは違っている。「こいつがねえ、こんなことを言うんですよ」と話されるときは、話題になっている第三者は、自分と同じ場所にいる、ここの人、つまり心理的に身近な内側の人である。「なあにあの人、あの態度は、ほんとにあれではねえ」と話されるときには、ア系で話される人は離れた遠い人、あそこの人、外側の人、他人として扱われている。

近称、中称、遠称の区別は、必ずしも物理的距離の三区分ではない。佐久間は、「これ」という場合の物や事は発言者すなわち話し手にとって自分の手の届く範囲、いわばその勢力圏内にあるのに対し、「それ」は、話し相手の手の届く範囲、自由にとれる区域内のものをさし、こうした勢力圏外にあるものがすべて「あれ」に属すると説明している。

西出（1993）は、実際に広い場所（体育館）に浮遊させた物体を人がどのように指し示すかを実験的に調べた。その結果、図2-2のように自己の身体を中心にして、コレ・ソレ・アレの領域が同心卵形に広がることがわかった。佐久間の説が実証されたといえよう。コソアの同心卵は、自己の身体を中心にして等距離ではなく異方性をもっていた。水平的に見るとコレが半径約1m、垂直的に見るとコレが2・4mで、上部への広がりは水平方向よりも広かった。また前方は後方よりも広かった。

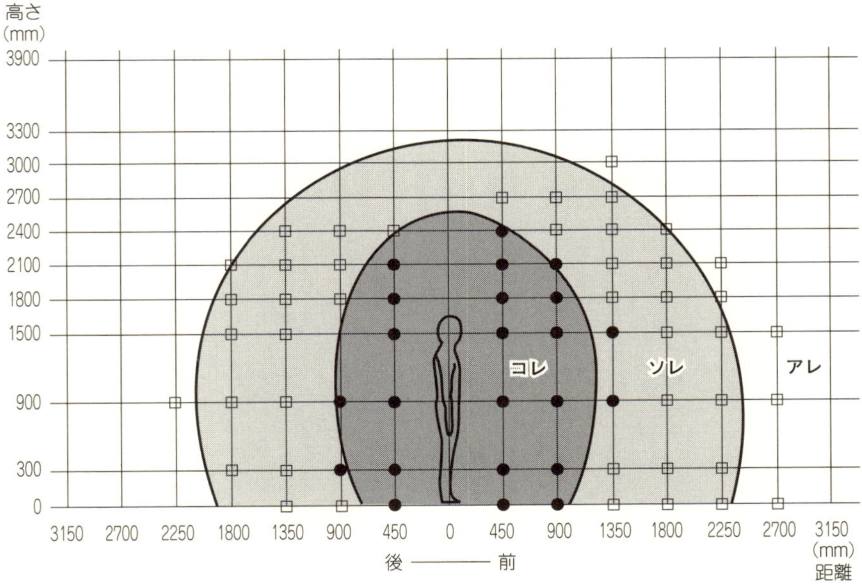

図2-2　自己の身体をもとにしたコソアの同心円（西出 1993）

西出は、話し手・聞き手がいる対話型の場合も調べ、相手や情況によってソレ領域は変動が大きいが、コレ領域は比較的固定した領域として成立していたと述べている。コレ領域は、身体的な支配領域、身体の延長的な領域であり、人間の身体の大きさがほぼ一定であるために、コレ領域もほぼ固定するのであろう。

西田が測定したコソアの距離では、ホール(1966/1970)のパーソナル・スペースにほぼ対応していたことは興味深い。ホールは、人を含む生活体は、そのまわりに身体やパーソナリティの延長としての距離帯や次元をもっていると考えた。彼は人間を目に見えない泡につつまれている存在だと述べている。彼はその泡を測定できるとみなして、人をとりまく四つの距離帯を区別した。

密接距離は、18インチ(約45㎝)以内の、他者に触れることができ、身体支配が及ぶ限界までの距離である。コ系は、ほぼ個体距離にあたるだろう。

個体距離は、1.5−4フィート(約45−120㎝)で、他者に触れることなく、息が直接感じとられる距離である。個体距離の外には、社会的距離(約4mまで)がある。ソ系は、ほぼ社会的距離に対応する。そのほかには、さらに公衆距離が広がっている。

ホールは、画家が肖像画を描くにも適切な距離があり、モデルと13フィート(約4m)以上離れると、モデルをボール紙から切り抜いた形や風景のなかの樹木として物のように眺めてしまい、関係しにくくなるという。ア系は、相手を同じ人間として関係

もちろん公衆距離に対応するだろう。心理的場所の広さは、文化や習慣、時と場合や行動のしかたによって変化する相対的なものだから、物理的に測定できるとは限らない。まして、人間は個人ではなく複数で場所に居り、運動したりコミュニケーションするから、実際にはさらに複雑になる。しかし、場所は、単に空虚な空間ではなく、身体・自身の居場所である。人間の身体の大きさにもおよその大きさがあるのだから、それをとりまく場所の大きさや距離はあるといえよう。

以上のようなコソア体系で示される場所の性質は、「この世」「あの世」というように、想像の場所へ拡大されたときにも、本質的な性質を保持しているといえよう。

2 「ここ」でない場所「あそこ（トポス）」

本書の概念はコソアの体系をもとにしているが、社会的距離にあたるソ系は、相手との社会的関係からはずした。基盤としての場所概念からはずした。

森田(1977)によると、ソ系は必ずしもコ系とア系の中間ではなく、コ系と対立する概念であると説明している。「ここ/そこ」は、話し手が聞き手を自分と対立する相手とみなす場合であり、「ここ/あそこ」は、話し手と聞き手が同じ場所にいて「私たち」という立場に立つ場合である。「そこ」も「あそこ」も、「ここ

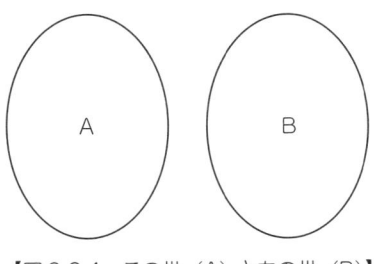

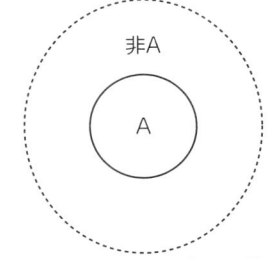

【図2-3-1　この世（A）とあの世（B）】　　【図2-3-2　この世（A）とあの世（非A）】

1　心理的場所（psychological topos）の概念

① 場所（トポス）のなかで、人間（自己、私たち、生者）が定義される。

② 場所（トポス）の中心は「ここ」である。
「ここ、この世（A）」に対して、非Aとして「あそこ、あの世」があると考える。
「ここ、この世（A）」と「あそこ、あの世（B）」は図2-3-1のように2つが対等の世界を形づくると考えるのではなく、図2-3-2のように「ここ、この世（A）」と「あそこ、あの世（非A）」は、入れ子構造をなすと考える。

③ 人間（自己、生者）は、「ここ、この世」にいる。

④ 人間以外のもの（他者、死者など）は、「あそこ（非ここ、非この世）」にいる。

2　移動（transfer）の概念

⑤ 場所の移動（位置変化）は、原点から空間的に遠ざかる移動をさす。

⑥ 形態の移動（形態の変化）は、人間の形から形態を変化する移動をさす。

図2-3　基底概念「心理的場所（トポス）」と「移動」

を基準にしているので、「ここ」がもっとも基盤となる場所だと考えられる。また国際的に見ても、指示体系を中心に「ここ here」と「あそこ there」をとらえる見方は、日本語だけに通用するのではなく、他の言語においても共通性が高い（Weissenborn & Klein 1982）。

本書では、話し手との関係領域である「そこ」は省き、コ系「ここ（この世）」とア系「あそこ（あの世）」のみを取り上げる。「あそこ」は、自己にとって近接した場所「ここ」が基準となって成立すると考えられる。したがって「あそこ」は、図2-3-1のように「ここ」を場所Aとすれば、もう一つの別の場所Bではない。図2-3-2のように、「ここ（A）」以外の場所（非A）として入れ子の関係にある。「ここ」の特徴は、近接性、身体性、可視性、コミュニケーション可能性、私性である。それに対して、「あそこ」は、遠隔性、非身体性、不可視性、コミュニケーション不可能性、他者性によって特徴づけられる。

3節　「世」という概念

1　「よ（世・代）」とは

場所概念には、空間的意味だけではなく時間的意味もある。したがって「ここ」という概念には、今・ここという時間的な近さでもあり、近くとは時間的距離の遠さでもある。「この世」に対して「あの世」は、時間的にも空間的にも遠い場所である。

「よ（世・代）」「あの世」ということばは、時間概念を構成している日本語の「よ（世・代）」ということばもまた、時間・空間を含んだ非常に興味深い概念である。

「よ（世・代）」は、本来は「竹の節と節とのあいだの中空の部分」をいう。よ（節）と同語源で、時間・空間的に限られた区切の意味をもつ。日本国語大辞典によれば、次のように大きく六つの意味をもつ。

（1）人が生まれてから死ぬまでの期間。一代。
　①一生、生涯、人生　②寿命、年齢
（2）ある特定の者、また系統によって、支配・統治が続く期間
（3）仏説にいう、過去（前世）、現在（現世）、未来（来世）
（4）時節、季節、機会、おり。
（5）人間の構成する社会。またそのなかでの人間関係。よのなか
　①個人が他の個人と密接にかかわって生活する場。世間、社会、世の中　②俗世間、浮き世　③国土、国家、天下　④社会の動向　⑤世間一般　⑥世間の評判、噂、外聞　⑦社会での境遇　⑧世帯　⑨男女の交情　情事、夫婦生活
（6）人間の生活する周囲をとりまく空間の広がり、四方の自然　①社会を存続させる周囲をとりまく自然環境　②稲作の豊凶の状態

以上をまとめると、「この世」「あの世」ということばは、次の三重の意味で区切られた「世界」を表していると考えられる。第一には、コノ・アノで指し示される自己を中心にした近遠の「場所」を区切る世界という意味。第二には、一代、一生など生まれて死ぬまでのひとまとまりをなす「時間」や「時代」を区切る世界という意味。第三には、社会的関係や人間関係や生活のしかたを含む世間や世の中、つまり「社会的場」を区切る世界という意味である。

2　「あの世」の関連語——「他界」「来世」

最後に「あの世」と類似した用語の整理をしておきたい。通常、学術用語としては「あの世」よりも「他界」が多く用いられる。

しかし、「あの世」という用語を使うことにした。それは、次の四つの理由にまとめられる。

（1） 日常用語としての「あの世」

「あの世」は現代においてもっともふつうに用いられている平易な日常語である。イメージ描画を方法論として用いるとき、日常的な親しみやすいことばのほうが、豊富なイメージを生みやすい。

（2） 興味深い世界観を含む日本語

先に記したコンソアド体系や「世」概念とのつながりなど、日本文化に根づいた優れたことばであり、日本語の意味体系とのネットワークが広く含意も深く、世界観としても興味深い観点を含んでいる。

（3）「あの世」と「他界」「来世」

久野（1997）は、『日本人の他界観』において「あの世」のかわりに「他界」を使うのは、他界には「他界する」という動詞的な意味を含んでいるからだという。
坂本（1997）によれば、柳田國男は、他界という語を使わず、あの世ということばを好んだという。「他界」ということばは古くから使われているが、他界するという動詞として使われており、他界、いわゆる死後の世界は「あの世」というほうが多かったと他界、いわゆる死後の世界は「あの世」というほうが多かったという。

「他界」には、動詞的な意味が入るという良い点がある。しかし、単独で使うことはできても、「この世・あの世」、「此岸・彼岸」、「現世・来世」のように関係概念として対応する概念がないことが難点である。本書では「あの世のイメージ」を扱っており、二つの世界を関係概念とみなしていることが大きな特徴である。あの世の表象は、この世の表象の何らかの反映であり、両者は分かちがたくむすびついている。その関係性のなかで、あの世をとらえることが必要である。あの世は、この世の人びとの想像力と関係性で成り立つ世界であり、あの世を必要とするのも、この世の人びとどちらかというと「他界」は空間概念であり、「来世」は時間概念である。「あの世」は、空間概念と時間概念を共に含んだ場所概念であり、心理的現実（リアリティ）をよく反映している。なお「あの世」は、死後の世界をさすが、「他郷」「異郷」「異界」を含んだより広い意味で用いられることがある。

（4） 翻訳が可能

この世、あの世に対応することばとしては、英語では this world, another world (next world, hereafter)、仏語では ce monde, le autre monde ということばがあり、ほぼ同義の意味をもっており、翻訳が可能である。国際比較研究をするには具合がいいことばだといえよう。

4節　心理的場所（トポス）

本書の研究のもとには、1章で述べたように、心理学が依拠してきた「個人」という概念に疑問をもち、「関係」概念として人間をとらえようとしたこと、そして関係性を記述する基底概念として「心理的場所（トポス）」を考えてきたという経由がある。ここで「心理的」としたのは、物理的、地理的場所と同義ではないからである。しかし、1章3節でイメージについて議論したように、「心理的」ということばには、いわゆる心理主義や日常語の「心のなかにある」という意味は含まない。以後「場所」と呼ぶのは、すべて心理的場所をさす。

この節では、心理的場所の概念をさらに明確にするために、「空間と場所」「生態的場所」「記憶の基盤としての場所」「認識と自己の発生基盤としての場所」について考えておく。

1　空間と場所（トポス）

従来の心理学では、「個人」という単位と対にされていたのは「空間（space）」という概念であった。空間とは、文字通り空っぽの場所、空虚な器のようなものであり、個人はそのなかを自由に動き回ることができると考えられてきた。空間とは、具体的な内実や中身や意味をもたない虚ろな枠組のようなもので、物と物との位置関係を規定する等質の抽象的な枠組である。

「場所」という概念は、このような人工的に観念化された空虚な「空間」の概念とは異なっている。ギリシア語のトポス（topos）は、ラテン語ではロクス（locus）、英語ではプレイス（place）にあたるが、もともとの意味としては、物や私たち自身がそこに確在する場として具体的な内実をもつ概念である。場所は、方位・方向によって異なるさまざまな意味と価値で充満している。

中村（1989）によれば、プラトンは「すべての存在するものはなんらかの場所（トポス）の中にあり、なんらかの場を占めていなければならない」と述べ、アリストテレスは場所を「自分を直接つつみ込んでいるもの」と考えていた。また、言語についてのトポスとは、人間の知的・言語的な遺産としての、ある主題についての考え方や言い表し方の集積所（貯蔵庫）であったから、愛のトポス、正義のトポスなどというものもあった。話題を意味する英語のトピックも、トポスに由来する。

トポスは、入れ子構造をもっている（やまだ 1988）。ボルノウ（1978）によれば、ギリシア語のオルトは、点的なもの、位置だが、トポス（場所）は、一定の広がりや容積をもつ容器のようなもので、その対象物をつつみ込んでいる。トポスは、事物と事物のあいだの結合関係の体系ではなくて、ある物によって占められている容積

のまわりを外部から境界づけているものであり、そのなかに物が納まっている。いろいろのオルトは、同時並行的に存在するが、それを具体的に記述いろいろのトポスは、相互に入れ子になって、しだいに包括的になって、すべてを包括する空間が成り立つ。トポスは有限である。ギリシア人の元来の問いは、あるものがどこに帰属するかということであったが、トポスとは、いっさいのものがそこに自分固有の、自分にふさわしい場所をもともと所有しているという概念からなる。宇宙に秩序づけられた、有限で見わたすことができるトポスがあるという考えである。

西田（1995）は、関係が関係として成立するためには関係の項としての場所、たとえば意識と対象とが関係するためには両者を内につつむ場所が必要と考え、「直観的なものの於いてある場所」を考えた。また、和辻（1935）は「風土」と呼ぶ場所によって人間が規定されると考えた。

以上のように、「場所」は、人やものを関係づける基盤であり、意味・価値・文化を生成し集積する所であり、空っぽの「空間」とは区別される。

レヴィン（Lewin 1936）は、「空間」の概念を心理学的に発展させて、「生活空間」（life space）の概念を理論化した。生活空間は、人間の内部にあるものでもなく外部の環境に帰すこともできない。レヴィンは、人が境界を超えて生活空間を移動していく軌跡を考えた。生活空間の概念は、心理的場所の概念に非常に近い。しかし、生活空間は、「個人」と「空間」という概念を引き継い

でいることが問題である。生活空間は建物のなかにいくつもの部屋があるように複雑な空間に分割されるが、それを具体的に記述することが難しい。それで抽象的で幾何学的な図式にとどまる。

心理的場所の概念は、人と切り離された「生活空間」とは異なり、「ここ」と「あそこ」二つだけで、そこに居る人と共に定義されるのでシンプルに記述できる。生活空間の概念では、たとえば旅によって移動する人を記述するのに、通過する幾重もの異空間をどのように移動して記述するかに悩まねばならない。心理的場所の概念では、それ自体が変化を含んでおり人をのせて移動する。生活空間が建物だとすれば心理的場所は「空飛ぶ絨毯」である。心理的場所は、「居場所」なので、そこに帰属する人と共に定義されるからである。

2　生態学的場所（トポス）

生態学的視覚理論を提出した心理学者ギブソンは、人間を含む動物が知覚できるのは空間ではなく場所であり、また動物は空虚な空間ではなく場所のなかに生息するのだと考えた。彼は、次のように述べている。

対象が空間を満たす（fill）のではない。なぜならば、初めから空虚な空間などありはしないからである。環境の中で変わることなく安定している面が、現実の枠組になる。世界は決して空虚で

はない。媒質（medium）に関していえば、そこは運動や移動が起こる領域であり、光が反射し、面が照明を受けるところである。これは占められる場所（room）とでもよばれるもので、空間（space）ではない。面とそれが作りだす配置は知覚されるが……空間が知覚されることはない。

（ギブソン『生態学的視覚論』p.109）

場所（place）は空間の点と対照される環境内の位置であり、多かれ少なかれ広がりのある面ないしは配置である。点は座標系に関して位置づけられねばならないが、場所は大きな場所のなかに包含されている状態で位置づけられる（たとえば、グレート・プレーンズの川の屈曲部のそばの小屋の中の暖炉というような場合である）。場所はそれに名づけることができるが、はっきりした境界をもつ必要はない。動物の生息場所は場所でできている。

（同 p.37）

迷路の通路、住宅の部屋、街の通り、田舎の渓谷は、それぞれ一つの場所を構成し、一つの場所は一つの景色（vista）、半ば囲った所、一群の現れた面を構成する。「ここ」が点ではなく広がりをもつ領域だという但し書きつきで、景色はここから見えるものである。

（同 p.213）

以上のような議論から、「場所」は、次のような特徴をもつと考えられる。空間は、空虚な抽象化した概念であるが、場所は内実のある中身で満たされている。空間の座標軸ではものの位置は

点で示されるが、場所は、点ではなく広がりのある面と配置から、運動や移動が起こる領域であり、一群の面などで構成される。場所は、より大きな場所のなかに含まれるという構造、入れ子（nesting）構造をもつ（やまだ 1988）。場所は、名づけることができるが、はっきりした境界をもつ必要はない。

3 記憶の基盤としての場所（トポス）

「場所」は、記憶、表象、意味生成の基盤としても働く。ナイサー（1976/1978）は、古代ギリシア人が考案した場所づけ法という記憶術を紹介している。それはまず一定の道を決めて、それに沿って歩いた場合に次つぎと出会う特徴ある場所の系列をよく頭に入れることからはじまる。物の名前のリストを記憶するのは、この一連の場所に次つぎと品物が置かれている状態を思い浮かべる。思い出すときには、その道に沿って心のなかで散歩をするだけでよい。もとになる場所の系列は何度でも使うことができ、それさえあればどのような長さのリストでも一度で記憶することができる。この場所づけ法は、誰にとっても有効で、この方法が使えない学生はいなかったという。

物の名前を任意に並べた無意味なリストを記憶するのは難しいのに、それを場所づけすると非常に簡単に覚えられるのはなぜだろうか。場所が、物を秩序化したり意味づけるためのベースにな

りやすいからであろう。ものを意味づけるとは、ものに居場所を与えることである。

ものにも、居場所（あり処）がある。ゴミはゴミ箱、鉛筆は筆箱、毛布はベッド、鍋は台所に置かれる。鍋をベッドに、毛布を台所に、ゴミを筆箱に、鉛筆をゴミ箱に置くことも物理的には可能だが、なぜ、前者では整理整頓され秩序化されていると感じられ、後者では混乱していると感じられるのだろうか。

物は、用途や習慣や好みなどその理由は別として、置かれる場所が決まっているほうがふつうである。それらが本来の場所、あるべき場所に落ち着いていると、私たちの気持ちは安定する。あるとき、目が覚めたら、家のなかの物が、物そのものは同じですべて違う場所に置かれていたら、どんな気持ちがするだろうか。

物は、それだけ単独で存在するというよりも、有り処としての場所とむすびついて認識される。人も、もちろん居場所をもっている。地球、国、県、町、村、街、職場、家庭、部屋、いつも座る席、もと居た所、本来居るべき場所、帰る場所、ふるさとなど、さまざまに名づけられる場所である。それらの場所がないと、人は不安になる。

人の記憶も場所とむすびついていることが多い。現場へ行くと、亡くなった人や出来事の記憶がまざまざと蘇ってくる。また人は、人間だけではなく、土地や場所にも深い愛着をもつ。人の顔は定かでないのに、幼いとき過ごした家やふるさとの細部を覚えてい

ることは珍しくないし、夢にも現れる。

今まで、人や物は、場所から切り離された別個の「個物」であるモノとして認識されてきたが、居場所とむすびつけて認識されるほうが自然かもしれない。人間は、世界をランダムに生じる偶然の出来事の無意味な連続としてではなく、世界に意味と秩序を認めたがる生きものなのだろう。そして、その秩序化の有力な枠組の一つは、「場所」だろう。

4 認識の発生基盤としての場所(トポス)と移動

場所と移動は、発達心理学的に見ても、認識と記憶と意味づけの基盤となると考えられる。たとえば、新生児は静止した「物」よりも物の「動き」に注目する。生後4、5か月の乳児でも、動く電車を目で追っているとき、トンネルで電車が見えなくなると、電車が出てくるはずのトンネルの出口に目をやることができる。途中で物が見えなくなっても、動きの軌道を追うことができるのである。しかし、電車が出口で自動車に「変身」しても、それが同じ動きをしている限り驚くことはない。バウアー（1979/1982）によると、生後5か月ころまでの乳児の認識は、場所と運動の要因にもとづいており、「ものは同じ場所にとどまっている限り同じものである」「ものは同じ軌道上を動き続けている限り同じものである」と認知するという。乳児にとって、物が何であるかつまり物を同一視することよりも、物の運動、つまり場所移動の

しかたのほうが重要なようである。

バウアーは、光学的装置を使って、唯一の個であるはずの「母親」が、複数同時に別の場所に現れるという実験をした。生後5か月すぎの乳児では、同じ母親が同時にいろいろな場所に出現すると混乱して泣き出してしまうことがあった。しかし、5か月前の乳児は3人以上の母親像を同時に見せても、まったく混乱しないで喜んでそれらの母親に順番に相手になるのが観察された。このように乳児は、違う場所に現れる母親が、全部違う物であるかのように反応したのである。場所が変われば、物そのものも変わるかのようにふるまうことがある。

よく似た現象は、発達の種々の段階で生じる。生後6か月ころの乳児は、ものをつかもうとしていた瞬間にカヴァーをかけて見えなくすると、手が物に触れていたときでさえ、まるでこの世から消えてしまったかのように無くなったものを探すことはできない。9か月ころから無くなっているときでも「あの場所A」に物が見えているときに物を置くと、乳児の目の前で物をAの場所に数回隠した後で、Bの場所に物がむすびついているので、乳児の目の前で物をAの場所に移動しBに物が見えているときでも、Bの場所と物がむすびついているので、物を探すことができる。これはピアジェ(1936/1978)が発見した「第四段階の誤り」と呼ばれる現象である。

ピアジェは、この現象を「物の永続性（object perma-

nence)」の成立を調べる実験において発見した。彼は、場所を基準にする現象は一過性の誤りと考え、「物は同一性と永続性をもつ個物である」という従来の考えのもとに研究した。

しかし、よく似た現象は物の永続性が認識できた後でも観察される。2歳の子どもは父親と一緒に庭にいるとき、「パパはどこ？」と聞かれたとき、目の前の父親ではなく、父親がいつもいる書斎を探しに行った（ピアジェ）。このような現象は、レベルは違うが大人にも見られるのではないだろうか。

人間や自己が不変項であり、住む場所や職業や年齢が変わっても変わらないとみなすか、場所を不変項とみなすか、ものを見る基盤をどこにおくかの相違である。たとえば前者では、人は会社でも家庭でも同じパーソナリティと一貫したアイデンティティをもつと仮定される。後者では、同じ人でも、会社にいるときと家庭にいるときでは、場所の移動によって変化すると仮定される。「物の永続性」ということばが端的に示すように、個物を不変項とみなすか、それを位置づける場所のほうを不変項とみなすか、によって、ものの見方が変わるのである。

本書では「自己」は実体としてではなく、「構成概念」とみなされる。しかも自己は「個人」ではなく、「私」という単数形ではなく、心理的場所のなかで定義される。また自己は「私」という単数形ではなく、個人としての単数形ではなく、「私たち」の存在のほうが特殊で複数形が基本になる。あの場所の物（thing of that place）として認識するように、物そのものを個として認識するよりも、まず、場所のなかで、あの場所の物（thing of that place）として認識するようである。ピアジェは、この現象を「物の永続性（object perma-乳児は、物そのものを個として認識するよりも、まず、場所のなかで、あの場所の物（thing of that place）として認識するようである。

としても、人間のありようの基本は、複数形だと考えられるから生物の種としても、文化・社会的共同体の住人

52

である。

「ここ」という場所概念が認識の基礎となるのは、表象、比喩、物語などにおいても同様と考えられる。比喩の原義は「移す」働きである。比喩のもとにある表象の発生は、「ここ」に不在のものの（あそこのもの）を、「ここ」へうつす（移す・写す）行為として定義される（やまだ 1987）。また、二つ以上のものを、むすぶ（結ぶ・産ぶ）働きがナラティヴであると定義するならば、二つの場所にある別個のものをむすびつける移動の働きが、世界を意味づけ物語を産むのである（やまだ 2007b, 2008b）。

5 場所(トポス)と時間的変化

人間を「個人」が基本であり、個人によって定義されると考えれば、変わらない不変項は個人のほうにおかれる。生まれてから死ぬまで、ひとりの個人は自己の一貫性と同一性をもち、一つのアイデンティティをもつと仮定される。

人間よりも「場所」を基本にすれば、安定して持続する枠組は場所になる。人間も場所のなかで定義されるから、場所が変われば人の容姿も行為もパーソナリティも変わると仮定される。基準となる不変項を行為を「場所」におけば、相対的に「人間」のほうが変化項として記述されやすくなる。

この見方からすれば、会社という場所のなかで上司としてのAさんと、家庭という場所のなかで夫としてのAさんは、異なって

いると仮定される。二つの場所のあいだでの人間の行為の相違や変化に研究の焦点があてられやすくなる。

また、空間概念は時間概念と分けられるが、場所概念には、時間概念も含まれている。時代や時間は場所概念として記述できる。同じAさんでも幼児期という「場所」にいるときと、成人期や老年期という「場所」にいるときには、大きく変化して別人のようになると仮定することも可能である。従来の発達段階では、ひとりの個人Aさんが階段をかけあがっていくイメージでとらえられてきた。場所概念を基本とすれば、多くの舞台にAさんが現れ、舞台によって共演者も変わり役も異なるイメージになるだろう。そして、舞台と舞台のあいだは「移動」という概念でむすびつけられるだろう。

私たちは、今では個人という概念になじみんでいるから、個人の名前は生まれてから死ぬまで同じであることを当然とみなし、名前をアイデンティティの拠り所にしている。しかし、場所概念にもとづくならば、名前のつけ方も変わってくる。現に近代以前にたとえば江戸時代に遡ってみれば、幼名「竹千代」が長じて「家康」になるように、一生のうちで名前が変化することは珍しくなかった。また、現在でも歌舞伎役者は、芸名や出世魚や方言名のように、成團十郎が何人も現れている。芸名や出世魚や方言名のように、成長や生態系や住みかや役割や社会的位置によって名前を変えることもありうる。

今まで発達的変化は、時間にともなう「量的増大」のプロセス

か、「質的変化」のプロセスとしてとらえられてきたから、「個」の概念を基底においてきたから、個の大きさの変化（身長の増大など）か、個の形の変化（青虫から蛹になり蝶になるなど）が扱われることになったのである。

場所を基底におくと、時間にともなう発達的変化は、場所の移動によってとらえられる。移動は、位置の移動（方向と軌跡を含む）と形態の移動（形態変化）の二種類に分けて考えられるだろう。なお、移動の類似語である「移行（transition）」が一時的な過渡的状況や危機的で不安定な状況について用いられることが多いのに対して、「移動」はよりニュートラルな用語で、ある場所からある場所への動的変化をさす用語である。

以上のように、「個人」よりも「場所」をもとに関係概念でものを見ていこうとする発想から本書は成り立っている。人間を位置づける「場所」の極限の代表として、本書は場所と場所の関係という二つの心理的場所を取り上げる。そして場所と場所の関係をむすびつける関係概念が「移動」である。生と死を含む人間の一生のイメージは、二つの心理的場所「この世」と「あの世」のあいだの移動のプロセスとして描かれる。

本書の基底概念をまとめると、図2-3-2のようになる。「ここ（この世）」と「あそこ（あの世）」は、AとBのような二つの独立した世界ではなく、Aと非Aの関係であり、あの世はこの世をもとに成立する概念である。

5節 本書のテーマ——この世の人（生者・身体）とあの世の人（死者・たましい）の関係性

死生観を扱う領域とフィールドはあまりに大きく深く複雑で多岐にわたる（島薗・竹内 2008）。そこで、本書が何をテーマにして、どこに焦点をあてて、何を問おうとしているのか、どのような方法で、何を明らかにしようとしているのか、そのスタンスを繰り返し確認しておかねばならない。

本書のテーマと特徴は、図2-4のようにまとめられるだろう。エルツ（1960/1985）は、かつて死をとりまく慣行は「遺体」に関係するのか、「たましい」に関係するのかを区別する必要があると述べた。現在では、それらに関係するのか、残った「生者」に関係するのかを区別する必要があると述べた。現在では、それらに関係するキューブラー・ロス（1969/1971）以来、注目されるようになった「死ぬ過程（dying）」が加わるかもしれない。

今までなされてきた死の実証的研究の多くは、図2-4（2）の生から死への移行にかかわる研究である。この領域には、自己の死も他者の死も含まれ、人類学、民俗学、宗教学、社会学、医学、心理学など学問分野にかかわる多くの研究が含まれる。たとえば「死の準備教育（death education）」「死の看取り」「死別の悲嘆（grief）とケア」「喪のプロセス」「葬送儀礼」「死体の扱い方」「死の受容」「ターミナル・ケア」「死ぬ過程」

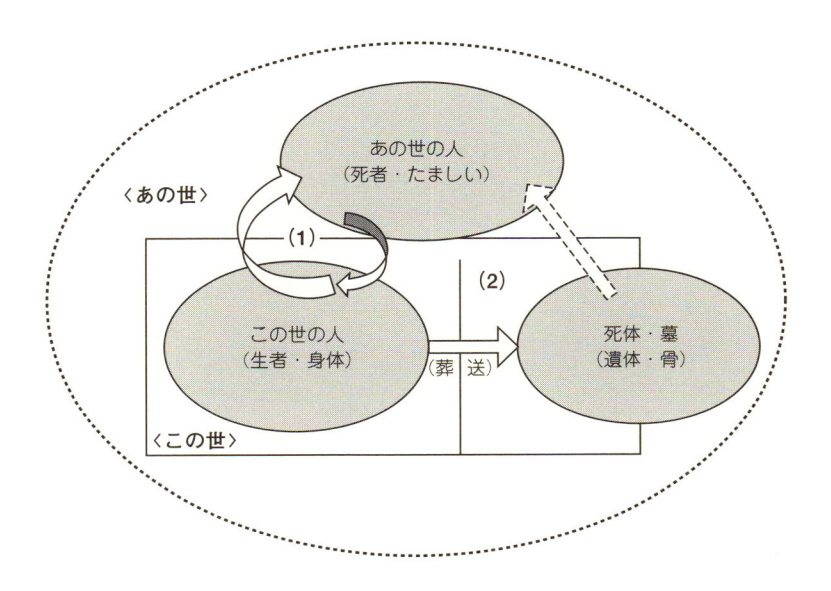

図2-4　この世の人（生者・身体）とあの世の人（死者・たましい）の関係性

本書のテーマは、(2) の生から死への移行（死にゆく過程、喪、葬送）、死体や墓との関係性ではなく、イメージ世界における (1) の関係性である。

なお、図2-4 (2) において、生から死への移行にともなって、日本語では身体の呼称が変わることは興味深い。生きているときは「肉体」「身体」と呼び、亡くなると「遺体」と呼ぶ。これらは「生体」「死体」という生物的用語とは区別される。墓に埋められるときには、たましいや生気が抜けたモノとしての「遺骸」「骸」「お骨」になる。「からだ（身体・殻だ・空だ）」ということばは、「なまみ（生身）」と区別された空っぽの容器の意味であるから、生きていても死んでいても使える。

英語では、身体は生きていても死んでいてもすべてモノとしてのボディ (body) であり、たましい（ソウルやスピリット）と対立する概念である。イギリスでは、「死、死ぬ過程、死体の処理 (death, dying and disposal)」を一連のテーマとして学会が組織されている。なぜこの三つのテーマが自然にむすびつけられるのか、日本の死生観からは考えにくい。また、死学 (death studies)、死の教育 (death education) など、死のテーマは生と切り離されている。日本では、死観とはいわないで、死生観と呼ぶ。死は当たり前のように生や生命や人生とむすびつけて考えられている。このような死にかかわる名づけや死の扱い方自体が、日本文化の死生観を反映している。

本書は、イメージ世界において、図2-4 (1) の関係性を見究は、生から死への移行のなかでも、図2-4 (2) の関係性を見ようとする研究になる。

(disposal)」「墓標と墓地」「墓制」「供養」「追悼儀礼」などの研

ようとするところに特徴がある。4章では、この世の人（生者）と、あの世の人（死者）が、どのようなイメージで関係をむすんでいるのかを見ようとしている。5章では、この世（生者の身体）からあの世へ（死者のたましい）がどのように移動し、往来するかを見ようとしている。しかしその前に次の3章で、本書のモデル生成と分析の方法について概説しておきたい。

3章 モデル生成と分析法

1節 多声モデル生成法

　十五以上も昔になるが、一つの文が、望んだわけでもないのに、わたしのところにやってきた、というより、むしろ立ち戻ってきた。それは、独特で、特異なまでに短く、制御し、従わせることに成功したつもりだった。この文を、自分では周到にすべて計算しつくし、永久に自分のものにしたようなつもりになっていた。ところがそれ以来、わたしは次の明白な事実を認めざるをえなくなる。すなわち、この文は、これまでだれの許可も必要とせずにやってきたし、わたしがいなくても生きてきたということである。……十年近くにわたって、この幽霊は征きては戻り、亡霊〔帰り来るもの revenant〕は、思いがけず訪ねてきた。このものはただ自分だけで語っていた。わたしの方がそれに対して釈明せねばならず、それに答え──ないしはそれを引き受けねばならなかったのだ。……
　わたしは、「多声対話」［ポリローグ polylogue］というジャンルをもじって、発音することの不可能に見える会話をつくってみた。だがじつはそれは、いうなれば声に、しかも多数の声に呼びかけるエクリチュールで成り立つ装置だったのである。

（デリダ『火ここになき灰』一部訳語改変）

　従来の心理学研究では、欧米文化でつくられた理論が、いつ、どこでも、誰にでも通用する普遍的な理論とされた。日本でもその理論をいち早く切り花のように輸入したが、美しい花でも地面に根づいていないのですぐに枯れてしまうか、新しい動向という風に吹かれると新しい花に次つぎと取りかえられて、息の長い学問にならないことも多かった。
　本書では、私たちが生きている日常生活のなかに息づいている心理現象を大切にして、ローカルな現場(フィールド)から研究していくことを

めざしている。現場から問いを立ち上げ、その問いにふさわしい方法をつくりだしていくのである。現場では、一人一人の声に耳をかたむけ、ひとつひとつの細かい砂をていねいに拾うような地道な研究が大切になる。

しかし、また現場に根ざすだけでは不十分であろう。ローカルな研究を、どのようにして他の世界と対話できるインターローカルにしていくかという方法論が必要になる。本書では、多声的なモデル生成によって、より多くの場や文化において共有できるように一般化していくことをめざしている。

現場フィールド研究とは、単に研究室を出て「野外」に出かける実地調査をさすのではなく、現象の見方やアプローチ方法をさす。現場フィールドとは、網目構造をもっており、複雑多岐な要因が相互連関して、何が重要かわからない場のことである。抽象的で単一の普遍性（universality）を求めてきた従来の学問に対して、ローカリティ（locality）と多様性（diversity）を重視する実地調査（ギアーツ 1983/1991）。別のことばで言えば、文脈性や特殊性や少数事例や一回性の出来事を大切にするといってもよいだろう。

しかし現場フィールド研究における、ローカルで多様な知は、ともすると偶然に出会った雑多な事例の集積にしかならないことがある。一見すると具体的な現場事例にもとづき、生き生きした記述がされているように見えても、結局は既成の理論や概念を具体的な事例にあてはめて解釈するだけに終わってしまうこともある。常識の域を超えられず、既存の知の再生産にしかならないこともある。学問の知と切り結んで新たな知を生産するためには、雑多な収集品の羅列や私的視点や解釈を超えていかなければならない。偶然性や特殊性や一回性や恣意性を超えて、何らかの方法で一般化し再現可能な知にする方法が必要であろう。

見田（1965）は、少数事例におけるデータの恣意性や再現不可能性批判に応えて、サンプルの代表性とは何かということを明確にした。数量的調査の場合には母集団と近似した平均的代表性をとる。それに対して質的研究では「類型のカバレッジ」「次元のカバレッジ」「要因の顕現性」など質的典型性をとるのである。これは、グレイザーとストラウス（1967/1996）の理論的サンプリングに通じる重要な考え方である。しかし、質的典型性とは何かという問いに答えない限り、類型論の焼き直しになる危険があるだろう。

海の砂を一粒ずつ拾うような個々の具体的な現象記述だけでは、現場のローカルな知には貢献するが、他の現場には応用できない。また、先行研究や従来の概念との相違を明確にするなど、学問知と対話して説明する努力をしなければ、独りよがりになり、学問としての知の体系に貢献できない。そこで、現場における現象記述や事例記述を重視するとともに、それだけで終わるのではなく、何らかの一般化は不可欠だと考えるのである。

ローカルで多様、一回的で再現性をもちにくい現場フィールドの特徴を重視しながらも、それらをいくつかの現場に共通するようにひらき、より一般化できる新しい知を生み出していくには、どうしたらよ

いだろうか。どうしたら、インターローカルな知にしていくことができるだろうか。

この問いに対して、やまだ (1986, 2002) は「モデル構成」によって応えようとした。まず「研究目的」「研究対象の取り扱い方」「研究の場の特徴」「データ収集の方法」を連関させて研究することの重要性を指摘した。そして特に現場の質的データをモデル化していく方法として、「モデル構成的現場（フィールド）心理学の方法論」を提案した。

「モデル構成的現場（フィールド）心理学の方法論」は、最近「対話的モデル生成法」（やまだ 2008a; やまだ・山田 2009）に名称を変え、さらに「多声モデル生成法（Polyphonic Model Production Method, PMPM）」に発展させている。基本的な発想は同じであるが、「対話」と「生成」という多様性と変化プロセスを生み出していく動的概念を核において、現場（フィールド）心理学よりも広い範囲のテクストを扱う「質的研究の方法論」にしたのである。

「モデル構成的現場（フィールド）心理学」では、現場（フィールド）のデータをもとにしてモデル構成するボトムアップのモデル生成の方向性を強調していた。「対話的モデル生成法」では、ボトムアップの方向だけではなく、理論から出発してトップダウンでモデルを生成する方向も重視し、両方のモデルを「対話」させる方法に変わった。また、建築的に構造化する「構成」という用語から、生物的に有機的に生み出す「生成」に変えた。

さらに「多声モデル生成法」では、バフチン (1988, 1995) をも

とに、二者間の対話 (dialogue) から、相互矛盾や時間的・空間的ズレを含んだ「多声対話 (polylogue)」へと概念を発展させた（クリステヴァ 1971/1999; やまだ 2008a）。

多声モデル生成法では、目的に応じて具体性のレベルや質を変え、多段階の多様なモデルを生成する。また、モデルが自生的に生み出していくようなモデル間の対話からの生成プロセスを重視する（やまだ・山田 2009）。この先は、過去の方法論やその実践例も含めて、「多声モデル生成法」という名称で統合することにしたい。

多声モデル生成法は、複数の現場（フィールド）の特殊性を生かしながら、いかにして共通性を見いだし、他の現場（フィールド）にも応用可能なことばで一般化していくかという試みである。この方法で生成されるモデルは、次の特徴をもつ。

第一に、生成されるモデルは、あらゆる場面に適用可能な、普遍的、一般的モデルではなく、限定された領域で限定された目的のために、多数生み出される（やまだ 1987）。モデルは、一つではなく研究目的によって多様性をもち、ときには両行（りょうこう）（矛盾の共存、荘子）する多声的なモデルが必要になる。モデルを地図にたとえるならば、世界を表す地図は多種必要で、歩いて山登りするための地図と航海や飛行のための地図は異なり、移動距離や移動方法によって必要な精度も異なる。したがって、モデルは立ち位置や視点を変えた多種のバリエーションや変異形も含めて提示することが重要である。

第二に、生成されるモデルは、堅固な概念構造で構築される完璧な構築物のようなモデルではなく、参画者の修正や追加や省略などの生成し直しを促しやすい、柔軟なネットワークモデルである（やまだ 1987, 2008a）。モデル自体が「生きもの」のように現場や研究者に合わせて適応的に変化し、必要に応じて変形し、発達していく。したがって、モデルは生成プロセスやその変遷プロセスを含めて提示することが重要である。

第三に、生成されるモデルは、モデルが生み出すイメージに焦点をあてると、どのような形式のモデルになるのか、その特徴をより良く理解するためである。ただし、一方向的な発達・発展・進歩プロセスとしてではなく、どのような観点からどこに焦点をあてると、どのような形式のモデルになるのか、その特徴をより良く理解するためである。

生きものも聞いたこともない次元まで扱えるように、新しい知を生み出すために演繹的モデルの役割は重要である。質的モデルにおいても、言語ゲームやイメージ変換によって、常識を超える知の生成、実験的な新しいナラティヴの生成とそのルールの追究を可能にするだろう（やまだ 2008b）。

第四に、生成されるモデルは、そのもとにある現場データと対話されるだけではなく、多種のモデル相互間で多声的に対話されうる。モデル相互をつきあわせて対話することによって、元のモデルが修正されたり、それらを関係づけたりするメタ・モデルが生成される。モデルとモデルとを、どのように関係づけるか、モデル相互間の関係づけを提示し、メタ化して調整し、理論化していく作業が重要になる。

2節 モデルとは？――半具象モデルをビジュアル・モードで

モデル（mode）とは、「関連ある現象を包括的にまとめ、そこに一つのまとまったイメージを与えるようなシステム」（印東 1973）である。モデルは、個々の事象をまとめて包括するだけではなく、それによって個々の事象を見るものの見方が切り開かれていく生成的な働きをすることが望ましい。そこで、本書ではモデルを「現象を相互に関連づけ包括的にまとめたイメージを示すと共に、そのイメージによって新たな知活動を生成していくシステム」と定義する（やまだ・山田 2009）。

モデルには、「原型」「模型」「雛型」「見本」「手本」「やり方」「様式」「スタイル」「標準」「典型」など多様な意味がある。また、モデルは、モード（mode: 様態、やり方、形態、方式）、モジュール（module: 構成単位、交換・組み合わせ可能な構成部位、基準）などと意味連関する。

理論ではなくモデルという用語を用いるのは、多様な目的、種類、水準を含むことができるからである。グレイザーとストラウスは概念化による「理論」を重視した。しかし、方法的なもの、

60

見本的なもの、イメージ的なものも含めて、モデル化が必要だろう。ここでは、理論枠組や原理を示すものを「理論モデル」、理論枠組を現実化、具体化して示すものを「具象モデル」、「理論モデル」と「具象モデル」のあいだにあるものを「半具象モデル」、実例や見本を例示するものを「事例モデル」と呼んでいる（やまだ 2002）。

その他にも、類型や典型を示す「類型モデル」、やり方や手本を示す「方式モデル」、製品の型やスタイルを示す「様式モデル」、絵や小説や絵画のモデルのように作品を生み出す「素材モデル」、ファッション・モデルや車のモデル展示のような「展示モデル」、天体模型や建築模型や地図のように大きなものを縮小する「模型モデル」など、モデルには多様な形式と機能がありうる。

本書では、一事例を例示する場合でも「事例モデル」として扱う。たとえ一事例であっても、ランダム・サンプリングで無作為に選ばれる「一サンプル」とは異なる。また、均質な標本の一部という意味での「一切片」とも異なる。平均値や最頻値など数量的「代表値」とは異なる基準で、「代表例」（representative: 代理人、代弁者、表現者、代表、見本、型）が事例として選ばれる。偶然に出会った「事実」のひとかけらとしての一切片ではなく、現場（フィールド）から何らかの規準で選ばれた「モデル」である。事例モデルは、実在の人物の場合もある。事例は、研究目的に照らして何を例示するために選んだのか、なぜこの例が適切なのか、モデル的として代表させる理由など、「一般化可能性」「再現可能性」を自覚して記述される。

モデルは、個々の具体的事象をより一般化して認識していく働き、つまり「知る」ための「知活動の図式（schema for knowing）」といってもよいだろう。イメージは、個人によってさまざまで多様な形で描かれる。その個々に現れた具体的形態を偶然にでたらめに現れた多様性とみなすのではなく、その多様性に何らかの共通性やルールを見いだしてまとめて一般化して認識していく働きは、「知る」という営みの根幹をなす。

知活動の図式としてのモデルの特徴は、一度知ってしまえば終了というのではなく、知れば知るほどますます知る必要が出てくる生成的機能をもつことである。「知、知識（knowledge）」という名詞形ではなく「知活動（knowing）」という動詞形、「構造（structure）」ではなく「図式（シェマ schema）」という用語がふさわしい。固定した静的構造ではなく活動的作業を行う「する（doing）」「働く（working）（doing）」モデルであること、また堅固な建築構造のような枠組ではなく修正可能で柔軟な「下書き」のような枠組を考えるからである。

ここで考えるモデルとしての図式は、現実をより良く記述するためのチャート（chart 地図・海図）のようなものである。「活動の下書き」としては、ピアジェ（1936/1978）がいうシェマという概念に近い。しかし、ピアジェのような有機体内部にある認識構造をさすのではない。同様に、ここで考えるモデルは、内部モデルを仮定しないという観点において、J・ボウルビイ（Bowlby

1988）たちがいう「内的作業モデル（internal working model）」とも区別される。人間の内面にあると仮定された「内的モデル」をそのまま外へ取り出そうと試みているわけではない。また、イメージのモデルを、人間の深層にあると仮定された内的現実（「無意識」など）を外部に投影（project）したものとも考えない。

本書においてモデルは、内部に実在している実体（entity）ではなく、対話的に生成される有機的な図式である。モデルは、現実を記述したり説明するための「地図」や「下書き」の一つなので、さまざまな形式でいくつもモデルを描くことができるし、研究目的によって異なるモデルが生成されると考えられる。

なお、記述システムとしては、自然科学では数理モデルが多く用いられてきたが、ここでは広義の言語モデルである質的モデルを想定している（やまだ 1986, 2002）。モデル化の方法としては論理モードではなく、ビジュアル・モード（visual mode）による。モードとは、「方式、やり方であり、そのもとに事実が提示される特別の形式」のことである。

ブルーナー（Bruner 1986）は、数学的論理や命題的論理を支える論理実証モード（paradigmatic mode）と物語モード（narrative mode）を区別した。広義の物語モードは、さらに言語モードとしてビジュアル・モードに区分される。狭義の言語による語り方と、描画や映像や図像などによるビジュアル・ナラティヴは異質であり、言語シンボルを中心にした認識活動と、図像シンボルを中心とした認識活動は大脳の左右に分極するほど性質の異なる活動である。したがって、広義の物語モードのなかで言語モード（狭義のナラティヴ）よりもビジュアル・モード（ビジュアル・ナラティヴ）を重視したモデル化を行う（やまだ 2010）。

ここで扱うモデルは、論理実証モードとは区別される広義の物語モードで、さらに物語モードのうちでも狭義の言語モードではなく、ビジュアル・モードによって理論化される形象的知活動を、それを「半具象」の表示方法で提示してみたいと考えている。

半具象モデル（やまだ 1987）は、あらゆる現象に適用できるかわりに現実とは乖離する抽象モデルではなく、また無限に多様な具体的現実を個々に写実的に写し取る具象モデルでもなく、具体的現象をできるだけ単純化しながら具体性を保持するための必要最小限の有意味情報を含むモデルである。たとえば「抽象モデル」を数学や化学記号や幾何学図形や抽象絵画にたとえるならば、「具象モデル」は事例や具象絵画に、「半具象モデル」は物語や地図や半具象絵画などにあたる。半具象モデルとは、具体的なイメージのもつローカルで生き生きした意味の本質を保持しながら、あまりにローカルで個別の具体性や複雑性に限定されることは免れるモデルだといえよう。

62

3節 三水準のモデル生成

モデルにはさまざまな水準がある。モデルは、必ずしも最終生産物ではなく、実証的データ分析に向かう中途段階において必要な場合もあれば、より一般的な高次のモデル生成に向かう場合もある。また、分類カテゴリーを作成する作業が、モデル生成の一部あるいは同質の作業となることもある。実際のモデル生成プロセスにおいては、ボトムアップの方向とトップダウンの方向が複雑にからみあって、両方のプロセスが交互に何度も往還しながらなされる。

本書で行ったモデル生成のプロセスは、図3-1のようにまとめられる。この図のように三水準のモデルがつくられた。2章で記述した基底概念や、あらかじめ考えられた理論枠組からトップダウン式に導き出された基本枠組モデルIと、データからボトムアップ式に導き出された基本単位モデルIII、そして、その中間の基本構図モデルIIの三種類である。トップダウンということばからは、既成の理論やモデルをあてはめるという印象をもつが、そうではなく、ここでは抽象度の高さの水準をさしている。したがって、基本枠組モデルIも、データとの往還を重ねて何度も修正され洗練されている。

図3-1は、三つの水準のモデル生成プロセスを後でまとめたものである。「モデル生成プロセス」のモデル化である。本書の研究をはじめる前に、この図があったわけではない。すべてのモデル生成が実際にこの手順で組織的に行われたわけではなく、用語も含めて何度も改訂この手順で繰り返し、今後の検討課題も大きく残されている。つまり、図は、試行錯誤と紆余曲折を繰り返して分析をすすめた研究実践を現時点でまとめたモデルである。実際のモデル生成の作業は10年以上にわたって試行錯誤しながら、数々の生成・破棄・修正作業を繰り返してきたし、現在も改訂されつつある。モデルは、常に変容の途上にあるともいえる。ただし、現在ではようやく、一つのステップとしてある程度安定した段階、他者に説明可能なところまで来たと考えている。

図3-1では、抽象度の水準として大きく三種類に分けられるが、実際につくられたモデルは多種多様で、さまざまな観点から数多くのモデルがつくられたので、モデルが三つだけつくられたというのではない。モデルは目的に応じて、いくつも必要であり、一つのモデルがすべてをカヴァーすることはありえない。ただし、試行錯誤を含むモデルをすべて提示するのではなく、大部分のモデルは棄却され、修正され、用語も含めて洗練を重ねて、厳選された。

モデル化のための現場データ(フィールド)としては、質的データと数量的データの両方が用いられた。モデルIIIを生成する作業において、特にカテゴリーの作成、カテゴリーの分類基準などの作成のために

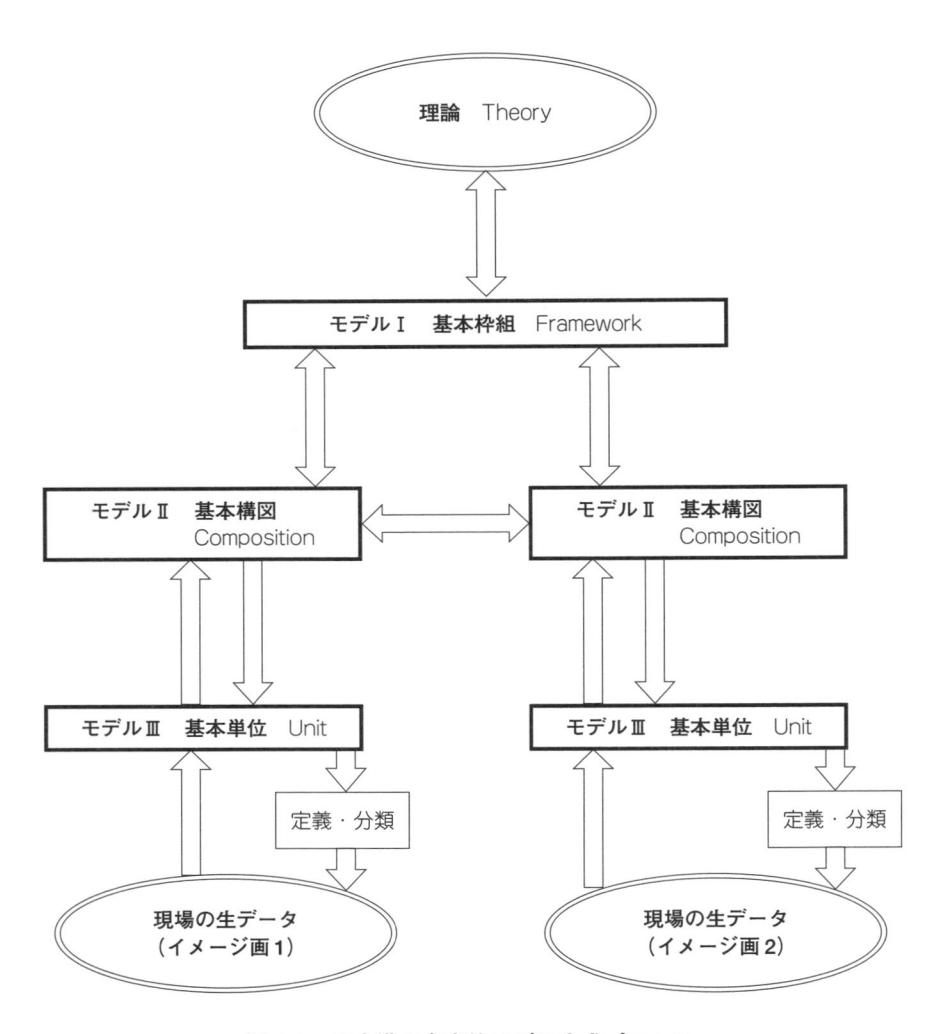

図 3-1　三水準の多声的モデル生成プロセス

　　　モデルⅠ　基本枠組
　　　モデルⅡ　基本構図
　　　モデルⅢ　基本単位（基本形）

は、多様性をもち自由度が大きい質的データを用いた。質的データは、現象から新しい何かを発見したり、新しいものを創っていくときに威力を発する。ある程度カテゴリーがつくられ、基準がはっきりしてきた後では、特に多文化比較の分析には、数量的データを用いた。あるものとあるものを比較したり、印象記述以上に説明したりするためには、数量化による比較が有効である。

ただし、本書では、質的データを数量化することのみを研究の進歩の方向とは考えなかった。数量化して得た見方を、再び個々の質的データの見方に戻して応用し、そこから、さらに新しい視点を発見するという循環的な用い方をした。また、数値によって説明するよりは、個々の具体的なイメージ画に戻して、その絵の事例をもとに議論をすすめる「半具象」的な方式を好んで用いた。それは、記号・数字などに還元し単純化してはじめて見えてくることと、具体的な事例のもつ全体的で豊富なイメージ喚起力の両方を生かしたいと考えたからである。数量的分析によって数値の裏づけのあるパターンのうちで、もっとも典型性があり、イメージ喚起力があり、興味深い事例を、質的に選んだ。それは、ひとつひとつの絵がもつ一般性と個別の具体性、その両方を共に示したいからである。

以下、図3-1に太枠で示した三つの水準のモデルの性質について簡単に説明する。

1　モデルⅠ　抽象モデル――基本枠組

モデルⅠは、抽象モデルで基本構図を位置づける座標系となる「基本枠組（framework）」である。基本枠組は、基本構図を成立させる前提となる枠組、骨格、構造にあたる部分である。また、基本枠組は基本構図の描き方、つまり基本構図の寸法や縮約や抽象のしかたや単位の選択や描線の描き方などは、この額縁を現実世界のどこを対象にどのような寸法で設定するかによって決まる。

モデルⅠの基本枠組は、抽象度が高く複数のモデルを共通して位置づける基礎的骨格を提供する。実際にモデルを作成してみると、基本枠組モデルⅠの役割が当初想像していた以上に大切であることがわかった。最初に「モデル構成的現場心理学〔フィールド〕」を考えたときには、現場データからボトムアップで理論構成する方向をより重視していた。ボトムアップで理論構成する方向をより重視していた。しかし、先行研究の成果をしっかりふまえてモデルを作成するのでなければ、学問上の発展は望めない。また、理論的な整合性をふまえてモデルを考え、それを修正するために思索する時間にもっとも長い時間と労力を要した。当初ばくぜんとしたイメージで考えていたことに、ことばや形式を与え、モデルとして理論的な記述を試行するうちに、当初よりより明確なことばや図像で記述できるようになった。そこで考えられた抽象度の高いモデルが、振り返って具体的なデ

ータを見るときの目を養うという相互循環が起こった。

2 モデルⅡ 媒介モデル、半具象モデル──基本構図

モデルⅡは、モデルⅠとモデルⅢの対話から生成される中間形の媒介モデル、あるいは半具象モデルである。ここでは、「基本構図 (composition)」と呼ぶ。

基本構図は、基本単位の配置や構成によって成る「配置形態」（各単位の相対的配列 configuration）を表している。配置形態という名称ではなく構図という名称にしたのは、本書では、実際に私たちの目に見える配置形態は三次元であるのに対し、それを描画するという方法によって二次元で表した図のみを問題にしているからである。配置形態が、「地形」や「星位」にたとえられるとすれば、それを二次元の平面に表した構図は、「地図」や「星座」にあたる。基本構図は、事例の典型パターン (typical pattern) からモデル化される場合もある。

モデルⅡの基本構図は、モデルⅠとモデルⅢの対話によってつくられるモデルであり、半具象モデルの性質をより明確にもつ関係体モデルである。モデルⅢからモデルⅠになるほど、抽象化の程度が高い。しかし抽象化の水準は、モデル生成の順序とは必しも一致しない。実際の生成プロセスでは、モデルⅡがいちばん最後に生成されることが多く、いちばん難しいモデルであった。このモデルⅡには、現場の個別データの具体性にある程度密着

しながら、一般化可能なレベルのモデルが求められる。目的に応じて、どの程度の抽象化の内容をもりこむかはいろいろなので、モデルⅡのなかに、さらに多様な水準のモデルが含まれる場合がある。

従来の研究では、モデルⅢの具象水準のものから、一足飛びに抽象度の高い概念的なモデルⅠになったり、その逆になったり、極端に飛躍することが多かった。このモデルⅡの水準は、現場の具体性に密着しながら距離化と一般化が確保されれば、いちばん利用しやすい役に立つモデルになるはずである。

3 モデルⅢ 具象モデル──基本単位、基本形、事例

モデルⅢは、個々の現場データの具体的イメージから、ボトムアップで基本単位 (unit) を取り出したものである。個々の人びとが描いた生のイメージ形態にもっとも近く、ローデータを直に反映したモデルである。基本単位は次の基本構図をつくるときの構成単位となる場合と、それをカテゴリー化して分析に用いる場合がある。

イメージ画2の分析では、基本単位の一部は基本構図を作成するための構成単位となった。その場合には、特に描かれた形が問題になったので「基本形 (fundamental figure)」と名づけた。

モデルⅢの基本単位は、より具象的で経験的なモデルである。量的分析のために分類カテゴリーをつくったが、それはこのモデ

ルⅢの水準にあたる。生のイメージ画の事例をそのまま基本単位として用いることもあった。具体的な事例も、他の多くのデータの集合から選択し取り出す作業がなされており、代表作用が行われているゆえに、「モデル」とみなされる。

4節　モデルⅠ　基本枠組と生成プロセス

イメージ画分析の基礎となる「モデルⅠ　基本枠組」は、2章で述べた基本的な考え方にもとづいて生成された。(1)心理的場所（psycological topos）、(2)自己（私たち、selves）と非自己（あの人たち、他者たち）、(3)移動「死」は、二つの移動概念によってとらえられる。つまり、(1)この世からあの世へという位置移動と、(2)人間（生者・自己）とは異なる他の存在様式（死者・他者・たましい）への移動である。

「モデルⅠ　基本枠組」は、できるだけシンプルな図式にした。図3-2「基本枠組ⅠA」は、一般的で汎用可能なモデルで、幾何学的で抽象度が高いものである。

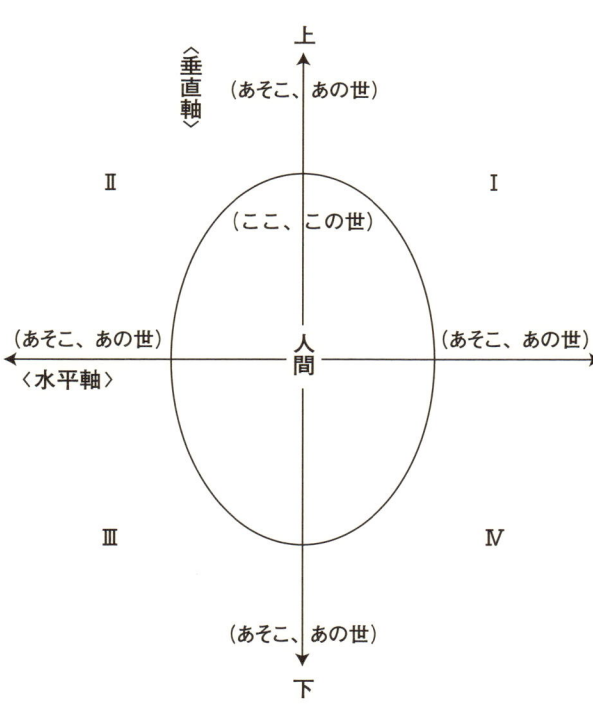

図3-3「基本枠組ⅠB」は、本書のこの世とあの世のイメージへの分析するための基本枠組としてつくられた。4象限からなる数学的な抽象図式とは異なり、基本枠組ⅠAの上に「天空」、下に「地下」、水平軸に「地面」という名前が与えられている。基本枠組ⅠAとⅠBはよく似ている。決定的に異なるのは、ⅠBには名前と意味が与えられていることである。ⅠAでは、上と

図3-2　基本枠組ⅠA
「この世」と「あの世」を位置づける抽象的理論モデル。
※垂直軸は上、下、重力との関係で絶対的。
※水平軸は相対的なので名前は変化しうる。

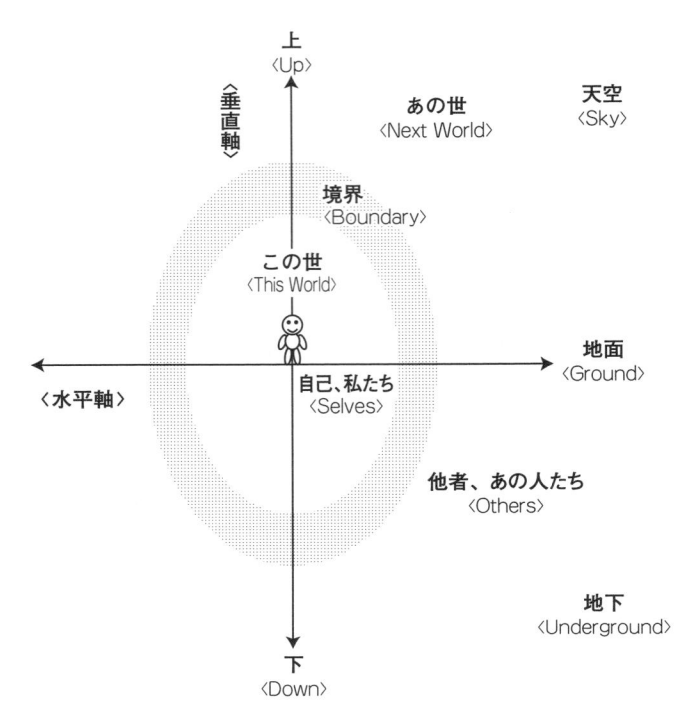

図中ラベル：
- 上 〈Up〉
- 〈垂直軸〉
- あの世 〈Next World〉
- 天空 〈Sky〉
- 境界 〈Boundary〉
- この世 〈This World〉
- 〈水平軸〉
- 地面 〈Ground〉
- 自己、私たち 〈Selves〉
- 他者、あの人たち 〈Others〉
- 地下 〈Underground〉
- 下 〈Down〉

図3-3　基本枠組ⅠB

下という名前は空間に与えられた相対的な位置にすぎない。IBのように「天空」と「地面」と名づけるとひっくり返すことができない意味をもつ。IBでは、この世にいる「人間」には、「私たち」と、あの世にいる「あの人たち、他者たち」と区別される。この世とあの世のあいだは、一本の幾何学的線分ではなく、幅のある境界がおかれる。

図3-3「基本枠組ⅠB」の規準となる仮定は、以下の七つからなる。

1　座標系

人間が生きている世界をもっとも単純な二次元図式にすれば、垂直軸と水平面からなる座標系が形成される。「この世」と「あの世」という二つの世界も、垂直方向の軸と水平方向の軸によって構成される座標軸によって図式化できるだろう。この表象的座標系は、無機質の幾何学的座標とは異なり、軸にもその軸によって区切られた場所にも「名前」と「意味」がある。また、生きものである人間にとって場所は幾何学的空間のように等質ではなく、知覚・行動的にも意味的にも異方性をもつ。ボルノウ（1963/1978）によれば、数学的空間の特徴は「等質性」であり、それは次の特徴をもつ。①どの点も

68

他の点に対して優越しない。任意に選んだ点を座標原点にできる。②どの線も他の線に対して優越しない。空間は、それ自身において内部文節に分けられておらず、均質であり、すべての方向に向かって無限に広がっている。

それに対して「体験されている空間」（本書の用語では「心理的場所（トポス）」）は、次のような特徴をもつ。①体験している人間の居場所を通して与えられている、他に優越する原点がある。②人間のからだと人間の直立の姿勢、重力にさからってとられている姿勢に関連した、他に優越した軸系がある。③空間における方位や場所は内的に文節化されている。④一つの領域と他の領域への境界が、はっきり刻印されていることがある。⑤体験されている空間は、はじめは有限な空間として与えられ、その後の諸経験において、はじめて無限の広がりへとひろがる。⑥価値に対して中立ではない。促進的であれ、抑制的であれ、人間の生活様式の場である。⑦人間に対してそれぞれの意味をもっている。⑧人間の具体的関係から離れた空間ではなく、空間にたいする人間の関係が問題になる。

2　水平軸——基盤としての地面

水平軸の基盤となるのは、地面（ground）である。地面は、数学の座標軸の任意の横軸ではなく、陸生動物である人間の知覚や行動を支持する文字通りの基礎（basis）であり（ギブソン 1979/1985）、人間が生きて生活を営むライフの基盤である。

我々の住む地球はその大部分が大地、水、空気——固体、液体、気体——から成るということにまず注目しよう。大地は基層を形成する。水はその基層にしたがって海、湖、川などになる。大地は基層の気体は地上や水上に大気層を成している。これら3種の物質の状態——固体、液体、気体——のいずれか2種の間の界面は一つの面を形成する。……空気と大地の界面は陸生動物にとって最も重要な面である。この面が地面（ground）であり、それは文字通り、また比喩的にも陸生動物の知覚や行動の基盤（ground）である。すなわち、地面は動物の支持面である。

（ギブソン『生態学的視覚論』）

水平軸は、地面から「水平」に広がっている。陸生動物の日々の生活にとって地面は「それ自体が回転している丸い球」ではなく「動くものの規準となる動かない水平面」として知覚・行動されており、生きる基盤であるとともに世界を表象する基盤となっている。私たちは天動説が正しいことを知っていても、朝起きたときに「これで一回転した」とは思わないで、「東から太陽がのぼった」と認知する。それは地球物理的には正しくないかもしれないが、私たち陸生動物の生態的知覚としては正しい。

人間は地面の上を移動することができるので、垂直軸と違って、水平軸は移動によって拡大することができる。しかし、ボルノウがいうように、人間と場所（ボルノウ 1963/1978）の用語では「体験

されている空間）とは独特の二重関係でむすばれている。一方で場所は固定しており人間がそのなかで動くが、もう一方では、たとえ私が場所のなかで動くにしても私が場所を持ち歩いているかのように、「私」に主体的に関係づけられた座標系を形成する。したがって、「私」を規準にする限り、私の位置が相対的に移動しても、私をとりまく場所は、図3-3のような座標系を形成すると考えられる。この座標系は私の移動にともない変化しながら、不変項として抽出される相対的な軸である。

「私」を単数形の自己ではなく、複数形の「私たち」にしても、同じことである。パーソナル・スペースが泡にたとえられているように、「私たち」のまわりには半卵形の「ここ」という場所が取り囲んでいると考えられ、「私たち」が動くことによって「ここ」も動く。したがって、座標軸の原点が客観的に固定されているのではなく、主体の移動にともなって動くのであるが、常に自己の中心・原点となっているという意味で不変項となる。水平軸は、垂直軸ほど絶対的ではなく、多重の次元をとることができる。しかし、ギブソンがいうように必ずしも任意ではない。たとえば、日の出、日没の方位や、その共同体をとりまく地理的・生態的環境によって意味づけられている。日本では、あの世は日没の方向である西方に位置づけられやすい。

しかし、この基本枠組ＩＢ（図3-3）においては、水平軸には名前を与えなかった。本書では、二次元の紙という制約のなかで描かれるイメージなので、左右の軸にははじめから意味づけを与えず、見たい構図によって自由度をもたせたほうがよいのではないかと考えたからである。したがって、水平軸は「左-右」「東-西」「前-後」「黒-白」など、研究目的によって異なる名づけができる。

本書では、イメージ画1では、水平軸を画面のもつ方向性と同じく「左-右」と名づけた。イメージ画2では、水平軸の左方向を「無形化（amorphousness）」、右方向を「異形化（heteromorphousness）」と名づけた。水平軸は左右対称の対立項とは限らないので、必ずしも反対方向に直線的にのびた軸とみなさなくてもよい。

3　垂直軸──上下

垂直軸は、地面から上方向（up）と下方向（down）にのびている。垂直軸は任意ではなく、重力の方向によって客観的に与えられている（ボルノウ1963/1978）。すべてのものが地面に対して直立したり、倒れたり、上昇したり、落ちこんだりする。物理学的にではなく生態学的に見れば重力は相対的ではなく、絶対的であるから（ギブソン1979/1985）。

地球は固有の上下の極性をもつ。重力は下方に引き、放射光線は上方（空）からくる。水圧や気圧は下方ほど増大し、上部では減少する。媒質は物理学者がいうように等方ではなく、数学者が

いうように空間の関係軸を任意に選ぶことはできない。媒質には、絶対的関係軸、すなわち垂直軸がある。二つの水平方向の関係軸も必ずしも任意ではない。水平軸は日の出、日没に依存している。

(ギブソン『生態学的視覚論』)

図3-3の基本枠組IBでは、上方の天空と下方の地下は同じように図式化され、私たちが住まう卵形の場所「この世」でつつまれている。しかし、生態的知覚としては、天空と地下は等価ではなく大きく異なる性質をもつ。天空は空気という媒質につつまれていて、光や匂いを伝達する透過性があり、移動もしやすい。それに対して、地面は抵抗があり、侵入しにくく、硬く形が変わりにくい物質でできている。

天空と地下が異なる性質をもつことを考慮すれば、基本枠組Bの図式も、天空の空間を大きく、地面の下を少なくするような、さらなる変形が必要であろう。しかし、本書で扱うのはイメージ画であるから、地獄や異界が地下にあることを想定すれば、地下世界へも自由に入れると考えて、最初の段階では天空と地下を等価にモデル化した。

4 原点——自己・人間形

座標系の垂直軸と水平軸の交わる原点 (point of origin) に、自己(生者、この世の人)が位置づけられる。人間を主体としてみ

ると、世界は無限ではなく有限であり、人間は座標系の原点となる生きものとして位置づけられる。自己の身体がもとになって、上下、前後、左右などが名づけられる。自己は「今、ここ」という有限の時空としての場所の中心として原点に位置づけられる。

自己(生者、この世の人、人間)から遠い距離にある場所に位置づけられるものが非自己(他者、死者、あの世の人、非人間)である。距離には、空間的遠さだけではなく、時間的距離も含まれる。したがって、現在の自己(今の私)を原点にして、過去や未来の自己を非自己(他者)の位置におくこともできる。

このモデルでは、私(自己)を基点においているが、個体モデルの自己概念とは異なっている。つまり自己は、一貫して変わらないアイデンティティをもつ堅い実体ではない。また単独で環境や文脈や座標系抜きで、孤立して定義される単体でもない。自己は場所との関係性のなかで定義されるもの、つまり自己は場所によって変化するものである。居場所が変われば、自己の形や意味も多かれ少なかれ変化する。したがって、「ここ」という現在の場所にいる自己からみると、過去の自己はいくらか「非自己・他者」となり、未来に想定される可能性としての自己もいくらか「非自己・他者」となり、それら幾通りかの「自己-他者たち」の関係性が問題となる。したがって、発達的変化は、場所の変化と「自己-別の自己(他者たち)」の関係としてもとらえられる。

また本書のように、自己を「この世の人・生者」とすれば、未

来の自己(あの世の人・死者)への移動は、現在の場所のなかの自己から別の場所のなかの非自己(他者)への移動とみなされる。なお自己は「ここ」のなかで定義されるから、天空と地下は、異なる媒体や物体からなる異質の場所であり、どちらも人間がそこで生きることができない場所として定義される。

日本語の文法では、名詞が単数形か複数形か、男性形か女性形かなどが常に問題にされることはない。その区別にこだわるのは、西欧語によるローカルなものの見方の一つにすぎない。「ここ」にいるのは、「私」でも「私たち」という複数形でも、同じ共同体の住人である「この世の人びと」でもよいのである。

本書では、原点としての自己の位置にあるのは「この世の人・生者」である。それを「人間形の基本形」として図3・5(80頁)のように定義した。イメージ画1では、「人間形の基本形」を規準にしたとき、「あの世の人」がどのような標識で区別されているかが調べられる。また、イメージ画2では、この世からの世への移動として、人間からたましいへの移動が「人間形の基本形」からの形態移動として、基本枠組のなかへ位置づけられる。

5 三つの領域──地面、天空、地下

「地面」を基盤にして、垂直軸は、「天空(sky)」と「地下(underground)」と名づけた三領域に分かれる。地面は、幾何学的直線ではなく、ギブソンがいうような生態学的地面を表すが、図3・3では、その文字通りの地面から、イメージが拡張されて、

人間、私たち、生者が生きている場所を表している。天空と地下は、異なる媒体や物体からなる異質の場所であり、どちらも人間がそこで生きることができない場所として定義される。

天空は、空気に代表される無形の気体の媒質からなり、無重力の宇宙空間へとつながっている。人間の上に広がる天空は透明性が高く可視的空間は広いが、人が直接そこに飛翔することはできず、何らかの方法で飛ぶことができたとしても、身体を支えることができずに落下する。

地下は、人間の下にあるが、地面の下は不可視で何があるかわからないし、生きられる場所は天空のようには開けていないし広がっていない。水平線をなす「面」が文字通りの大地である場合には、地下は固体の物体で堅くて進入できない。海のように水である場合には、落下の危険がある。土のような固体であっても、水のような液体であっても、いずれの場合にも人間は地下では生息できない。

6 二つの心理的場所(トポス)──この世とあの世

二つの心理的場所「この世(this world)」と「あの世(next world)」は、主体である自己の居場所を原点としたときに、図3・3の基本枠組IBのように図式化される。原点に近い中心領域に私たちの居場所「この世」があり、「あの世」はこの世から

相対的に離れた場所、その他の場所である。

「この世」「あの世」という用語は、人間の居場所とむすびついて定義されるので、この場所は一方では、人間のまわりに環境（とりまくもの）として広がっており、もう一方では、人間は自分の居場所を生きている場所として、泡のように自分とともに持ち歩いているものとして考えられている。

レヴィン（Lewin, 1936）は、ライフスペース（生活空間）を地理的空間のアナロジーとしてとらえ、人間はそのライフスペースのなかを移動する存在として理論化した。この理論では、人間の移動は実際の空間移動と同じように複雑な軌跡を描いて限りなく分岐し多様化して収拾がつかなくなる。対照的に、ここでモデルとして提示されている心理的場所は、空飛ぶ絨毯や箱舟のように、人間をのせたままで移動する。したがって、物理的には移動しても、心理的場所（ここ・この世）と自己（私・私たち）との関係性は不変項として変わらないので、単純な図式で記述できる。

この世は、この世の人・生者・私たちの居場所である。図3-3のように「この世」は、ある程度の空間的広がりをもつ。この図では大きく広がっていない、その広がり方には異方性があり、特に上方は大きく広がっている。また、もし人間の身体配置や姿勢まで問題にすれば、人が前を向いていれば、人の前方は後方よりも大きく広がっている。したがって、あの世やあの世の人は、前方よりも背後にしのび寄りやすいと考えられる。

周辺的場所が「あの世」である。あの世は、先に2章で考察したように、この世（A）に対して別の世界（B）として自立した世界として想定されるというよりは、「この世」をもとに関係概念として対等に想定される場所（非A）である。「この世」は空間的な位置をしめる場所であると同時に時間概念をも含むが、時間軸においても、「過去」や「未来」は、まったく独立した「とき」というよりは、「現在（今・ここ）」をもとに想定された関係概念である。ものごとをとらえる基盤は「ここ」にある。英語でもあの世は、next world（次の世界）、hereafter（ここから後）、another world（もう一つの世界）など、時間的・空間的に隔たった別の世界として表現されており、ここ（here）やこの世界（this world）との関係概念で表される。

この世は、この世の人・生者・私たちの居場所である。それに対して、あの世の住人は、「私たちではないもの・非自己」であり、究極の「他者たち」である。「他者」という概念も、「自己（A）」に対する非Aとして成立する関係概念であり、それらは、私たちでないもの、自己から隔たった他人（stranger）や外人（alien）や異人（ghost）、自己から隔たった他人（stranger）や外人（alien）や異人、生者から隔たった死者や幽霊、人間から隔たった獣（animal）や怪物（monster）や魔物（demon）や鬼などである。

「あの世」はこの世以外の場所であり、その代表は「天空」と「地下」である。どちらも人間が生きられない場所（死者の場所

7 境界と移行領域

「境界 (boundary)」あるいは「移行領域 (transitional area)」は、二つの世界、この世とあの世の境界領域である。これらは、二つの世界のあいだに広がる広大な宇宙的空間や中有のあいだとなる場合もあれば、両者を分ける境目となる場合もある。本書では、境界と移行領域を同義に使うことにした。

境界は、二つの領域を「分ける」働きと「むすぶ」働きの両方をもつ両義的性格をもつ。二つの世界を「分ける」ときには、境界は、分離する境目やエッジとなる。二つの世界を「むすぶ」ときには、境界は、二つの世界の中間で交接・交流・交換のインターフェイスの場となる。

二つの世界を分ける境界は、何らかの標識で示されることが多い。たとえば川、湖、山、峠など自然の地形にもとづく境界標識と、縄、杭、柱、門、石標、扉など人工の標識などがある。海や空のように、目には見えないが約束事で境目が決められている場合もある。

境界は、二つの世界のどちらにも属さない中立的、両義的領域である。呪術＝宗教的禁忌が課されたり、聖と俗、浄と不浄、善と悪の両義性をもつ場所など、さまざまな多重価値をもつことが多い。

境界は、空間的な中間領域だけではなく、時間的な中間領域も示す。移動にかかわる、空間的・時間的推移やプロセスを強調するときは、移行領域と呼ぶ。

時間的な移行領域は、ふつう移行期や過渡期と呼ばれるが、ここでは空間と時間を統合した用語で考えている。移行領域は、人間が一つの場所から別の場所へ移動する途中の移行の時期であり、過渡的な境界域性 (liminalite) をもつ。ファン・ヘネップ (1909/1977) によれば、この世からあの世への移動は、生から死への通過 (passage) 儀礼とみなされ、儀礼的境界は「葬儀」や「喪」によってなされる。喪の作業のなかでも、死者をあの世に送る葬儀は、境界性が強い儀式である。喪は、死者がこの世から分離し、あの世で再統合されるまでの過渡的期間である。この期間において旧い世界の秩序は一度壊れて、新たに再構成される。過渡的境界にいる死者は、まだ二つの世界のあいだでさまよっている危険な状態であるとみなされる。死者は試練を超え、生者は死者のために祀り供物を捧げねばならないなど、特別に負荷のかかる時期とみなしている文化が多い。喪は、遺された生者にとっても死を悼み死者と分離する移行期であり、喪明けによって元の生者の社会に復帰するまでの過渡期でもある。

生から死への移行期だけではなく、子どもから大人への移行期である青年期にはイニシエーションが行われ、象徴的な死と再生が行われる。移行領域は、常態として安定した時期ではなく、過渡期であり、しばしば危機的時期となる。

イメージの世界においても、この世からあの世のあいだには「境界」があると考えられ、「三途の川」「黄泉平坂」など、いろいろな呼び名で呼ばれてきた。

以上の七つの前提にもとづいて、図3-3の基本枠組がつくられた。以下のイメージ画1とイメージ画2の分析では、この基本枠組をさらに発展させ特殊化させて、モデルⅠ、モデルⅡのレベルのモデル生成を行った。

5節 モデルⅢ 基本単位——モデルⅢの生成プロセス

図3-1に示した三つの水準のモデル生成のうち、「モデルⅢ 基本単位」の生成プロセスを説明する。イメージ画分析において、イメージ画1とイメージ画2はまず別個に、それぞれのローデータからボトムアップで「モデルⅢ 基本単位」を取り出すモデル化がなされた。そして基本単位をもとに分類カテゴリーを作成し、定義と分類基準をつくり信頼性を測定し、生起頻度の日仏比較など数量的分析をした。このプロセスは、イメージ画1とイメージ画2で共通していた。

イメージ画の種類によって、あるいは同じイメージ画のなかでも、いくつもの観点から複数のモデルが生成されたので、モデルの水準も多岐にわたった。

ここでは説明事例として、もっとも明確に三つの水準のモデル化が行われたイメージ画2「たましいの形と形態変容」モデルの生成プロセスを取り上げて、その具体例をもとに方法論を説明する。

1 生データから基本単位へ——「たましいの形」を例に

イメージ画2において実際に描かれた具体例を図3-4に示した。現場データ（フィールド）の特徴として、実際の描画は多種の意味の複合体である。このような描画から何に注目してどのような観点から分析するかが大きな問題となる。そこで多くの絵を見て、まず「たましいがどのような形態で描かれたか」そして「移行の過程でたましいの形がどのように変化するか」に注目した。

たとえば図3-4-1の日本人の絵と同様に、人が死ぬと「たましい」になって昇天するというよく似たイメージを表している。両者ともこの世からあの世へ移行する途中は希薄化して点線で描かれている。これはのちに「気体形」と名づけた形である。二つの図とも、雲の上の「あの世」まで行くと、たましいの形態は復活し鮮明になるが、たましいの形は異なっている。のちに図3-4-1の形を「人魂形」、図3-4-2の形を「人間形」と名づけた。

このようにまず、たましいの形態に着目してカテゴリー作成を

行った。カテゴリーに分類して、数量的比較や質的比較を行うためである。しかし、通常の実証的アプローチのように、単にカテゴリー分類によって数量的分析をすることだけが目的ではない。多声モデル生成法のアプローチ、つまり、たましいのイメージを「形態」から理解するための理論モデルをつくり、データをそのモデルのなかへ位置づけて理解することが第一の目的であり、そのためにカテゴリー作成をしたのである。

そして「たましい」がどのような「形」で表現されているかを知り、その「基本形」をモデルとして取り出す作業をした。

まず図3–4のような実際の描画データをていねいに観察した。明を以下に記述する。

2 現場（フィールド）データの加工と編集——まるごと手の内へ入れる知の縮小化

第一ステップにおいて、収集した現場の生データ（A4版）を4分の1の縮小コピーにしてカード化して、全体を見やすく取り扱いやすくした。このように現場データを当面の目的に沿って観察しやすい形に加工・編集する作業をした。これは、第二ステップのデータ観察と交互に行ったり来たりすることがふつうであり、両者の順序は入れ替わりうる。

本書では静止したイメージ画が対象であるから、縮小コピーにしてカード化するという簡便な作業によって、生のデータをまるごと繰り返し観察可能な形に編集した。

編集作業をするための視点を発見することが多く、観察と編集の交互の行き来はより頻繁になるだろう。

一般に、生のデータをどのような大きさに加工するかは、目的によって異なるわけだが、これは意外に重要な作業である。

実験研究では、最初から見る視点や測度を決めてから生データがとられるが、現場（フィールド）研究では生のデータのなかにさまざまに雑多なものが混入しており、そこから何が意味ある視点や指標かを取り出す作業自体が重要であり、それはデータに何らかの加工・選択・編集をする作業と不可分である。本書の研究では最初、もとのデータと同じ大きさのA4コピーを用いて分析していたが、それを4分の1のカードにすることによって画期的な合理化がはかられた。縮小化によって一目で複数のカードが同時に比較できるようになり、携帯性や利便性も大幅に増大した。

人間には一度に視野に入れられる範囲に制約があるから、縮小化のもつ長所は大きい。これは単に用紙サイズの大きさの問題ではない。情報をいかに取り扱いやすい大きさにするかが、何を意味ある情報として取り出そうとするかにかかっているのである。したがって現場から得られた生のデータをどのような大きさに加工するかは、単なる技術の問題ではなく、本質的な作業となる。

この縮小化は、KJ法（川喜田 1967）において、データを縮小してカード化しラベル化し、一枚の模造紙の大きさのなかに全体が見やすい形にしてカード化するという簡便な作業によって、生のデータをまる

そして、消える。

天へと舞い上がる。

魂が見えない玉となって
天へと登っていく。

こうの鳥が
どこからともなく
はこんできてく
れる。

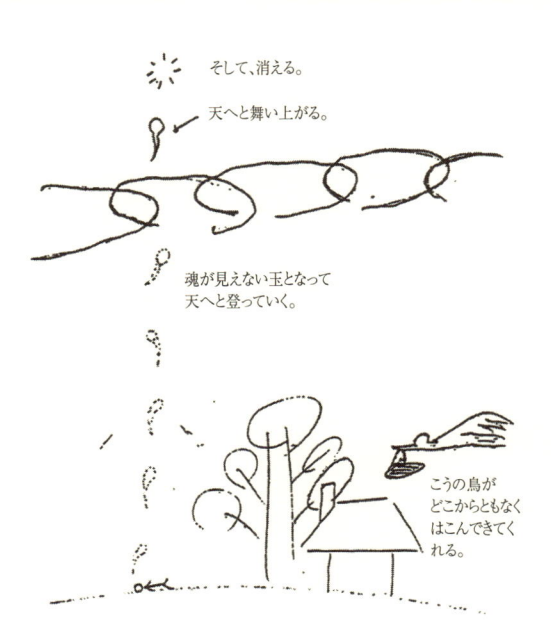

魂は見えない玉となって上へ登って
いく。天へ舞い上がる。そして、消え
る。こうの鳥がどこからともなくはこ
んできてくれる。

【図3-4-1　事例モデル1】
（日本の大学生のイメージ画2の絵）
（事例 No. J0285 ②）

人は死ぬと、そのたましいは昇天す
るが、しかし肉体は残る。たましいの
おかげで、人はあの世でまた再構成さ
れる。あの世の人は、地上で起こって
いることをすべてを見ていて（この世
の）人の心の中を読むことができる。
この世への帰還は、……（解読不能）
の形でありえない。

【図3-4-2　事例モデル2】
（フランスの大学生のイメージ画2
の絵）
（事例 No. F0317 ②）

図3-4　イメージ画2の典型事例 ── 日本とフランスの大学生の絵

〈全体的なイメージは共通〉　死後にこの世の人間の身体とは異なる希薄化した「たましい」
になって空中に上昇し、雲の上のあの世ではたましいの形が明確化するか、再び人間の形に
なる。

〈たましいの形は相違〉　日本の絵のたましいは「気体形」と「人魂形」、フランスの絵のた
ましいは「気体形」と「人間形」で描かれている。

えるように配置する作業と共通点をもつ。本書では、インタビューのような時系列を含む語りデータや観察も含む複雑なデータではなく、A4一枚の紙にすべての情報をまるごと含みこむ図像データに絞った時点、つまりデータ収集の時点ですでに「情報のまるごと縮小化」が試みられているのだが、それをさらに「情報を手の中に入れて操作できる」知の大きさへ縮小したのである。ここで試みた縮小化とは逆に、拡大化によって、ふだん気づきにくい部分を見ていく方法もある。絵であれば拡大コピーなどで部分を拡大するのである。VTRデータであれば、画像選択や静止画への加工は縮小化、スローモーションなどの加工は拡大化にあたるだろう。

3 現場（フィールド）データの観察と対話——有限情報の対話的観察を繰り返して基準づくり

第二ステップとして、縮小加工したデータ束の全体を繰り返し対話的に観察した。この観察は、特に初期の予備研究の段階では膨大な時間を費やして何度も行った。

経験的には、この段階で100枚程度のイメージ画がすべて記憶されると、それが基準になって、その後ではじめて見る絵であってもおよその位置づけや関連づけができる。まったく視点も仮説もない初期の段階では、一度に大量のデータを対象にしないで、幅広くサンプリングされた多様性のあるデータであって、しかも

数を限定した同じデータを、繰り返し何度も観察することが新しい発見をする基準や標準を観察者の内につくるために重要と思われる。この作業で、あまりに大量すぎるデータがあると、十分にていねいに見られなくなる。

後に記すように、質の分析を行うため質的事例を抽出するときには、生データは大量であるほどよいと私は考えている。質的分析は、少数事例分析と同義ではない。数量的分析では統計的手段によって解釈の妥当性が支えられるが、質的分析では少数事例のみを見て解釈することには大きな危険をともなう。したがって、質的分析のほうが統計的分析よりも大量のデータを必要とするというパラドックスが起こる。経験的にいえば、イメージ画では統計的分析に必要な100事例の10倍、延べ1000事例を収集すると、どんな特異に見える事例にも類似した例や関連事例が見つかる。したがって、自信をもって典型パターンや変異パターンを提出できる。また、たとえ独特の一事例だけを取り上げて何かを言う場合にも、周辺バリエーションを含めた分厚い記述をくりのための観察においては、むしろ100事例ほどの有限の情報を繰り返し見るほうがよいと考える。現場観察や調査において何度も現場に行って詳細がわかればわかるほど何がなんだかわからなくなって、意味ある情報を抽出したり研究をまとめることが

困難になることは多くの研究者が経験することである。情報量がある程度以上になると複雑になりすぎて、収拾がつかなくなるのである。初期の段階ではある程度のバリエーションをもつデータが入手できたら、数量を際限なく増やすことを抑制し、そのかわりに繰り返し同じ（類似した）データをていねいに見ることが有効と思われる。再現性（replication）を保証することは科学の基本であるが、質的データにおいても再現され繰り返される事例から学ぶことによって、ものを見ていく基準（standard）をつくることができよう。

以上のような限定された対象に絞って繰り返し観察する方法は、自然観察やVTR観察など他の研究方法にも応用できると考えられる。繰り返し同じものを見て、自分のなかに生成的で可変可能な基本単位「シェマ＝雛形」をつくることが、以後の作業の土台になると考えられる。

4 現場（フィールド）データの質的典型性と多様性の発見

第三ステップとして、データを観察して実際にどのような形態が見られたか整理するために、繰り返し同種の形がいくつかの典型的な形に収束する「典型性カタログ」と、形の多様性や変異の大きいもの、不思議に思われる発見を含めた「多様性カタログ」をつくった。

イメージ画カタログは、100枚程度で枚数が少ない場合であれば、縮小コピーを何度もめくったり、さまざまに並べかえて全体として眺める「図の束」にすれば簡易的にできあがる。本書の研究では枚数が多かったので着目する観点ごとに独立した作業を行い、数十種類の図録カタログをつくった。特定の「形態」だけを取り出し、「縮小形態コピー」をつくり、それを「図解地図」にした。この作業では、KJ法における図解化の発想と技術が役立った。

多様性のほうは別途に質的分析の対象にして、繰り返し多量に出現する典型性をもつイメージのほうに注目して次のモデル化にすすんだ。

5 基本単位の生成

イメージ画の典型的事例をもとに、たましいの基本形（fundamental figure）として、図3・5のように「モデルⅢ 三つの基本単位」として、「人間形」「人魂形」「気体形」を取り出して名前をつけた。そして再び実際のイメージ画と照合して、図3・4のような典型事例、その関連事例と変異事例などを組織的に取り出して検討した。

次に「基本形」を単なる三分類のカテゴリーとしてではなく、図3・6に示したような、人間の身体に似た形から消滅していく形までの変化プロセスのなかに位置づけた。たましいの形を「より人間に近いものから消滅に至るまで」の変化と考えてモデル化

a) くびれあり	a) くびれあり	a) くびれあり	a) くびれあり	a) くびれなし
b) 手足あり	b) 手あり	b) 手足なし	b) 手足なし	b) 手足なし
c) 顔要素あり	c) 顔要素あり	c) 顔要素あり	c) 顔要素なし	c) 顔要素あり
人間形の基本形	(幽霊形)			
	人間形		人間形ではない（人魂形）	

【図3-5-1　人間形の基本形と具体例】

人魂の基本形(尾のある玉形)	玉形	雲形	炎形	蛇形(虫形)	点線表現	気体状の表現	定まった形なし

【図3-5-2　人魂形の基本形と具体例】　　【図3-5-3　気体形の具体例】

図3-5　モデルⅢ　三つの**基本単位**

各基本単位の定義と分類基準は表3-1に示した。

したのである。

「モデルⅢ」を変化プロセスにまとめた段階において、個々ばらばらに見えた現場データは、ある種の意味的まとまり（＝モデル）として見えてきたわけである。たましいの形態は、分類するための固定した静的なカテゴリーではなく、形態変化プロセスモデルのなかの一つの「結び目」になったのである。「結び目」とは、ネットワーク構造をもつモデルにおいて、複数の異質の要素を連結する（結ぶ）とともに、新たな意味を生み出す（産ぶ）結節点のことである（やまだ 2008a）。モデル化によってものを見る目が変わり、新たな見方が生み出されるのである。

6節　イメージ画の量的分析と質的分析

1　量的分析と質的分析の特徴

イメージ画の分析では、質的分析と量的分析の両方を行った。イメージ画の質的分析と量的分析は相補的で、それぞれに長所をもつ。本書では質的分析を中心に記述しているが、心理学においては量的分析のほうが一般的である。量的分析の方法や手続きは標準化さ

←形のあるもの　　　　　　　　　形のないもの→

人間形　　足の脱落　　手の脱落　　顔の脱落　　人魂形　　玉形　　希薄化　　拡散化
（基本形）　　　（空中浮遊）　　　　　　　（固有性消失）　　　（固有性消失）

人間形　｜　人魂形　｜　気体形

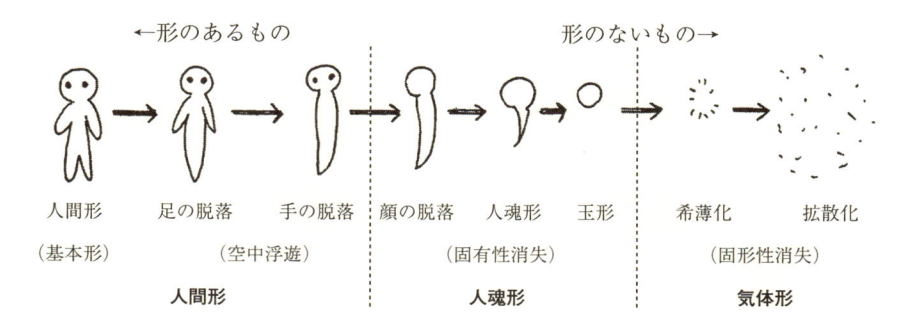

図3-6　モデルⅢ　たましいの形（基本単位）の変化プロセスモデル

　図3-5の第1ステップのモデル化では、基本単位「人間形」「人魂形」「気体形」を3カテゴリーに分類した。カテゴリー分類のためには、基本形とそのバリエーション、その形態に分類される範囲、特に「境界」を明確にすることが重要になる。
　図3-6では第2ステップのモデル化がなされた。3基本単位の核となる形を中心に「人間形→人魂形→気体形」をたましいの形態変化のプロセスとして位置づけた。
　図3-5と図3-6のモデル化は目的が異なる。図3-5は、3カテゴリーを区分し、「分ける」ための定義を明確にして、数量的分析に役立つ。図3-6は、3カテゴリーの「関係」を表して理解するために役立つ理論モデルである。

　れているので、本書では、まず描画データを数量化する試みをした。
　自由記述で描かれたイメージ画の量的分析は、「分析カテゴリーの作成」「カテゴリーの定義の明確化」「カテゴリーの信頼性測定」「カテゴリー別の生起頻度の測定」「測定値の統計的処理」という手続きで行った。
　量的分析の特徴は、1章図1-2に示したツリーモデルの基本操作にあてはめるとよく理解できる。まず分類するためのカテゴリーを作成する。そして、カテゴリー間の境界を区切り、できるだけ明確に分割できる定義をつくり、誰が行っても同じ基準で判断できる信頼性のある定義にする。各カテゴリーの生起頻度を数えて統計的に比較する。
　量的分析は、分類されたカテゴリーの生起頻度など一般的傾向を見るのに適している。また、本書のような四か国比較など、比較を行うためには、数量的比較は強力なツールになる。絵の印象で直感的に見ると大きな差があるように見えても、実際に数を数えて比較してみると、それほど差がなかったり、逆だったりすることがよくある。一つの絵の印象で恣意的に判断したり、思いこみや常識によって歪んだ見方をすることはよくある。量的分析では、恣意性や思いこみによる歪みを避けることができる。ただし数量化できるのは、ある程度共通して出現頻度の高い平均的な事例に限られる。
　質的分析の特徴は、1章図1-2に示したネットワークモデル

81　3章　モデル生成と分析法

の基本操作にあてはめると理解できる。このモデルで重要なのは、境界を明確にしてカテゴリーを分割することではなく、重複する部分や共通性をもつコアの部分に注目することにある。共通性の高い結び目の部分に核心的な意味を見るのである。またズレの部分が生み出す関係性、多様性や微妙な変異をともなうバリエーションを詳しく見ることが重要になる。質的分析の方法論はまだ確立されていないが、生き生きした生の事例間の関係性を大切にするので、そこから新しい発見ができる可能性が高い。そのためには、具体的な事例をできるだけ時間をかけてていねいに見ることが重要である。質的データ分析から新たな疑問や洞察を見いだしていくプロセスは、作業としてはたいへんであるが、その過程に現場研究のいちばん面白い醍醐味がある。

2　量的分析──分類カテゴリー作成と頻度の比較

本書の研究では、まずイメージ画の量的分析を行った。イメージ画2の「たましいの形」の分析を具体例にすると、左記の基本単位の生成に引き続いて下記のような手順で行った。

（1）「基本単位」の分類カテゴリー作成──連続した現象を分割する

「モデルⅢ　基本単位──たましいの形」として取り出した図3-5の「人間形」「人魂形」「気体形」の三基本形の分類カテゴリーをつくった。このカテゴリーは、先に述べたように、固定した三類型ではなく、図3-6のような形態変化プロセスの一結び目と位置づけられた。実際には、連続していて切れ目がない形態変化のプロセスであるが、境界を区切って分類することによって、ものを見やすくする作業がカテゴリー化である。

（2）分類カテゴリーの定義と信頼性測定──言語化と共有化

次にカテゴリーの定義をつくって言語化した。表3-1は、たましいの3基本形の定義と分類基準である。そして、おもに予備研究で得たデータの分析を試しに行った。そして実際のデータ分析に耐えうる操作的で実用的な定義であることを確認した。さらに複数の研究者により数十回の検討を行って、改訂を加えた後に定義を確定した。そして、分類カテゴリー作成にかかわらなかった研究者を含めて、独立した二人の研究者が定義に従ってそれぞれデータ分析を行い、一致率から信頼性を測定した。

ここで行われた作業は、単に数量的分析における信頼性測定のための手順としてだけではなく、研究者がつくったカテゴリーを他者に伝達可能なものにし、共有化する作業でもあった。この作業は、量的分析だけではなく、質的分析のためにも重要である。現場データを繰り返し見てカテゴリーをつくった当事者は、その経験のなかで言語化しにくい暗黙の情報を多く蓄積している。それをできるだけ言語化していくことが定義づくりの重要な作業である。言語化によって他者と共有できるものにすると同時に、信頼

表 3-1　たましいの 3 基本形の定義と分類基準

	基本形の定義	分類基準
(1) 人間形	(a) 頭と胴体の分離（くびれ、区切れ）がある (b) 手か足がある (c) 顔の要素（目）がある 上記 3 つをすべて備える形を人間形の基本形とする。	左記の 2 つ以上を満たすものを人間形の最低基準 (minimum basic) とする。人間形が影化（斜線による人間形の表現）している場合は、人間形の変容とみなす。
(2) 人魂形	(a) 人間形と気体形の中間形に位置づけられる。 (b) 人間形と気体形以外の何らかの特定の形をもち、その形に何も付随していないもの。 (c) 特定の形の具体例としては、人魂形（尾をひいた球形）、球形、雲形、炎形、ファントム（オバQ）形、ハート形などがあげられる。	人魂形は、人間形と次の基準によって区別される。 (a) 頭のみの形。頭があるが胴がない、あるいは胴との分離が明確でないもの。 (b) 頭と胴（尾）の分離があって手足がないもの。 (c) 頭と胴（尾）の分離がなくて顔（目）が描かれているもの。
(3) 気体形	次のいずれかの表現をもつものをさす。 (a) 光、煙、エネルギーなど特定の対象を表現しているが、定まった形がない表現形。 (b) 「何らかの形」があったものが、消滅、破壊、粒子化、希薄化など形が無くなっていくという表現が明確な場合（「何らかの形」については他のカテゴリーに分類する）。 (c) 点線による表環形。	明確な形が特定できない表現形（矢印のみで形が描かれていないものを含む。ただし、矢印が人間形や人魂形の移動「方向」を表示しているだけの場合は除く）。
(4) その他	上記 (1) ～ (3) 以外のもの	(a) あの世に移行後、人間、魂、いずれにもたましいとしての特別な表現がなく、星などの天体表現が見られる場合、その天体表現だけでは「その他」にカウントしない。 (b) 具体物に喩えられている場合（たとえば「花」＝たましい）や、心の中に存在しているなどの表現は、「その他」とする。

性の低い部分や他者と食い違う部分を共通の議論のまな板にのせることで、当初のあいまいな基準をより明確な定義にまで練り上げていくことができる。

この作業では、定義を明確に言語化し、カテゴリーの中核に位置する典型例を示してわかりやすく他者に伝えられるようにすることがまず必要であった。この研究の一例をあげると、人間形と人魂形の区別にかかわって「人間形とは何か？」「人間とみなされる最小限の基本的な形とは何か？」が繰り返し議論になった。最終的には「人間形とは、（a）頭と胴体の分離（くびれ、区切り）がある、（b）手か足がある、（c）顔の要素（目など）がある、以上の三つのうち二つ以上を満たすもの」という定義をつくった。この議論は、のちに質的分析をするためにも大いに役立った。

次に、カテゴリーの周辺に位置して他のカテゴリーとの境界領域にある例や特異な例を選択して例示することが重要であった。特に境界例については繰り返し検討する必要があった。そしてたとえば、「人間の形の影化（斜線による表記）は人間形に含めるか」などの議論から、操作的定義を含めてカテゴリー作成の特記事項を明確にした。カテゴリー作成の段階で終わる場合もあるだろう。またカテゴリー作成とモデル作成の順序が入れ替わる場合もあるだろう。カテゴリーがモデル生成より先立つ場合もあれば、すべてのモデル生成が終わった後にカテゴリーを作成したほうがよい場合もある。

なお、イメージ画2の分析では、「たましいの形」のほかに、「たましいの往来プロセス」や「生まれ変わり」のカテゴリーなど、別の目的のためのカテゴリーも多種類つくった。それらの別種の基本形の作成は、上記の（1）から（6）までの手順を繰り返す作業であり、このループは必要に応じて何度も繰り返された。

（3）サブカテゴリーの作成

イメージ画2の研究では、三つの基本形のカテゴリーをつくった後に、「人間形」や「人魂形」の内部をさらに細かく見るために、変容パターンを分類するサブカテゴリーをつくった。たとえば「人間形」に関しては、（1）付加（羽、光輪、頭巾など）：人間形に羽（翼）、光輪、頭巾（三角）、その他（杖など）がつけ加えられているもの。（2）脱落（足・顔の要素）：人間形の基本形と比較して、足や顔の要素が見られないもの。（3）表情・衣服の変容（4）影化：人間形が、斜線や黒色などで塗られているもの。（5）その他のカテゴリーがつくられた。

これらの変容形が独立したカテゴリーではなく、サブカテゴリーとしてつくられたのは、モデル生成の理念だけからではなく、予備研究でおよその出現頻度を測定した結果、あまり頻度が多くなかったので、独立のカテゴリーとして存続できなかったという実際的理由にもとづく。他のデータ源（たとえば別の文化の被験者）で、この種のイメージが頻度多く現れるならば、たとえば羽の付

84

加を「人間形」の変容としてではなく、別のカテゴリーにして独立させる場合もありうる。

このように、どのようなカテゴリーをいくつ作成するかなどは、現実のデータとの対話によってある程度柔軟に考えたほうがよいだろう。なお、「羽の付加」などは量的研究では「人間形の変容」のサブカテゴリーにしたが、後に理論モデルとの対話からできた「モデルⅡ　基本構図」では「天使形」として独立させ、位置づけが変化した。

量的分析の分類カテゴリーは、「モデルⅢ」を作成したのち、何度も改訂された。最初から三水準のモデル生成を行うことが計画されていれば、三つのモデルがすべてできた最終段階で分類カテゴリーをつくったほうがよかったかもしれない。しかし、モデルの全体像が最初からわかっていればモデル生成する必要もないわけだから、モデルとデータのあいだを行き戻りしながら、暫定的にカテゴリーをつくって分析をすすめることは、ある程度不可避であろう。

3　質的分析──基本単位の共通性、関係性、多様性

量的分析のためのカテゴリーを作成して、ある程度、共通性が明確に見えてきた後に、質的データ分析を行った。

イメージ画2に関していえば、数量的分析には日本の被験者総数561人の調査資料を用いたが、質的分析の日本の事例として、

予備調査も含めて1613人の調査資料から選んだ。このように数量的分析よりも質的分析のほうで、より多量の被験者のデータを分析したのは理由がある。

第一には、逆説的ではあるが、質的分析においては大量の分厚い記述によって裏づけられた多くの事例がないと典型性や共通性は見えてこないし、少数事例のみでものを言うことは危険だからである。

第二には、多量のサンプルのなかから選ばないと、絵としても質の良いものが入手しにくいからである。この場合の質が良い絵とは、統計的に大多数の絵と同じカテゴリーに属していながら、全体として重要な要素を含み、印象深くインパクトがあり、生き生きしたイメージをもつもので、このような絵は典型事例としての価値が高い。

第三には、数量的選択や平均的選択とは異なる基準で選択するためにも、事例は多いほうがよい。多くの事例を見ると類型的で平凡な絵も多く見ることになり、それらと比較すると、特異な絵、独創的な絵、一枚しかないユニークな絵も見いだしやすくなる。少数事例では、それが一般的範疇に属する平凡なものなのか、きわめて変わった特異なものなのかを区別することは難しい。質的分析では、「たった一枚」しか存在しなくても価値があるとみなせば、重要な事例として選択できる。しかし、なぜその一枚が重要なのかは、ある程度大量の絵を見て比較しながら鍛え上げた見識眼がないと見えてこないし、説得力あるかたちで説明すること

も困難だろう。

分厚いイメージ画事例の蓄積の上で次の三つの観点ごとに、個々のイメージ画を相互に「比較・対照」して選択した。第一に、文化差や個人差を越えた共通性や一般性をもつ典型的なイメージ画、第二に、文化差や個人差をよく表し、多様性や変化可能性を広げる独創性のあるイメージ画、第三に、理論的・文化的・歴史的に見て興味深い観点を含むと思われるイメージ画である。

多くの事例から選択したイメージ画の事例は、比較を可能にした形で、しかしできるだけ生のままで提示することにした。絵は、生の絵のほうが図式化するよりも生き生きして生成的なインパクトをもつからである。また、生の絵のほうが多様性と個性をもつと同時に類似性や共通性をもつイメージの不思議を味わわせてくれるからである。

イメージ画の描き方は個人によって独特で一つとして同じものがないといってよいほどさまざまである。しかしまた、類似したものを並べていくと、必ずよく似たものが見いだされる。個々のイメージ画は「個性」的であるが、どれ一つとして「孤立」しているのではない。集合的な民間表象としてイメージ画と補完したり対照したりして大きな織物のなかに位置づけることができる。個々人が描いたイメージは他のイメージと補完したり響きあったりしているのではない。類似した方法としての「比較」は、共通性を見いだすためにも、相違を明確にするためにも、少しずつズレをもつ変容パターンを見るためにも重要である。

イメージ画の質的分析は、共通性と多様性という両面をもつイメージ、その矛盾した不思議で興味深いイメージの特性をよく表した図像カタログとして活用できるだろう。

個々のイメージ画は、全体として織りをなす個々の図柄といえるが、その図柄にもいろいろな並べ方や織り方がある。本書では、あるパターンをできるだけ多く代表させるだけではなく、類似した絵をできるだけ多く並べて見られるようにした。つまり、一つのイメージのバリエーションを重視し、多様な変異形を含めて広く深く味わうことができるように提示した。ただし、重複を避けたので、あるテーマを問題にしたときには、そこに引用されている絵だけではなく、その問題に注意しながら、他の絵や事例も広く見わたしていただきたい。各国の考察は、引用された該当事例だけではなく、それら多くの事例をもとになされた。

7節　モデルⅡ　基本構図の生成プロセス

モデルⅡは、図3-1の三水準のモデル生成プロセスで示したように、モデルⅠ（図3-3　基本枠組ⅠB）とモデルⅢ（図3-5、図3-6　基本単位）に関連づけた中間モデルとして最後に生成された。

図3-7に示した「モデルⅡ　基本構図」の例は、図3-6の基本単位（たましいの形の変化プロセスモデル）を部分的に含みなが

1 モデルⅡ 基本構図──たましいの形態変化モデル

以下、図3-7「モデルⅡ 基本構図──たましいの形態変化モデル」の一部を簡単に説明する。たましいの形態変化モデルは、生きた人間の形（人間形 human form）を基点として、「たましいの居場所」（空間的距離）と「たましいの形態」の二次元を交差させてつくられている。本来は二次元では次元が少なすぎるが、ここでは必要不可欠な次元のみを使い、できるだけ単純な図式化を行った。なお形が同じでも内包する意味内容が異なるとか、形が違っても同じような意味内容をもつことがありうるが、ここで問題にするのは、意味記号（signifiant）としての形のみである。

垂直軸〈上－下〉は、人間の居場所を地上の中心（原点）においたときの、上昇（up）－下降（down）の軸である。図3-3では想定されていた垂直軸における下降方向は図3-7では省略した。地獄など下降方向の表象は理論的には重要と考えられるが、実際のイメージ画にほとんど現れなかったからである。

水平軸〈無－異〉の方位は、左方向が無形化（Amorphousness）、右方向が異形化（Heteromorphouseness）の軸とした。図3-3では名称を与えなかった水平軸の方位を、図3-7では本書のイメージ画を理解するための方位として特定化している。ここで名前

ら、より大きな枠組のなかで「たましいの形態変化モデル」として位置づけられていることがわかるであろう。このように個々のイメージ形態を、より大きな変化形の一部として位置づけ意味づけるモデルをつくることによって一般化と理論化をすすめ、多文化比較のための枠組としても有効に働くようにした。

図3-7では、さらに一般化した「たましいの形態変化」モデルとした。「人間形」「人魂形」「気体形」の基本単位に加えて、サブカテゴリーの「人間形の変容形」（羽の付加された人間形＝天使形など）を加え、実際のイメージ画にはあまりなかったが理論的に重要と思われる「動物形」などを加えている。このように「モデルⅡ 基本構図」では、「モデルⅢ 基本単位」を、「モデルⅠ 基本枠組」のなかへ並べるだけではなく、理論的に拡張して一般化している。

もう一方で、モデルⅡは、モデルⅠを具体化、限定化している。

図3-7「基本構図」では、図3-3「基本枠組ⅠB」をすべて使わず、その一部に限定したイメージの具象化を行っている。基本枠組のある部分だけに限定して、その範囲内で現在のデータを過不足なく記述できる現実的な寸法に加工した。つまり、基本枠組のうち本書に関与が深い二象限だけに限定し、水平軸に特定の名称を与えて、その部分を拡大して詳細に記述できるようにした。

このように図3-7では、抽象的な一般枠組（図3-3）をより具象的に加工した上で、たましいの形態変化の基本形（図3-6）から演繹した図像を配置して、理論的により深い考察を可能にし

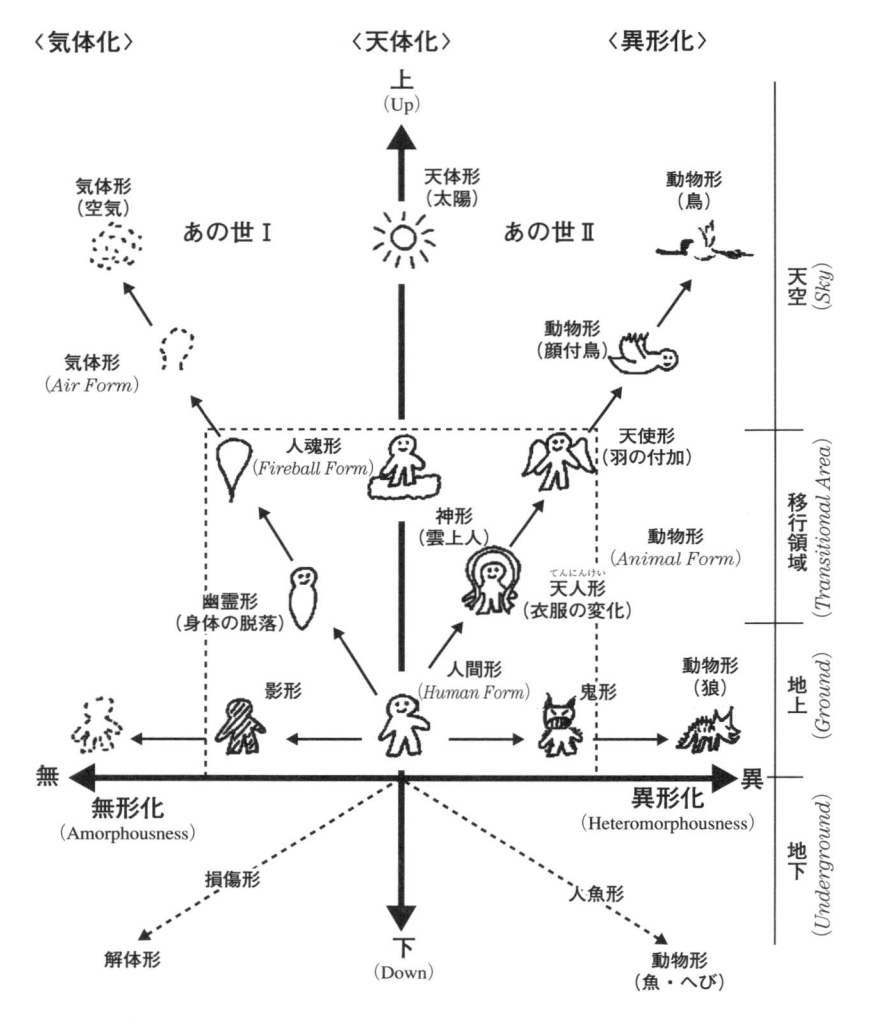

図3-7　モデルⅡ　基本構図 ── たましいの形態変化モデル

2 人間形から無形化へ

人間形から気体形への変化は、図3-7のように、人間形から「あの世I」象限に移行する無形化のプロセスとしてモデル化される。これは、固型の肉体をもつ「人間形」から、だんだん人間の形を失って「幽霊形」(足や顔など身体の一部の脱落)や「影形」になり、やがて人間の形を失いながら核となる固形成分を保つ中間段階の「人魂形」となり、さらに希薄化して「気体形」になっていくプロセスと、地上に近いところで影化して希薄化していくプロセスである。モデルには、天空へ上昇して気体化していくプロセスが描かれている。

上昇に向かう人間形 → 人魂形 → 気体形のプロセスでは、たましいが人間形を起点として上方向へ移動する場合、一般にそのままでは浮揚が不可能なので、翼や特別な衣をつけて浮揚力を獲得したり、地についた脚を失うことによって上昇への力を得ると

を与えた左右の方位は、必ずしも対称ではない。水平軸において、左への無形化の方向は、人間の形態から、固体としての形態を失っていき、希薄化・消滅化に向かう変化を表す。右への異形化の方向は、人間とは異質化に向かっていく変化を表す。異形化には他者形、動物形、怪物形など多くの変化形があり、複雑な次元と方向分化があると考えられるが、ここでは単純化して一次元で表している。

いった形態イメージの変化が起こる。人魂形とは、こうした上昇過程の中間に位置づく変化形態としてとらえることができる。幽霊形は、地上にこだわりがあって、人間形に戻ることもできず、地上から離れて気体形になることもできず、人間形のままで、地上の空間に浮いている(hovering)特殊な存在と位置づけられる。

人間は、地上の生きものであるという肉体的制約をもつ。飛行機などの乗り物か特別の道具を使わない限り、人間形のままでは上昇できない。中空、天空に行くには、水が気化して水蒸気になるように、希薄化・粒子化・気体化など、浮遊できるような変形が必要である。したがって、空間における位置変化と形態の変化は、大きく見れば共変動する。

たましいは原点から左上方向に離れれば離れるほど、人間の形がもっていた固体的性質がどんどん失われていく。そして、ついには透明になったり、何もない無の状態へと至る。つまり、生きていたときに有していた個別性の証である身体や名前、容姿等がしだいに失われ、ついには完全な無のアイデンティティの喪失へと至ると考えられる。

「あの世I」象限における変化は、気化(vaporization)と呼ぶことができる。ただし、物理学で「気化」と呼ばれるよりも、広い意味をもつ。それは、原点から左、あるいは上方向に離れるにつれて人間が形を失って希薄になり、透明(transparent)になり、見えなくなることを意味している。「気化」は、人間が固体としての形態を失い、有機体から無機化するプロセスである。また個

人としてもっていた、名前や個性や容姿や性格を失い、匿名化、無個性化し、生前のアイデンティティを喪失する方向への移行である。

たましいが「無形化」「気化」の過程の終わりに到達する形態を、「モデルⅢ　基本単位」の「気体形（Air Form）」として位置づけた。ここで気体（air）とは、たましいの形態のない、透明な状態を表す。air（空気）は生存にとっての必須条件であり、その空気へと存在が解消していくこと自体、生の終焉を意味している。古くから風や気息はこの世界から消えて去っていくことの象徴であった。気体形は、アニマやスピリット概念の原義でもある。

3　人間形から天体形へ

図3-7の基本構図において、垂直に上昇して天体形になる方向性を考えた。これは、人間形の形を保ったままで天空に上昇して、人間の域を超えて雲の上に住んだり超人的な力や神々しい光を帯びたりし、最後には光の天体そのものになるプロセスである。モデルでは、「人間形」→「神形（人間の形の神、雲上人、仙人）」→「天体形（太陽、星）」への変化が描かれている。天空に上昇すると人間の位置からは見えなくなるので、気体化と近い。しかし、気体化のイメージでは空気や風のように拡散して無になっていくのに対して、天体化のイメージでは、見えなくても光の根源

は存在し、太陽や星や神のような天体として凝縮した「形」を想定するところが違っている。

4　人間形から異形化へ

図3-7の基本構図において、「あの世Ⅱ」領域における形態変化は「異形化（Heteromorphous）」と名づけられた。たましいが原点から離れて右に移動するほど、本来の人間形から、異なる形状の生きものへと変わっていく。右へ向かう軸は、人間形から異人 (けい) 形への変化を表すのである。

異人（strangers）とは、小松（1985）によれば、「異類異形性」（人間がふつうにもつ姿とは異なった鬼や怪物、動物たち）と「他者性」（外集団あるいは外の領域に属していて、「われわれ」の仲間ではないこと）の二つによって定義される。「異形性」の側面は、人間形から異人形へと形態が変化していく過程に照応する。「他者性」の側面は、ふつうの人間の状態から社会的、空間的、時間的にどれだけ距離が離れた存在となるかが問題となろう。図3-7では、この二つの側面が、共に原点の人間形からの距離の増大による形態変化として表現されている。

異人形次元は、妖怪や魔物や神霊への変形など多次元で多彩であるが、ここでは簡略化して、おもに動物形（Animal Form）のみ図示した。動物形を「異類異形性」の代表としたのは理由がある。動物形は、たとえ想像上でも、まったく見たことがない新しい図像を

90

生み出すことは困難であり、見聞きした実在物を合成して想像する。「異類異形性」として、さまざまなバリエーションの想像上の生きものがつくりだされてきたが、人間の身体の欠損や変形のほかには、人間と動物（たとえば「人魚」）、動物と動物の合成（たとえば「竜」）など、動物形はもっともポピュラーな変身と考えられる。なお、ここでの「動物」は、生物分類上の動物とは必ずしも一致せず、動物（animal）の原義「動く生きもの」というべき広い意味範囲をもつ。なお、動物を人間よりも価値的に低く位置づけ、聖性を認めない文化もあるが、ここでは、動物を神にもなりうる両義的な存在とみなしている。

人間形から動物形への変化のうち、たましいの表象として特記すべきは、鳥形（鳥類だけではなく、蝶、蛍、トンボ、蜻蛉など昆虫や飛ぶ生きものを含む）への変化である。それは、後にも説明するように、人間形→天人形→人頭鳥形→鳥形へ変化すると考えられる。

天人形（てんにんけい）は、人間形をしているが、特殊な衣服や道具によって、飛ぶことができる。羽状の衣服（羽衣）の脱着や、魔女の道具（魔法の杖など）によって、人間の姿に簡単に戻ることが可能である。

「天使形」は、身体に羽が生えた有翼人間であるから鳥との部分合体による変身をともなっている。人顔をもつ鳥「人頭鳥形」は、エジプトのたましい「バー」などが有名である。「鳥形」としては、死者のたましいが白鳥や蝶になって飛んでいったという

話が世界中に見られる。

図3-7「基本構図」の「あの世Ⅰ」象限では人間が気化・無化していく。それとは対照的に、「あの世Ⅱ」象限では、人間とは異なる生きものに変身する。異形化では、人間の形態やアイデンティティは失うが、個としての名前は必ずしも失わない。形態や性格はデフォルメされて、別のアイデンティティを得て、個性はむしろ強化されやすい。

5　モデルⅡ「たましいの形態変化モデル」まとめ

モデルⅡは、本書に即した内容を含む「たましいの形態変化」を半具象的に表した次のようなモデルとして、以下のようにまとめられる。

（1）たましいの形の変異（transformation）は、人間形を基点にして、そこからの変異として考えられる。

（2）たましいの形の変化は、場所の変化、つまり「たましいの居場所（たましいが位置する場所）」と「たましいの場所移動（transposition）」と連関している。

（3）たましいの形の垂直軸上の変容は、人間を基点とした価値の上下と関連する。

（4）原点の人間形（human form）から垂直軸の方向へ上昇移動するにしたがい、人間形の形そのものは変わらないが、神性など超越的属性が付与されやすい。これは、人間形の

形を保ったままで天空に上昇して、人間の域を超えて雲の上に住んだり超人的力や神々しい光を帯びたりし、最後には「光」そのものになるプロセスである。モデルでは、「人間形」→「神形（神、雲上人、仙人）」→「天体形（太陽や星）」への変化が描かれている。

（5）たましいの形の「モデルⅡ　基本構図」における水平軸上の変容は、左方向は「無形化（amorphousness）」（希薄化・拡散化・影化・無生物化）、右方向は「異形化（heteromorphousness）」（異人化・他者化・獣化・他生物化）を表す。

（6）原点の人間形から「あの世Ⅰ」象限に遠ざかる移動をするほど、たましいは人間の形を喪失し、固体としての形を失い、気体化、希薄化、消滅化の方向をたどる。これは、固型の肉体をもつ「人間形」から、だんだん人間の形を失って「幽霊形」（足や顔など身体の一部の脱落）や「影形」になり、やがて人間の形を失いながら核となる固形成分を保つ中間段階の「人魂形」になってさらに希薄化して「気体形」になっていくプロセスである。モデルには、天空へ上昇して人魂形から気体化するプロセスと、地上に近いところで影や希薄化するプロセスが描かれている。

（7）原点の人間形から「あの世Ⅱ」象限に遠ざかる移動をするほど、たましいは人間とは異質の形となり、動物と人間の合体形や動物の形に近づく。人間形から「あの世Ⅱ」象限に移行する異形化のプロセスは、人間から人間以外の動物や魔物へ変化するプロセスである。天空への上昇プロセスでは、異形の代表は「鳥」

であり、「人間形」→「天人形（衣服や持ち物の変化）」→「天使形（羽の付加）」→「動物形（顔付鳥）」→「動物形（鳥）」になる。地上に近いところで移行するときには、狼や熊や狐など地上に住む「動物形」になり、中間段階に人間と動物の合体形「鬼形」が位置づけられる。

以上のようにモデルⅠと、具体的なイメージ画像データからボトムアップでつくられたモデルⅢを関連づけて、一つの半具象的な見取り図としたモデルである。どの水準のモデルでも、モデルであるからには一般化がめざされているが、モデルⅡは、現場の具体的イメージから遊離しすぎないローカリティを含む抽象化であるという意味で、中間形であるとともに中身が濃くてインプリケーションが多い「半具象的」モデルの特徴をよく表している。

たとえば図3-5に示した「人間形」「人魂形」「気体形」の三基本形は、おもに日本のイメージから取り出されたカテゴリーである。それを図3-6の変化プロセスに位置づけた「モデルⅡ　基本単位」にした段階で日本とフランスの二文化比較を可能にしたモデル化は、有限で具体的でローカルな知の働きからはじまる。モデル化は、有限で具体的でローカルな知の働きからはじまる。図3-7のモデルⅡでは、多文化比較が可能なまでに、より一般化した図式になっている。どこの文化にも属さないモデルはありえないし、どこの文化にも属さないモデルにしようとすれば、抽象度が高くなりすぎて記号の世界になり、個々の具体的なイメージの比喩形からは大きく離れてしまう

うだろう。ローカリティを保持しながら一般性を高めるためには、少なくとも三水準のモデル生成が必要であった。

今までの文化比較研究は、基準となるモデルや尺度の文化依存性を軽視しすぎてきた。また、上記のような三基本形のカテゴリーをつくった場合に、単にその量的比率の比較に終わることが多かった。

本書のきわだった特徴は、図3-2〜図3-7をすべてモデルと考えることで、基本枠組や分類カテゴリーそのものも文化によって異なる意味体系をもちうることを想定していることである。他文化においてまったく異なる形が現れたときには、この基本形とは異なる基本形をもつモデルへと改訂したり、基本枠組のある部分をより濃密に記述することによって、基本構図の図柄も変えられるようにしたいと考えている。

モデルは一度できると、他のテーマやデータに拡大して、よりそのテーマに合う構図へと変形して生成することができる。また、それを演繹的に予測に使うこともできる。たとえば「人魚形」は本書の研究には現れなかったが、「天使形」と対照される形として、予測的に図に入れたものを点線で示している。このようにデータにはない予測をマッピングして、新しい研究を生成していくことができる。モデル化すると、このような生成的機能によって、まだデータにはない部分まで予測して演繹的に研究を飛躍させられる長所がある。

第Ⅱ部 イメージ画の分析
――質的方法を中心に

とし子はみんなが死ぬとなづける
そのやりかたを通って行き
それからさきどこへ行ったかわからない
それはおれたちの空間の方向でははかられない
感ぜられない方向を感じようとするときは
だれだってみんなぐるぐるする

（宮澤賢治「青森挽歌」）

4章 この世とあの世の位置関係——日本のイメージ画1をもとに

死に近き母に添寝のしんしんと遠田のかはづ天に聞ゆる

うらうらと天に雲雀は啼きのぼり雪斑らなる山に雲ゐず

ほろほろとのぼるけむりの天にのぼり消え果つるかに我も消ぬかに

（斎藤茂吉『赤光』）

1節　この世とあの世の位置関係モデル

1　基本構図モデル

本書では、現代における素朴なフォークイメージをもとに「基本の形」をモデル化することをめざしている。それは人間と、人間をとりまく時空を含んだ場所との関係を根底から考えるために役立つであろう。日本文化の他界観念の「基本の形」を見るには、従来おもに次のような三種類の方法がとられてきた。

その一つは、日本文化の古層や基層には、「隠れた形」「原形」があると考え、できるだけ古い時代まで遡って考えようとするものである。しかし、歴史的に見て、もっとも古い「はじまり」が基本とは限らないのではないだろうか。たとえば、人間のはじまりの類人猿がもっとも人間の基本的な形といえるだろうか。さらに遡ってネズミに似た原始的な哺乳類や、さらに両生類や魚類や微生物まで遡っていくどうだろうか。ある種の単純化や純粋化や比較は、ものごとを遡ることに意味はある。しかし、ダイヤモンドしたがって古層に遡ることに意味はある。しかし、ダイヤモンドを原石までたどれば価値がわかるとはいえないように、古層に遡るほど「原形」が純粋な形で発掘できるとは限らない。どの時代にも多くの文化的混交がなされている。何を人間の基本の形としてみるかという、理論的観点こそが必要である。

97

二つ目は、アイヌや沖縄など特定のローカルな場所に、日本文化の原形が現在も存在しているとみなす考え方である。確かに進化のガラパゴス島のように、比較的隔絶した孤島や辺境の地に古い民俗が残り、現在の常識的なものの見方を反省させられたり、大きく変換される場合がある。しかし、どこの文化も特殊な歴史的・文化的文脈のなかに埋め込まれており、どの文化も複雑な歴史的・文化的文脈のなかに埋め込まれている。あるものだけが何の変化も受けないで変わらず、素朴でシンプルで理想的な「原形」をそのまま保持しているといえるだろうか。いくつかの文化を比較項としてリフレクティヴに眺めることができてはじめて、ものの見方の基本となる視点をもつことができるだろう。

　三つ目は、日本文化論などでよく見られるように、日本の他界観念の原形を「近傍他界」や「水平他界」など、単純な類型や分類で示し、少数の印象的なキーワードで代表させてしまうことである。このような類型論的な方法は、直観的にわかりやすいが複合的なイメージの連関や概念間のつながりが記述されない弱さがある。だからといって、いっさいの類型化や理論化をしないで、ひたすら詳細に文献考証的事実や実証的データのみを海岸の砂を拾うように集めていけば、いつかは何かがわかるようになるということはない。いくら緻密にデータをうほど真実の探究は一本道ではない。いくら緻密にデータを集めてもきりがないし、ものの見方によって集めるべきデータ自体が変わってしまう。実証的データとつきあわせるためにも、ある種の理論化は必要である。最初は分類や類型からはじまるかも

しれないが、理論やモデルがないと、包括的なイメージが与えられず、新しいものの考え方を生み出したり、学問をすすめる大きな方向が見いだせないだろう。

　いずれも「基本の形」が、どこかに実在していたと考えるところに問題がある。本書では、歴史的な古層に遡れば隠れたかたちで「実在」しているとか、沖縄やアイヌ民族のあいだに現在も「実在」しているとか、データのなかに「基本の形」に迫れるのではないかと考えている。レヴィン(Lewin 1936)が『トポロジー心理学の原理』で述べているように、理論モデルこそが説明力をもつ原理を提供できると考えられる。

　また、何かのキーワードで印象記述的にすべてを一語で説明しようとしたり、二項対立的な用語で分類や類型を示すのではなく、多くの異なる考え方を位置づけられる関係づけられたモデルが必要である。分類や類型は、相互背反的な論理によって単純な典型に分けられる。しかし、イメージは複合的で相互矛盾も含みこんでいるので、それの共存や微妙なズレを含めて多声的な関係性を見ていきたい。また抽象的な理論モデルだけではなく、イメージや比喩的連関を含めて半具象的モデルや事例モデルも必要である。そこで3章で説明した多声モデル生成法にもとづき、図3-3「基本枠組IB」と、イメージ画1の具体事例から、それらの中間モデルである図3-7「モデルII 基本構図」をつくった。それをさらに整理したのが、図4-1「この世とあの世の位置関係

モデル」である。

このモデルでは、「基本枠組」をもとに地下部分を狭くし、この世とあの世の境界も地面近辺においた。それは、実際の事例において、地下を描いた図が非常に少なかったことによる。また、3章で述べたように、生態的に見れば天空と地下は等質ではない。人間が生きている「この世」との関係で見ると、上空方向は透明で空気などの気体に満たされており太陽によって明るいので、可視領域と移動領域が大きい。天空の境界は、地面から上へ広がって「この世」をかたちづくっている。それに対して下方向は、不透明で暗い固体の物体からなり、不可視で地面のすぐ下に近いところから「あの世」の領域があると考えられる。

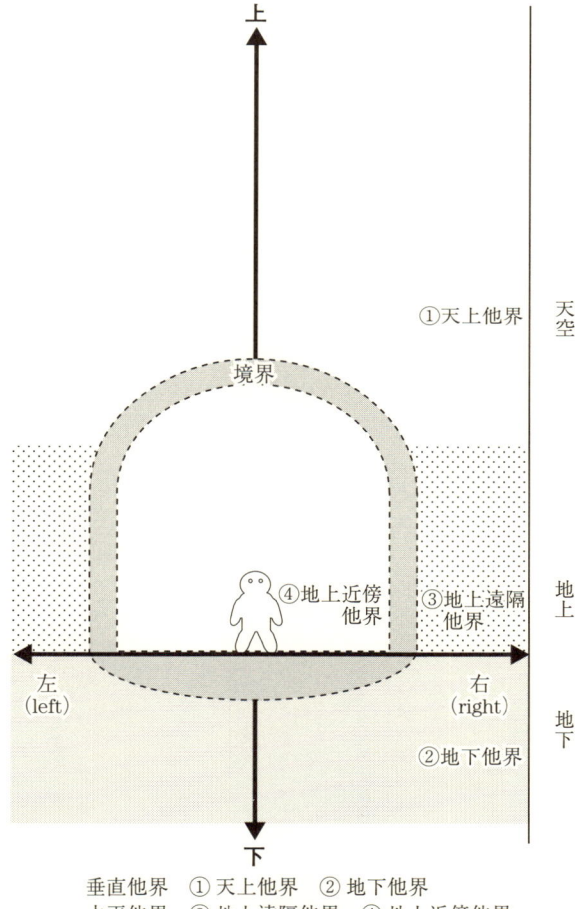

図中のラベル：
- 上／下
- 天空／地上／地下
- 境界
- 左 (left)／右 (right)
- ①天上他界
- ②地下他界
- ③地上遠隔他界
- ④地上近傍他界

垂直他界　①天上他界　②地下他界
水平他界　③地上遠隔他界　④地上近傍他界

**図 4-1　この世とあの世の位置関係モデル
　　　── モデルⅡ　基本構図（イメージ画1）**

2 垂直モデルと水平モデル──天上、地下、地上の他界

図4-1に示した「この世とあの世の位置関係モデル」では、大きく（1）垂直他界と（2）水平他界に分けられる。

（1）垂直他界は、地上から見て、上か下に他界があると想定され、垂直構造で世界が成り立つとイメージされるものである。これは、さらに①天上他界、②地下他界の二種に分けられる。天上他界と地下他界のバリエーションとしては、遠隔他界だといえる。天上他界と地下他界の両方とも生きた人間が住めない場所であるから、遠隔他界だといえる。さらに③地上遠隔他界、④地上近傍他界がある「あの世」が、この世から距離によって遠く隔てられるか、明確な境界に隔てられている場合である。

（2）水平他界は、この世とあの世が両方とも水平的な位置、つまり地上（あるいは海上）にあると想定されるものである。これは、さらに③地上遠隔他界、④地上近傍他界の二つに分けられる。③地上遠隔他界は、あの世の人がいる「あの世」が、この世から距離によって遠く隔てられるか、明確な境界によって隔てられている場合である。④地上近傍他界は、あの世の人が、生者が生きている「この世」の近くにいるか、同じ世界に共存している場合である。地上とは、文字通りの地平線の水平面をさすのではなく、図4-1のように、人間の生活圏としてある程度の高さと厚みをもつ、三次元の近接空間である。まとめると以下のようになる。

（1）垂直他界

この世（地上）から見て、あの世は上か下にあり、相互の関係が垂直構造をもつ。下記の①天上他界、②地下他界は、地上（この世）と組み合わされて二層、あるいは天上、地上、地下が組み合わされて三層の他界になる。

① 天上他界
あの世が上方の天空領域にある。天空は、生きた人間が住めない場所で遠隔他界である。

② 地下他界
あの世が下方の地下領域にある。地下は、生きた人間が住めない場所で遠隔他界である。

（2）水平他界

この世（地上）から見て、あの世は水平的な位置、つまり地上（海上）にある。この世との距離と境界によって、下記の二種類に分けられる。

③ 地上遠隔他界
あの世は、この世から空間的距離や境界による隔たりによって明確に分離され、別世界として領域が区切られている。

④ 地上近傍他界（この世で共存）
この世とあの世に、空間的距離によっても境界によっても

明確な分離がなく、同じ領域にこの世の人とあの世の人が共存する。

2節　あの世はどこにあるか──先行研究より

1　他界のありか（1）──垂直他界

あの世はどこにあるかという問いは、イメージ世界のコスモロジーにかかわり、世界観の構造をかたちづくる。この問いは、3章で述べた心理的場所（トポス）モデルの基本枠組から見ると本質的な問いになるだろう。

あの世のありかは、多くの文化においてさまざまに伝承され、幾多の文献に記されてきた。グレゴワール（Gregoire 1956/1958）によると、死後の世界という観念は、埋葬形態から見ると旧石器時代後期の最古の人類からすでに見られ、先史以来、あらゆる文化において普遍的に見られるという。それらのイメージについても、歴史・文化・社会の多様性にもかかわらず、全体的に見れば共通性がたいへん大きいように思われる。

タイラー（Tylor 1871/1903）は、他界観念を大きく二群にまとめている。来世（future life）と霊魂輪廻（transmigration）の観念である。来世の観念には、他界のありかや死後の生活が含まれる。霊魂輪廻の観念には、たましいの再生（reincarnation）や転生（transmission to lower animals）が含まれる。この群分けにしたがえば、本書のイメージ画1では、おもに来世の観念、イメージ画2では、おもに霊魂輪廻の観念を扱っているといえよう。

従来の研究では、あの世はどこにあると想定されてきたのだろうか。タイラーは、来世観を、その在処（locality）によって五つに分けている。それは、地上の他界、西方の他界（湖や海の彼方）、地下の他界、日月の他界（太陽や月）、天の他界の五つである。

この五つの他界の分類をさらに大きくまとめてみよう。すると、地上（西方を含む）、地下、天上（太陽や月を含む）という三つの他界に分けられると考えられる。

この三つの他界の共通点は、グレゴワールやタイラーやエリアーデ（2000ab）に加えて、棚瀬（1966）によるオセアニアの多民族の他界観念の原始形態の具体例、本居（1798/1978）、平田（1812/1973）や柳田（1969abc）や折口（1952/1967）や堀（1953ab）や久野（1994）など、神話や民間信仰に関する多くの先行研究を参考にすると、次のようにまとめられる。

なお最初に明確にしておかなければならないのは、これらの他界観を見る視点である。グレゴワールやタイラーなど過去の研究者は、地上他界をもっとも原始的とみなし、地下他界、天上他界の順序で、歴史的発展があると考えた。それは、天国を上におく垂直構造をベースにしており、西欧文化のキリスト教的他界観をもっとも進歩した他界観とみなすものであった。のちには、そのような進歩史観は多くの批判をあびることになった。

本書では、いくつかの他界観を一次元的な進歩史観や歴史的発展図式のなかに他界観を位置づける見方をとらない。さらに、多様な他界観の同時共存や矛盾の多声的共存を積極的に肯定する「両行」的な見方をとるところに特色がある（やまだ 1995, Yamada & Kato 2006b)。

ユダヤ教、キリスト教、イスラム教など唯一の神を信仰する一神教の系譜では、超越的な天国を上におき、地獄を下におく垂直構造の世界観をとってきた（ヒューズ 1968/1997, マクマナーズ 1981/1989 など)。図4-2は、それらの宗教の源流といわれる紀元前9世紀から2世紀ころの古代近東のユダヤ人、セム族の世界観である。世界は三層構造で、生きた人間のいる地上、神々のいる領域（天国）と、地下の冥界（陰腑 シェオール）からなる。まだユダヤ教の神ヤハウェが現れる前で、多神教である。天国にも神々がおり、地下の陰府にも死者や神々がいて、天と地のあいだの境界には水がある。陰府は、暗い静寂の地であるが、いわゆる地獄ではない。生きた人間は、恵みをもたらす雨季を司る天の神々とも、先祖が眠る地下の神々や死者とも交流することが重要であった（マクダネル＆ラング 1988/1993）。

仏教渡来以前の日本の他界観には、南方系と北方系が混ざっているといわれ、垂直他界も水平他界も見られる。古事記や日本書紀に描かれた国の成り立ちにおいては、天上（天、高天原）、地上（葦原中間)、地下（根の国、泉／黄泉／夜見の国）の三層がみられる。図4-3は、平田篤胤 (1812/1973) が描いた、国の成り立ち

のころの垂直構造の世界観である。平田は、最初は天地泉が連なっていたが、その後は天（昼、日、天照大御神）が離れ、やがて泉（夜、月、月夜見命）も離れて地をめぐるようになったという。最終的に描かれたのは、顕世である地上の人間を中心として、天から降誕したといわれる皇孫と山々に、地上にある外の世界（国外、外国）を描き入れた、水平構造の世界観である。

仏教伝来以後の他界観においても垂直構造は根強くあり、極楽浄土は天上に、地獄は地下にあるとイメージされている。もっとも極楽と涅槃（ニルヴァーナ）は、「吹き消すこと」の意で、煩悩の火を消して、知恵の完成した悟りの境地をさしており、死後の世界とは関係がなかったはずである。これが死後の浄土や極楽に転換

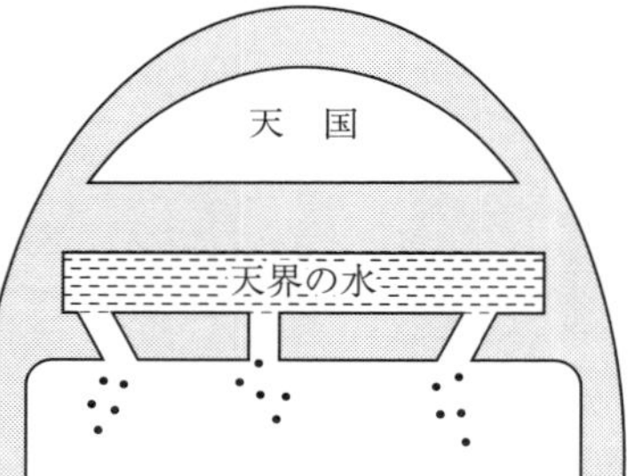

図 4-2　紀元前 9 ～ 2 世紀のユダヤ人、セム族の三層垂直他界観（マグダネルとラング『天国の歴史』）
古代セム族によって考えられていた宇宙（B・ラング、J・F・ハードル作成）

したのは、なぜだろうか。

法然がはじめた浄土宗によれば、汚れた地上を厭い離れて往生を願う「極楽浄土」は、西方十万億土の彼方にあり、阿弥陀仏が説法され六万の諸仏が念仏を唱える、守られた安楽の地である。源信（1994）の『往生要集』では、浄土の世界が具体化されているが、それよりも地下にあって火あぶりされたり身を切り刻まれたりする残酷な罰を受けるさまざまな地獄の怖さが強調されている。17世紀以降に熊野比丘尼らによって民衆に広められた「観心十界曼荼羅」は、仏教思想に民俗物語が混交した図像といえるだろうが、やはり垂直構造で描かれている。死者が地下に堕ちる悲惨な地獄のありさまと、死者を救う仏教の追悼法会が強調されている。

日本の文化は、中国経由でもたらされたものが大きいので、中国の伝統的な「神仙思想」の影響も大きいだろう。中国の伝統的な死生観は、『礼記』にあるように、死後は肉体からたましい（魂魄）が分離し、「魂気は天に帰し、形魄は地に帰る」と考えられた。天に帰るのは、形がなく精神的な気であるたましいである。仏教渡来以前の紀元前1〜2世紀の墓には、崑崙山によって天に昇る「昇仙思想」の壁画が描かれている。伝説の崑崙山は、大地の中央にあって、柱のごとき形状で、気が昇って天にまで達する

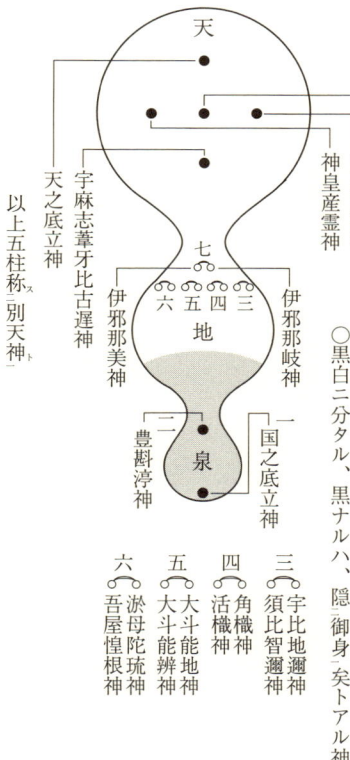

○黒白二分タル、黒ナルハ、隠（御身）矣トアル神等ナリ。

天之御中主神
高皇産霊神
神皇産産霊神
宇麻志葦牙比古遅神
天之底立神
以上五柱称「別天神」

伊邪那岐神
伊邪那美神

一　国之底立神
二　豊斟渟神
三　宇比地邇神
　　須比智邇神
四　角樴神
　　活樴神
五　大斗能地神
　　大斗能辨神
六　淤母陀琉神
　　吾屋惶根神

図4-3　国の成り立ちの垂直世界観──
平田篤胤「霊の真柱」（1812/1973）

高い山である。この山は、天と地のあいだにあって死者のたましいが昇天するとき地と天をつなぐ通路であったようである（曽布川 1981）。

2 他界のありか（2）――水平他界

以上のように文化的に見ても歴史的に見ても、強調のしかたは異なっていても、垂直他界は普遍的に見られる。しかし、水平他界もまた、細かく見れば複合的で複雑に混じっており、多種のイメージが共存している。

グレゴワールは、「死者は、墓に住むと同時に、死んだときに住んでいた家の近くにも住み、またヨミの国にまだ着かないときにはそこに行く途上や遠くにもいる」というレヴィ＝ブリュルが記した例をあげて、死者の霊が多様な形態で多様な場所にいる他界観を、混乱し矛盾に満ちたものと紹介している。

しかし、他界のイメージは重層化していることがふつうで、論理的に切り分けられるものではない。多様なイメージの共存や矛盾は、どの文化にも見られると考えたほうがよいだろう。

たとえば海上他界は、地上他界の一種だといえるが、それは海の彼方にあるから、水平他界のみに拠っているかといえば、必ずしもそうばかりはいえない。日本語の天（アマ、アメ）は、天であると同時に海や水もさしており、天空とつながって天上他界となる。古事記によれば天から降りてきた神によって、漂える水

に浮かんだ葭原のような島が国土として生まれたとあるから、大地よりも天や海のほうが根源的と想像されていただろう。古事記や日本書紀には、鳥之磐楠船神、天鳥船、天磐舟という名の天から降りる舟の名が見え、天と海のイメージは混ざっている。

また、海上他界は、西方の夕日が沈んでいく場所でもあり、この場所は夕日が落ちていく下方の場所でもある。海の彼方は、死の夜ともむすびつく。海上他界は、沖縄のニライカナイのように、祖霊が行く海の彼方でもあり、洞窟の穴などから海底とつながる地下他界のイメージも含んでいる。

「黄泉の国」の「黄泉」は、古代中国では地下の世界を意味していた。

『古事記』（倉野 1963）でも「黄泉の国」は地下の世界のように見える。伊邪那岐命が、子産み途中で亡くなった妻の伊邪那美を探して「黄泉」へ行ったときの様子を、鎌田（2009）の超訳で、眺めてみよう。

　「あなたさま今となっては、もう手遅れです。わたしは、この黄泉の国の食べ物を食べてしまったのですから。この死の国の食べ物を食べてしまったからには、もう二度と元の地上の国に戻ることはできないのです」……

いたたまれなくなった伊邪那岐命は、妻をもとめて暗闇の中を探し歩いた。そして洞窟のあるところに到ったとき、そこに

見るもおぞましい、蛆虫のたかる妻の体が横たわっているのを見た。頭、胸、腹、陰、両の手足に、八柱の雷神の、おどろおどろしく蠢（うごめ）くさまが見えた。

（鎌田東二『超訳 古事記』表記一部改変）

しかし、その「黄泉の国」も必ずしも垂直的に地下にあったとはいえない。現世との境にある「黄泉比良坂（よもつひらさか）」という坂は出雲にあったとされている。出雲は大和から見て日が沈む西の方角であるる。「黄泉」は夜見、闇であり暗闇の意味をもっているといわれる。古代の人びとにとって、生命の源である日が沈んで闇の世界になることは、昼間とは異質の別世界になることであり、それは死の世界への反転のようなものであったかもしれない。

折口は、のちに蓬莱（ほうらい）や神仙の意が加わった「常世（トコヨ）」も、古くは「常夜」であり、夜の世界を表すのではないかと考えた。「平良坂の下に底知れぬよみの国であり、根のかたす国」であり、「異国の意であったかも知れぬが、根のかたす国」であり、スサノオが「僕（あ）は妣（はは）の国根の堅州国（かたすくに）にまからむと欲（お）ふ」と言う場面があるが、常世は、根の国であり、本つ国であり、妣の国でもあった。それは、もと居た場所、生まれる前に居た場所、死後に帰る場所でもあった。

このように、あの世は、地下の世界（垂直他界）であるとともに昼の光の世界に対して夜の闇のイメージをもつ世界であった。

夜は、光が遠くへ去った世界として地続き（水平他界）に考えられる場合も、昼と夜が反転した世界、あべこべの世界としてイメージされる場合もある。

「山中他界」も、地上の水平他界と、天上とつながった垂直他界とが混じっている。沖縄の御嶽（ウタキ）のように村落のすぐ背後の森や山に祖霊がこもると考える場合は地上他界に近い。森や山にこもる祖霊は死者であるとともに、村落を守る祖神（おやがみ）であり、氏神や産土神でもあった。

もう一方で、死者の霊魂が昇っていく高い山は、天から神が光臨する依代ともなる。山は天とむすびついて拝まれ崇められる対象となり、天上他界に近いイメージをもつものである。

また、山も大地であるという観点が強調されると、土の中である地下のイメージにつながる。熊野のように、神の死霊がこもる場所としての山は、墓場であり、暗闇の地下のイメージがむすびついている。死の場所である霊山は、生誕の場所でもあり、再生信仰の聖地でもある。奈良時代からは山岳信仰や修験道の場となり、聖なる山になった。平安時代から山岳信仰は仏教とむすびついて比叡山や高野山など仏教修行の場となり、聖なる場所として崇められる山になった。また、夜のイメージを帯びていた常世の観念は、仏教の浄土思想とむすびついて、不死の極楽となり、天上のイメージともむすびついた。

堀（1953a）は、日本における天上界と地上界の関係を次のようにまとめている。

天上と地上との交流、交通が今日まで種々に伝承し信仰せられてきたことは、我が国民が深く天津神に帰依信順し、その教化に浴した結果である。古墳が丘陵上の形勝地を選び、あるいは平地にわざわざ墳丘を構築して営まれたことも、死者霊魂の鎮圧のためないし地下世界への転生を考えたと言うよりは、むしろそれが天つ祖の国に帰り、さらにはこの国土の子孫のもとへ来たり臨ましめんための着想ではなかったであろうか。天上界と地上界の通路は、内陸においては高山の秀峰、丘陵の円頂であり、森や林や、天を摩する大木、兀立する巨厳奇石である。あるいは天空より地上をはためく稲妻や、晴天に浮び風にただよふ白雲や、山の端より野を越えて美しく半空にかかる高橋浮橋（虹）である。平野を横切り、森を越えて村から村を訪れる白鳥白鵠の類が神々の交通の機関であり、神々の便であり、そのよりましとも考えられたのは極めて自然のことである。

海浜にあっては海の彼方の水平線はすなわち空である。この観念は国語の「アマ」が、一方に天であると共に海をも意味する言葉であった所からも知られる。したがってこの通路は天の磐楠船や天の羅摩船が神降臨のよりましものとして重要視せられ、ついには天島船神のごとき神格をさえ生じたのである。

（堀一郎『我が國民間信仰史の研究（二）』漢字表記変更）

3 他界のありか（3）──近傍他界

日本の他界観は、近傍他界であるといわれる（古東 1994）。日本の他界観においては、この世とあの世がゆるやかにつながる継続性をもつ。西欧のキリスト教世界のように、超越的で断続性の高い、最後の審判を含む垂直構造をもつ世界観とは異なる。日本では、この世とあの世がつながっており、死者の居場所であるあの世が、神や仏など聖なるものの居場所とも重なっている。死者が、神や仏になることもあり、人間と神とのあいだに大きな断絶もないようである。

平田（1812/1973）は、たましいの行方について、善きものも悪きものもすべて夜見に帰るという本居宣長の説に対して、たましいはこの国土にとどまり、どこにも有るが、幽冥からは人のわざがよく見えるという。こちらからは隔たって見えないが、幽冥からは人のわざがよく見えるという。

　此国土の人の死て、その魂の行方は、何処ぞと云ふは、此顕国をおきて、常磐に別に一処あるにあらず、直にこの顕国の内いづこにも有なれども、幽冥にして、現世とは隔り見えず

（平田篤胤「霊の真柱」）

柳田（1969a）は、「先祖の話」のなかで日本人の祖霊の特徴として死の親しさ、あの世の近さをあげている。それは四つの特徴

にまとめられる。(1) 死んでも国にとどまって遠くへは行かぬと思ったこと。(2) 顕幽二界の交通が繁く、単に春秋の定期の祭りだけでなく、いずれか一方のみの志によって、招かることがさほど困難でないように思っていたこと、(3) 生人の今わの時の念願が、死後には必ず達成すると思っていたこと、(4) 再び三たび生まれ代わって同じ事業を続けられるように思っていたものが多かったこと。柳田の祖霊論は次のことばに集約できるだろう。

仏教の浄土は途方もなく遠い処にありました。之に反して我々の祖霊は、高山の頂にいほりして籠の里を見下ろして、毎年季節を定めてもとの家を訪れて来るものと、考えられていたのであります。

(柳田國男 1948)

折口（1967b）は、柳田の考えを批判して、元来、日本国中にいた多種の種族のあいだには、別々にいろんな名称が行われていて、内容も相当に差違があり、簡単に統一されていたものとは考えられないと述べている。

山に他界があるとする信仰は、中世の色彩の濃いもので、その以前には、山を階梯として続く大空を、他界としていた事は事実で、この極めて純化せられたものが高天原であろう。此他界から来るものに、霊的な鳥を考えることが多かった。天つ雁がねは空を飛ぶからではなく、空からの死者として言った名である。その

雁は又、海のあなたの常世から来るものと信ぜられてきた。かう言う風に、霊魂の鳥が他界より去り、又他界より来ると言う信仰が強く行われたのは、日本人の来世が、まづ海のあなたに考えられたことを見せている。

(折口信夫「来世観」)

折口の来世観をまとめると、次のようになるであろう。現世に対して冥界を考え、冥界を幸福なものと不幸なものに分け、上の世界である神の国と下の世界である黄泉の国を考える。現世の直ぐそばに幽り身を持った神の世界、幽冥界を意味する幽り世があるように考える。それは、神道家・国学者の理想化しすぎた神秘観だが、その世界が比較的近くて、私たちの相見できる距離に、その境遇を見ることができ、それから直ぐに、奥深い所まで続いているという考えは以前からあった。

一方で、来世は人間の国土とは全然離れたところ、国土あるいは海のあなたにあって、その所から周期的に任意に霊的なものが来訪すると考えたり、祖先が死後その世界に去って、その所に個性を失った霊魂となって集まっているとも考えられた。常世は、常住の年齢、永久の富、不変の恋愛の存在する浄土のように言っているが、常闇の国、死の国のような意味で、常の夜と解釈した時代も古くはあった。この意味では黄泉の国、底の国と同様な内容もあった。仏教の伝来と共に、煉獄・浄罪所風な考えが加わってきた。血の池、賽の河原の信仰も現れた。

以上のように、日本文化と一口にいっても、多層からなってお

り、多民族的な考えが混じっており、時代差も地域差も大きい。どの文化もそうであるが、純粋な日本文化というものがあるわけではなく、いつの時代にもさまざまな混交があり、それでいて個別の違いも地方によっての多様性もある。複雑多岐にわたるイメージを理解するには、それらをまとめて「統合的なイメージ」を与える理論的モデル、なおかつものを考えるもととなる「発想の基盤としてのモデル」、できるだけシンプルにした「基本の形としてのモデル」が必要である。そこで、先に示したようなモデル化を行った。

あの世はどこにあるかという問いの答えは、モデルとして単純化すれば、天上、地下、地上の三つになり、さらにまとめれば、垂直他界と水平他界の二つになる。

しかし、それらは完全に分離した類型や分類的なカテゴリーではないことに注意が必要である。それらのイメージや意味は複合的であり、それらの相互関係は、複雑に入り組んでいるという見方が大切である。他界のありかや位置は、模式的に静的構造として区分できるものではない。それらは、さまざまなイメージが重なりあい、重層化したり、合体したり、少しずつズレを帯びた変奏をかなでており、時代や地域によって濃淡が変わり、意味も生成的に変化するものと考えられる。しかし、それらの変化にもかかわらず、もっとも単純にした思考の規準としての「基本の形」を見いだしていくことはできる。

4 この世とあの世の境界と移動

あの世の位置のほかに、この世とあの世の関係を考える上で重要と考えられる概念について、先行研究を参考にして、次のような三つに分けて整理した。これらについても明確に分けられるものではなく、いくつかが混合して共存していると考えられる。

(1) 継続（continuance）
あの世はこの世の延長である、あの世でもこの世と同じような生活が継続するという考えである。この世の地位や人間関係や名誉や富も、あの世まで延長して継続するなど。

(2) 類似
あの世とこの世は相似だが、一部分だけが違う世界である、両者は相似であるが、あべこべの逆転世界であるなど。

(3) 断絶
あの世はこの世とは断絶しているという考えである。あの世はこの世とは別の世界で、存在形態も変わる。あの世は、幽霊や化物や鬼がいる世界である。あの世は、聖なる光の世界や人間を超越した霊の世界であるなど。

(2) 移動（transfer）と境界（boundary）

① 非可逆的移動
この世からあの世への移動は容易である

が、逆の移動は困難である。双方の交通は双方向的ではなく、非可逆性がある。

② **限定された移動** 霊媒など特殊な能力をもった人のみ、この世とあの世を往復したり、あの世の人をこの世に召還できる。盆や祭礼のときなど、特殊な時期にのみ、あの世にいる死者が一時的にこの世に帰ってくる。特殊な死者のみ例外的にこの世に戻ってくる。たとえば、恨みを残す死に方をして完全にあの世に行くことができなかった霊が、幽霊や祟りとしてこの世に戻ってくるなど。

③ **境界** この世とあの世のあいだには、境界があり、自由な移動が制限されている。この世からあの世への移動には幾多の試練や境界を越えて行かねばならない。この世からあの世への旅の出発である。

(3) 応報 (retribution)

① **生前の行為との関連** 死者が生前にこの世で行った行為（徳、善悪、信仰）や生前の社会的地位（富、名誉、階級）が、死んだ後のあの世での幸福や地位に関係すると考える。

② **死に方との関連** 死に方や死の理由が、死者のあの世での幸福に関係すると考える。たとえば、死者の死に際の苦しみ、冤罪や殺害などの恨みをもたらす死、自殺や事故など尋常でない死、お産による死などがあの世への往生を妨げ

るなど。

③ **審判や裁き** この世とあの世の境界あるいは死後の世界で審判や裁きがあり、それによって幸福で平安な極楽や天国へ行くか、地獄へ行って不幸や恐怖に会い刑罰を受けるか、行く先が分かれる。

④ **供養との関連** この世に残された生者が、死者を葬送するしかた、祀り方、供養のしかたが、死者のあの世での生活に影響を与え、地獄での不幸を救ったり、あの世での幸福に関係する。

グレゴワール (1957/1958) によると、ニューギニアやアフリカのブッシュマンなど諸民族において死後の世界は、あの世がこの世とよく似た世界であり、死者はあの世でこの世の生活と同じような生活を営み、同じような感情をもつ必要を感じ、同じような生活と同じような生活を営み、同じような感情をもつと想定されていた。古代エジプトでは、現世の地位や暮らしが死後の世界にもそのまま引き継がれると考えられたので、死後の世界のためにミイラとして身体が保存され、壮大なピラミッドがつくられた。

キリスト教の世界観では、神の国と人の国、この世とあの世、天国と地獄などの位置関係が垂直構造をもち、その位置が価値とむすびついている。さらに、二つの世界は明確に分断された別世界として相互に独立している。神の世界は人間の世界から超越した別世界であるから、人間と神とは連続していない。神の世界で

ある天国のイメージは「永遠」に続く光のような世界であり、いのちある生きものが息をしながら生きる時間性をもつ人間世界とは隔絶されている。

従来の多くの研究者は、キリスト教世界観を手本にして、それをもっとも進歩した世界観だとみなし、そのほかの考えをより「原始的」あるいは「歴史的に古い」とみなしてきた。したがって、他界観についても、この世とあの世の二つの世界が重なっており、同じ世界にこの世とあの世の人が共存している「近傍他界」や、この世とあの世が継続しており、両者が明確に分離されていない世界観を、より原始的とみなす傾向があった。

しかし、先にも述べたように、本書では、そのような進歩史観をもつほうが特殊かもしれない。またヨーロッパにおいても、ケルトなど多くの文化において、神の国と死者や祖霊の国は何らかの程度の差こそあれ、この世とあの世は分離されつつも何らかの連続性をもつというのがふつうで、完全に分離した超越的世界観の序列のなかに位置づける見方をとっていない。世界的に見れば、イメージの重なりが見られる。

さて、先に見た「近傍他界観」に、地理的距離だけではなく、心理的距離の近さも含めて考えるならば、生者と死者の生活の継続性や関係性の近さが問題になるだろう。また、生者の住む世界と死者の住む世界は、明確に分断されているのかそうではないのか、死者の国の生活や感情が生者のものと類似しているかどうかや、死者の国とのコミュニケーションや交渉の形態も問われるだろ

う。これらは、この世とあの世の分断のしかたと関係の持ち方についての問いである。柳田は、先に引用したように、日本文化は「近傍他界」であるだけではなく、生者と死者の関係が親しく連続しており、相互のコミュニケーションや往来も頻繁に行われるといっている。

梅原（1989）は、アイヌと沖縄の他界観を日本人の原「あの世」観と呼び、それは次の特徴をもつという。（1）あの世はこの世と空間・時間秩序が反対という意味でアベコベだが、この世とあまり変わらない。あの世には天国（極楽）と地獄の区別もない。（2）人が死ぬとたましいは肉体を離れて、あの世に行って神になる。したがって、ほとんどすべての人間は、あの世へ行き、あの世で待っている先祖の霊と一緒に暮らす。悪いことをした人間は、直ちにあの世へ行けないが、遺族が霊能者を呼んで供養すれば、あの世へ行ける。

アイヌの心的空間は、山田（1994）によれば、相補的で二元的な宇宙観であり、（1）現実の世界であるカムイ・モシリ（神の世界）と（2）超自然的世界であるアイヌ・モシリ（人間の世界）の二世界で構成される。コタン（人間の村）を中心として、自然神の世界は水平軸上と垂直上に広がっている。水平軸においては両極に、山（クマ・オオカミのカムイ・モシリ）と海（魚類のカムイ・モシリ、あるいは川上と川下）がある。垂直軸においては両極に、空（神の国、鳥類のカムイ・モシリ）と地下（死者の国、蛇類のカムイ・モシリ）が配置される。

あの世は、この世と同じで裏返しのあべこべの世界（特に昼夜の逆転）である。あの世はカムイ・コタン「神の国」と呼ばれ、死者のたましいの安住する楽しい世界である。

沖縄の久高島の神的空間概念は、比嘉（1993）によれば、自然的空間と心的空間からなる。物理的なものをもとにした自然的空間は、次の三つからなる。（1）天（ウティン、見上げる漠とした空間、太陽や月は天にあるのではなく通過するもの）。（2）地（ジー、生活の場。広義には海を含む）。（3）海（リューグゥー、地と同次元に連なるもの。他界は海の彼方にある）。

海の彼方のリューグゥーは、水平遠隔他界である。海には洞窟の穴から神の使いの海蛇が出入りする場所でもあるから、いくぶんか地下他界のイメージが入っている。しかし、地下他界として明確なイメージや地獄のイメージは、入っていないようである。

心的空間は、生と死をもとにした抽象的空間観念であり、次の三つからなる。（1）現世（ナマガユー ナマ＝現、今。ユー＝世、時代、世界。集落内の世界）。（2）祖霊世（シジガユー シジ＝女の祖霊。御嶽、御嶽にいる祖霊の他界）。（3）神世（ハミガユー ハミ＝神。海の彼方、ニーラーハラー）。

死者の世界は二つに分かれ、水平近傍他界である村の近くの御嶽と、水平遠隔他界である神世である。死者は何代かの期間は祖霊世にとどまって村落を守り、やがて遙か彼方の神世にいくと二段階の移行が想定されている。

アイヌと沖縄の他界観を、日本文化の原形や基層としてひとくくりにしてよいかどうかは、大きな問題だろう。しかし、アイヌと沖縄の他界観のなかで、①この世とあの世に連続性がある、②あの世は価値の高いところ、③この世とあの世が重なる、④死後に人間が神になりうる、⑤あの世の一部が神の国と重なる、⑥あの世が複数あるが、因果応報とはむすびついていない、⑦あの世はこの世の人と心理的に親密で、恐れの対象ではない、⑧死者はこの世の人に害をもたらすのではなく守ってくれる存在であるなど、いくつか共通のイメージがある。

以上のような文献資料をもとに、「他界のありか」「この世とあの世の分離と連続性」などの概念を加味して、先に示した図4-1「この世とあの世の位置関係モデル」が作成された。

3節　垂直他界——天上他界のイメージ

1　あの世は上に——イメージ画1の数量的分析

イメージ画1の問いは「もし死後の世界があるとしたら、どうでしょうか？　あの世にいる人と、この世の人との関係をイメージにして絵に描いてください。説明をつけ加えてください」であった。その結果を、図4-1「この世とあの世の位置関係モデル」をもとに、典型的なイメージを抽出して眺めてみたい。特に日本人が描いたイメージを中心に、ほかの国の人びとのイメージとの

共通性を重ねあわせて見ていく。

イメージ画1は、まず次の五つの観点から数量的に分析された。(1)この世とあの世の位置、(2)この世とあの世を区別する標識、(3)この世とあの世の境界、(4)この世とあの世の人とのコミュニケーション、(5)この世とあの世の感情評価。

(1)この世とあの世の位置は、紙面上のどの位置にこの世の人とあの世の人が描かれたかを指標として整理し、次の10カテゴリーに分類した。〈垂直〉①上 ②上下 ③下、〈水平〉④左 ⑤右、〈斜め〉⑥左上 ⑦右上 ⑧左下 ⑨右下、⑩その他〉。

その数量的分析の結果は、表4-1と図4-4に示した。日本では56・8%、フランスでは52・9%、イギリスでは55・5%と、これらの国では5割以上の人びとが、この世とあの世を垂直配置でとらえていた。そのうちほとんどの人があの世を上部に描いていた。天上他界のイメージがもっとも多く見られたわけである。しかしベトナムのみは、水平配置が多く、垂直配置の場合にも下にあの世が描かれることが多かった。

(2)この世とあの世を区別する標識については、図4・5に示した。まず、この世とあの世のあいだに距離があったり、何らかの境界が描かれたりして、分離しているかどうかを見た。分離している場合には、どのような区別がなされているか、その区別の内容は何かを見た。その結果、四か国とも何らかの分離を表示した絵が多数で、どの文化で

表4-1 この世とあの世の空間配置 ―― 4か国比較 (不明を除く：上段は人数、下段は比率)

	垂直			水平		斜め				その他
	上	上下	下	左	右	左上	右上	左下	右下	
日本	137 51.9%	8 3.0%	5 1.9%	33 12.5%	40 15.2%	24 9.1%	22 8.3%	1 0.4%	4 1.5%	19 7.2%
ベトナム	10 8.5%	4 3.4%	24 20.3%	18 15.3%	51 43.2%	3 2.5%	6 5.1%	2 1.7%	2 1.7%	1 0.8%
フランス	45 43.3%	3 2.9%	7 6.7%	6 5.8%	18 17.3%	4 3.8%	7 6.7%	0 0.0%	5 4.8%	15 14.4%
イギリス	50 45.5%	4 3.6%	7 6.4%	6 5.5%	23 20.9%	2 1.8%	9 8.2%	1 0.9%	5 4.5%	13 11.8%

各カテゴリーは相互排他的でなくダブルカウントが許されている。故に、下位カテゴリーの比率の合計は必ずしも上位カテゴリーの比率と一致しない。

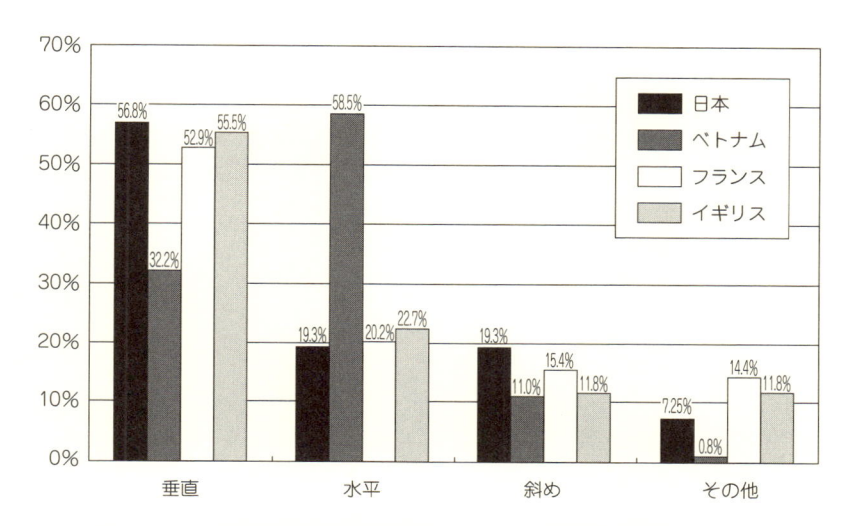

図4-4 この世とあの世の空間配置 ―― 4か国比較 (不明を除いた比率)

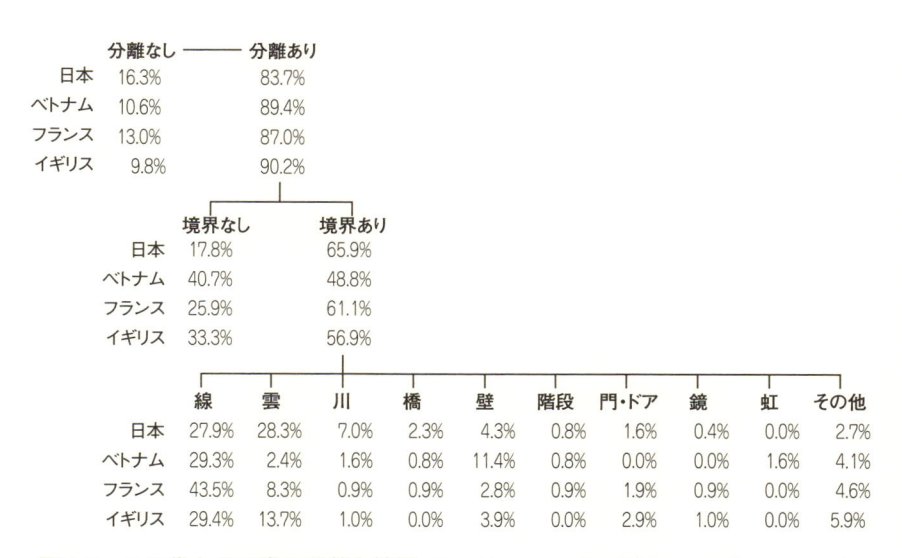

	分離なし	分離あり
日本	16.3%	83.7%
ベトナム	10.6%	89.4%
フランス	13.0%	87.0%
イギリス	9.8%	90.2%

	境界なし	境界あり
日本	17.8%	65.9%
ベトナム	40.7%	48.8%
フランス	25.9%	61.1%
イギリス	33.3%	56.9%

	線	雲	川	橋	壁	階段	門・ドア	鏡	虹	その他
日本	27.9%	28.3%	7.0%	2.3%	4.3%	0.8%	1.6%	0.4%	0.0%	2.7%
ベトナム	29.3%	2.4%	1.6%	0.8%	11.4%	0.8%	0.0%	0.0%	1.6%	4.1%
フランス	43.5%	8.3%	0.9%	0.9%	2.8%	0.9%	1.9%	0.9%	0.0%	4.6%
イギリス	29.4%	13.7%	1.0%	0.0%	3.9%	0.0%	2.9%	1.0%	0.0%	5.9%

図4-5 この世とあの世の分離と境界 (不明を除いた比率、境界標識は重複カウント可)

も多くの人はこの世とあの世をはっきりと分かれた別の世界としてイメージしていた。次に、「分離なし」と「分離あり」の絵の比率に四か国で違いがあるかどうかをχ^2分析によって調べたところ、有意な差の傾向が認められた（$\chi^2 = 6.967, df = 3, p < .10$）。残差分析によると、日本の「分離なし」のみがプラスにあったので、日本は他の三か国に比べて「分離なし」の比率が高かったといえる。

ベトナムの絵は、いろいろな点で、日本、フランス、イギリスとは大きな違いが見られた。ベトナムについての考察は8章にまとめて行うので、ここでは特に日本の絵を中心に、各国に共通するイメージについて考えてみたい。

2 天上他界のイメージ──典型事例

この世とあの世の位置関係については、日本、フランス、イギリスでは大多数の人びとが二つの世界を垂直構造で描き、あの世を上に位置づけていることがわかった。下に位置づけられることはまれであった。この世とあの世は分離されており、境界としては線や雲で区切られることが多かった。あの世は、垂直他界のうちの①天上他界としてイメージされていたといえよう。

天上他界の典型的なイメージとしては、事例4-1の日本、フランス、イギリス、ベトナム、四か国の絵を見ていただきたい。これらは、天上他界のイメージとして共通性が高く、図4-1

「この世とあの世の位置関係モデル」から見ても、また境界やコミュニケーション、感情評価など他の分析をあわせて全体的に見ても、典型的なイメージと考えられる。これら四か国の四つの事例に共通して、次のような特徴が見られた。

(1) あの世の空間的位置。この世とあの世は垂直に位置づけられる。あの世はこの世よりも上にある。この世は地上にあり、あの世は天上にある。

(2) この世とあの世の境界。この世とあの世のあいだを区切る分離や境界がある。境界は「雲」で区切られている。

(3) この世とあの世を区別する標識。この世の人もあの世の人も人間の形をしており、類似している。しかし、あの世の人には、頭の光輪や羽や白い衣服など、特別の標識が付加されている。この世には地上に建物や植物などがあり、あの世には天上の雲、太陽、星などがある。

(4) この世の人とあの世の人のコミュニケーション。あの世からこの世への一方通行で、あの世の人はこの世の人を見下ろしている。

(5) この世とあの世の感情評価。この世よりもあの世のほうが、価値が高い世界である。

垂直配置でこの世とあの世が位置づけられ、あの世が上に描かれた場合には、これらの絵のように「天上他界」としてイメージ

されることが多く、共通性が高かった。しかし、詳細な描写のしかたに細かい相違はある。特にイギリスの絵では、神が雲の上のさらに上の雲に、人間の姿をとらず「God（神）」という名前のみで存在していることが注目される。神は、天使のような死者たちがいる天上の「あの世」のさらに上の世界に位置づけられており、そこには雷や星など人間を超える自然表象と共に描かれていた。

ただし、フランスもイギリスもキリスト教文化圏であり、超越者のイメージが描かれることは、後に述べるように非常にまれであった。日本では死者が天に昇って、雲の上から生者を見守ってくれるというイメージがあるが、同様のイメージがキリスト教文化圏でも多く見られた。天上の世界が、この世を超越した神の国や天国というよりは、天使の羽をつけた死者の居場所として描かれたのである。また、天使のイメージも、天上の神の使いというよりも、「死者が天に昇って天使になった姿」として、日本とよく似たイメージでとらえられていたことは興味深い。

天上他界は、空間的位置の高さだけではなく、価値的にも高いとみなされていた。垂直移動は「上に高く昇る、飛翔」を意味し、水平軸は「横に広がる、前進」を意味する。垂直軸の移動は、人間の日常生活では通常行われず、その能力をもたない飛翔や超越を含む。したがって、想像力によって超越的なイメージを創造するのにふさわしい。それに対して、水平軸は日常的な移動の延長線上にあるので、道や旅などの人生行路の延長としてのメタファーとなりやすい。あの世は、「上に昇る」というイメージをもつており、空間軸での上は、価値的にも上という意味と連動しているようである。

垂直他界のうち、あの世が上にある場合には、天上他界だけではなく、山上他界も考えられる。しかし、それはほとんど出現しなかった。現代でも、特に日本では、山は単なる自然の一部というよりは、聖なるイメージとなっている。富士山や御岳や白山など信仰の山に登ってご来光を拝んだり、高野山や比叡山や大峰山などが修行の山とされたり、熊野巡りの関心も高く、そのイメージは若者にも広く浸透している。しかし、山中他界も含めて「山」のイメージが「あの世」とむすびついて描かれることは、ほとんどなかった。キリスト教文化圏でも、山はむすびついて描かれることは、聖なる高みとむすびついている。しかし、どこの国でも共通して現代の都会の若者のイメージでは、「天」や「雲」や「天使」や「花」が天上他界に頻繁に描かれたのに対して、「山」は天上の世界や他界のイメージとつながっていないようであった。

一般的には、典型例のように天上にあるあの世にもこの世と同じような世界があり、この世と同じような人間や天使のように形態が少しだけ変化しただけの似た人間がいるとイメージされることが多かった。しかし少数ではあったが、事例4-1-5や事例4-1-6のように、天上他界はこの世とは異質の世界であり、実体や形態のない幽体やエネルギーのような世界であることを強調する興味深い絵もあった。

あの世の人はこの世の人を見下ろしている

「この世の人は『あの世』なんて存在するのかね？」と考えている

【事例4-1-1】（J0271①）天上他界の典型例（日本）

あの世　天使

工場　生　家　人々、都市化

水　生の象徴

あの世は今のこの世とは違う面があると思う。調和と交流の世界。

【事例4-1-2】（F0397①）天上他界の典型例（フランス）

事例4-1　天上他界の典型例（共通性の高い4か国の4つの事例）

それらは、私たちの頭上彼方、雲の上の天空の「天国」にある。天使は、この世に降りて見下ろし、何が起こっているのか話すことができる。神は、それより上に、神の大きな空間にいる。

【事例4-1-3】（E0286①）天上他界の典型例（イギリス）

美しい上方のあの世

死後の世界はとても美しい。誰もが羽を持ち、白い服を着て、どこへでも飛んでいける。

【事例4-1-4】（V0094①）天上他界の典型例（ベトナム）

事例4-1　天上他界の典型例（共通性の高い4か国の4つの事例）

117　4章　この世とあの世の位置関係 —— 日本のイメージ画1をもとに

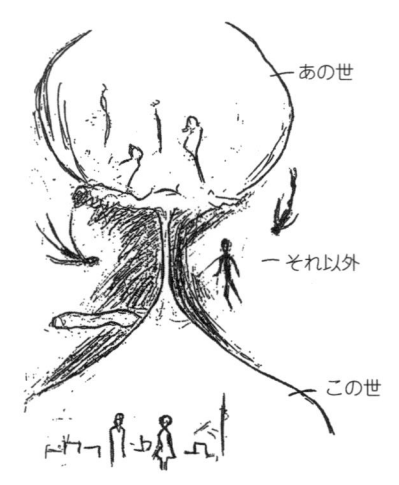

あの世とこの世を結ぶ空間があり、それは閉じられた空間となり普段は行き来できない。あの世に行くほど実体のない精神世界となる。

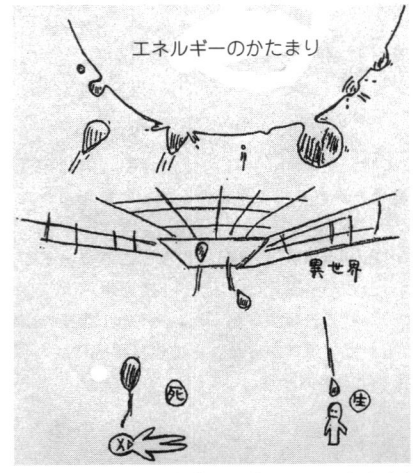

「死」から異世界へ行き、エネルギーのかたまりになって、また異世界を通って生まれかわる循環が描かれている。

【事例4-1-5】（J0451 ①）
あの世に実体のない精神世界（日本）

【事例4-1-6】（J0258 ①）
あの世はエネルギーのかたまり（日本）

事例4-1-補　天上他界の典型例に対する例外事例

3 自然の楽園としての天上他界

日本、フランス、イギリスでは、あの世は空間的位置としてこの世よりも上にあるだけではなく、評価としてもこの世よりも良いところだと、肯定的に見られることが多かった。表4-2に示したように、あの世に対して肯定的な評価をした絵は、日本71・8％、フランス61・7％、イギリス76・5％であり、否定的な評価をはるかに上回った。これらの国々では、この世に対しては否定的な評価がなされた。この世への肯定的評価は、日本18・8％、フランス19・4％、イギリス10・2％と低かったのである。しかし、ベトナムの絵だけは逆の傾向を示し、あの世への肯定的評価がほかの国に比べて低く（33・8％）、この世への肯定的評価が高かった（51・9％）。

あの世は天上にあり、この世よりも良いところだとみなす絵としては、事例4-2-1が代表的である。事例4-2-1や事例4-2-2は、自然のなかの楽園というイメージである。地上のこの世は建物や車が多くて暗く寒くさみしいのに対して、天上のあの世は、明るく太陽の光に満ちており、花や木々などの自然のなかに人びとがいて、そこでは楽しい遊びや幸せがあるというように、天上のあの世とこの世との対比が明確に描かれている。

あの世がこの世よりも上にあり、価値が高いというイメージに対しては、事例4-2-3のように、「この世は騒がしいが、あの

表4-2　この世とあの世の感情的評価 ── イメージ画の4か国比較

(不明の絵を除いた比率 %)

	この世				あの世			
	肯定	否定	肯定・否定両方	中性	肯定	否定	肯定・否定両方	中性
日本	18.8	25.4	6.5	49.3	71.8	7.4	18.8	2.0
ベトナム	51.9	7.7	1.9	38.5	33.8	48.6	16.2	1.4
フランス	19.4	27.8	5.6	47.2	61.7	10.6	17.0	10.6
イギリス	10.2	28.8	1.7	59.3	76.5	11.8	8.8	2.9

はのんびりと平和」と説明されていた。ほかにも「この世は利益優先ですから制約が多い、あの世は平和で幸せ」などと説明された類似の絵が多く描かれた。

よく似た絵は、他の国において も6章の事例6-1-1、6-1-2（フランス）、7章の事例7-2-1（イギリス）など、たいへん多く見られた。

これらの事例のように現代の若者が描く天上の楽園は、「太陽や光」などの明るさ、「花や木」など自然の風景、「平和で穏やかで楽しい」などによって特徴づけられていた。

それらは都会の「高層ビルや工場や車」「忙しさや騒がしさ」「仕事」「不信や争い」がない世界、素朴な自然の風景として描かれていた。

この楽園は、現在より文明が進歩した新しい未来世界でも、あこがれの世界や理想世界でもない。この世にない何かをプラスしたいとの世ではないだろうか。

願う極楽のイメージではない。天上世界は、文明が進歩したこの世からマイナスして、より懐古的な自然の風景やなつかしい原風景として描かれた。

あの世は、天上にあり、雲の上に位置づけられることが多かった。また、あの世はこの世よりも、肯定的な感情評価で描かれることが多く、花や太陽などにあふれた「自然の楽園」のイメージをともなっていた。また、あの世の人は恐怖や畏避の対象ではなく、この世の人を恨むなど否定的ではなく、幸せな人びととして肯定的にイメージされていた。

ここで描かれた「天上にある自然の楽園」は、「極楽浄土」のイメージと同じなのだろうか。よく似ているようだが、その相違に注意しなければならない。

まず、あの世の人は描かれても、雲の上の人は描かれても、そこにいるのは、仏教画の来迎図にあるような「天女」など天に住む聖なる人びとというよりも、ごくふつうの人間のように描かれることが多かった。天上にいるあの世の人も、この世の人とほとんど同じ人間の形をしており、光輪が付加されたり、衣服が変わってガウン姿になるなど、わずかな差異があるにすぎなかった。

ここで描かれた天上の他界は、極楽浄土というよりも、平和な「楽園」に近いかもしれない。花や太陽のある「自然」の風景のなかで、のんびりゆっくり楽しい時間を過ごすというイメージであった。

これは、安住の世界ではあっても、源信（985/1994）が『往生

【事例4-2-1】（J0321 ①）
寂しい「この世」と、楽園の「あの世」

【事例4-2-2】（J1091 ①）
ビルと車の「この世」と、花園の「あの世」

この世のさわがしく、せわしない人たちの生活を見て、あの世の人は手をさしのべ、あの世に誘っている。「こっちの方がのんびりとして平和だよ」と。

【事例4-2-3】（J1099 ①）
さわがしい「この世」と、平和な「あの世」

事例4-2　あの世が上でこの世よりも価値が高い ——「自然の楽園」

要集』で左記のように描いた浄土や、黄金色で荘厳された浄土真宗の寺のように、夢のような光輝く世界、この世を超越した遙かなあこがれの憧憬世界（内田 2009）とは異なっていた。涅槃とは、仏の聖なる声と仏法のまばゆいばかりの光につつまれ、蓮の花で荘厳された美しい宮殿に、天人がかなでる妙なる音楽が聞こえる、高貴な世界といわれる。

　講堂・精舎・宮殿・楼閣の内外、左右にもろもろの欲池があり、黄金の池の底には白銀の沙あり、白銀の池の底には黄金の沙あり、水精の池の底には瑠璃の沙あり、瑠璃の池の底には水精の沙あり、珊瑚・琥珀・車磲・瑪瑙・白玉、紫金も亦かくの如し、八功徳の水、その中に充満し、宝の沙の、映徹して深く照らさざることなし。（源信『往生要集』）

　また「楽園」といっても、中国の「桃源郷」のように、険しい山奥の秘境にあり、仙人にしかたどり着けない不老不死の楽園のようではなく、より日常的なふつうの自然の風景であった。
　日本のイメージ画で多く描かれた天上他界は、仏教的な極楽というよりも、キリスト教の天国イメージとの合体形のようにも見える。今では、天上他界は「極楽浄土」と呼ばれるよりも「天国」と呼ばれるほうが多いし、頭に光輪をつけた天使のイメージも頻繁に描かれた。しかし、キリスト教世界観における、超越神であるキリスト像や、最後の審判などのイメージなどは、ほとんど見

られなかった。キリスト教のイメージは日本の絵でも多く出現したが、そのなかで天国と天使のイメージだけが特に選好されて描かれたわけであり、非常に興味深い。
　ただし、イメージ画ではキリスト教の中世絵画で見るような、神を頂点にして上級天使から下級天使から昇天した人間までヒエラルヒーがあり、ずらりと秩序づけられた天国は描かれなかった。
　また、ヨハネの黙示録の、日本でもフランスやイギリスでも描かれなかまばゆい天国の世界は、ユング（1962/1972）がヴィジョンで見た宇宙子宮のような恍惚の世界「ざくろの楽園」のようでもなかった。それはまた、

　城壁は碧玉で築かれ、都はすきとおったガラスのような純金で造られていた。都の城壁の土台は、さまざまな宝石で飾られていた。第一の土台は碧玉、第二はサファイヤ、第三はめのう、第四は緑玉、第五は縞めのう、第六は赤めのう、第七はかんらん石、第八は緑柱石、第九は黄玉石、第十はひすい、第十一は青玉、第十二は紫水晶であった。十二の門は十二の真珠であり、門はそれぞれ一つの真珠で造られ、都の大通りは、すきとおったガラスのような純金であった。……
　御使はまた、水晶のように輝いているいのちの水の川をわたしに見せてくれた。この川は、神と小羊との御座から出て、都の大通りの中央を流れている。川の両側にはいのちの木があって、十二種の実を結び、その実は毎月みのり、その木の葉は諸国民をいやす。のろわるべきものは、もはや何ひとつない。

浄土や天国は、エリアーデ（1949/1974）がいう「聖なる空間」（新約聖書「ヨハネの黙示録」21‐22章）である。つまり俗世間から隔離された質的に区別された神秘的な小宇宙的空間であり、中心のシンボリズムをもつ。それに対して本書で描かれたあの世は、浄土や天国というよりも、「楽園」のイメージに近いかもしれない。

キリスト教では、死後に昇天する「天国」と、アダムとイブが追放されたという「楽園」であるエデンの園は区別されるはずだが、どちらも超越的な神の支配する世界なので混同もされてきた。

語源的には「楽園（パラダイス）」は、古代ペルシア語の「円形の塀をめぐらした囲い地」を意味し、現実にある地上の庭園だったといわれる。ただし、西欧の庭園のイメージは、自然の庭ではなく、人工的に囲われた秩序だった園であった。このイメージを考慮すると、なぜキリスト教の天国においても「秩序」が重要なのかがよくわかる。

め、その粗野な自然に対して、人間が意識して力をふるうのであった。庭園は秩序のシンボルであった。……その上、閉ざされた園は無垢なる小宇宙である。

（ヒューズ『西欧絵画に見る天国と地獄』）

ギリシアの古典『オデッセイア』では、楽園は地の果ての非常に遠いところではあるが人間が生きてたどり着けるところにあるとされた。それは、オリンピアの神々が住む天上ではなく、死者が行く黄泉の国でもなく、「人間にとり生活のこの上なく安楽な国で、雪もなく、冬の暴風雨も烈しくなく、大雨も降らぬ」この世の楽園のイメージである。この楽園は、その後、東方にあるとされ楽園神話や理想郷（ユートピア）に発展して大きな影響力をもった。ヒューズは、古代ギリシアの「黄金時代」神話は、19世紀にプロレタリアートがめざした千年王国に似ていると述べている。

　　　黄金の時代が最初に生じたが、そこでは懲罰者もいず、法律もなしに、おのずから信実と正義が守られていた。刑罰も恐怖もなかった。……大地そのものが、ひとに罰し手などはいなくても、生活は無事であった。……大地そのものが、ひとに必要なすべてを与えられていた。ひとびとは、ひとりでにできる食べ物に満足して、やまももや、野山のいちごや、やまぐみや、きいちごや、どんぐりを集めて食べていたのだ。常春の季節が続くのだった。そよと吹く西風が、なまあたたかいその息吹に自生した花々を愛撫していた。……乳の河が流れるかとおもえ

庭園が飼いならされていない自然の雰囲気を持つべきだという考えは現代の考えであって、古代にはないものである。昔は、庭園はまさにきちんとしたものであったために、人々の心をひきつけたのであった。庭園は草や花や野菜で制作された力のイメージであった。すなわち、自然はそのままでは不合理なものであった

122

ば、甘露の流れが走り、青々したひいらぎからは、黄金色の密がしたたっていた。

（ヒューズ『西欧絵画に見る天国と地獄』）

楽園のイメージには、遠くにある夢とあこがれの「理想郷」に、失われた黄金時代としての「原郷」が重ねられるようである。本書で描かれた天上世界は、この世が人工的で多忙な時間の流れで生きる世界であるのと対照的に、ただゆったりした自然の世界として描かれていた。「天上の楽園」といっても、この世では得られない超越的な世界でも、特別の欲望が満たされる素晴らしいあこがれや快楽の世界でもなく、ただ近代的な事物や車が何もない、ごくふつうの自然の風景として描かれた。したがって、「理想郷」というよりは「原郷」「原風景」「心のふるさと」のイメージに近いかもしれない。

折口信夫のことばで言えば、「妣（はは）の国」ということになるだろうか。かつて折口は、のちにむすびつく二つの異郷意識を対比させていた（西村 1988）。一つは、本つ国を回顧するノスタルジイとしての「妣の国」、二つ目は、気候がよくて豊かな住みよい未知の国を憧憬するエキゾチズムとしての「常世（とこよ）」である。

ここで描かれた天上のあの世は、キリスト教の天国や仏教の浄土ではなく、ノスタルジイのあの「妣の国」に近いようである。一種の楽園であるが、浦島太郎が訪れた竜宮城のようなまばゆい舞踊や美味しい食べ物がある「極楽」や「常世」、金銀の財宝がある「宝島」、不老不死の妙薬がある「桃源郷」「理想郷」やユートピアなど、あこがれの未知の異郷ではない。なつかしい素朴な「ふるさと」である「原郷」や「原風景」のイメージに近かったといえよう。

4　あの世の人が見守るということ

図4-6は、「この世とあの世のコミュニケーション」についての量的分析の結果である。特に日本の絵では、コミュニケーション可能として描いているものがきわだって多かった。ただし、コミュニケーションは双方向ではなかった。あの世からこの世への働きかけは可能だが、この世からあの世への働きかけは不可能という、一方向のコミュニケーションが多く想定されていた。

日本の絵において、この世とあの世のコミュニケーションが可能な場合に、あの世の人が何をしているか、「あの世の人の行為」を調べた。見る・見守る（30・7％）側にいる（6・3％）、救う（1・5％）がおもな行動で、何もしていない絵も半数近く見られた。あの世の人からのコミュニケーションといっても、「救う」などの積極的な行為はきわめて少なく、まして「恨む」「脅かす」などのネガティヴな行為は、ほとんどなかった。もっとも多かったのは、ただ単に「見る」「見守る」という行為であった。あの世の人は好意的であり、あの世の人があたたかくこの世の人を見るという透視力の強調や、あの世の人があたたかくこの世の人を見守ってくれるという、穏やかな行為が描かれていた。

特に多かったのは、事例4-3-1のように、雲の上にいるあの世の人がこの世の人を見ている、見守っているというイメージであった。他には、事例4-3-2のように、あの世の人がこの世を見るイメージや、事例4-3-3のように、あの世の穴からこの世を見るなど、さまざまな見守り方があった。あの世の人びとは超越的な存在というよりも、先に死んだ親しい人びとであり、「この世の人びとを守る祖霊」のイメージに近いのかもしれない。

柳田の祖霊論の下敷きになったといわれる平田篤胤は、次のように述べている。ひとが死後おもむくところ（他界）は、黄泉国でも天空かなたでもない。この国土は、顕明界（うつし世）と幽冥界（かくり世）とに二分されるが、国土においては一である。肉体は亡骸となってこの世にとどまるが、霊魂は幽冥界へ行く。他界からはこの世の光景がつぶさに見えるが、この世の側からは他界を見ることができない。

この説は有名ではなく、イメージ画を描いた学生が平田の説を知っていたとは考えられないが、本書で描かれたイメージ画と合致している部分が大きいことは興味深い。

後ろや上から、母が自分を見守るという構図は、母子関係のイメージ画にも現れる基本構図である（やまだ 1988）。「他界の母が見守る」というイメージは、日本に限らずアメリカの学生においても繰り返しイメージ画に現れた（山田 1997a）。

人が人をあたたかく育み育てていくときに、相手を尊重して適

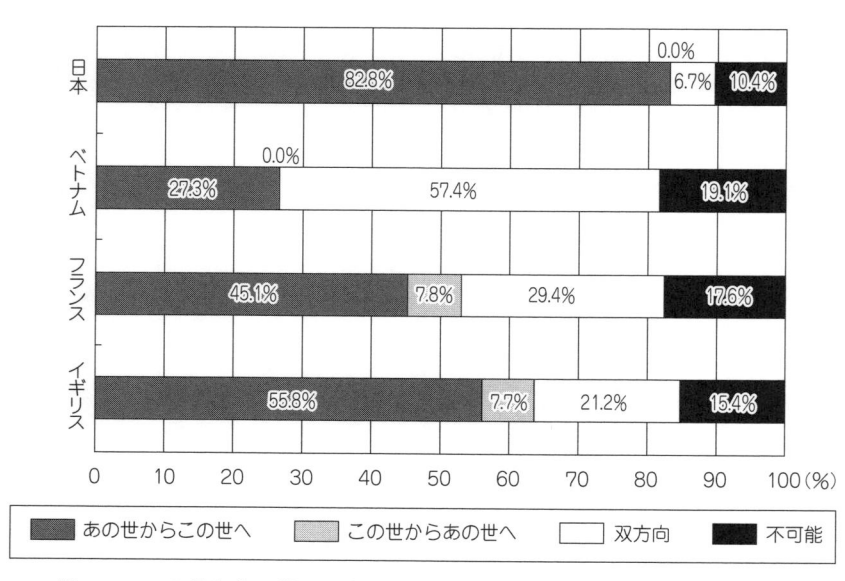

図4-6　この世とあの世のコミュニケーション（不明・その他を除いた比率）

	あの世からこの世へ	この世からあの世へ	双方向	不可能
日本	82.8%	0.0%	6.7%	10.4%
ベトナム	27.3%	0.0%	57.4%	19.1%
フランス	45.1%	7.8%	29.4%	17.6%
イギリス	55.8%	7.7%	21.2%	15.4%

各個人に必ず一人は見守っている霊がいる。空から見ている。

　　　　　【事例4-3-1】（J1315①）
　　天上の雲の上から、あの世の人がこの世の人を見守る

いつでもあの世の人はこの世の人のことを見つめ、この世の将来を見つめ、守っている。うーむ。

穴みたいなところからこの世がみえる

　　【事例4-3-2】（J1032①）　　　　　　【事例4-3-3】（J1485①）
この世に共存する「あの世の人」が見守る　　あの世の穴からこの世を見る

事例4-3　あの世の人がこの世の人を見守る

125　4章　この世とあの世の位置関係 ── 日本のイメージ画1をもとに

4節　垂直他界——地下他界のイメージ

垂直構造をもつ絵のなかで、あの世が下部だけにある絵は、表4-1を見るとわかるように、日本、フランス、イギリスにおいては、1・8％〜5・0％と非常に少なかった。ベトナムのみ他国と異なり、あの世が下部に描かれる比率（13・2％）が、上部に描かれる比率（5・5％）を上回った。

事例4-4は下部他界の例である。あの世が下部にある場合には、否定的な意味づけが濃厚であった。事例4-4-1では自殺して罰せられてあの世で鬼に棍棒でなぐられて泣いている。このように日本の地下他界のイメージでは、地獄絵でよく見られる、この世の行いを裁く閻魔や裁判官、刑を執行する鬼など、ある種の超越的存在が共に描かれることが多かった。

事例4-4-2は、珍しい絵であるが、斜め下部に描かれたあの世の絵である。視点は逆転し、あの世である海の彼方から、この世を見ている絵である。手前の斜め下の陸地があの

度な距離をもちつつ、「何もしないで、見守っている」というかかわりは、もっとも重要な教育的機能の一つだと考えられる。このようなかかわりを、私たちは、あの世の人びとに期待しているということであろう。

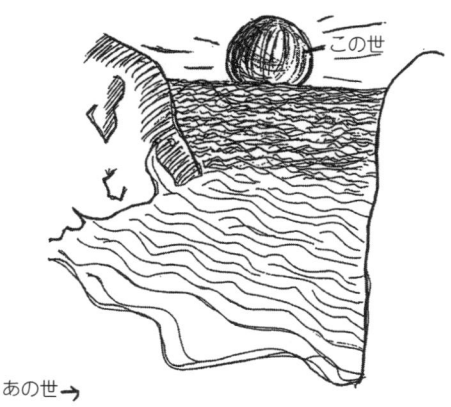

【事例4-4-1】（J0262①）
鬼のいる下部他界

あの世の人は、この世をうらやましそうに見ている。あの世から見ると、この世はにぎやかで楽しそう。あの世からこの世は見えるが、この世からあの世は見えない。あの世からこの世に近づくことはできても、行くことはできない。この世の人は行こうと思えば、すぐにでもあの世へ行ける。

【事例4-4-2】（J0037①）
海上他界に近い下部他界

事例4-4　下部他界

5節 垂直他界——三層他界のイメージ

1 天上・地上・地下

地上のこの世をはさんで、天上と地下の両方にあの世が描かれた三層他界のイメージは少数派であった。事例4-5のように三層になる場合は、ほとんどの場合、上部が天国や極楽などプラスの価値で、下部が地獄のマイナス・イメージで描かれていた。三層他界では、事例4-5-1のように、上部には神や仏など聖なる超越的存在、下部には閻魔や鬼や悪魔など悪鬼と共に描かれることが多かった。

宗教的な図像としては、地獄絵や死後の裁判の絵は、日常的にきわめてポピュラーなものである。また、マンガやアニメなどマスメディアを通して、現代の若者にも地獄のイメージはよく知られている。しかし、ここで行ったような死後の世界を、自分が自発的にイメージして描くときには、地下の地獄のイメージを描くものは、驚くほどわずかであったことは、注目すべきことである。

この世とあの世を上と下に分け、それに賞罰をむすびつけて強化したのは、宗教の教義かもしれない。この世での行いがあの世の生活を決めるという因果応報の考えはキリスト教、仏教、イスラム教の三大宗教に共通してみられる。また、この世からあの世へ向かう途上では、裁判や審判などある種の裁きが行われるという観念もこれらの宗教に共通しており、これらのイメージはきわめてポピュラーで日常道徳と深くむすびついている。しかし、それにもかかわらず、絵にはほとんど現れなかった。

キリスト教の最後の審判も、仏教の因果応報も、現代の日本文化において若者にもなじみの思想である。しかし、キリストの最後の審判にともなう超越的な「絶対性」は、ほとんど実感できていないだろう。

仏教の因果応報の思想も、本来は藤村（2008）が言うように、死という時点を区切って、人間を超える壮大な「理」から善悪を峻別する。これは、あったことをなかったことには決してできない厳しい絶対的な原理、超越の思想とつながる。仏教思想の根本

のところは、本当に日本に根づいたのだろうか。少なくとも現在の文化風土では、このような厳しい理によって裁断する思想は、人びとのなかにあまり生きていないように見える。

通常、天国は信者に対して応報の場として、また、地獄は懲罰の場として考えられるが、そうした考えは、神とその行為が論じ

【事例 4-5-1】（J1436 ①）
天上には聖なる存在、地下には悪鬼

死体は、物質として循環する
心は魂として浮遊したり、
人についたりする。

【事例 4-5-2】（J0134 ①）
あの世の人は天上、地上、地下のどこにもいる

事例 4-5　天上・地上・地下の三層他界

られるとき、全く見当外れであると、比較的厳格な神学研究は述べるであろう。……最後の審判という考えさえ、結局は、比喩にすぎないのである。霊魂はすでに裁かれているのであって、言いかえれば、裁きというものは全くないのである。霊魂の生前の行為が、自動的に、霊魂にどういう運命が待ちかまえているかを決定するのである。問題は、霊魂が罪を犯せば、それは死である。神は不自らの選択によって神の存在にあずかるかどうかである。神は不

128

動のものである。

(ヒューズ『西欧絵画に見る天国と地獄』)

もし因果の理を都合がよいと考えられるとすれば、実はその背景には、一つの人間観がひそんでいる。それは、人間は善悪を明確に知ることができ、善をなそうとすれば行えるのだ、という人間観である。……

だが、本当に人間はそのような存在なのだろうか。そう立ち止まって考えたとき、因果の理は、空恐ろしいものとして迫ってくる。もし、善悪が判断できないとすれば、私は、それとしらずに悪しき行為を積み重ねていく。あるいは善悪を知り得たとしても、善を行いえないのであれば、やはり悪しき行為を積み重ねていく。そのように一生をかけて蓄積していったことの全体を、死にさいして突きつけられ、次なる生が定められる。たとえ自分は忘れてしまったことであっても、見過ごされることはない。因果の理にもとづき来世があると考えることは、自分がやってしまったことを、決してなかったことにできないと、真に思うことなのである。

(藤村『日本古代の他界観』)

上と下にあの世が描かれる三層他界のもう一つのタイプは、事例4-5-2に見られる。このイメージでは、あの世の人が上にも下にも地上にも三層のどこにも遍在しており、描かれたあの世の人の姿はどこの場所にいてもよく似ている。

事例4-5-2では、あの世の人の居場所が一つに定まらず循環し、地下に埋められていた死者のたましいが墓地から天空へ抜け

出し、天空の高いところにも、この世に近いところにも循環しながら浮遊している様子が描かれている。

以上のように、垂直構造をもつ他界観のなかでも、あの世が下部に描かれることはたいへん少なかった。地下他界や地獄や黄泉の国のイメージはまれであった。

この世の行いや生き方によって審判が下され、死後の世界の行き先が変わるという因果応報的な他界観は、宗教の教義としてもアジアや西欧の民俗にも多く見られる(林 2003)。死に方の善し悪し、たとえば自殺や事故や出産死など通常の死に方と違うときには、地獄や煉獄をさまようという教えも根強くある。因果応報や閻魔の審判などの図像は、現代でも広く知られているが、イメージ画では予想外に少なかったことは興味深い。あの世が価値の高い良いところ (天国・極楽) と悪いところ (地獄) に分かれ、どちらに行くかは生前の生き方によって決まり、死後に裁きを受けるという世界観はあまり描かれなかったのである。

2 多層他界のイメージ

あの世は一つなのか複数なのかを調べると、多くの人びとの描いたあの世は単数であった。あの世が上下に分かれたり、いくつも多層に分化した他界を描いた人は少数派であった。

事例4-6は、多層他界を描いた例で、何段階も他界が積み重なっている。このイメージは、三層他界の延長というよりは、この世と

あの世が幾層にも積み重なっていく連続性や継承性を表現した二層他界の延長であろう。三層他界の場合には、天上、地上、地下という価値が明確に分かれた意味世界が描かれるが、多層になると、かえってそのような価値的な意味づけは希薄になる。また、多層他界を積んでいくことで、この世がいつのまにかあの世になり、あの世がいつのまにかこの世になるというような反転の「移し世」の視点が入り、世界が相対化される。

多層他界のなかで、日本ではよく知られた六道輪廻図に似た絵や、その観念を描いた絵がほとんど見られなかったことは興味深

事例4-6　多層他界（J0249①）

人間と魂で交互に生きていく。あの世は未来かも……。

い。六道輪廻の思想では、人間を含むすべての生きものは、地獄、餓鬼、畜生、修羅、人、天という六つの世界を繰り返し生まれ変わるとされている。仏教は、この車輪のように回り続ける輪廻の世界からの離脱をめざす宗教である。他界がいくつもあり、その他界を巡る、あるいは生前の行いによって異なる他界に生まれ変わるという「輪廻転生」思想を描いた多層他界観は、現代の若者にも知識としてはよく知られている。しかし、自分の感覚やセンスで描くイメージ画の世界にはほとんど現れなかった。

6節　水平他界——地上遠隔他界のイメージ

1　併存する別世界

日本、フランス、イギリスでは、あの世とこの世の位置関係を水平構造でとらえた絵は、垂直構造に比べると少なかった（表4-1と図4-4）。ベトナムだけは、水平他界が58・5％と、きわだって高かった。

水平構造で描かれた絵は大きく、地上遠隔他界のイメージに属するものと、地上近傍他界に属するものに、大きく分けて二種類に分けられた。

地上遠隔他界として、興味深いイメージの一つは、明確な壁や線で区切られた二つの別世界が、併存しているタイプであった。

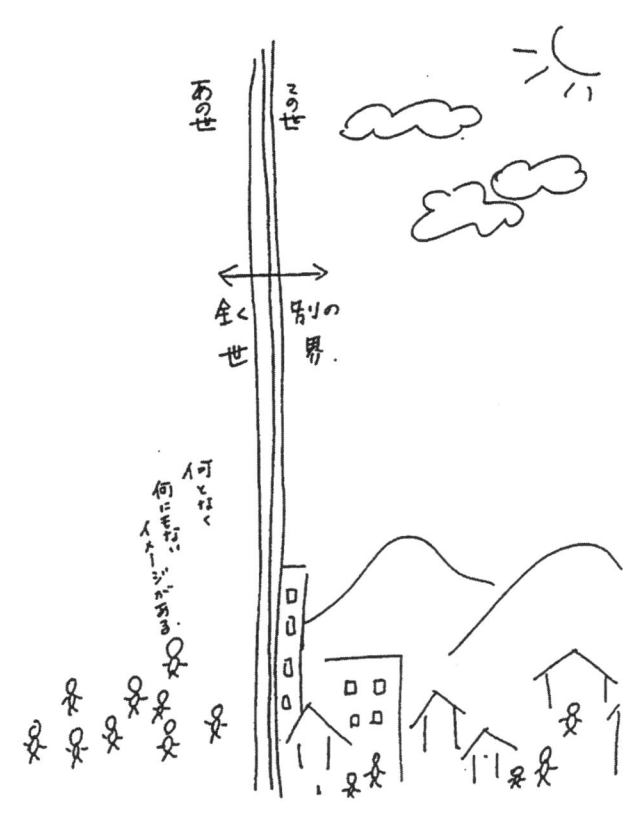

事例4-7　水平他界 ── 区切られた二つの別世界の併存（J0308①）

これは、事例4-7のように、この世とあの世がまったく「別世界」「異なる次元」で、互いに無関係で独立して併存していることを強調するものであった（6章、事例6-5も参照）。二つの世界が線、壁、空間などで区切られており、時間的には同時に、異なる世界が併存しているイメージである。ベトナムでは水平他界の絵が多かったが、やはり互いに関係がなく画面に併存された形式のものが多かった（8章、事例8-4-1など参照）。

2　あべこべ鏡映他界

水平他界のなかには、少数ではあるが、鏡やドアで二つの世界が分けられ、この世とあの世があべこべの逆転世界として描かれるものがあった。事例4-8-1などが、その例である。二つの世界は、並列し、どちらの世界の価値が高いというわけではなく別世界であるが、互いの世界はあべこべの関係にあるとイメージされる。

逆転世界は、水平他界においてだけ描かれるではなく、事例4-8-2のように垂直配置で描かれる場合

この世とあの世はそっくりな世界で、ただ、この世をかがみでうつしたような世界があの世。同じようでちがう世界。もう一つのこの世。

【事例4-8-1】（J1090①）
水平配置の鏡像世界

【事例4-8-2】（J1224①）
垂直配置の鏡像世界

事例4-8　あべこべ鏡映他界

もあった。あべこべであることを強調するには、必ずしも「地上」に鏡やドアがある必要はないので、垂直か水平かという軸とは異なる基準で設定される他界観かもしれない。しかし、どちらも同じという並列の関係が強調され、価値の上下が問題にならないところを見ると、水平他界の一種と考えたほうが理論的には整合する。

あの世がこの世とよく似た世界であるかどうか、死者はあの世でこの世の生活と同じような生活を営み、同じような感情をもつと想定されていれば、二つの世界は心理的に近いといえるだろう。たとえばアイヌの人びとのイメージするあの世（カムイ・コタン「神の国」）は、この世と同じで逆転し、裏返しのあべこべの世界であるが、あの世の住人はこの世と同じような感情をもつと考えられている。

沖縄やアイヌの他界観だけではなく、日本文化では、他界は必ずしも超越世界や断絶した世界ではなく、人間が住むこの世との親近性が高いあの世観をもつといわれる。あべこべの鏡映世界としての他界観は、そのような他界観の一つかもしれない。

また、日本に限らず多くの文化で、「鏡」が特別の霊力をそなえ、魔法の力をもつというイメージは強い。また、鏡による逆転世界のイメージは、たましいの分身性の観念とも関連しているだろう（ラッシュ1993/1995）。水に映った自己の姿に恋するナルシスの物語や、鏡の国に迷い込んだ「鏡の国のアリス」を含めて、人間の分身や二重化、虚実の反転、鏡のもつ逆転世界の

もつ不思議なイメージは、神話や伝承として古くからあると同時に、現代の物語やマスメディアにも繰り返し登場している。鏡は、別世界や異次元世界へ迷い込ませる不思議な境界のシンボルでもある。

3 此岸と彼岸

日本でもっともポピュラーな水平他界のイメージは、川をはさんで此岸と彼岸に分かれる「あの世」であろう。事例4-9のように、日本では境界に川が描かれることが特に多かった。日本の風土では、現実に村や町の境界に川があることも多い。また三途の川のイメージも浸透している。川向こうの他界は、同じ地面の続きではあるが、境界の「川」がこの世とあの世を隔てて、いったん渡ってしまうと、戻ることはできない。地上にある川ではあるが、川を渡ることが死ぬことであり、二つの岸は川という境界によってはっきりと隔てられている。川には、橋がかかっていたり、渡し舟が浮かんでいることもある。

事例4-9は、川によって隔てられた他界イメージの典型例である。此岸と彼岸は、このように空間配置としては斜め配置で、あの世は上方に描かれることが多かった。この世は下方、あの世は上方に描かれ、あの世のみに花が咲く「花園」があるなど、あの世よりも価値的に高い位置と表現で描かれることが多かった。日本の此岸と彼岸のモチーフは、民間信仰と仏教の両方からき

ており、中世や近世に描かれた観心十界曼荼羅などで広く民衆に普及している。現代でもマンガなどでなじみのイメージである。特記すべきは、イメージ画の此岸と彼岸の絵には、観心十界曼荼羅などに描かれた恐ろしい地獄、裁き、三途の川を渡る苦難などがまったく描かれていなかったことである。川を渡る賃に六紋銭をもっていく、恐ろしい脱衣婆が川に待ちうけている、生前の罪によって渡る深さが違うなど、宗教的図像が流布したイメージは見られなかった。

イメージ画では、川の向こう岸のあの世は花が咲く穏やかで静かな原風景のイメージであり、川も穏やかに流れていた。火や血の池や荒涼とした地獄のような環境が川向こうにあるというイメージで描かれることは、ほとんどなかった。

垂直他界の場合にもそうであったが、水平他界においても、あの世には建物や車など人工物が描かれ、あの世には雲や花や太陽など自然の情景というように、人工と自然が対比的に描かれている絵も多かった。これらにおいては、花や太陽のある美しい自然の風景が、あの世の風景としてイメージされており、あの世にはなつかしい原風景、あたたかい母の国としての原郷のイメージが重ねられていると考えられる。

以上のようなイメージ画の「あの世」は、臨死体験の報告とたいへんよく似ている。臨死体験者が語る死と隣接した世界には、恐怖や地獄や審判がほとんどなく、幸福や安らぎの気分でみたさ

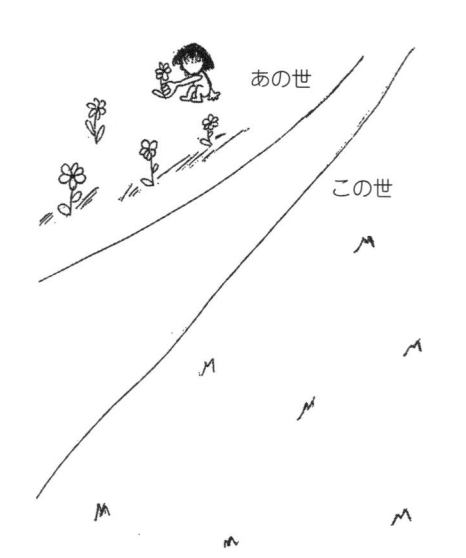

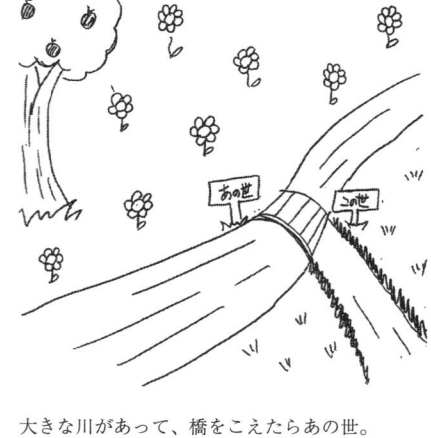

【事例4-9-1】（J0006①）
あの世は斜め上方の川の向こうで花が咲いている。

【事例4-9-2】（J1461①）
川と橋の向こうのあの世

大きな川があって、橋をこえたらあの世。

事例4-9 川で隔てられた彼岸としての他界

れるといわれる（ベッカー 1992；立花 1994）。向こう岸に以前死んだ親しい者がいるので、川を渡ろうとしていたら、こちらに岸に引き戻されたという体験例も多い。移行領域で出会うものについては、文化によって違いが多少あり、西欧では（立花の243人の報告から筆者が計算）、体外離脱（24・3％）、トンネル（22・2％）光（18・5％）を見ることが多く、日本では、人との出会い（63％）、花畑（42・2％）、境界（33・8％）が多く現れるといわれる。これらのアイテムも、イメージ画の結果と、よく似ている。

もちろん、ここで描かれた絵には、臨死体験の報道がイメージ画に影響を与えている可能性もある。しかし、それならば絵の表現の細部が似ているはずである。イメージ画では、臨死体験者の描いた風景などとは、個々の絵の表現形として似ているわけではない。臨死体験者の話にはあまり現れない「雲」に「花園」が組み合わされる、地獄や恐怖がなくて明るく平和な風景が描かれる、あの世が肯定的にとらえられるなど、本質的なところで似ているということが重要である。また、なぜ人はそのような死後の世界のイメージをもつのかという説明は別にして、人がもつ「あの世」のイメージには、共通性が大きいと考えられる。

古代ギリシア神話の川向こうのハデス（地獄）に向かう舟のイメージなど、この世とあの世を隔てる川のイメージは、ほかの文化でも広く見られる。以上のように、川によって隔てられたあの

134

世は、この世と地続きという意味では連続世界であるから、完全に遠隔とはいえないが、この世とのあいだには明確な分離や境界があっていったん渡ると引き返せないという意味では、この世と隔てられた遠隔性の特徴をもっている。

4 あの世は左か右か

数量的分析（表4-1）によって、「水平」の空間配置のうち、あの世が左右どちらにあるかを見ると、日本では左右で顕著な差が見られないのに対し、ベトナム、フランス、イギリスでは、左にこの世、右にあの世を配置するパターンが多かった。

それは書字の書き方の影響だと考えられる。また、時間概念をどう表現するかという問題がかかわっているだろう。横書きの文化では、紙面の左から右へと時間が流れていくように描かれやすいので、あの世が右に描かれるのであろう。この世とあの世の関係は、空間的関係であると同時に時間的関係でもあるから、イメージ画にも時空の次元が表現されていると考えられる。

西欧近代の時間概念は直線的な時間であり、それは左から右へと移動する時間軸によってイメージされてきた。この世とあの世の時間的な前後関係がこうした時間軸のイメージとむすびついて表現されれば、左にこの世、右にあの世が描かれることになる。

また、左右の意味空間の分節化としては、おそらく右利きが多数をしめることから、聖、善、強は右に、汚れ、悪、弱は左に位置づけられやすいといわれる（トゥアン 1977/1988）。「右手の優越」（エルツ）を考えると、あの世のほうが肯定的であったので右に描かれやすかったという考えもありうる。

なお、垂直軸ではこの世からあの世へと時間が流れる方向は、すべての国で下から上へ（地から天へ）であった。上から下へ字を書く、日本における書字の順序との関係はなかった。

画面のどの方向から時間が流れ、どこが過去でどこが未来に位置づけられやすいか、そしてこの世とあの世の位置には、世界観と価値観とその表現のしかたが大きくかかわっているといえよう。

7節 水平他界――地上近傍他界のイメージ

1 この世で共存

あの世の場所を問うのに、この世から遠いか近いかという問い方ができる。同じ地平上にあっても、遠くにあるか近くにあるかでこの世の人びととあの世の人びととの関係の持ち方は異なるだろう。また、本来は、遠いか近いかという問いは空間的なものだけではなく、心理的近さについてもいえる。あの世がこの世とよく似た世界であるかどうか、死者はあの世でこの世の生活と同じような生活を営み、同じような感情をもつ

と想定されていれば、心理的に近いといえるだろう。しかし、ここでは類似性は別に見ることにして、「近さ」を、この世とあの世が隔たっているかどうか、距離と境界によって定義した。

水平他界のうちの地上近傍他界のイメージの典型の一つは、この世とあの世が場所として分けられておらず、この世の人とあの世の人が同一世界に共存するイメージであった。事例4-10のように、この世の人と同じ世界にあの世の人も住んでいる絵である。

しかし、同一世界に共存する場合には、領域が分かれていないけれど、何らかの標識によって、この世の人とあの世の人が区別されていた。二つの世界を区別し、この世の人は、あの世の人が近くにいても見えないというイメージである。

事例4-11は、あの世のおばあさんたちは雲の上の天上他界、あの世の友だちは地上近傍他界に共存しているとイメージした絵である。天上他界の人びとは通常の人間の形をしているが、この世で共存している友だちの絵は、距離は近くにいるが、姿は希薄化し点線で描かれている。この絵は、のちに示すように、「祖霊」と「霊」の二種類を区別して、二段階の他界を示していることにおいても興味深い絵である。

2 あの世の人を区別する標識——身体の変形、背後霊や影

地上近傍他界では、あの世はこの世とは大きく異なる別世界とは想定されず、超越的場所でもなく、この世の世界と類似した親しい世界として描かれる。この世とあの世のあいだに明確な分離や境界がなく「この世で共存」するイメージである。しかし、共存しても、この世の人とあの世の人は同じではないことを区別する明確なルールがあった。

先に見た事例4-3-2のように、この世の中にさらに隔離する空間が区別されている場合が一つの例である。この世の中に入子になった「あの世」が空中に漂っているイメージである。この絵の場合には、この世の中にさらに境界をつくって、あの世の人の居場所をこの世の人の居場所と住み分けている。

もう一つの例は、あの世の人を何らかの標識で区別する場合である。あの世の人は、この世の人とほとんど同じ「人間」の形によって描かれていた。しかし、この世の人とあの世の人はまったく同じではなく、輪や羽など聖なる印が付加されるか、足の脱落などのように身体の一部が変化するか、衣服や持ち物が相違するなど、何らかの標識で区別されていた。

やまだ・加藤（1998）は、この世の人とあの世の人がどのような標識で区別されているかを調べた。この世とあの世を区別する標識なしは、22・9％であり、多くは何らかの区別がなされていた。

この世とあの世に区別の標識が見られる場合には、その標識を環境、人間、超越的存在の三つに分類した。環境による標識としては、あの世には、雲、花、太陽などの自然物が多く描かれた。この世には建物や車など人工物が描かれ、あの世には雲や花や太

死後の世界（あの世）からは、この世は見える。
この世からあの世は見えない。あの世の人はこ
の世の人に話しかけたいとすごく思っている。

【事例4-10-1】（J0031①）
近くで見ているあの世の人

【事例4-10-2】（J1005①）
羽をもって浮くあの世の人

死んだら自分が信じているようになると思う。死んだら終り（消滅）
だと思っていたら、消滅するし、りんね転生すると信じてれば生ま
れかわるし、背後霊になりたければそうなる。ちなみに私にはおば
あちゃんの背後れいがいると信じてる。

【事例4-10-3】（J1316①）
背後霊としてのあの世の人

事例4-10　地上近傍他界

陽など自然の情景というように、人工と自然が対比的に描かれることも多かった。先にも述べたように、花や太陽のある美しい自然の風景が、あの世の風景としてイメージされており、あの世は理想郷としての他界や、なつかしい原風景、あたたかい母の国としての原郷のイメージが重ねられていると考えられる。火や池や地獄のような環境が描かれることは、きわめて少なかった。また、多くが自然標識による区別であり、壁や階段やドアなど人工物であの世が区切られる絵は、わずか3・6％であった。人間の形態による区別は、全体として46・1％に見られた。あの世の人に何かが付加される場合には、「聖なるものの印」が多かった。天使のような羽や、頭の上の聖なる光輪などである。身体の変形は、幽霊には足がないという江戸時代に普及したイメー

おじいちゃんとかおばあちゃんだったら、雲の上からいつも見ている。でも、友だちとかだったら現実の世界に透明になって側にいるような気がする。

事例4-11　祖父母は天上他界、友だちは地上近傍他界

ジのためか、足の脱落が多かった。他には、衣服の相違（白い長衣など）、顔（表情の違いや、顔の一部の変形）、身体の変化（足以外の身体の一部が欠落、影化など）、持ち物（三角印や杖など）で区別された。超越的存在による区別は、全体で15・7％で多くはなかった。おもに、天使、神・仏・仙人、たましいなどが描かれた。

事例4-10や事例4-11を見ると、この世で共存するあの世の人がこの世の人と区別される形態がわかる。事例4-10-1では、あの世の人はこの世の人と同じ人間の形をしているが、あの世の人には瞳がない（empty eye）。事例4-10-2では、あの世の人は羽をもって浮いている。事例4-10-3では、あの世の人は足をなくして浮いている。いずれも背後霊のように、後ろから見ているこの世の人についている。事例4-11では、あの世の人は点線で描かれている。

以上のように、この世であの世の人と共存する場合には、あの世の人であることがわかる標識がつけられたり、人間とは少し異なる形態に変形されていた。どのように人間の形態が変化したか、そのバリエーションの具体例を、図4-8にまとめた。

第一は人間の身体の一部が脱落するものである。事例4-10-3のように、足がなくなって空中に浮いている日本の幽霊の形がその典型である。あの世の人はこの世に共存している場合にも、地上に足をつけているのではなく、空中に浮遊した姿で描かれることが多かった。天上まではいかないが、地上性や身体性はいくぶん希薄化した形態としてイメージされている。ほかには、事例4-10-1のように瞳がない人間や、あの世の人には顔がない絵なども、身体の脱落の形態である。

第二は、事例4-10-2のように瞳に何かが付加するものである。

第三には別の生きものに変形するもので、蝶や鳥や虫のようになることが考えられる。しかし、まったく別の生きものになって、草場の陰でそっと見ているような事例は見つからなかった。

第四には図4-7や事例4-11のように身体が「影化」するもので、この世の人の「影」として表されたり、点線化して表される。

第五には図4-7に示したように「希薄」になるもので、人間の形態をまったく失って空気や塵のような浮遊物になるものである。

身体の変形のしかたには、文化の違いを超えて共通性が高かった。特に興味深いのは、影化や背後霊の絵である。日本とフランス（6章の事例6-6-1、事例6-6-2参照）に共通して、背後霊の絵がよく見られた。なぜ霊や影は、身体の前ではなく、身体の後ろに位置するとイメージされるのか。可視性と不可視性、見守ることと背後霊との関係を考えることができるだろう。

以上のように、この世の人とあの世の人は何らかの方法で区別される。その区切り方は二種類ある。一つは、空間の隔たりや境

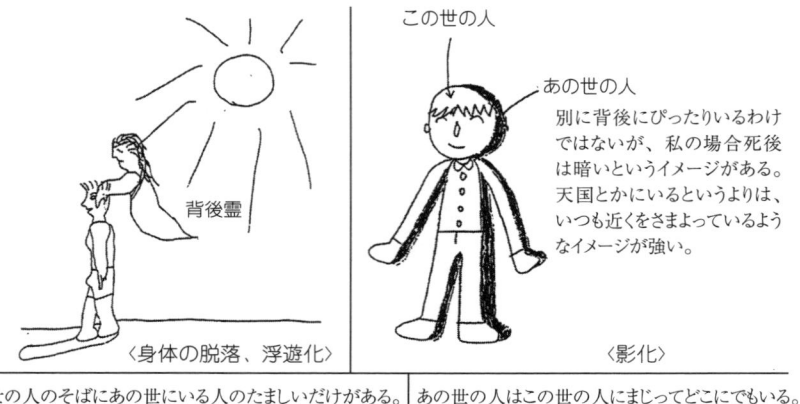

図中のテキスト:

「この世の人」
「あの世の人」
別に背後にぴったりいるわけではないが、私の場合死後は暗いというイメージがある。天国とかにいるというよりは、いつも近くをさまよっているようなイメージが強い。

「背後霊」
〈身体の脱落、浮遊化〉
〈影化〉

この世の人のそばにあの世にいる人のたましいだけがある。肉体はなくても、気は残っていると思う。

あの世の人はこの世の人にまじってどこにでもいる。

「あの世にいる人」
「この世の人」
〈浮遊化、希薄化〉

「この世の人」
「あの世の人」
〈影化〉

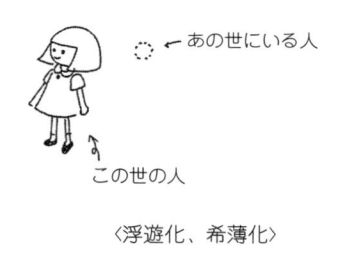

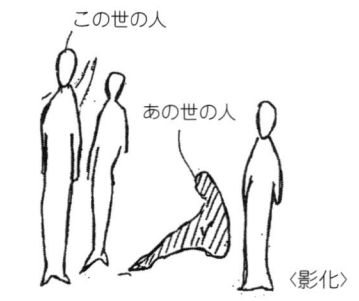

図 4-7　あの世の人間の変形（同一世界に共存する場合）

界によって、別の世界や領域をつくる方法である。天上他界、地下他界、地上遠隔他界などである。「あの世」に限らず、異質の人間を区分する場合には、「刑務所」「国境」「聖地」「宮殿」「高級住宅街」「スラム街」「禁止区域」「部落」など、場所を隔てる区切り方がなされる。

もう一つは、標識や目印がつけられたり、身体形態を変えたりして、この世の人とあの世の人を区別する方法である。地上近傍他界では、同じ世界に共存するが、標識や形態が変形されており、この世の人とあの世の人がまったく混ざることはない。これも異質の人間を、区別や差別する方法と基本的に同じである。たとえば「髪型」「化粧」「服装」「装飾品」「勲章」「刺青」「歯黒」「スティグマ」などが用いられる。

垂直他界と水平他界を比べると、前者には「上昇」や「下降」という時間の推移や価値の移動がイメージに含まれるのに対して、後者では、空間の差異や形態の差異が強調され、同時併存、同時共存のイメージが強かったといえよう。

140

3 入れ子の他界

この世とあの世の位置関係を「入れ子」で示した絵は、ここで取り上げた地上遠隔他界と地上近傍他界のイメージが、日本文化の特徴といわれてきた、いわゆる「水平他界」を表すかどうかは議論があるだろう。

地上遠隔他界といっても、海上他界や沈む夕日の向こうにある西方浄土のような古典的イメージは、現代の学生のイメージ画にはほとんど現れなかった。また、地上近傍他界においても、盆のときに定期的に帰ってくる祖霊や、裏山や草葉の陰にひそむ祖霊のイメージも、あまり現れなかった。現代の若者が身近に体験する世界は、民俗学的な世界や伝統行事とは、すでに大きなギャップがあるのかもしれない。

しかし、死者が裏山や草葉の陰にいるかわりに、現在では街路や電車の中にいるなど、絵のディテールは変化していても、あの世が超越的な世界ではなく身近な世界であることは共通している。また、あの世の人はこの世の人と少し異なる位置にいたり、少し異なる人間の形態をしながら共存しており、この世の人を見守っているなど、何らかのコミュニケーションもある。そのような基本的な意味に限っていえば、地上他界のイメージは古典的なイメージと共通しているといえよう。

逆転可能な他界イメージが生まれる。

この世とあの世の位置関係を「入れ子」のように入れ子型の絵は少なからず見られ、「その他」に分類されたが、事例4-12のように入れ子型の絵は少なからず見られた。入れ子型の関係性は、この世とあの世の基本枠組モデルにも合致する興味深いイメージである。

入れ子型でも分離や境界がないイメージは、地上近傍他界にも入れられて見られるだろう。事例4-12-1「この世の人があの世の人にとりまかれて見られている」、あるいはその逆に、事例4-12-2「あの世の人がこの世の人にとりまかれている」などである。とりまかれているというイメージは、自分では気づかない、見えないけれど、誰かの目に見られている、あるいは、何かが近くにいる気配を感じるというイメージを表している。

事例4-12-3は、入れ子型の他界で、この世の外はあの世につつまれ、この世の内にもあの世がある。二次元平面では三層他界になるところを、球という三次元で表した絵であるともいえる。

しかし、この世とあの世が垂直三層で描かれるのとは根本的にイメージに相違があり、多層他界のイメージにも近い。垂直三層で描かれるときには、位置的にも価値的にも座標軸は固定しており、上下が逆転して相対化されることはない。しかし、球の入れ子関係であれば、事例のように、上も見方によっては下になり、上も下も内も外も相対化されるので、どちらがどちらでもよいという

141　4章　この世とあの世の位置関係──日本のイメージ画1をもとに

こちらから死後の世界を知ることはとてもむずかしいが、むこうからこちらは見えている。

【事例4-12-1】（J1019①）
あの世によるこの世の包摂

実はそこにあの世の人がいるのではないだろうか。お互い気がつかないけれど、実は同じ世界かもしない。

【事例4-12-2】（J1026①）
この世によるあの世の包摂

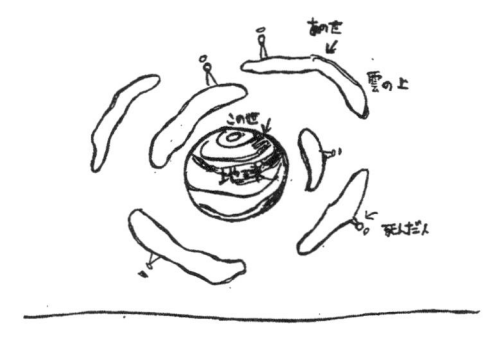

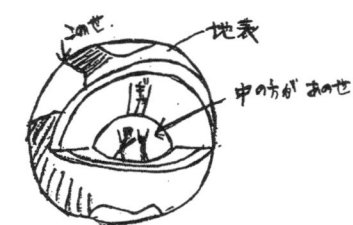

あの世はこの世の外と内にある。

【事例4-12-3】（J0434①）
この世の内と外のあの世の包摂

事例4-12　入れ子型のあの世

142

8節　この世とあの世の境界

1　この世とあの世の分離のしかた

　今までは、あの世はどこにあるかという問いによって、この世とあの世の位置関係を、「垂直・水平」、「遠隔・近傍」という観点から見てきた。今度は、問い方を少し変えて、この世とあの世の分離と関係のしかたに焦点をあてて考えてみたい。

　イメージ画1において、この世とあの世の分離があるかどうか、分離がある場合には境界があるかどうか、境界がある場合にはどのような標識で描かれているか、分離なしと分離ありの出現率を見ると、次のような結果であった（不明の絵は除く。図4-6参照）。

　分離なし──日本：16・3％、ベトナム：10・6％、フランス：13・0％、イギリス：9・8％、分離あり──日本：83・7％、ベトナム：89・4％、フランス：87・0％、イギリス：90・2％。四か国とも、何らかの分離をイメージしていることがわかる。

　日本では、「分離なし」が他の国よりも多かった。分離なしの典型的な絵としては、すでに「この世で共存」という地上近傍他界のイメージとして具体的な事例をあげた。

　ここでは特に、分離をつくる境界について、改めて取り上げてみたい。日本、フランス、イギリスの大学生は、「境界なし」の絵を描くよりも境界となる何らかの標識のある絵を描くほうが一般的であった。ベトナムはやや異質な傾向を示したが、それでも「境界なし」より「境界あり」の絵のほうが若干多かった。

2　境界

　境界を意味する日本語のサカイ（境）は、サカ（坂）、セコ（迫）、サキ（崎）、ソコ（底）などと語源を同じくするといわれる。古事記でイザナギが黄泉の国に行って逃げ帰った「黄泉比良坂」も、この世とあの世を分けるサカイ、サカを意味する。日本の民俗において、サカイ（境）やツジ（辻）は、村の内と外を分ける境界や広場であるとともに、死霊とかかわり、霊界との交流の場所でもあった（萩原 1988）。境となる道や辻には、サヘノ神や道祖神が祭られていた。サヘは、サキ（崎）、遠ざかる、裂く、避くなどと関係するといわれる。道も境界であった。現代でも交通事故や災害など「道」で亡くなった人々には、事故現場に地蔵や祈念碑が建てられ花がたむけられ追悼され祭られる（やまだ 2004b）。

　この世とあの世の境界を円滑にわたられなかった人々は、特に供養が必要とされた。死者がこの世からあの世へと境界を超えて旅していくことは、いずれの時代にも難しいようである。その困難と知恵は、多くの文化で編まれた「死者の書」などに繰り返し出て

くる（グロフ 1994/1995　中沢 1996）。

本書の研究では境界表現でいちばん多かったのは、図4-6に示したように、四か国とも比較的高い比率で「線」であった。日本では「雲」も「線」と同じぐらい多かったが、「川」がこれに続いた。フランス、イギリスでも「雲」の出現比率は二番目に高いが、日本に比べれば比較的少なかった。「川」も日本ほどには現れなかった。ベトナムで「線」以外に比較的多かった境界は「壁」であった。また、ベトナムのみ現れた表現としては「虹」があった。

「線」「雲」「川」「壁」以外には、「橋」「門・ドア」「階段」「鏡」などの表現が見られたが、いずれも少数であり、さらにこれら以外の表現となると、種類は限定されて各1、2例にすぎなかった。5章で見るような「たましい」の形とは異なり、境界には多様なバリエーションが見られなかったといえる。

境界は、二つの世界を「分ける」機能をもつ。「分ける」とは世界を非連続化し、質の異なる領域に分節化することである。あの世とこの世を質的に異なる世界としてイメージするほど、境界の必要性は高まる。

境界は、二つの世界が「ふれる」「移る」領域でもある。それは異なる場所を「むすぶ」場所でもある。境界はこの世からあの世への移行を成就させる「むすぶ」の場としても機能するだろう。

本書のイメージ画にも、この二つの機能をもつ境界表現が見られた。前者の「分ける」機能としては「線」「川」「壁」である。後者の「むすぶ」機能としては「橋」「階段」などであった。

3　雲と川

境界に用いられた代表事例をあげていこう。「線」は、日本では「雲」とほぼ同率、他の三か国ではもっとも多く現れた。事例4-6、事例4-7、事例4-8-1、事例4-8-2などに見るように、絵全体が簡略な場合の境界表現として用いられている場合が多かった。線は実際の生活のなかでも、もっとも簡便な区切りとして用いられる。線は幅をもたない分だけ、いっそう逆説的に「分ける」機能へと純化しているといえる。線はまた、現実の障壁ではなく、象徴的な区切りであり、それによって分離されるのは、二つの意味論的空間である。

「雲」を境界として描いた絵としては、事例4-1-1、事例4-2-1、事例4-2-3、事例4-3-1などの例がある。雲は垂直方向の境界としてもっとも具体的にイメージしやすい自然な標識であるためか、垂直他界の絵に多く見られた。雲は世界を仕切るシンボルであるとしても、明瞭な仕切りではない。雲は本来、不定形であり、「柔らかさ」「あいまいさ」「不透明」などの属性を有する。雲によって仕切られる向こう側と何らかの形で通じあえる向こう側は断絶した世界ではなく、こちら側からはよく見えない世界である。「あの世」は雲の向こうにあるが完全に「この世」と断絶しているわけではないゆえに、

人間には不透明な、それゆえに計り知ることができないので聖なるものや超越者の領域にもなりやすい。

「雲」が垂直他界の境界の自然表象の典型的な代表的イメージであるとすると、「川」は水平他界の境界の自然表象としての代表的イメージであろう。事例4-9-1や事例4-9-2など日本では多く描かれた。ベトナム、フランス、イギリスでも数は多くないが同様のイメージがあった。日本では、古くから三途の川のイメージが広く浸透しているが、西洋でも、古代ギリシアの伝統的神話においては、ハデス（地獄）は四つの川に囲まれた地の果ての島にあり、ここへはカロンと呼ばれる船に乗って渡ったという（グレゴワール1957）。川が地上において強力な境界として機能しているように、世界中のどこにおいても、現世と他界を分ける境界の素朴イメージが川であることは、不思議ではない。

雲と川の境界としての共通性は、両者ともに二つの世界をつむすぶ機能をもっていることである。雲は、地上と天空を分ける境界でありながら、両者をつなぐ可視性をそなえた標識であり、どんなに遠くても、その先にある世界を想像させるモノとしてある。もし、天空に雲も太陽も月も星も何も指標とするモノがなく、ただ均一の空間がいちめんに広がっているだけであったならば、想像力のありようは異なってきただろう。川は、もちろん可視性をそなえた目の前で世界を分ける自然標識である。しかし、雲と川には大きな相違がある。

雲の場合には、そこを超えて実際に天空へ行くには、翼をもつ特殊な乗り物に乗ったり、浮遊する羽をつけるなど身体の形態変化を必要とする。それは、墜落の危険を大きくともなう「飛行」である。川も、此岸と彼岸に分けられるが、橋や舟によって「この世の人間」の姿のまま、比較的容易に向こう岸に「わたる」ことができる。

事例4-9-2のように、「川」には「橋」が描かれることも多かった。「橋」の代わりに両岸をつなぐ「船」が描かれる例もあった。川は二つの領域を分けるが、決定的な分断ではなくて、両方の世界をつなぐ通路が開かれる可能性もはらんでいる。橋は、この世の人とあの世の人が出会う場所であり、二つの世界を分けると同時にむすぶ場所でもある。また橋は、どちらの世界にも属さない境界領域であり、橋の下は「この世」をはみ出た流れ者が逃げこんだり、住む場所でもあり、一種のアジール的性格をもつ場所でもあった（上田1984）。

ベトナムでは、「川」を描いた絵は二例、そのうち「橋」を描いた絵は一例しかなかったが、かわりに「虹」を描いた絵が二例見られた。「虹」は他の三か国の絵にはまったく現れなかった。『世界シンボル大事典』（Chevalier & Gheerbrant 1982）によると、虹は世界中の多くの文化で、あの世とこの世、あるいは天界と地上をむすぶ「橋」であり「道」であった。ベトナムの大学生が描いた「虹」がこうした伝統的シンボルであるかどうかは定かでない。社会主義的な宣伝文化のなかで、虹は「友好」や「希望」の象徴としてポピュラーな表象であり、その影響という可能性も考

えられる。しかし、仮に後者であったとしても、あの世とこの世を「つなぐ」媒体として虹が描かれたことに、ここでは注目したい。

そのほかの境界表現としては、人工の標識として「階段」「壁」「門・ドア」などがあった。階段は、垂直他界の境界であるが、雲とは異なり、自分の足で天空に行くことが強調される。壁は、水平他界の境界として多く用いられ、そこにドアや門があると、動く障壁として、通路が開にかかわる境界に現れる。これらの移行に5章のイメージ画2の事例と分析も参照していただきたい。

9節　天のあの世から、地のこの世を見守る
――日本のイメージ画1のまとめ

日本のイメージ画1では、あの世の位置は垂直構造で示されることが多く、圧倒的に天上他界が多かった。天上他界はこの世よりも価値が高かったが、超越的な天国や極楽というよりも、太陽や木や花など自然の景色が広がり、ゆったりした時間が流れるさとや原風景に近い世界であった。また、この世の人とあの世の人は親和的で、あの世の人がこの世の人を見守ってくれるという関係性で描かれた。垂直構造の場合にも、地下他界や地獄が描かれることは非常に少なかった。また、審判や関所はほとんど描か

天上他界の場合も地上他界の場合も、あの世はこの世とよく似た親しい世界であるという意味では連続世界であり、この世とのあいだに何らかの分離や境界があるという意味で区切られていた。境界には、雲、川などの自然標識が多く用いられていた。この世とあの世は、まったく異なる超越的な遠隔世界や、アベコベの逆転世界ではなかった。あの世も、この世とよく似た環境で、よく似た人間がいる。しかし、この世の人とあの世の人は、衣服や印や身体の変化など、差異の標識で区別されていた。つまり、この世とあの世は、連続し類似しながら区別されているというのが、一般的な特徴であった。

この世とあの世の断絶と隔たりが大きいと、肯定するにせよ否定するにせよ極端になりやすい。あの世はこの世とかけ離れた超越的な場所になったり、特別の人間でないと立ち入れない聖なる場所になったりする。また、逆におぞましい禁忌の場所や祟りや罰をおそれる恐怖の場所になるだろう。

本書の研究では、この世とあの世は距離的に隔たっているか何らかの標識で区切られていたが、平凡で穏やかで親しい素朴なあの世、この世とよく似ていても、より自然が満ちた場所としてのあの世が描かれていた。しかも、この世の人とあの世の人の関係は、あの世からのみ働きかけが可能で、あの世の人は好意的にこの世を見守っていた。これを近傍他界観と解釈することも可能だろうが、他界の位置はあくまで地上よりも天上にあり、あの世の

ほうがこの世よりも高い価値をもっていた。このように仏教の輪廻転生や因果応報などの教義とは大きくかけ離れた楽天的で肯定的なあの世観が描かれた。それは臨死体験などで報告されているイメージと非常によく似ており、肯定的で開放的な死の観念に近かった。

ここで描かれた肯定的で親和的な他界観は、生死をおびやかす怖い世界に脅えながら生きなくてもよい現代の私たちの人間中心の世界観かもしれない。また、民衆が素朴にもっているある種の楽天性、ある種の健康さの反映かもしれない。

あの世のありかや、この世とあの世の関係のイメージは、一元的な他界観の分類や類型にはおさまらない。本書で試みたように、基本モデルをもとにして、いくつもの多様なイメージのバリエーションを具体的に比較しながら生成的に移動する視点で眺めていく方法論は、実り多いと思われる。どの文化にも濃淡や強調点は異なっていても、いくつものイメージが併存しており、大きな共通項をもちながらも、個別性と多様性を併せもってバリエーションが生み出されていると考えられるからである。下記のように、それは日本文化の他界観だけの特徴ではない。他の文化を見ていくときにも役に立つと考えられる。

キリスト教徒は永遠なる生活をどのようにイメージしてきたのか。こうして際限のない天国にまつわるさまざまな洞察を読み漁り、探索し、それらと格闘してきたあとで、改めてふり返ってみれば、それについてなんらかの確たる結論に到達したといえるのだろうか。こう問うてみるとき、何世紀にもわたる思索の多様さや豊穣さや複雑さをいい加減に間引きなどしなくても、そこに一定のパターンが顔を覗かせているのがわかる。天国の二つのイメージが、神学、敬虔文学、美術、大衆の考えを支配しているのがわかるのだ。キリスト教徒の中には一方では天界での生活は「神と二人だけという永遠の孤独」の中で過ごされるものと期待しているが、他方では、本当の祝福は友人や配偶者や子供や親戚との再会がないなら考えられないとする人たちがいるからである。

便利な神学上の述語を拝借するなら、こうした二つの見解は神中心――「神を中心にあてる」――とするものと、人間中心――「人間的なものに焦点をあてる」――とするものといえる。社会的なり宗教的なりさまざまな期待が多様な仕方で結合し、均衡を保ってそれこそ複雑多岐にわたる天国像を生み出しているが、なんらかの力点が神にかけられたり、もしくは明確に人間的なものへ嗜好が傾いたりすると、そこに上のような二つの天国像が現れるということである。しかもこうした二つの天国像は、なにもそうしたイメージを提示したりする人たちの知的洗練度のレベルによる嗜好(プロテスタント 対 カトリック)とか(神学者 対 素人)、時代によるもの(初期対現代)、神学上の嗜好(プロテスタント 対 カトリック)によるのではない。むしろそうした人間中心なり神中心なりの天国のモデルは、キリスト教の歴史全般にわたって顔を出しており、時に顕著になるかと思うとやがて弱まったりしている二つの天国像のモデルはしばしばこの人間中心と神中心という二つの天国像のモデルはしばしば

共存してきたけれども、一定の時代や地域ではそのいずれかが支配的な見方と見なされうるのがふつうである。……
こうした二つの方向性の間に振幅があるにはあるのだが、それはけっして二つの天国像が単に反復されているというのではない。入れ替わり立ち替わり現れるモデルは単にその反対の天国像が復活されるというのではないのだ。伝統的な要素が再利用され
たり、復活されたりするものの、結果としてはその都度独自の新たな定式化が施されている。伝統的な観念なり関心事が、その都度新たな文化や社会一般の風土によって色付けされて、たえず新しく独特に組み直されていくのである。
（マクダネル＆ラング『天国の歴史』pp.597-605）

148

5章 たましいの形(フォルム)といのち循環(ライフサイクル)——日本のイメージ画2をもとに

物おもへば　沢の蛍も我が身より　あくがれいづる魂かとぞみる

（和泉式部）

空蝉(うつせみ)の　からは木ごとにとどむれど　たまのゆくへをみぞかなしき

（古今集、物名）

1節　たましいに形があるなら

たましいに形があるとしたら、どのようにイメージされるのだろうか。「たましいの形」ということばには、すでに矛盾が含まれているかもしれない。たましいは目に見えないだけではなく、形をもたないと考える人も多いからである。あるいはいろいろな形をとりうる変幻自在なものこそ、たましいだと想像されるからである。

しかし、たとえ形をもたないものだとしても、描画で表現するためには、何らかの形を与える必要がある。何かに類似した形、比喩的な形、近似の形であったとしても、たましいの形が描かれるならば、そこから「たましいとは何か」、「たましいとはどのような心理的リアリティをもつのか」という問いに接近することができるだろう。

「たましい」なるものは、目で見えない。本来、形がないものを形としての形態やことばで表そうとするのが本章の課題である。「たましい」〈象る〉とすれば、どんな形で表されるのかをイメージして目で見ようとするのである（多田 1996）。

たましいのイメージは、心とは？　身体とは？　生きるとは？　死ぬとは？　いのちとは？　いのちはどのように存続するのか？　という簡単で深くて本質的な問いとかかわる。たましいのイメージは、文化の根元にある基本的なものの見方、人間観や自己観や身体観、死生観や生命観のコアにかかわる。

本章では、イメージ画2の描画から、日本の大学生が描いたイメージ画を中心にして、（1）たましいの形、（2）たましいの変容と移動プロセス、（3）死生観を含むライフサイクルとたましいの循環という三つの観点から、たましいのイメージに迫ってみ

149

たい。

2節　たましいとマインド

1　心とマインド

「たましい」とは何だろうか。近代科学の心理学が誕生した19世紀後半以降の歴史は、「たましい」という概念を葬ろうとしてきたプロセスだったといえる。かつて、サイコロジー（プシコロギー psychology）という名をもつ心理学は、文字通り「たましい（プシケ）」を扱う学問であった。しかし、近代科学になってから心理学の対象は「たましいからマインド（心）へ」と変貌した（リード 1997/2000）。

その後心理学は、「心」ということばさえ棄てようとした。心理学の対象は、外から観察できない「心」ではなく「行動」であるとされ、心理学は「心の科学から行動の科学へ」変わった。最近では、情報を扱う「認知科学」へ、さらに脳活動を扱う「脳科学」へと変貌しつつある。

現在では「心の理論」をはじめとして、「心」というマインド（mind）という用語が復権してきた。しかし、「心」と訳されているマインド（mind）は、日本語の「心」と同義ではないことに注意が必要である。辞書で mind をひくと、「意識」「思考」「注意」「知能」「記憶」

「正常の状態」など五つの意味が定義されており、そのうち三つに能力（ability）という語が含まれている。心理学が対象としてきた「心」は、心のうちでも認知能力に偏ってきたのである。日本語の「心」の意味は、マインドよりもフィール（feel 感じる）やハート（heart）に近い。以上のように近代以降の科学的心理学で扱ってきた「心」はマインド、つまり認知能力を中心におく人間観に基礎をおいてきたと思われる。

本書では、心理学が科学になったことを前提にした上で、さらに新しいかたちで「マインドからたましいへ」と向かう心理学ができないかと考えている。それは、魔術や呪術と境界がなかった古い心理学の単なる復権ではない。またそれは、「たましい」の問題を、アニミズムやシャーマニズムや変成意識に関連させて考える方向をもちがう。現代文明や自然科学と対立する反対項や対極とみなす枠組そのものが問題である。「たましい」は、霊的体験、宗教、神秘的なヴィジョン、ノスタルジックな自然回帰などと関連づけられすぎてきた。

「たましい」を特別な神秘体験としてではなく、人びとが日常生活で行っている「ものの見方」、ありふれた心理現象を読み解くカギ概念にしたい。「たましい」ということばの意味や価値を、広義のことばを生み出す行為、ビジュアル・ナラティヴとして問いかえしていこうとするのである。その心理学の実践は、次のようなジェイムズ（1901/1962）のことばを借りるなら、「あたかも、たましいに形があるかのように描く」行為と描かれたイメージを、

日常の心理現象と見ることからはじめられる。

イヌマエル・カントは、神、世界の創造の計画、魂、魂の自由、死後の生命のような信仰の対象となるものについて、奇妙な学説を唱えた。彼の説くところによると、これらのものは本来まったく知識の対象ではない。われわれの概念はそれを用いて働くべき感覚的内容を常に必要とする。ところが、「魂」「神」「不滅性」というような言葉は、なんら特定の感覚的内容を含むものではないから、理論的にいえば、それらはなんの意味ももたない言葉なのである。しかし、実に不思議なことに、それらの意味も、われわれの実践に対しては、一定の意味をもっている。われわれは、あたかも神が存在するかのように行為することができ、あたかもわれわれが自由であるかのように感じることができ、あたかも特定の計画にみちているかのように自然を考察することができ、あたかもわれわれが不滅であるかのように計画を立てることができる。……

私たちが明確に説明することができないものがいろいろと現に存在していることを、私たちにいきいきと感じさせるそのような力をもっているのは、カントの名づけた純粋理性の理念だけではない。すべて高度な種類のものでも、同じような、形なくして人に訴える力をもっているのである。……

これらの抽象観念は、私たちを突き離したり引き寄せたりするが、私たちもそれら抽象観念がそれぞれあたかも具体的な事物であるかのように、それらに面を向けたり背をむけたり、追いかけたり、捕らえたり、憎んだり、賛美したりするのである。そして

これらの抽象観念も、それが住んでいる世界においては、実在的な存在なのであって、それは、変化する感覚的事物が空間の世界において実在的であるのと同じことである。

（W・ジェイムズ『宗教的経験の諸相　上』）

2　ソウル、スピリット、アニマ

英語で「たましい」にあたる、ソウル（soul）とスピリット（spirit）を、辞書（OED）で調べると、次のような意味になる。共に「いのち」とかかわる生命原理や活動原理であることが基本的な意味である。また、特に「身体」や「物質」と対立する概念であることがわかる。

① ソウル（soul）

人や動物の生命原理、身体（body）と区別される人間の思考や活動の原理、人間の感情や感覚など情動的な部分、神や道徳に関係するスピリチュアルな部分、死後も存続するとみなされる人間のスピリチュアルな部分：死後の人間の非身体的なスピリット。

② スピリット（spirit）

人間（や動物）の活動や生命の原理、身体器官（physical organism）に対立する、いのちを与える原理、物質的要素（material elements）と対立する、生命の息：死の瞬間に人間の身体から抜け出るとみなされる人間のソウル、非身体的なソウル：通常は人間の感覚で把握できない超自然的な存在：神の存在を示す霊力：空

気の動き、風、気息。

なお、ソウルの語源は、「海 (sea)」と関連があり、ドイツ語の「魂 (seele)」と同語源である。もとは、ゲルマン語で「湖または海にかかわるもの」(当時、魂は湖 (海) で生まれ湖 (海) に帰ると考えられた) を意味した。魂と海とのメタフォリックな連関を考えると、ユングが、「私」の中に「魂」があるのではなく、「私」が「魂」の中にいるのであると、魂を場所的に考えたことの意味がよくわかる。日本の沖縄に見られる海洋他界ニライカナイの考え方とも近いように思われる。

このような原義は、現在では忘れられていても、ことばのメタファーにおいて重要な意味内容を構成しており、現在にも引き継がれていると考えられる。イメージ画によって描かれる基本の形においても同様のことがいえるだろう。

ソウルやスピリットの類義語として、ギリシア語のプシュケやラテン語のアニマも広く使われている。プシュケ (psyche) は、もとは息や呼吸や霊魂や生命や精神の意味である。ギリシア神話では霊魂の擬人化された存在として、エロスに愛される蝶の羽をつけた美少女で表された。アニマ (anima) も、もとは「霊魂、生命、息、精神」を意味することばであり、アニマル (動物)、アニメート (生きている)、アニメーション (生命の付与、生気) とむすびついている。

イギリスの人類学者タイラー (Tylor, 1871/1903) は、霊魂的なもの (spiritual being) への信仰こそ、宗教の基本だと考えた。彼は、生物・無機物を問わないすべてのもののなかに霊魂や霊が宿っているという考えを宗教の最小限の定義だと考えて、それをアニミズム (animism) と呼んだ。

霊魂観念には二種類あり、身体と密接にむすばれており遊離しうる霊魂と、広く自然界にある霊魂や物や事物にも意味する。のちに後者の霊魂のうち、人格化されず植物や事物にまで遍在する超自然的な力や呪力をマナと呼んで区別したり、単なる生命力のような力をプレアニミズムと呼ぶなど、さまざまな区分が設けられた。また、長らくキリスト教を頂点とする世界観から、アニミズムは原始的な心性であり未開社会の信仰であると考えられてきたが、そのような見方は今日では受け入れられていない。

このように、ことばや文化は違っても、たましいや概念の基本的意味を見ると、生きものを生かしている生命原理と考えられることは広く共通している。しかも、たましいは、それが宿る個々の事物 (身体) と分離して存在しうる「息のようなもの」「風のようなもの」「活力」「精神」と考えられている。たましいは、生霊であるとともに死霊であり、それが宿る肉体が死んでも生き続けるものである。たましい概念は、死後に「たましいが身体から分離する」「たましいが移動する」「たましいが存続する」という考えと深くむすびついているといえよう。

西欧文化の伝統では、さらに次の特徴が加わる。第一にたましいは肉体と対立する概念である。古代ギリシアのプラトンは『パ

イドン』において、純粋な知を求めるたましいは、死によって肉体から分離され、縛りつけられていた肉体の牢獄から開放されて、真実の存在形態であるイデアの世界に入っていくと考えた。

その後のキリスト教文化圏でも、身体と霊魂は、物質的なものと霊的なものの二元対立を意味する。それは西欧文化圏における基本的な考え方の第一のものであるが、キリスト教文化圏では霊魂の概念は教義の変遷は複雑すぎて立ち入れないが、さまざまな議論がなされてきた。宗教の教義の変遷の本質なので、さまざまな議論がなされてきた。たとえばパウロの神学では、次のように考えられていた。

人間は二つの構成要素からできている。物質的で世俗的なものと、霊的で神聖なもの。人間を初めて創ったとき、神は人間の型をした粘土の模型をつくったが、それは物質でいのちがなかった。そこに息を吹き込んでいのちにした。天国への復活では、物質的な遺体は墓地に棄てられ、重要ではなくなる。「霊体は霊性と不死性をもつ、空気のような人間の格好をした実体で本来星に備わっているところの繊細な天界の光の物体のようなものである」と考えられてきた。

（マクダネル＆ラング『天国の歴史』）

西欧文化の基本的な考え方としては、第二に身体は物質的で塵のように滅びるものであるが、たましいは「不滅」で「不死性」をもつ。不死性とは時間の経過によって変化しないことをいう。「永遠性」「無時間性」といってもよい。第三には、たましいは、生命原理であるだけではなく、私というユニークな「個性」や「自我」を成り立たせている「精神」である。たましいは、これ以上分割できない単一の「個人」としての「パーソナリティ（人格）」をかたちづくるとみなされてきた。個人とは、「これ以上分割できないもの（individual）」という意味である。これは、アトム（原子）と同語源であり、ものを成り立たせている究極の単一体であり、見かけの変化にかかわらず同一性と永続性をもつと考えられてきた。

神学者たちは、人間を肉体と霊魂からなる存在として語った。解体し塵になる肉体と、生きつづけて神の審判を受け、その永遠の運命へと送られる霊魂と。われわれが死に、霊魂と肉体が分離されるとき、何が起こるであろうか。また、そもそも霊魂とは何であろうか。どうしてそれが不滅という属性をもっているとわれわれは確信できるのであろうか。

キリスト教護教論者たちは、霊魂を定義し記述しようとして、論点を「自我」という語に集中する。私は個性の感覚を、単一の、まとまりのある、ユニークな存在、すなわち私自身であるという感覚をもっている。霊魂とは、「自我」、「人間の自我を構成するもの」である。

……私は魂を持っているから──むしろ、私は魂だから、というべきかもしれないが──私はみずからを単一のユニークな個として認識している。この点にパーソナリティの土台となる基礎的直感がある。……

概して護教論者たちは、霊魂は非物質的だと主張した。そ

3 たましい、たま、カミ

日本語の「たましい」「たま」などの概念の意味は、どうだろうか。日本語の語源をたどることは難しいが、「たましい」は古くは「たま」「たましひ」といわれ、霊力や生命力を表したといわれる。「たま」「たましひ」は、自然のなかにも人間のなかにも、海や山や岬にも、雷や嵐や獣や稲のなかにもあり、ふだんはこもって隠れていて見えないが、顕れたときには、幸いも災いももたらす「ちから（霊力）」をもっていたと思われる。

かつて「たま」や「たましひ」は、おそれ、おののき、いのりをもたらすカミ観念そのものであったらしい。カミやたましいは目に見えない不可視の存在であるので、見えないものを感知して怖れ敬うという点では、キリスト教文化圏の神やたましい概念と共通する。しかし、カミは一つではなく八百万（やおよろず）の神といわれるように多数の異なる種類のものがあった。さまざまに姿かたちを変えて、風や雷のように不定期にやってきて顕れるカミがあった。特定の場所に宿している山や田や土地のカミもあった。今でも私たちは山を拝み、家を建てる前には地鎮祭をしている。その点においては、常に崇高な位置にいる超越的な一神教で人格神をもつキリスト教文化圏とは大きく異なっている。

松岡（1941）によると「たま」は人格神としてのカミよりも古いことばで、カミの源流ではないかという。カミ（神）は、カミ（上）やカガ（炫（かがやく））の原語「カ」（ミ（ム身））を意味するので、古くはたま（霊魂）と同義であったといわれる。また「コトダマ（言魂）」のように、ことばも霊力をもっていた。

本居宣長は『古事記傳 3』において、神を「尋常ならず、すぐれたる可畏（かしこ）きもの」と定義した。神々には、善いことも悪いこととも、貴いものも賤しいものも「鳥獣木草」「海山」も含むと考え、「雷」「龍」「樹霊（こだま）」「狐」「桃」「首飾りの玉」「磐根（いわね）」「木株」など、さまざまな例をあげている。

> 凡て迦微（カミ）とは、古御典等に見えたる天地の諸の神たちを始めて、其を祀れる社に坐す御霊（ミタマ）も申し、又人はさらにも云ハず、鳥獣（トリケモノ）木草のたぐひ海山など、其餘（ソノホカニ）何にまれ、尋常ならずすぐれたる徳

の結果、いかにして精神的な実体と物質的な実体とが相互に作用しうるのかに関して複雑な論争が起こるが、その主張によれば、物質の分子は無限に分割可能であり、また物体は個々の部分から成り立っていると考えられている。人間の肉体についても、われわれはそのような部分を含有していると認識している。……しかしながら、われわれは魂については分割不可能なものとしか考えることができない。

（マクマナーズ『死と啓蒙』）

宮田（1983）は、本居の定義を引きながら、神が妖怪に、妖怪が神へと転化し相互に入れ替わり可能であると指摘している。谷川（1999）は、畏怖の情を起こすものをカミと呼ぶ。神と祖霊と妖怪は区別されていなかったと考え、それらが合体した例としてカゼ（風）をあげている。船頭は海が荒れるタマカゼやタバカゼを怖れ、イカヅチ（神鳴り）ハタハタ（雷）のような神の風がもたらす大漁も願った。カゼ（風邪）は、今でも万病のもとといわれるが、妖怪のようにも扱われ、病気になることをカゼに会うとも言った。死霊や怨霊とむすびつけられる風も、もとは祖霊＝神の示現ではなかったかという。

　　　　　　　　　　　　　　　（本居宣長『古事記傳 3』）

がありて可畏（カシコ）き物を迦微（カミ）とは云なり、尊きこと善きこと、功（イサ）しきことなどの、優れたるのみに非ず、悪きものの奇（アヤ）しきものなども、よにすぐれて可畏（カシコ）きをば、神と云なり

祖霊はミタマともオヤダマとも呼ばれていたことから分かるように、はじめから人格を具えた意志をもったものとは思われていなかった。たとえば、岩手県の遠野では新盆をいとなむ家の人は墓にいき、新仏の霊をひさごに入れて墓の傍に下げて家にもち帰ることもする。またそれを下げて家にもち帰ることもする。こうしたやり方を見ていると、祖霊は容器に入れられるタマのような存在と見られていたことがわかる。
原初的なカミもこのタマと変わりなかったと考えられる。カミ

はふだんは幽暗な場所にかくれこもっていて、姿を見せない存在であった。そう推測できるのはカミとクマという語が関連があるからである。クマという語は人目から見えにくい場所、たとえば道や川の曲がりくねったところ、あるいは谷の奥などをさす。
……かくれているカミが顕在化する現象が顕つである。関東で落雷をオカンダチというのは、神顕ちの意で、神霊の出現を示している。

　　　　　　　　　　　　　　　　　（谷川健一『日本の神々』）

仏教の伝来以来、カミのほかに「ホトケ」（仏）ということばも定着して民間信仰に組み込まれたが、タマとカミとホトケの関係はきわめて複雑で一筋縄では読み解けない（赤田・小松 1997;宮田 1983;大江 2007;佐々木 1993;山折 1976;梅原・中西 1996など）。
ホトケが、仏教でいう覚者としての仏陀や修行僧である菩薩をさす本来の意味に加えて、死者や死霊や祖霊をさすことばとしても使われ、日本独自の大きな意味変換をともなっていること、そして葬送や祖霊供養とむすびついていることは興味深い。

鎌田（2009b）は、神と仏の本質的ちがいを、「カミは来るモノ」でこの場に立ち現れるものだが、「仏は往く者」で煩悩や俗世間から遠く離れて涅槃や極楽浄土へ往くことをめざすものだと指摘している。日本の宗教では神仏が融合しているとともに棲み分けられているが、神道が誕生や結婚式など生成や縁むすびにかかわり、仏教が死による葬送にかかわるのは、その本質を突いているのかもしれない。

ホトケの語源もいろいろで、なぜ死者や霊魂がホトケと呼ばれるようになったかという説もいろいろある。仏陀の教えのなかでも「無常・無我」観、一切の存在は実体をもたないという仏陀の悟りが、とりわけ日本の文化風土にあっていたとも考えられる。それが民間信仰のなかに生きているタマの概念や、流転し変転するカミ概念や自然観とむすびついたのかもしれない。祖霊や死霊や怨霊がカミに変身するという観念は、文化風土のなかに根強くある。「たま」は、死後も自我や身体という実体から離れて移動しうる幽体であるが、カミやホトケのイメージとも深くむすびついているのである。

また「たま」や「たましひ」概念は、生命力をも表し、「いのち」の根本原理でもあるから、ソウルやスピリットやアニマとは文化を超えて共通性がある。たまは、「いのち（命）」とも近い意味で、イは息吹きを表し、「いきる（生きる）」「いかす（活かす）」「イハフ（祝う、霊力を与える）」「イム（斉む、忌む）」とつながる。

土橋（1990）によると、日本古代のタマ（霊魂）には、生命力と遊離霊の二種類があったという。生命力がすり減ることをタマキハル（霊剋）というが、人間も自然も生命力がすり減っていくので、「ミタマのフユ（魂の振ゆ）」という魂を振り動かして生命力を活性化する呪術を行ったり、年が変わるごとに新しい魂を迎えたりした。

土橋は、大伴家持の歌「初春の初子の今日の玉箒手にとるか

らにゆらくたまのを」（『万葉集』20、4493、758年）を紹介している。「正月の初音の日にちょうだいいたしました玉箒を手にとりますと、枝の玉が揺れ動きその揺れにつれて私の魂の緒（生命力）も、揺れ動く気がいたします」という意味の歌である。ゆらす動きや、風にひらひらめく動きが、魂を揺るがす活性化とむすびつき、霊力をもたらすと考えられていたのであろうか。魂が風や木々の枝や身体の動きと共変動し、互いに響きあってうちふるえる振動や身振りが生命力を活性化させるという考えは、心理学的にみて興味深い共感覚的なイメージである。

4 たましい、むすぶ、むす（生す）

たましいは、「むすぶ」「むす（生す）」「うむ（産む・生む）」という概念とも深い関連がある。「たま」は身体から遊離する霊とも考えられており、長いあいだ身体を離れると死に至ると考えられていた。その「たま」を結び込めて生命の安全や幸せを祈る気持ちの表現が、「結ぶ」という行為である。「いのち」を「たまの緒」と呼ぶのも、「たま」を紐や糸で結びとめる行為と関係している。たくさんの玉を連ねた「玉の緒」を首や手首にまく飾りも、装飾というより霊魂を結びこめ、生命力を強める呪物としての意味が大きかっただろう。平安朝の宮廷では、冬至に近いころ行われた鎮魂祭で、糸を1から10まで結び込める呪術が行われた。

縁結び、結納、水引、しめ縄、縄張りなど、今でもおめでたい

ことや魔除けには、たいてい「むすび」の印がつけられる。遊離しやすい「たま」を身体に込めておく術は、沖縄では今でも見られる（大橋1998；梅原・中西1996など）。たましいはマブイと呼ばれるが、病気になったり事故にあったりすると、頻繁に遊離するので、元の身体にとり戻す行為（マブイグミ）が行われる。マブイを保持するために、結び目をつくった糸を手首や足首にむすびつけることもなされる。

「むすんでひらいて」という手遊び歌は、誰でもよく知っている。歌詞も動作も、簡単で平明で、小さな子どもにもわかりやすい。比較的新しい戦後のもので、外国の曲に歌詞がつけられたものであるから、日本固有の伝統歌とはいえないし、不思議なところはない歌にみえる。しかし、本当にそうだろうか。「手を握る」しぐさを、「むすぶ」と言うのはなぜだろうか。「にぎって、ひらいて」といわないのだろうか。「おむすび」がころりと転がって、穴の中に落ちた昔話もある。「おむすびころりん」というのを追いかけていくと、この世とは別世界があったという話である。

「むすぶ」行為は、「たましひを籠める」行為、生命力を強める行為と関連していた。現在では、「開く」がもっぱら良い意味で、「閉じる」「こめる」は悪い意味と考えられているが、こもる、力をこめる、拳を閉じることには、両義的な意味があった。

「かごめかごめ　かごの中の鳥は、いついつ出やる　夜中の晩に鶴と亀がすべった　後ろの正面だあれ」、かごの中にいるのは

目隠しをした「鬼」である。まわりを取り囲んで歌う、この歌の解釈はいろいろあるだろう。かごの中には、何がこめられているのだろうか。こめられている鬼は死者のたましい、出るとは、生き返ることもできる。鬼が「後ろの正面」にいる人の名前をあてると、死者は生者に返り、生者は死者（鬼）になる。

このゲームには、生と死の循環と再生の思想があると考えられる。将棋の駒は、反転して相手方で生き返ることも思い起こされる。チェスでは、駒が死ぬと生き返らない。

「むすぶ（結ぶ、掬ぶ）」を、「むすひ（魂、産霊、生ひ）」と関連させて論じたのは、折口信夫である。彼は、「元来、或内容のあるものを外部に逸脱しない様にした外的な形」を「むすぶ」というのだと考えた〈産霊の信仰〉。両者を語源的に同じと考えてよいかどうかは異議があり、留保が必要かもしれない。しかし、意味内容には連関がある。のちに混同されて「むすひ」が「むすび」とも呼ばれるようになったのは、イメージのつながりによると考えられる。

「むすひ」は、自然に生成するという意味の「むす」と、生命力をもたらす「ひ」からなる語で、折口の説明では「物に霊を密着せしめて、それによって発育させる威力」のことである。「むすひ」の「ひ」は、「たましひ」の「ひ」と同様の意味で、ひ（日、火）とつながり、霊力や威力を表す。

生成の意味の「むす」は、現在の日本語にも残っており、「苔がむす（生す）」のように使われる。子どももまた、昨今のよ

157　5章　たましいの形といのち循環——日本のイメージ画2をもとに

たましいは人びとにどのような形態で描かれ、どのようにこの世とあの世を移動するかを見ていきたい。特に重点をおくのは、「死後のたましいは身体からどのように分離するのか」「たましいに個性や自我があるのか」「たましいは、どのように形態変化するのか」「たましいは消失するのか、存続するのか」「たましいはこの世へどのように移動するか」「たましいはこの世と往来するか」「たましいは生まれ変わるか」などの観点があげられるだろう。

3節 たましいの形の多様性と変化プロセス

1 たましいの形態変化

イメージ画2の分析は、たましいの形に注目して質的分析と量的分析の両方で行った。たましいの形の多様性と変容プロセスを表すために、3章に示したように、図3-7「モデルⅡ 基本構図――たましいの形態変化モデル」を生成した。地下へ移動するイメージの出現頻度はきわめて少なかったので、天空への移動に焦点をあててモデルが作成された。以後は、このモデルを参照しながら読んでいただきたい。

図3-7に示したように、たましいの形態変化モデルにおいて、この世からあの世へたましいが天空へ移行するプロセスは、大き

に人為的につくられるものではなく、人為の及ばない世界への畏敬をこめて自動詞で表される存在であり、どのようにこの世に人為的につくられるものではなく、人為の及ばない世界への畏敬をこめて自動詞で表される存在であり、「むす（生す）子」であり、「むすめ（娘）」も、「むす（生す）女」であったといわれる。

たましいを入れ直せば、「生まれ変わる」ことが可能となる。穢れは、ケガレ（気枯れ、気離れ）でもあるといわれる。古くなったり、気が枯れたり、生命力が衰えたときには、もう一度、たましいを入れ直して活性化させることができる。そのときには、自然界にある霊力や威力である「たま」が活用された。

このように日本語の「たましい」概念の基本的な意味を考えてみると、スピリットやソウルやアニマと共通する意味で、人間の中心にあるいのちの根元であり、身体から分離でき、死後にも存続しうる、生命力や霊力を表す霊魂概念と考えられる。しかし、相違もある。たましいが死後にも存続すると考えるときに、特にキリスト教文化圏では「死後のたましいの不死性や永遠性」「アイデンティティの同一性や一貫性や連続性」が強調される。日本文化では、活動原理や生命原理として「生まれ変わり」「死と再生」を繰り返しながら継続していくほうに重点があったのではないかと想像できる。

以上のような論考をふまえて、イメージ画2において、死後のたましいが天空へ移行するプロセスは、大きく三つに分けられた。

第一は「人間形から気体形へ」変化するプロセスである。これは、「あの世I」象限において、人間の形を失って空気のように希薄化していく「気体化プロセス」である。

第二には、「人間形から天体形へ」変化するプロセスである。これは、人間の形を保ったままで天空に垂直に上昇し、人間の域を超えて雲の上に住んだり超人的な力や神々しい光を帯びたりし、最後には太陽や星のようになる、「天体化プロセス」である。

第三には、「人間形から異形へ」変容するプロセスである。これは、「あの世II」象限において、人間から鳥など人間以外の動物や、鬼など魔物へ身体変化する「異形化プロセス」である。

図3-7において、人間形からそれ以外の形態になる境界の位置を点線で示した。天空に上昇する上記の三つのプロセスを比較して、境界の点線の範囲を超えるかどうかを調べると、「人間形」から「非人間形」にまでなるイメージは、「気体化プロセス」に限られ、それ以外の変容プロセスでは、人間形からの変容は、境界・移行領域である点線の範囲にとどまっていた。天体化においては「神形」(air formに類似した形で人間形と気体形の中間に位置づけられる形)にとどまり、異形化においては「天使形」にとどまった。つまり、人間のたましいが気体になることは許容されたが、人間のたましいが人間以外の形態に変化するには強い制約が見られた。人間のたましいが人間形から星などの天体形になったり、鳥などの動物形にまで変容する姿は、たとえイメージの世界においても、ほとんど現れなかった。このように、人間から

「天体形」への変化や、人間から「動物形」への変化は、非常に少なかった。

「死んだ人がお星さまになって見守ってくれる」というお話は、現在でもよく語られている。また、人間が動物に生まれ変わる輪廻転生(りんねてんしょう)の思想は知識としてはよく知られている。マンガやアニメや昔話などファンタジー作品では、人間と動物との合体形が頻繁に見られる。それにもかかわらず、死後の人間のたましいが天空に上昇して気体(空気や風や煙のようなもの)になるのは許容されるが、天体(太陽や星)や鳥(動物)のようになるのには、強い抵抗があったといえよう。

これ以後は、さらに具体的に「気体化のプロセス」「天体化のプロセス」「異形化のプロセス」の順で、イメージ画の事例を見ていきたい。

2 気体化プロセスの三基本形——人間形、人魂形、気体形

人間形から気体化していくプロセスのうち、代表的な形を三つ取り上げ、「たましいの三基本形」とした。① 人間形(human form 生きている人間の身体と類似した形)、② 人魂形(fireball form 火の玉に類似した形で人間形と気体形の中間に位置づけられる形)、③ 気体形(air form 空気や風や煙など浮遊して固形物ではない形)である。(そのなかでも幽霊形)、事例5-2は人魂形、事例5-3は気体形の代表事例である。共に日本とフランスの事

159　5章　たましいの形といのち循環——日本のイメージ画2をもとに

例から選んだが、非常によく似た絵が描かれており、共通性が高いことがわかるだろう。

数量的分析では、3章に述べた方法で三基本形の分類カテゴリーと定義を作成し、出現比率を分析した。その結果を図5-1に示す。4か国すべてにおいて、三つの形が見られたが、全体的には「人間形」が多かった。日本では、特徴的に「人魂形」が47.7％ともっとも多く見られた。

天体化と異形化の変容プロセスについては、全体に出現頻度が少なかったので、一部をサブカテゴリーにして日仏比較のみ数量分析を行った。「幽霊形」「影形」「天使形」「神形」などは、「人間形」の変容形とみなしてカウントした。図5-2のように、人間形に対する「付加」（羽、光輪、頭巾、三角布、杖など）、「脱落」（足や顔の要素の脱落）、「変容」（表情や衣服の変容）などをサブカテゴリーにした。日本の絵では、光輪の付加や足の脱落が多く見られた。

本章では「たましいの形」の質的分析によって、事例を中心に

人は生まれた地球、宇宙へ帰る。
【事例5-1-1】（J1032②）
昇天する人間形（幽霊形）（日本、足の消失、浮遊）

【事例5-1-2】（F0450②）
昇天する人間形（幽霊形）（フランス、足の消失、浮遊）

事例5-1　人間形（幽霊形）の代表事例（日本、フランス）

160

して典型例とそのバリエーションや変化プロセスを中心に解説する。ただし日本とフランスの日仏比較によって、文化にかかわらず共通性の高い典型事例をもとにモデル構成を行ってきた。そこで、日本の事例の選択は、おもに日仏比較によって、両者の共通性と一般化可能性の高い事例と、比較対照して興味深い事例を選んでいる。

4節　人間形のたましい

1　「人間形のたましい」の肉体からの分離のしかた──抜け出る、起き上がる

人間形は、日本以外にも四か国でよく見られた表現で、イメージの共通性が高かった。人間形のたましいは、この世からあの世

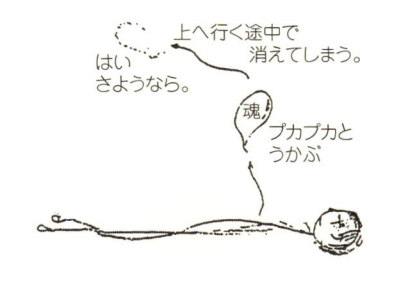

【事例5-2-1】（J1097②）
身体から分離して昇天する人魂形（日本、人魂の基本形、浮遊）

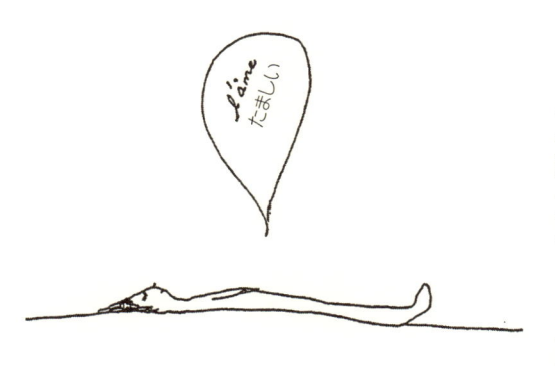

（上へ行く途中で消えてしまう。／はいさようなら。／魂　プカプカとうかぶ）

死後、たましいは身体から去り、身体から解放される。

【事例5-2-2】（F0409②）
身体から分離して昇天する人魂形（フランス、人魂の基本形、浮遊）

（l'âme　たましい）

事例5-2　人魂形の代表事例
（日本、フランス）

161　5章　たましいの形といのち循環──日本のイメージ画2をもとに

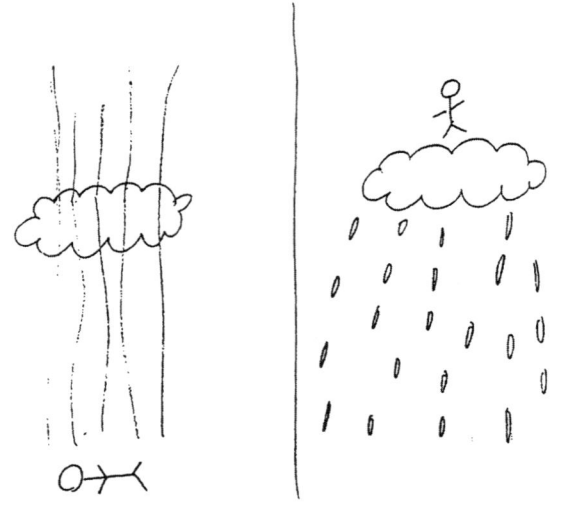

たましいは、空気になって天にのぼっていく
たましいは、雨になって地にかえる。

【事例5-3-1】（J1102 ②）
空気になって昇天し、雨になって地にもどる気体形（日本、気体形の一典型、自然との一体化）

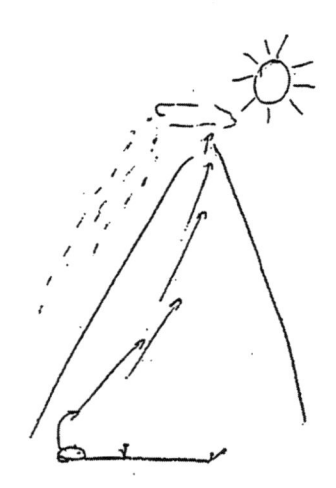

たましいは天に引きつけられ、雲の中に拡散していく。そして地上に雨となって落ちてくる。

【事例5-3-2】（F0282 ②）
空気になって昇天し、雨になって地にもどる気体形（フランス、気体形の一典型、自然との一体化）

事例5-3　気体形の代表事例（日本、フランス）

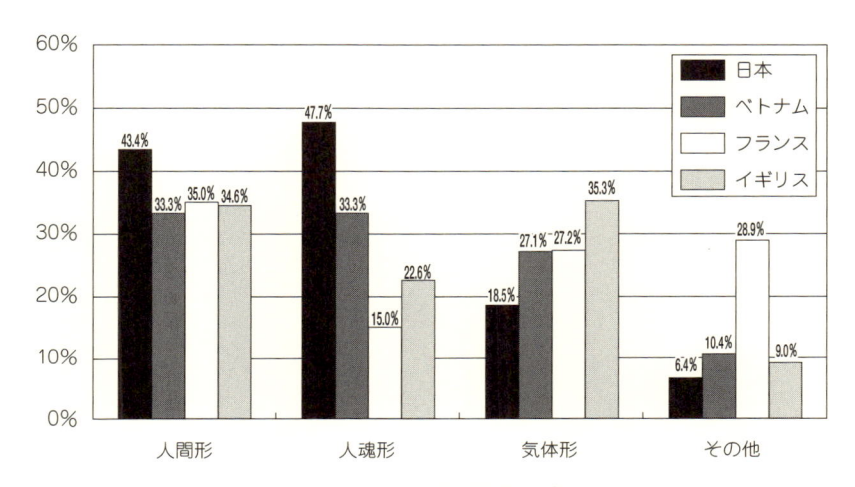

図 5-1　たましいの 3 基本形の出現比率（4 か国比較）

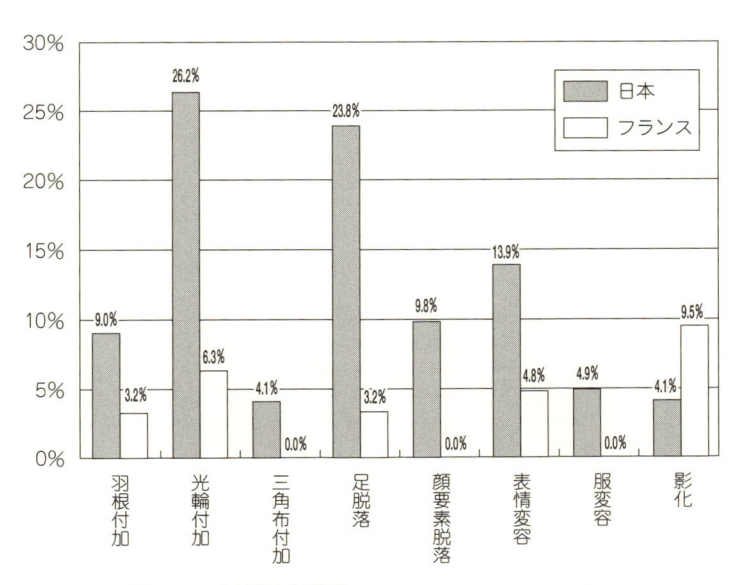

図 5-2　人間形の変容（サブカテゴリー、日仏比較）

5 章　たましいの形といのち循環──日本のイメージ画 2 をもとに

へ居場所は変化しても、人間と同じような身体をもつ。この世の人間と同じような姿や存在であることが強調されると、たましいは人間形で表現されると考えられる。

人間形のたましいは、死後に肉体からどのように分離するのだろうか。大きく分けて「抜け出る」「起き上がる」イメージが見られた。

事例5-4に示した「抜け出る」イメージは、もっとも一般的であった。事例5-4-1は胸、事例5-4-2は頭、事例5-4-3は、口からたましいが抜け出ている。このイメージは日本とフランスで共通し、「胸」「頭」「口」など身体の上部にたましいの居場所や出入り口があるとみなされていた。心臓がある「胸」と脳がある「頭」は、人間の生死を司る部位であり、「口」は呼吸の停止が生命の存続にかかわる部位である。この三か所のなかでは、胸からのたましいの出入り口が圧倒的に多かった。脳死が死の判断基準となり、人間の生死には心臓よりも大脳のほうが重要である。それは知識としては定着しているが、イメージの世界では、依然とし

【事例 5-4-1】（J1461②）
胸から抜け出る

【事例 5-4-2】（J1023②）
頭から抜け出る

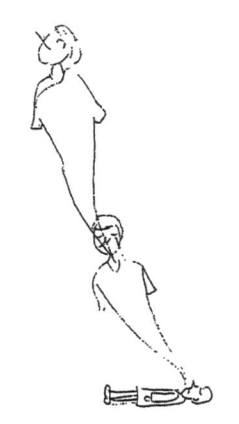

【事例 5-4-3】（J1099②）
口から抜け出る

事例5-4 「人間形のたましい」の肉体からの分離「抜け出る」イメージ

164

て「脳」よりも「心臓」にたましいの座があるようである。

事例5-5は、横たわった状態の死者の肉体から「起き上がるたましい」が描かれている。この分離のしかたも、日仏に共通してみられる代表的な描き方であった。事例5-5-1では、地面(床やベッド)に水平に横たわる肉体の「死」から、人間形のたましいが新しい「生」を立ち上げる姿が、足から垂直方向に「起き上がる」姿勢で描かれている。起き上がったたましいは、死者の分身としてもうひとりの自分となり、死者に対面して「やあ」と挨拶している。事例5-5-2は、お迎えに導かれて、足から立ち上がっている。あの世からやってきたお迎えのたましいも、小さな人間形だが、空中に浮いて足がない幽霊形をしている。たましいは、そのお迎えに導かれて、あやつり人形のように起き上がっている。両方の絵とも、死者は目をつむり口も閉じているが、起き上がった人間形のたましいは、口を開けていることが興味深い。起き上がって、呼吸をしたり話したりしているのは、同じ人間形をしているが、死者ではなくたましいのほうなのである。

こわいものではなく、あくまで明るい。

【事例5-5-1】(J0023 ②)
もう一人の自分として起き上がる

【事例5-5-2】(J0089 ②)
お迎えに導かれて起き上がる

事例5-5 「人間形のたましい」の肉体からの分離
「起き上がる」イメージ

以上のように、人間形のたましいの肉体からの分離のしかたは、「抜け出る」「起き上がる」が代表的であった。両者には、意味的に少し違いがあった。「抜け出るたましい」では、人魂形や気体形にも共通しており、空中へ移動して浮かび上がって行く軽やかさと、たましいとして自律した動きをもつ運動性が表現されていた。「起き上がるたましい」は、人魂形や気体形には見られない人間形に特徴的な描き方であった。「もうひとりの自分」として、人間の形やアイデンティティを保った姿で肉体から分離していくイメージである。

たましいが肉体から抜け出て分離し、軽くなって上空に浮遊していくイメージは、たいへんポピュラーなものであった。ここで描かれたイメージが、臨死体験、シャーマニズム、宗教者の覚醒、幻視などの体外離脱体験（out of body experience）として頻繁に報告されてきたイメージと共通していることは興味深い（エリアーデ 1974a；立花 1994など）。体外離脱体験が、どうして起こるのかは不明だが、一時的に肉体の働きが低下したり衰弱して生命の危機である死に近づいたときに起こる変性意識体験であろうと考えられている。特にそのような特殊な体験をしなくても、たましいが肉体から遊離し空中に出て行くイメージは、かなり一般化した身近なイメージとして共有されていると考えられる。

2　人間形とは何か――死んでも変わらない、あの世で再会する

人間形とは何だろうか。人間形とは、単に、偶然に表現としての「人間の形」になったというだけではないだろう。人間形は、基本の形である。そして、この世の人間もあの世のたましいも「同じ人間」であることを強調した姿である。表現された「形」は、単なる形式や形態というよりは、イメージと思想の「形」でもあると考えられる。

事例5-6のように、あの世が雲の上にある垂直関係でも、あの世が川の向こう岸にある水平関係の場合でも、居場所が変わるだけで「同じ人間であって何も違わない」「死ぬと川の向こうの世界へ行く」「この世とあの世も同じ風景と人間がいる」「死は何ものも変えない」ことが強調されていた。フランスの絵でも、「死は何ものも変えない。私たちは死んでも感情的、知的同一性を維持するし、（地上に住んでいる人の目には見えない）もっと繊細な身体をまとう」と説明されていた。また、人間形のたましいが移行時に一時的に別の形に変容しても、あの世では再び「人間形」に回復する絵も多く描かれた（3章の事例3-4-2、本章の事例5-24-1、事例5-24-6など参照）。

人間形が描かれる場合には、この世の延長としての「あの世」というイメージが強いようである。あの世にも、この世と同じよ

166

何もちがわないと思う。ただ、居場所がかわるだけで特別な形はない。

【事例5-7-1】（J0124②）
親しい人の出迎えと再会

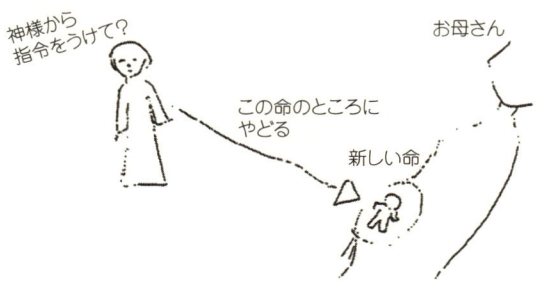

事例5-6（J1101②）　人間形とは何か
── 死んでも変わらない

『あの世へいく』

天国
先に死んだ人が
まっていて　おむかえ

地上
死んだ自分を
みつめている

天に上っていく
ちょっとういている

『この世へかえる』

神様から
指令をうけて？

この命のところに
やどる

新しい命

お母さん

【事例5-7-2】（J1420②）
先に死んだ人の出迎えと再会

事例5-7　人間形とは何か ── あの世で再会する

人間形で注目されるのは、あの世のたましい（人間形）が、事例5-7のように、新しい死者のたましいを迎えに来たり、あの世で先に死んだ親しい人びとに再会できることをイメージした絵のような人間がおり、先に亡くなった親戚や友だちに会ってこの世と変わらない生活を営んでいる様子が示されている。

167　5章　たましいの形といのち循環 ── 日本のイメージ画2をもとに

である。

あの世で再会する親しい人の識別ができるわけであるから、自分自身も大きく変化していては困るだろう。人間としての形を保ち、生前と同じ人間としての自己意識とアイデンティティが保持されていなくてはならない。人間形は、あの世にいても「同じ人間」で、ある程度「生前の姿を保持」していることがイメージされている。死者のたましいが人間形であることは、親しい人と再会してあの世で一緒に生活するためにはもっとも合理的な形だと考えられる。

「お迎え」や「親しい死者との再会」は、この世からあの世へ移動するたましいの代表的なイメージの一つである。これらのイメージは、日本の絵で頻繁に見られたが、他国の絵にもよく見られ、共通性が高かった。

キリスト教文化圏でも、本来の天国のイメージは「神と共に永遠の世界で不死の生命を得る」ものだから、死者との再会はないと考えられる。しかし、天国の歴史において「本当の祝福は、友人や配偶者や子供や親戚との再会がないなら考えられない」という天国イメージが繰り返し現れている（マクダネル＆ラング 1988/1993）。

また、日本の仏教徒も同様である。本来の「浄土」は悟りをひらいた仏の教えや妙なる音楽に満ちたありがたい世界だと考えられる。しかし、一般の人びとはもちろん、浄土真宗の僧侶でも、死ぬと浄土に「往く」とも浄土に「還る」とも表現し、「死者が

浄土で待っていてくれる」「死んでも浄土でまた会える」という、死者と生者をむすぶ物語を語っている（川島 2007）。

「親しい死者があの世で待っている」「あの世で迎えてくれる」「あの世で再会する」というイメージは、時代や地域や文化や宗教を問わない。臨死体験や看取りや喪失の語りにおいても、よく似た話が多々見られる。これらは民間に広く流布している、共通性の高いフォークイメージだと思われる。

次の例は、臨死体験をして生き返った人が語った話である。細かい点では個性的で異なるが、あの世は花畑のようなところで親しい人に会うという基本的イメージの共通性はきわめて高い（ベッカー 1992；柳田 1976；立花 1994；松谷 1986ab など）。これらに直接的な影響過程を考えるのは無理がある。イメージ生成にも、それなりの合理的なルールがある。人間の究極の願望や祈りがあの世のイメージとして結晶化すれば、必然的によく似たイメージになるのではないかと考えられる。

　足に少し力を入れたるに、はからず空中に飛び上がり、およそ人の頭ほどの所をしだいに前下りに行き、少し力をいるれば昇ること始めのごとし。なんとも言われず快し。寺の門に近づくに人群集せり。何ゆゑならんといぶかりつつ門をいるれば、紅の芥子（けし）の花咲き満ち、見渡す限りも知らず。いよいよ心持ちよし。この花の間に亡くなりし父立てり。お前も来たのかといふ。これに何か返事をしながらなほ行くに、以前失ひたる男の子をりて、

168

トッチャお前も来たかといふ。お前はここにゐたのかと言いつつ近よらんとすれば、今来てはいけないといふ。

（柳田『遠野物語』）

なんというか、全然この世にないようなところへいったという感じの、なんというか夢みたいなものなんですね。まず第一番に野原があって、花畑だ。一面みな白。菜の花のようでそうでないような白い花がずっとどこまでもつづいている。端がどこにあるかわからないような広さだ。そこを歩いていくんだけれども、自分の腰から下がわからなくて、フワフワ浮かんでいるような感じで、行っても行ってもいきつけねえ気がする。そのうち川筋が見えてくる。川の向こうもまだずーっと花畑になっているんだね。それで青空がある。これが普通の青空とちがって、なんともいえばあらわされない青なんだね。川の向こうに、ひいじいさんや、親とか親戚とか、自分が巡り合った人がいる。それがみんな手を振って、こっちに来いって手招きしているんだ。

（秋田県の伊藤さんの語り、56歳。立花『臨死体験 上』）

3 幽霊形（足の脱落）

人間形の変異形としては、事例5-1のように身体の足を脱落したり消失して、浮遊し昇天する「幽霊形」のたましいの姿が典型的に見られた。これは、図3-7「たましいの形態変化モデル」において、人間形から人魂形に移行する途上の形状として位置づけられる。

空を飛ぶには足は不必要であり、足は脱落したり流線形に変化したほうが都合がよい。どのようにも想像力が駆使できるイメージ画でも、無制限にあらゆる表現が可能というわけではない。人間の身体の形を保持したままで天空へ上昇移動させようとするときには、飛翔にふさわしい形態になるという、ある種の合理性をもつ図像化ルールが働くのではないかと考えられる。

幽霊形への形態変化は、空を飛ぶために足がなく流線形になる合理的な形である。海に潜って魚を泳ぐことができる「人魚形」にして流線形に変化し、水のなかを泳ぐことができる「人魚形」になる。地上から天空へ移っていく幽霊形は、地下の水（海）へ移っていく人魚形と好対照の形態をもち、共に足を失っていくのである。

人間が、この世の人間としての境界を越えて空を飛ぶイメージを形づくるとき、身体そのものの変化をともなうのか、それとも道具や衣類や乗り物で飛ぶかは、大きな相違である。西欧の図像では、魔女が杖に乗って飛ぶように、妖怪に近い人間形が空を飛ぶときには、身体が変化するよりも道具や乗り物を用いることが多い。逆に聖なるものへの変化では、西欧では身体に羽が生えて「天使形」に変容して空を飛ぶのが多いのに対して、日本の図像では天女のように衣や道具で空を飛ぶ「天人形」が多い。幽霊形と天使形は、図3-7のモデルによると、共に上空に飛ぶかたちで対角線上に位置するが、前者の身体変化は日本に、後者の身体

変化は西欧により典型的に見られると考えられる。幽霊形は日本では社会的表象として広く流布している。日本とフランスのイメージ画を量的分析すると、幽霊形は、日本では人間形の23・8％という多量の絵に見られ、きわめて一般的な表現であった。対照的にフランスでは3・2％であり、圧倒的に少なかった。日本文化ではフォークイメージとして定着しているが、フランスではそうではないと考えられる。しかし、事例を質的に見ると、フランスでも数は多くないが、事例5-1-2のようによく似た表現が見られた。

幽霊形は、図5-3に示したように、江戸時代につくられて現代も一般化している日本の幽霊の定型イメージである。そのよう な文化的定型がないフランスでも、類似した表現がいくつか見られたことは興味深い。

事例5-8-1は、日本の幽霊形の典型例で、頭に死者の印である三角布が付加されている。死者は横たわって布で覆われて顔を失っている。それに対して、死者からによろりと立ち上がった幽霊の顔はふてぶてしい表情で笑みを浮かべながら火を吹いており、生き生きとした存在感がある。死んだ肉体に対して、新たに生まれ出た「幽霊」としての人格が生きたリアリティをもつ姿として象徴的に描かれている。これは、事例5-5-2で見た「もうひとりの自己」が立ち上がってくるイメージよりもさらに強烈で、別の人格や生きものとしての「幽霊」のアイデンティティが現れ

図5-3 日本の幽霊の定型（足の脱落）
（三代歌川豊国、1936年。『幽霊の正体』p.11より）

ているといってもよいだろう。

人間形から気体形への変化の第一段階は、幽霊形に見られるように、人間の身体の欠損や変異として表現された。人間形が欠損していくときには、「足」の脱落・消失・変容が先立ち、次に「手」がなくなり、「顔」は残りやすかった。顔のなかでも特に「目」は最後まで残り、人間形から人魂形に移行しても、人魂に顔があり目がついていることも珍しくなかった。人間の身体のなかで「顔」、そのなかでも特に「目」は、人間らしさを定義する最低限の印といえよう。

西欧の幽霊の定型は、図5-4のように「顔」がないもので、幽霊(ゴースト)は足音を響かせてやってくるといわれるので、足はしっかりある。首を切られて顔がなくなると、自己のアイデンティティのもっとも大切な部分を失うわけで、その欠損は致命的かもしれない。しかし、身体の一部が欠損した形であることは共通している。

「のっぺらぼう」「一つ目小僧」「口裂け女」「お岩さん」など、

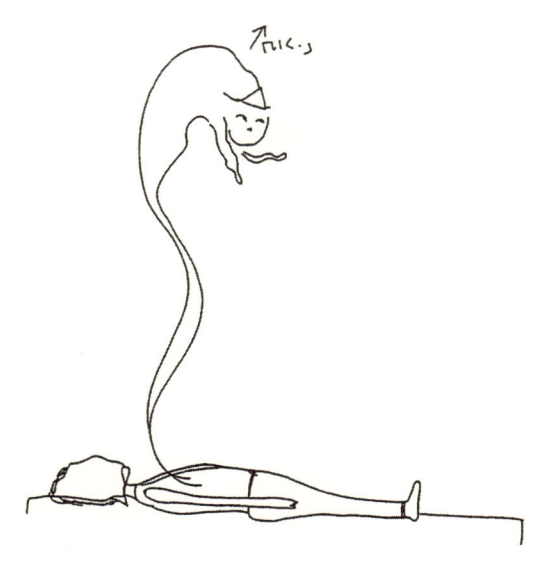

【事例5-8-1】（J0115②）
日本の幽霊形典型（三角布付加）

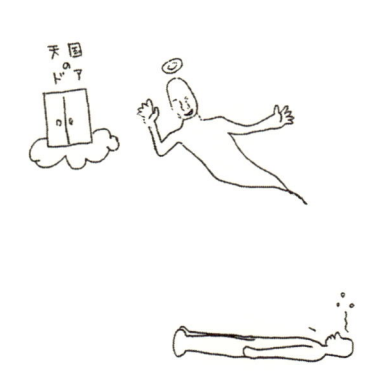

上の人が下の人から抜け出したたましいで、
バイバイしている。

【事例5-8-2】（J1436②）
光輪のついた人間形（足の脱落）

事例5-8　日本の幽霊形

幽霊と妖怪の中間にあるイメージは、人間形の基本形からの身体の変異（特に「顔」）によって特徴づけられることが多い。また、「足のない幽霊」「一本足の幽霊」「足長おじさん」「かかし」など、「足」も霊性を表す表象になる。日本の幽霊のように足が欠損するか、西欧の幽霊のように足が強調されて靴音を響かせるかは別として、「足」は「顔」に次いで、人間らしさを構成するときにも、人間らしさから逸脱するときにも、身体的表象となりやすい部位だといえよう。

図5-5は別の文化で見られる幽霊形のたましいの例である。ウィチョル・インディアンのたましいで、足のないふわふわした形態をしている。このたましいは、生から解放され不死の果実を

図 5-4　西欧の幽霊の一定型（顔の脱落）
（巡礼中のラヴァットの幽霊の絵、1747年。『幽霊の正体』p.121 より）

得た喜ばしい姿である。

このように幽霊形は、この世に恨みをもってあの世へスムーズに行けず怨みをもって祟る、怨恨の霊化としての「幽霊」だけのものではない。事例5-8-2も幽霊形であるが、頭に聖なる印である光輪がつけられており、天国のドアが描かれている。日本の絵では、このように幽霊形は、天国に行く場合にも広く見られる親しいイメージである。幽霊形は、怨念をもつ「幽霊」に限らず、はるかに広いイメージの広がりをもち、人間からたましいへの移行形で空中に浮かんだ姿を表すと考えられる。

香山（1997）は、西欧の幽霊が、怨恨や嫉妬がすぐさま復讐や復権のための現実的行動にむすびついているのに対して、日本の幽霊は、かぼそく無力で哀れで、恐怖とともに憐憫の情を呼びおこすという興味深い考察をしている。

幽玄能に現れる幽霊は、この世に舞い戻っても物語をひととおり語りおえると、何もしないで消えていく。また、丸山応挙をはじめとして男性絵師の描く女性の幽霊は、うすく透けて空中に漂い、妖艶で美しくはかなく哀れで、夢のようでも恋人のようでもある。子育て幽霊の昔話は、死んだ母親が夜な夜な赤ん坊のために乳のかわりに飴をしゃぶらせるという話で、京都では今でも「子育て幽霊飴」が売られており親しまれている。松谷（1997）が採集した高知県佐喜町の子育て幽霊のお由利さんは、次のように、まるで水面をすべるように移ろっていく「霧」であるかのように描写されている。

ウィチョル・インディアンのたましいの地図。いちじくの木に近づき、生から離脱して不死の果実を得る。

図5-5　幽霊形のたましい（足の脱落、ウィチョル・インディアン）
（グロフ＆グロフ『魂の航海術——死と死後の世界』p.57より）

フケのハナという沼がある。夜さり通ったもんがぼうっと白いものがお沼の上をすべるように近づいてくるので、目をこらすとそれがお由利さんで、水面を伝って佐喜浜へかようたという人もいた。いやその下のオソゴエでもお由利さんに会うたというところじゃとよ。その川の上をすべるようにお由利さんがいったという。魂は水の流れを伝ってくるというもんなあ。らんまんと桜の花が咲きみだれる花かげに、さらさら川が流れち

（松谷『〈昔話・伝説〉の幽霊』別冊太陽『幽霊の正体』）

日本の幽霊には、癒されない気持ちをかかえながら現れて、また消えていく、はかなさをもっていることが多い。図3-7のたましいの形態変化モデルのように、幽霊形を、人間形から気体形に移動する中間形とみなすと、はかなく消えて移ろっていく弱いもの、フラジャイルなものへの「あわれ」の感情を生み出すしくみが、よく理解できる。幽霊形は、うすく透けて「うつろ」になったもの、この世の境界を越えて、あの世へと「うつろっていく」気体形との中間形であり、この世とあの世をむすびつけるメディエーターでもある。

これ（神社）は中心をウツ（空）とする日本のしくみのひとつである。そうだとすると、この方法はほかにも日本文化のそこかしこに、なんらかのフラジャイルなつらなりの手をのばしているのではないかと思えた。なかでも注目したのは「ウツロヒ」の感覚（手続き）である。ウツロヒは、文字通りウツを語幹として生まれたウツロやウツホと同様の言葉で、空疎な状態に何かがやってきて移っていくことをいう。「移る」だけではなく、そこでは「写り」や「映り」もおこっている。その微妙な移りゆく感覚がフラジャイルなのである。雪月花というも、花鳥風月というも、このウツロヒをもとにした主題設定だった。

（松岡『フラジャイル』）

173　5章　たましいの形といのち循環——日本のイメージ画2をもとに

4　影形（人間の影）

事例5-9は、「たましい」の影表現である。これらの絵に見られるように、「光」や「暗闇」を意識した表現が出やすいことがわかる。事例5-9-2では、暗闇のなかで「明るくなると別の自分になる」と説明されているように、影は別の人格をもつ場合もある。ほかにも「この世とあの世が反転する（この世のほうがあの世の影）」「影のたましいを着ぐるみのように着脱する」などの影イメージもあった。影が固定しておらず、光と闇の

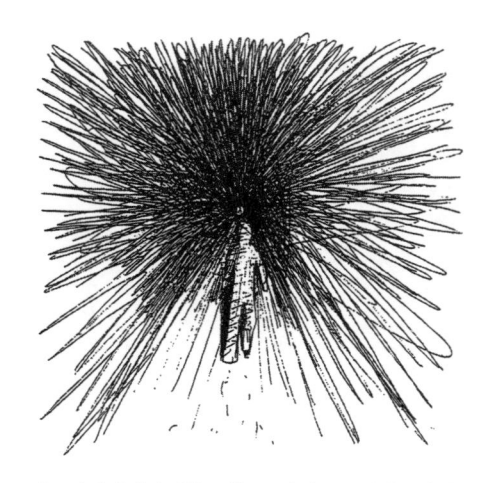

そのまますすめばあの世、ふりむいてかえろうと思えば、もどってこれる。どこでどう思うかは、その人にかえってくるだけのものがあるかどうかにかかっている。

【事例5-9-1】（J1019②）
光に向かう影の人間

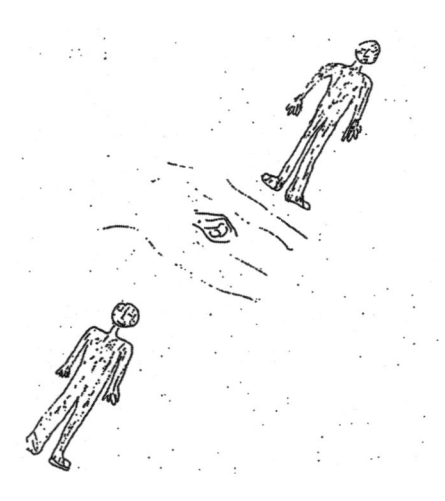

【事例5-9-3】（F0443②）
影として存続するたましい（フランス）

体の不調とは全く別にして、まっくらの中で意識だけが冴えていて耳がよく聴こえる。実際にはしていない音がきこえたりして、そのうちあかるくなり、全く何もかも忘れて、別の自分になる。

【事例5-9-2】（J1027②）
暗闇の人間から別人へ

事例5-9　影形

具合で反転したり、明るくなったときには別の形になるなど、変化可能性がイメージされている。

一般にスティック画が多く細部が描きこまれないフランスの絵では、日本に比べるとほかの変化形態の出現率はどれも低かったが、「影化」のみは、日本よりも多く見られた（図5-2参照）。事例5-9-3などは、日本では見られないタイプの影表現であった。日本の影は「消失」や「はかなさ」が強調されるが、フランスでは自己の存続や身体の存続を影で表していた。

西欧文化において「たましい」を影として表現することは、古代エジプトやギリシアなどに遡る古い歴史があり、「影」の概念だけで書物が何冊も必要になるほどである。たとえば古代エジプトにおいて、霊魂は何種類もあった。死後の肉体はミイラとして保存されたが、存在の微細な部分（霊魂）は肉体から抜け出すと考えられた。図5-6のように、飛び立つ霊魂にあたるバーは人頭の鳥で表され、人が死ぬとバーは肉体から離れてあの世へ行く。肉体が保存されていれば、カーと呼ばれる霊魂が、バーと肉体の仲立ちをして再びこの世に戻ってくることができるので、ミイラとして保存することは重要であった。カイビトと呼ばれる霊魂は、光をさえぎる人間の影で表された。この影は、地縛霊のようなもので、満たされなかった低級な欲望に起因する我執を表し、バーの鳥を縛りつけ、その解放を妨げると考えられた。

中国や日本においても、「影」「かげ」は重要な概念である。荘子には、影を分身として影と対話する挿話が出てくる。日本語の「カ」は、霊質を表し、「ケ」は気であるといわれる（土橋 1990）。古代ではタマとカゲは同義に使われ、霊力、恩恵を与える霊力としてミタマ、ミカゲ、オカゲなどのことばが用いられた。

「かげ〔影・景〕」は、古くは光そのものでもあった。日本国語大辞典によれば、次のような意味をもつ。

①日、月、星や、ともし火、電灯などの光。②鏡や水の面などに物の形や色が映って見えるもの。③目に映ずる実際の物や形。

死後、肉体はミイラとなるが、存在の微細な部分は肉体から脱け出す。〈バー〉は、人頭の鳥として表現され、ミイラの周りを飛び回る。〈カイビト〉は、光をさえぎる人間の影である。

図5-6 古代エジプトの「影形（カイビト）」と「人頭鳥形（バー）」のたましい
（ラミ『エジプトの神秘』p.55 より）

④ 心に思い浮かべた、目の前にいない人の姿。おもかげ。⑤ 物体が光をさえぎった結果、光と反対側にできる、その物体の黒い形。投影。影法師。⑥ いつも付き添っていて離れないもの。⑦ やせ細った姿。やつれた姿。⑧ 実体がなく、うすくぼんやりと見えるもの。⑨ 死者の霊。魂。⑩ 実物によく似せてつくったもの。模造品。⑪ 空想などによって心に思い描く、実体のないもの。幻影。⑫ 以前に経験したことの影響として見たり感じたりするもの。残影。余影。

「影形」は、図3-7の形態変化モデルでは、明確な輪郭と形態をもつ「人間形」から、アイデンティティをなくし輪郭と形態をばくぜんとした「気配」のようなものへと希薄化していく変化プロセスのなかで、人間形と気体形との中間に位置づけられる。

また、「影形」は、自分自身の影でありながら自分ではない奇妙なもの「他者性」を帯びたイメージをもつ（ストイキツァ 1997/2008）。図3-7のモデルにおいて、地上における人間形からの距離化（他者性）と異なるものへの方向において、「動物形」と対照的に位置づけられる。

5節　人魂形のたましい

1　人魂形の基本形と多様性

人魂形とは、尾のついた玉、丸玉形、勾玉形、雲形、炎形、卵形などで表されるイメージである。たましい（霊魂）は、もともと「タマ」と呼ばれていたが、その呼び名が使われなくなった今でも玉を彷彿とさせるイメージである。

人魂形のなかでも、尾のついた玉の形がもっとも多く見られ、日本ではたましいの定型表現になっていた。その次に多かったのは、丸玉形であった。また人魂形の変容形としては、「顔」を付加したものが日本で16.4％もいたことが注目される。先に示した事例5-2は、日本とフランスの人魂形のたましいの代表例である。両方とも横たわった死者の身体から人魂形が抜け出て、空中に浮き出ていく様子が描かれており、たいへんよく似たイメージである。人魂形は、図3-7の形態変化モデルでは、人間の形をとどめていた幽霊形からさらにすすんで、気体形に近くなった形であり、人間としてのアイデンティティはすでに失っている。タマとしての形と機能はあり、何らかの固形性をもち、変形自在で小さく動きやすい形をしている。

人魂形は、日本では他文化より圧倒的に多く見られ、多様性も

意味づけも豊富であった。しかし、類型化した人魂形を文化表象としてもたないフランスやイギリスでも、類似したイメージ表現が見いだされたことは興味深い。人間のイメージ表現には共通性があり、「形の変容のしかた」にもある種の合理性があると思われる。

事例5-10は、人魂形の典型的な形である。人魂形は、「飛ぶ」ために都合のよい形態をもっている。人魂形は、尾をひく玉の形をしているが、玉よりも流動的であり、動きをよく表している。人魂形は、小さく柔軟で可動的な形をしており、狭い扉や穴や隙間やトンネルなどの「境界をくぐり抜ける」のに機能的な形態をしている。また、山や川をすばやく越えて飛んでいくために都合のよい「流線形」をしている。

【事例5-10-1】（J0126②）
人魂形の典型（尾をひく形）

【事例5-10-2】（J1466②）
扉（境界）を通る人魂形

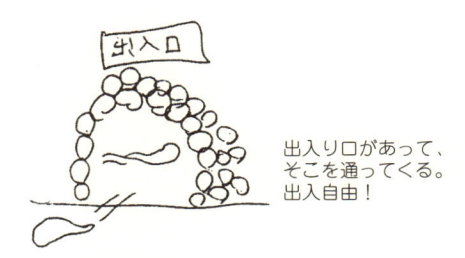

【事例5-10-3】（J1248②）
壁（境界）の穴をくぐる人魂形

出入り口があって、そこを通ってくる。出入自由！

事例5-10　人魂形の飛び方 ── すばやく境界を越えて飛ぶための合理的な流線形

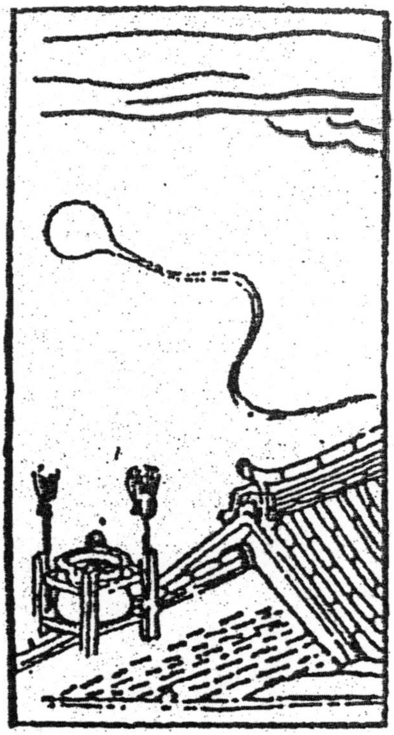

人魂形は、江戸時代に定着した図像といわれるが、図5-7に示したように、江戸時代の人魂の絵と事例5-10-1を比べると、ほとんど同じようなイメージであることがわかる。事例5-11のように、顔を付加した人魂形も多く見られた。顔のある人魂形では、事例5-11-1のように死後のアイデンティティの存続が強調されており、幽霊形との中間形と考えられる。事例5-11-2では顔がある人魂形も、だんだん顔をなくしていく匿名化が移行プロセスとして描かれている。他の事例を見ても、日本では個の同一性や存続が強調されるよりは、個が消失していく絵が多く描かれた。

特に興味深いのは、事例5-11-3のように、顔があっても画一

化した集団の一員となっていくイメージであり、個人としてのアイデンティティを保持するというよりは、死者（祖先）集団への合流による匿名化が行われている。

人魂形が死者の身体から抜け出ていく様子は、事例5-4で見た人間形のたましいが身体から抜け出ていく様子とほとんど同じで、日本とフランスともに、「頭」「胸」「口」が抜け出る部位であった。人魂形では人間形とは違って、顔が付加されている場合にも、もうひとりの自己で立ち上がってくる人魂形の絵は見られなかった。

口から抜けていく人魂形の形は、寒いときには目に見える「気息」の形に似ており、たましいが最後の呼吸とともに身体から抜け出ていくと生命が失われるというイメージを人魂形はよく表している。呼吸を表す気息に近い人魂形は、気体形との中間形でもある。

2 玉と炎の人魂形

人魂形の基本形の次に多かったのは、「丸玉（球）形」であった。事例5-12は、丸玉のイメージ例である。事例5-12-1は飛びはねる玉の動きをよく表しており、典型的な人魂形がすっと尾をひく流動性をもつことと対照的である。

図5-7　江戸時代に描かれた人魂形
（寺島良安『和漢三才圖繪』 1712; 1970/1995）

178

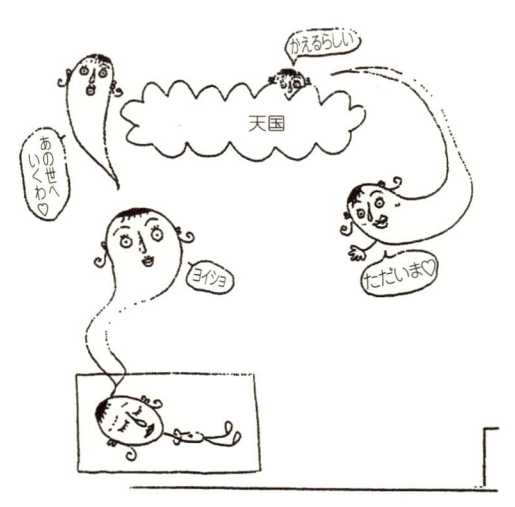

死んだら、亡くなった人の体から、たましいがぬけて空に昇っていく。

【事例5-11-1】（J1418②）
生前と同じ顔の人魂形（個の存続）

この世からあの世へ行くとき、まだ、このころは死ぬまでの過去の自分がありそれをひきずったままあの世にのぼっていく。
そして時間がたち、過去の自分、過去の罪が消えていってあの世からこの世にかえっていく。そのときのたましいは、過去の自分をもたない無垢なものとなる。

【事例5-11-2】（J0099②）　　　　【事例5-11-3】（J1011②）
顔のある人魂形から匿名へのプロセス　　死者たち（祖先）集団への匿名化

事例5-11　顔のある人魂形（個人の存続と匿名化）

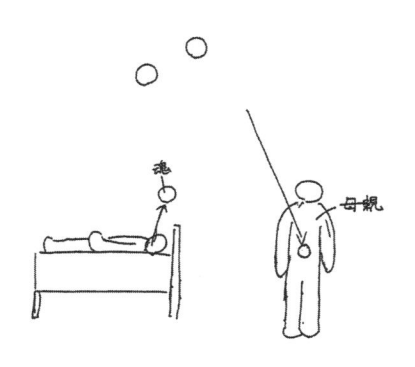

人の死と同時に頭から球状の魂が抜けていく。また、母親の胎内へ、不特定の魂が入ることによって「かえる」

【事例5-12-1】（J1045②）
玉の分離から胎内へ（生まれ変わり）

【事例5-12-2】（J0001②）
輝く玉

事例5-12　玉形の人魂形

たましいの語源は「タマ（玉、球、珠）」のイメージと重なる。ほかにも善玉と悪玉のイメージがあった。事例5-12-2は輝く玉のイメージである。このように「玉」には、価値が付与されやすい。

事例5-13は、炎形の人魂形のたましいである。この形は、量的にはそれほど多くはなかったが、人魂形のたましいの意味を考える上で重要と思われる。

人魂形は、尾の長い「火の玉」として見ることができる。事例5-13-2は長い尾をひく炎として描かれたたましいの形で、事例5-13-1のような典型的な人魂形の変異形として見ることができる。フランスでも、事例6-17のように、「たましいは小さな炎のようだ」と説明されるものがあった。

実際にも、人魂は「燐火」（死骸から出る火。鬼火。ひとだま）のことをさすともいわれる。燐火とは、雨の降る夜や闇夜などに墓地や山野沼沢などで燃えて浮遊する青白い火のことで、燐火水素の燃焼などによる現象といわれる。鬼火、人魂、狐火などとも呼ばれる。炎形の人魂形は、地獄の火ともイメージの親近性があるだろう。

3　そのほかの人魂形——雲形、渦巻、水滴、虫、ハート形など

事例5-14は、「その他」の人魂形の多様性を示すために、いろ

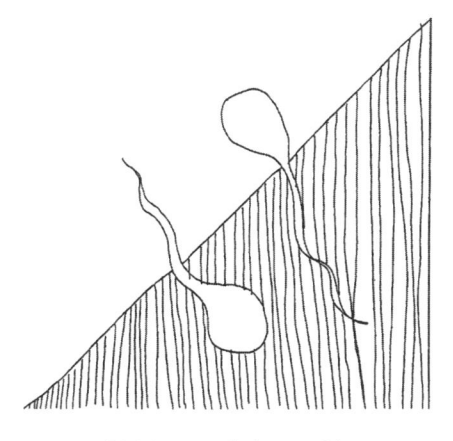

【事例5-13-1】（J1224②）
人魂形の基本形（人魂形は、尾の長い火の玉にも見える）

「たましい」というものが実際存在しているのか？ 自分ではまるでわからない。「りんねてんせい」とかはたして人間の「たましい」は永続的なものなのだろうか。自分にはわからない。

【事例5-13-2】（J1030②）
尾をひく炎

事例5-13　炎形の人魂形

いろなバリエーションを集めたものである。

事例5-14-1は、「雲形」の人魂形であり、これは日本に多かった。しかし、フランスにもよく似たイメージが多く描かれたが、雲は、たましいが昇天する天空にある境界としてではなくても、雲のようにふわふわしたとらえどころがなくたましいそのものが、境界に渦巻があって呑み込まれていく絵や、あの世全体が渦巻をしていたり、道のまわりなど何かが漂っている雰囲気を表すのに、渦巻がよく用いられた。

事例5-14-2は「渦巻形」、事例5-14-3は「水滴形」の人魂形である。これらは日本に多かった。日本の絵では、たましいの形としてではなくても、境界に渦巻があって呑み込まれていく絵や、あの世全体が渦巻をしていたり、道のまわりなど何かが漂っている雰囲気を表すのに、渦巻がよく用いられた。

「水滴形」は、人魂形の基本形の逆の形であり、これがもっと細かく拡散して「雨」になると気体形になる。

事例5-14-4は、精子や虫のような形をした人魂形の例である。精子やみみずやおたまじゃくしの形に似ている。特に精子は、人魂形によく似た形をしており、生物のように狭いところをすり抜けるのに適した形態をもち、自律してすばやく動くとともに、生命の原形としてのイメージにも重なっている。

事例5-14-5は、ハート形の人魂形である。星形はフランスに多かった。ハート形は日本にはよく見られたが、フランスにはなかった。西欧では、ハート形は心や心臓や愛を表す定型表象として定着しているから、たましいの表象とは区別されるのかもしれ

【事例5-14-1】(J0110②)
川を越える雲形

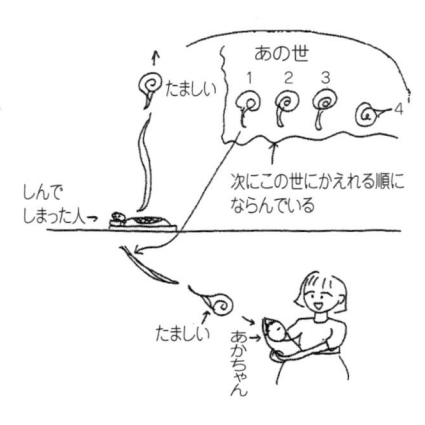

【事例5-14-2】(J1315②)
渦巻形

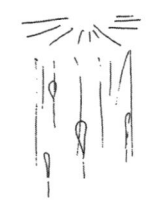

死んでしまった時点でたましいはぬけ出てあの世へ行く。あたらしく生命がうまれたらまたこの世へ帰ってくる。

【事例5-14-3】(J1405②)
水滴形の人魂形（気体形；雨との中間形）

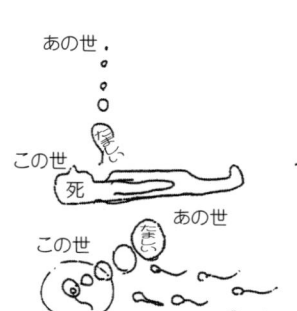

光に吸いこまれるように
光からゆっくり降りてくるように

【事例5-14-4】(J1001②)
精子のイメージ

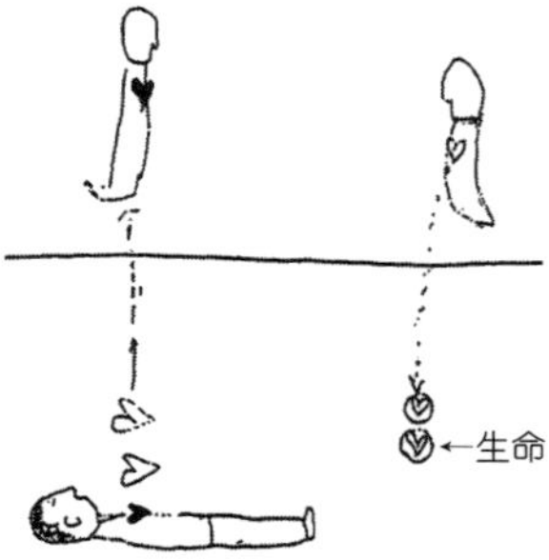

この世で死を向かえた時たましいは、体からぬけだし、上方に移動しながら、あの世に消えていく。あの世からこの世へは、受精の瞬間にあの世からこの世にやどる。

【事例5-14-5】(J1033②)
ハート形の人魂形

事例5-14　人魂形の多様性

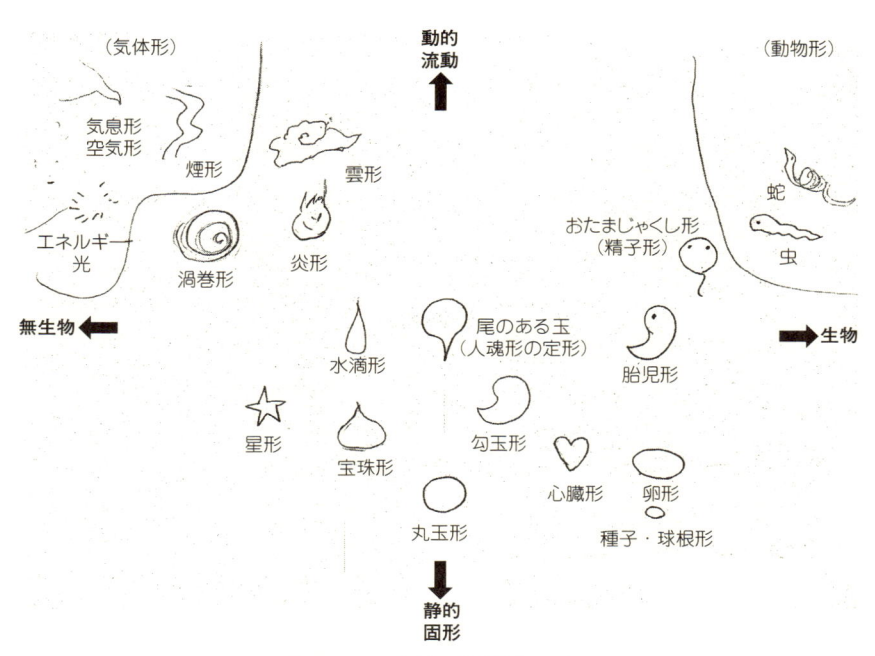

図中のラベル:
- （気体形）
- 気息形、空気形
- 煙形
- 雲形
- エネルギー・光
- 渦巻形
- 炎形
- 動的流動 ↑
- （動物形）
- 蛇
- 虫
- おたまじゃくし形（精子形）
- 無生物 ←
- 水滴形
- 尾のある玉（人魂形の定形）
- 胎児形
- → 生物
- 星形
- 宝珠形
- 勾玉形
- 心臓形
- 卵形
- 丸玉形
- 種子・球根形
- ↓ 静的固形

図5-8　人魂形の多様性モデル

以上をまとめると、「人魂形」は日本で多く描かれたもので日本の民間表象として定型化された形であるが、フランスにも数は少ないが類似したイメージは見られた。

人魂形は、人間としてのアイデンティティを失い匿名化した人間と気体の中間のイメージとして、また生物と無生物の中間に位置するイメージとして、地面から天空に向かう変化プロセスのなかで重要な位置をしめる。人魂形のイメージを見ると「小さい」「動く」「形を変える」という特徴をつかんで表されている。人魂形の基本形から見ると、さまざまなバリエーションがつくられているが、イメージの共通性や重なりも見られる。

図5-8は、「人魂形の多様性モデル」である。人魂形の基本形（尾のついた玉）を中心にして、その多様性と変異を全体として示すために人魂形をカタログ的にモデル化したものである。上部になるほど動的で流動的になり、下部になるほど静的で固形になる。左になるほど無生物になり、右になるほど生物に近くなる。中央に位置する人魂形の定形である「尾のある玉」は、多様なイメージを重ねた、よくできた見事な形象をしている。無生物としては、人魂形は、「炎」や「雲」に近く、とらえどころがなく、動きがあって、流動的で、エネルギーのかたまりである。生物としては、人魂形は、「胎児」「精子」「おたまじゃくし」など、尾をもつ玉形の生物に近く、自在にすばやく動き、これから成長するいのちの基を表す。また貴重で価値ある「玉」の動的変化形で

6節　気体形のたましい

1　気体形のイメージ

　気体形は、特定の形をもたず目に見えないことが強調される形で、空気や光や煙のように拡散した形で描かれる。事例5-3は、日本とフランスの気体形のたましいの代表例である。たましいは空気になって昇天し、雲の上へ昇ったのちに、雨になって大地に降り注ぐ。自然の循環と人間のいのちが一体化した究極の気体形のイメージである。この形も文化を超えて非常によく似たイメージが現れた。気体形のイメージには、生命の原基としてのたましいの概念という点ではほかの形と共通するが、無生物や微粒子レベルのいのちの基が想定されているように思われる。

　気体形のイメージは、図5-1に示したように、日本よりもフランスやイギリスなどヨーロッパの絵に多く見られた。気体形の意味づけにも相違があった。日本では「形の消失」「微粒子化」「自然との一体化」が強調され、英仏では、「光」「知覚できない永遠の存在」が強調された。

　たましい（プシュケ）は、もとは気息を意味するので、気体形はその原義に近いイメージである。かつては人間が死ぬと、気息と共にたましいが抜けていくと考えられた。たましいは、空気のようなもの、動く、軽く、知覚できず、見えないもので、死と同時に気息とともに飛んでいくと考えられた。

　事例5-15は、気体形のもう一つの典型的な表現形である点線表現の例である。気体形は、人間の世界とは異なる次元の存在であること、人間の目には見えないことを強調する表現形でもある。他国でも共通してよく似た点線表現が多く用いられた。心霊学では、霊的存在は、漂う雲のような実体であると考え、それをアストラル・ボディ（星気体）と呼んでいるが、それに近いイメージかもしれない。気体形においても、たましいが身体から分離して

次の歌では、かつて堕胎に使われたほほづきの赤い「たま」や、青い魚の腹のなかの未生の「たまご」が他界や死のイメージを媒介にすれば、他界や死と生々しくむすびつくのである。

　他界より無音つづきて霜月の酸漿（ほほづき）の皮紅羅のごとし
　　　　　　　　　　　　　　　塚本邦雄『詩歌変』

　死に死に死に死にてをはりの明るまむ青鱚（あおきす）の胎（はら）てのひらに透く
　　　　　　　　　　　　　　　塚本邦雄『星餐図』

もあり、「水玉」「宝珠」「勾玉」などとイメージの親近性をもちながら、固形物ではなく、動きをもつ形をしている。人魂形は、以上のように多くのイメージが重層した形として非常に興味深い。

184

天空へと飛んでいく様子は人間形や人魂形の場合と同様であるが、より「見えない」ことが強調されているところが違うと考えられる。フランスでは特に事例6-10-3や事例6-19のような点線表現が多かった。「心理的、物理的な全面的消失（F0256②）、「身体が二重化し、たましいは生者の世界では知覚できない（F0119②）などと説明されていた。

2　気体形の身体からの分離と移行

事例5-15はまた、気体形が身体から分離していく様子も示している。煙のような形で身体から分離したり、強い光が天からさしこむことによって昇天していく様子が表されている。

気体形では、人間形や人魂形では人間のなかから何かが「抜け出る」「分離する」よりも、身体全体が何か、より大きな世界につつまれることが強調されているようである。気体形は、環境や自然や神の光など、人間以外のもの、人間を取り囲んでいる大きな世界のなかに人間のたましいが吸い込まれていくことを強調する形である。人間形がこの世の人間の生活を基盤にして人間中心に描かれていたのとは対照的に、人間をつつむもののほうに強調点がおかれている。という認識と、人間が小さなものであるという認識と、人間をつつむものにのほうに強調点がおかれている。特にフランスの絵では、「光」の世界に入ることが強調されるところが日本とは異なっていた。「たましいは光となって幸福感に満たされて存続する」（F0153②）などと説明されていた。

このようなイメージはカトリックの人に多かった。「身体がばらばらになって埃になる」（F0275②）、「身体が塵になる」（F0114②）というイメージもあった。日本では身体が微粒子になって自然のなかに拡散していくイメージになるが、フランスではそうではなかった。「たましいだけがいろいろなことを経験する」（F0275②）。事例5-17-3では、雲の上の天国で「神や祖先に会う」と説明されている。したがって、埃や塵になるのは身体であって、たましいはやはり光の世界に入って身体の次元とは異なる世界で暮らすのである。フランスの絵では「先に死んだ人びと」「親しい人びと」が天国にいることはあっても、「神」と「祖先や愛した人びと」が一緒になって、気体形となって天国に昇ったたましいを出迎えてくれる珍しい絵である。

先に3章でみた事例3-4-1は、気体形になって身体から分離して昇天した後、雲の上で形が再構成される例を示している。このイメージでは、気体形は移行のときの仮の姿で描かれることはきわめて珍しかった。後に示す事例5-17-3は気体形になって不可視であった点線の人魂形が、いったん可視になった後に消失している。二つの世界のあいだを移動するとき、気体形になって身体から分離移行時のみ仮の姿に変わり、あの世ではまた再構成されるというイメージは、ほかにも多く見られた。

3 気体形の世界──不可視化と浄化、拡散と消失

事例5-16は、気体形の世界観を表す。事例5-16-1は黒く汚れたたましいが「真っ白」になるという浄化のイメージである。このイメージは特に日本でよく見られた。

事例5-16-2は、気体形のもっとも重要なイメージの一つである「拡散」を表したものである。拡散は、宇宙全体にこなごなになって散って実体を消失し、宇宙に取り込まれて同化していくことを意味している。「風が吹いていく」「風になる」気体形のイメージも見られた。よく似たフランスの絵（F5137②）では、宇宙に向かうことは異質の次元や水準を次ぎ次ぎに乗り越えて超越していくことを意味していた。この見方では拡散は、異なる存在形態になることを意味していても、実体をまったく消失することではないだろう。この二つの絵に象徴的に現れている考えは他の絵においても日仏のイメージの対照的な世界観としてたびたび表現されていた。

以上のように気体形は、大きく分けて二つの世界観からなると考えられる。第一には、身体を形づくっていた可視の物質的世界とは異なり、見えない光や気体の世界の存在形態になること、こ

【事例5-15-1】（J0070②）
身体から分離して飛んでいく

あの世

この世

この世からあの世に行くときは光が天からさし込んできて、たましいがいく。自分で自分の姿を見とどけながらいく。あの世からこの世へかえるときは赤ちゃんが生まれたとき天から早いスピードでたましいがかえってくる。

【事例5-15-2】（J1431②）
光がさしこむ

事例5-15 気体形の身体からの分離と移行

真白になって、きれいになってから空へ。くろくよごれたたましいから、しろくきれいになってかえる。

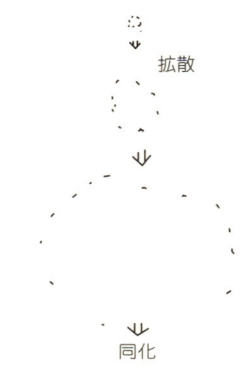

宇宙全体に取り込まれていく（同化）のイメージ

【事例5-16-1】（J1003②）
汚れが白くなる（浄化）

【事例5-16-2】（J1218②）
拡散して宇宙全体に同化される

事例5-16　気体形の世界　——　不可視化と浄化、拡散と消失

の世の次元とは次元が異なる不可視の世界に移行することを表現するものである。これは、どちらかというと西欧文化の伝統的なイメージである。

第二には、水、風、煙など「流れていくもの」にいのちの行方を託すことによって、自然のなかに拡散、消失していく世界を表現するものである。たましいは人間の形を失い、浮く（hovering）、とどまって浮く（hovering）、風化（風による変化 wethering）などによって移ろいながら、自然の「流れ（frow）」にまかせて自然のなかで浄化され、拡散、消失していく。これは、日本文化のなかに根強くあるイメージだと考えられる。

4　風になるたましい

3章、図3-7のたましいの形態変化モデルにおいて、気体形への変化は、天体形や動物（鳥）形への変化に比べて、唯一点線で囲った境界を越えて、人間の形態を崩壊し喪失してしまうところまで達している。現代においては、たとえイメージの世界といえ、死んで「星」になったり「鳥」になったりすることには心理的なリアリティが乏しい。しかし、気体になり「風」になることは許容されている。

気体形は、もともと気息や風を意味していたプシケやスピリットやたましい概念の原義にいちばん忠実なイメージであるが、それが現代のイメージでも頻繁に現れたことは興味深い。むしろ現

187　5章　たましいの形といのち循環——日本のイメージ画2をもとに

代では、天国や浄土や地獄など宗教的教義や倫理的観念に彩られた複雑なたましい概念よりも、より根源的で自然で素朴なイメージに近づいているのかもしれない。

そこで現代の「風」について、もう少し考えてみたい。喪失が風とむすびつくのは、現代でも『風と共に去りぬ』(マーガレット・ミッチェルの小説)「そこにはただ風が吹いていただけ」(フォークソング『風』、北山修作詞)、『風のうたを聴け』(村上春樹の小説)など、繰り返し現れるイメージである。

『千の風になって』という歌も、最近世界中で流行している。原詩は英語で作者不詳だが、1998年ころつくられたといわれ、2000年以降に伝承されて広まった比較的新しい歌である。死者が墓にいるのではなく「千の風になる」というイメージは、現代の人びとに大きな共感を呼んでいるようである。新鮮なイメージに見えるが、いのちの素であるたましい(霊、魂)が、死後に物質的な肉体や墓を抜け出て、見えない風になって空中に飛んでいくというのは、伝統に忠実で原義的で普遍的なイメージである。この歌は「気体になるたましい」「風になるたましい」という、古来から繰り返し語られてきたマスターナラティヴ(支配的物語)の、現代バージョンの一つだといえよう(やまだ 2008c)。

『千の風になって』
私のお墓の前で　泣かないでください
そこに私はいません　眠ってなんかいません

千の風に　千の風になって
あの大きな空を　吹きわたっています

秋には光になって　畑にふりそそぐ
冬はダイヤのように　きらめく雪になる
朝は鳥になって　あなたを目覚めさせる
夜は星になって　あなたを見守る

私のお墓の前で　泣かないでください
そこに私はいません　死んでなんかいません

千の風に　千の風になって
あの　大きな空を　吹きわたっています
千の風に　千の風になって
あの　大きな空を　吹きわたっています

(作者不詳/新井 2003)

『千の風になって』では、死者は「風になる」が、そのほかに「光」「雨」「雪」「鳥」「星」などさまざまなものに変換する。そしては死者は、何にでもなれるのかというと、そうではない。歌に登場するものは、図3-7の「たましいの形態変化モデル」に示した「気体形(風、光、雨、雪)」「天体形(太陽、星)」「動物形(鳥)」の三つにみごとに収束されていることが興味深い。

人間は、息をしているときは生きているが、息をしなくなると死ぬ。「いき」は、「息」「生き」「生気」でもある。死とは、人間の身体から「たましい」(生命の原動力、いのちのもと)が抜ける

ことだと、古代の人びとは考えた。たましいが抜けて、残ったものは、抜けがら（空、殻、枯）になった身体（からだ）である。たましいのなかには、いのちの風（気、いき、スピリット、たましい）が満ちていて、それが木々をそよがせ、人間の身体を出たり入ったりすると考えられたのである。このようなイメージのむすびつきを考えると、死者のたましいが、「風」になっても不思議ではない。気は、人間の身体にあるだけではなく、自然のなかにも満ちていると考えられた。その気の代表的な名前は「風」である。

中国の「気」も、息や風とむすびついていた。

　夫れ、大塊の噫気は其の名を風と為う。是れ唯だ作ること無きのみ。作れば則ち万の竅みな怒しく呺る。而独り之の翏翏として遠く長く吹く声を聞かざるか。山の林の畏めき佳れて、大いなる木の百囲えもある、その竅という穴の、鼻の似きもの、口の似きもの、耳の似きもの、枡の似きもの、圏の似きもの、臼の似きもの、ふかき洼みの似きもの、ひろき汚みの似ものに風の吹きあたれば、激のいわばしる音、譎のそらがける者叱る者、吸う者、叫ぶ者、謖あげてなく者、宎る者、咬ほえする者のして、前なる者は于っと唱たて、随なる者は喁っと唱たつ。冷やかなる風は則ち小さく和え、飄しき風は則ち大きく和う。耐独り之の調調として、衆の竅みな虚なし。而独り之の刁刁として小さくそよぐを見ざるか（『荘子』内篇』福永 1966）。

　　　　　　　　　　　　　　　　

気体形の「たましい」イメージは、文化・歴史的文脈を超えて共通性が高いが、時代によって大きく変化している部分もある。かつて自然は荒ぶる「たましい」をもち、人間に祟りをもたらす恐ろしい存在であった。「風」も、日本の「台風」「神風」や、イギリスの小説『嵐が丘』に吹く風のように、人間の力のコントロールをはるかに超えて吹きすさび、人間を滅ぼしかねない凄まじいものであった。死者のたましいが悪を働くことを恐れ、死者の穢れを忌み嫌い、死者に地獄を用意し、死者の祟りを畏れて祀り追悼した。現代でも恐ろしい風を感知する人びとはいる。たとえば、パプアニューギニアに住むワヘイの人びとの死霊やいのちの観念もまた、「息」「風」とむすびついている。しかし、あらゆる霊は潜在的に邪悪な性質をもち、生きている人間に対して不断に危害を加えうる「悪霊」であると畏れられているという（山田 1991）。

「風」はよく、「霊の息」の転化として説明される。死霊は人間の息が転化した存在であり、息は、命と同じ名前でよばれる「低い音＝ヨゴック」として聴覚的に感知される。暗闇の中で低い風切り音が響くとき、人びとは霊の息を感じとり、恐怖心をあらわにする。また、風がまきおこす葉ずれの音も、霊のあらわれを指し示す特徴的な音である。木の葉や草花が揺らぎざわめく音は、大きくなったり小さくなったりして、あたかも何もの

かがゆっくりと深呼吸しているかのように不気味に響く。さらに、シンビたちが聞いた火喰鳥の鳴き声と地面を走る音は、目には見えないが死霊が火喰鳥に化身して立てた音だと解釈されている。火喰鳥の獰猛な性質は広く恐れられており、怒りや恨みに満ちた死霊は、火喰鳥に化身して人間を襲うこともあると信じられている。

（山田『霊のうたが聴こえる』）

現代のフォークソング『千の風になって』は、死者のたましいは、風や光や雨を「そそぐ」「救う」「見守る」やさしいイメージで、死者や自然やたましい概念がもっていたネガティヴな側面は抑えられている。風や光になって循環しながら再生する美しい自然サイクルのイメージと、この世の人間にとって都合のよいやさしい自然の風に変化していることがわかる。

これは本書の結果とも大きく整合する。4章に示したように、あの世のイメージに天国はあっても地獄は描かれず、あの世がこの世よりも自然に満ちた楽園的な場所としてポジティヴに描かれた。巻末の資料7に示したように、質問紙調査では、「身近な人は亡くなった後、自分を守ってくれる」に賛成する人は、日本で70・1％、フランスでも42・3％に達した。「人は死んでも繰り返し生まれ変わるものだ」という循環再生に賛成する人は日本で61・7％、フランスで22・1％、「山・川・草・木などに自然の霊が宿っているように感じることがある」というアニミズム的なましい観に賛成する人は、日本63・1％、フランス43・8％であ

った。死者のたましいが「見守る」「循環する」「自然に霊が宿る」など、『千の風になって』に共通するイメージは高い比率で現れた。しかし、死を煉獄や地獄のようにネガティヴにイメージする人や死霊を恐怖する人は、日本でも他国でも少なかった。人びとが抱くコアになるイメージは同じでも、文化や歴史的文脈によって、少しずつバージョンが変えられて多様に意味づけられ語り直されていくと考えられる。

7節 神形や天体形への変化プロセス

図3・7のたましいの形態変化モデルでは、上空へ行く「たましい」の変化方向は、大きく三種類に分けられた。第一には、「気体形」になる方向で、火の玉「人魂形」を経て、名前を失い、固定した形をなくし、拡散して、風、光、気などになって上昇していく方向である。

二つ目の方向は、上昇して神格化し、高みにとどまって存在の形をより明確化するもので、人格神や仙人のように雲の上に位置する「神形」になり、さらには太陽や月や星のように高い天空に輝く「天体形」になる。

三つ目の方向は、人間から人間以外の異生物へ変化する方向の「動物形（鳥）」に近づく。天使（羽の生えた人間）や天人（羽を着脱できる人間）は、人間形と動物形（鳥）との中間の移行領域に

位置し、天空と地上を行き来して媒介するメディエーターである。

これら三種のたましいは、合体したイメージをかたちづくることも多い。死後に三種のたましいが天空の遙か遠くへ移行していくイメージは、宮澤賢治の短篇『おきなぐさ』に美しく形象化されている。身体はばらばらに砕け散って「気体」のように拡散化し、すき通った「風」に乗って、ひばり「鳥」に媒介されて「羽虫」のように飛んでいく。そして光って「天体」の星になる。この物語は図3-7のたましいの形態変化モデルと、ぴたりと重ねあわせることができよう。

「今日は。いいお天気です。どうです。もう飛ぶばかりでしょう」
「ええ、もう僕たち遠いとこへ行きますよ。どの風が僕たちを連れて行くかさっきから見ているんです」
「どうです。飛んで行くのはいやですか」
「なんともありません。僕たちの仕事はもう済んだんです」
「こわかありませんか」
「いいえ、飛んだってどこへ行ったって野はらはお日さんのひかりでいっぱいですよ。僕たちばらばらになろうたって、どこかのたまり水の上に落ちようたって、お日さんちゃんと見ていらっしゃるんですよ」
「そうです、そうです。なんにもこわいことはありません。もし来年もだってもういつまでこの野原にいるかわかりません。僕

「ええ、ありがとう。ああ、僕まるで息がせいせいする。きっと今度の風だ。ひばりさん、さよなら」
「僕も、ひばりさん、さよなら」
「じゃ、さよなら、お大事においでなさい」
奇麗なすきとおった風がやって参りました。まず向こうのポプラをひるがえし、青の燕麦に波をたてそれから丘にのぼって来ました。
うずのしゅげは光ってまるで踊るようにふらふらして叫びました。
「さよなら、ひばりさん、さよなら、みなさん。お日さん、ありがとうございました」
そしてちょうど星が砕けて散るときのように、からだがばらばらになって一本ずつの銀毛はまっしろに光り、羽虫のように北の方へ飛んで行きました。そしてひばりは鉄砲玉のように空へとびあがって鋭いみじかい歌をほんのちょっと歌ったのでした。
私は考えます。なぜひばりはうずのしゅげの銀毛の飛んで行った北の方へ飛ばなかったか、まっすぐに空の方へ飛んだか。
それはたしかに、二つのうずのしゅげのたましいが天の方へ行ったからです。そしてもう追いつけなくなったときひばりはあのみじかい別れの歌を贈ったのだろうと思います。そんなら天上へ行った二つの小さなたましいはどうなったか、私はそれは二つの小さな変光星になったと思います。なぜなら変光星はあるときは黒くて天文台からも見えず、あるときは蟻が言ったように赤く光って見えるからです。

（宮澤賢治『おきなぐさ』）

賢治の童話では、たましいは天に昇り、やがて「変光星」になる。天体形への変容プロセスが描かれているといえよう。モデルでは、その前に死後のたましいが人間の形をしているが、神格を帯びた「神形」になる変化が考えられている。神形の代表的なイメージは、「雲上人」である。たましいが垂直に上昇して雲の上の仙人や神様や仏様や聖なる存在に変容するイメージである。日本では「死ぬと仏になる」と言われるが、実際には死後のたましいが神形に会うことがあっても、自分が神や仏そのものに変容する絵はなかった。

事例5-17は、神形や天体形に近いイメージの例である。このように、天空の雲の上に神や仏が描かれる絵はあった。また、あの世やあの世への移行プロセスに、神や仏や神格化した聖なる像が現れることはあったが、それらの存在は、あの世に居て、たましいを裁いたり、たましいを統括することはあっても、死者がそれらの神形に変化するわけではなかった。

神形の姿は、日仏でよく似ていた。事例5-12-2は、日本人の「あの世を支配する神と鳥の絵」で、西欧風の神が描かれている。事例5-17-3は、フランス人の絵である。死後は塵になって雲の上に行くが、そこで神と祖先や愛した人々が出迎えてくれる。日本人の感性に近い絵といえよう。あの世で出会う神形としては、日本では事例5-21のような「閻魔」、フランスでは事例6-18のような「死神」が描かれることもあった。

死後のたましいが「星」や「月」などの光る天体に変容するイメージもほとんどなかった。事例5-17-4は、例外的に星形のたましいが描かれた例である。しかし、この世でもあの世でも星形で描かれているので、死んで天空に高く昇って「星になる」というよりも、人魂形のたましいが星の形で描かれているように見える。ほかにも、たましいが輝く光の世界に入っていくというイメージはよくあった。しかし、その場合にも光はあの世の環境の側にあり、たましい自身が光る星になるわけではない。

「死んだ人がお星さまになって空の上から見守ってくれる」という話は今でもよく語られている。しかし、死者のたましいが本当に星に変身するとは、たとえイメージの世界でさえも想像されにくいようである。賢治の童話のように、死者のたましいそのものになるイメージは、お話の世界では広く共感されている。しかし、一般のイメージ画においては、そこまで大きなイメージの飛躍はなく、死者が神や仏などの神格になったり、星などの天体になることは、ほとんどなかったことは興味深いことである。

8節 異形への変化プロセス——たましいの動物化と他者化

図3-7のたましいの形態変化モデルにおいて、右象限に移行するプロセスは「異形化」と名づけられた。異形化は、たまし

【事例5-17-1】の図の文字:
- おまえは生まれかわるのか
- 神さまとか仏さまとかあの世でいちばんえらい人
- タマシイ
- はい
- まず前世では記憶を失う
- 新たなタマシイとなって次の生をうける
- 妊婦さん？

「いく」過程は前（①）と同じなので「かえる」……

【事例5-17-1】（J1423②）
神や仏に会う

前（①）といっしょで、わけわかんなくなりました。

【事例5-17-2】（J1210②）
あの世を支配する神
（日本人の描いた西欧風の神）

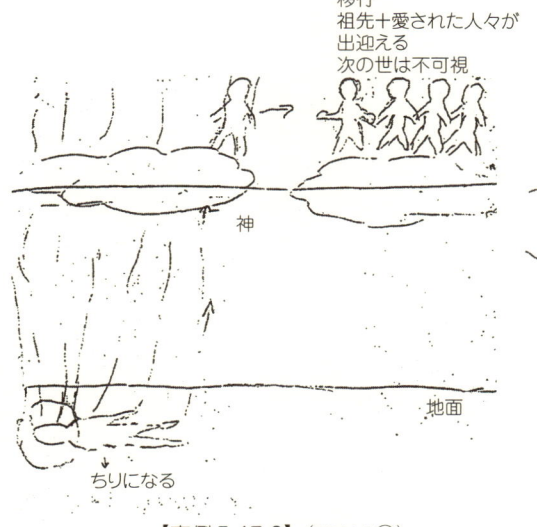

【事例5-17-3】の図の文字:
- 移行
- 祖先＋愛された人々が出迎える
- 次の世は不可視
- 神
- 地面
- ちりになる

【事例5-17-4】の図の文字:
- たましい
- 死の世界
- この世
- 死んだ人のたましい
- 死の世界
- この世

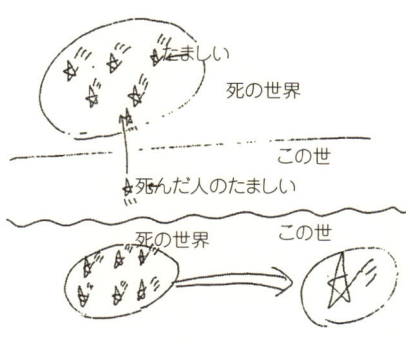

死の世界にあるいくつものたましいに死んだ人のたましいがすいこまれる。そのまざわりあったいくつものたましいが1つになり、この世に戻ってくる。

【事例5-17-3】（F0114②）
塵になり、雲の上で祖先に会う
（フランス人が描いた日本風の絵）

【事例5-17-4】（J1217②）
星形

事例5-17　神形と天体形

この世から
あの世へ

心臓が止まって、体が死ぬとそこから抜け出すようにしてたましいがあの世へいく

あの世からこの世へ帰るときは上とは逆に、新しい命と"たましい"が入りこむ

ある程度空を昇って行って、いつの間にか光の方へ天国へ行く。

【事例5-18-1】(J0228②)　　　　　【事例5-18-2】(J0121②)
足の消失と衣服の変容　　　　　　衣服の変容

事例5-18　天人形(てんにん)

が人間とは異なる生きものになっていくプロセスである。たましいの他者化といってもよい。異形の代表的なものは、動物である。象限「あの世Ⅱ」において上昇する方向性をもつ動物化の先に「鳥」が位置づけられる。このモデルでは「人間」→「天人形(てんにん)」→「天使形」→「動物形（鳥）」へと変容するプロセスを考えた。

1　天人形──天女、魔女、天の車、衣服や道具や乗り物で飛ぶ

図3-7のモデルにおいて、「あの世Ⅱ」象限は、人間形から異形化への変容プロセスを表す。そのなかでももっとも人間形に近く、上昇に向かう形は「天人形(てんにん)」である。「天人形」は、人間の形をしているが、天女の羽衣や、魔女の杖など、衣服や道具を着脱することによって、人間でありながら空を飛べるようになる形である。

事例5-18では、裾がひらひらした、ふわふわ浮くのに適した薄地の衣服を着て昇天している。事例5-18-1では、横たわっている死体がパジャマ姿でパンツ姿であるのに、身体から抜け出たたましいは、うすいゆったりと広がった裾の長いワンピース姿で浮き上がっており、わざわざ衣服を変容させているところが興味深い。浮き上がったとき足も脱落している。衣服は、ふわりとした白いうすものガウンのような服に変わっていることが多かった。

194

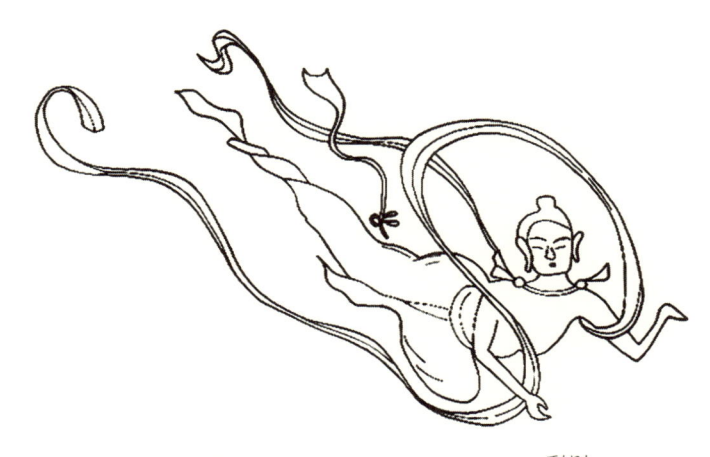

図5-9　法隆寺金堂壁画の飛天のイラスト「天人形」
(奈良文化財研究所　飛鳥資料館倶楽部　http://www.asukanet.gr.jp/ASUKA4/hiten/jpg/112.jpg)

このような衣服は、図5-9の法隆寺金堂壁画に描かれた飛天のように、うすい帯状の衣をまとってのびやかにしなやかに、すべるように流線形の衣を着て、天空を舞う姿として美しく形象化されている。

白いふわりとした羽衣は、飛天や天人や天女だけの衣服ではない。仙人が身につけている衣、丸山応挙が描く美しい女の幽霊の衣、現代マンガのオバQの衣などとも共通性があるだろう。図5-5に示したウィチョル・インディアンの足のないたましいの絵も、事例5-18とよく似たふわふわの衣を着ている。

生から死に移行するときには、死者には特別の白い衣服を着せ、見送る人びとも白や黒の喪服を着るなど、衣服の変容が境界を越えるシンボルになる例はよく見られる。人生の大きな移行期やイニシエーション、ある境界を越えたことを示すにも特別の衣装を着る。たとえば婚礼の白いウェディングドレスや白無垢の花嫁衣装、祭礼の法被、入学式や卒業式の制服やガウン、僧侶や牧師の衣装などである。

人間から変身して特別のパワーを得て空を飛ぶ「スーパーマン」は、姿は人間形のままであるが、風になびくマントのような「衣装」に変身して空を飛ぶ。これは、現代版の典型的な「天人形」ではないだろうか。

衣服のほかに、聖なる印「光輪」、死者の「三角布」など、特に頭に特別の印をつけることが多く見られた。中世では冠、烏帽子、蓑笠、頭巾など頭の被り物や髪型など頭

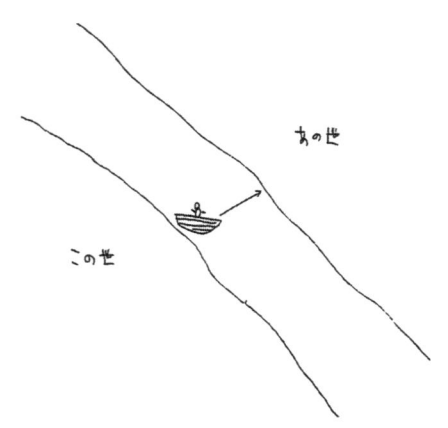

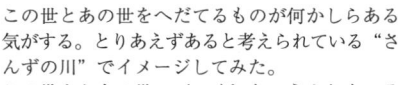

この世とあの世をへだてるものが何かしらある気がする。とりあえずあると考えられている"さんずの川"でイメージしてみた。
この世からあの世へ'いく'というよりも、それこそあの世へ'かえる'というかんじがする。でも、あの世からこの世にいくというより、生まれかわるかんじがするので、なんか逆の向きは考えられない。

その島から光が出ていてその中を通る。

【事例5-19-1】（J1082 ②）
三途の川を舟で渡る

【事例5-19-2】（J1221 ②）
身体を吸いこむ光のトンネル

事例5-19　この世からあの世へ移動する乗り物

人間の形のままで空へ上昇する一つの方法は、以上のように特殊な衣服を着ることであろう。もう一つの方法は、道具や乗り物を用いることであろう。羽衣も衣服ではあるが、空を飛ぶ道具とみなすこともできる。天狗の「うちわ」などもそうだろうか。西欧の魔法使いや魔女は「杖」にまたがって空を飛ぶが、杖は道具の代表的なものである。

この世からあの世へ行く「乗り物」としては事例5-19-1のような「船」がもっとも多く見られた。霊魂の乗り物とされる「うつろ舟」、魂をあの世に帰す「盆船」や「精霊流し」、海上に死出の旅をこぎ出す「補陀落渡海」など、古くから船はこの世とあの世のもっとも親しい乗り物であった。万葉集にも、たましいが鳥に見送られて「黄色の尾形船（貴船）」にのって神の門をわたって沖の国へ往く様子が歌われている。

　天なるや　神楽良の小野にちがや刈り　かや刈りばかに　鶉を立つ

に付ける印は境界や身分をあらわす標識となった（黒田1986a）。現代でも「王冠」「花嫁のベール」「イスラームのスカーフ」「坊主頭」などがある。それらは異類・異形の姿でもあり旅する人の姿や呪力をもつ姿でもあった（網野1986）。

（天にある、ささらの小野に茅がやを刈り、かやを刈ったところに、鶉を立たせるよ）

沖つ国　うしはく君が染屋形　黄染の尾形　神が門渡る
（沖の国を支配する君の、染めた屋形船、黄色に染めた屋形船が、神の門を渡るよ）

人魂の　さ青なる君がただ一人　会へりし雨夜のはひさし思ほゆ
（人魂のように、まっ青な君に、ただ一人だけ出会った、雨の夜のハヒ坂のことが思われるよ）

（土屋文明（訳）『万葉集』第16巻 3887-3889）

事例5-19-2のような光のトンネルも、宇宙船のようなある種の乗り物といえるかもしれない。フランスの絵では、掃除機に吸い込まれる絵や宇宙船のような乗り物の絵があった。現代の「宇宙戦艦ヤマト」や「銀河鉄道」もそのような乗り物の一種かもしれない。

仏教図像では、極楽浄土からこの世へやってくる天人の乗り物の多くは「雲」である。ときに牛車のような乗り物ともある。かぐや姫を天から迎えにくる絵では、天人は雲に乗ってお迎えの「天の車」をもってやってくる（図5-11参照）。

ユダヤの神秘思想「カバラ」には、「天の車（メルカバ）」と呼ばれる乗り物がある（箱崎 1988）。メルカバは、もとは戦車を意味したが、まばゆい光をはなち、聖なる生きものが馬車のケルブ肩に乗って引く天の車である。ヤウェ（神）は、天の車か、天使の肩に乗る

か、燃えて煙を出す火の鳥に乗るか、速い雲に乗って移動すると考えられた。

神秘体験、瞑想や感覚的な幻影によって恍惚状態になる体験も、虚空に浮かぶ「天の車の幻」と呼ばれた。恍惚状態になると、霊魂は上昇して七つの天国に入るといわれる。エリアーデ（1964/1974a）などシャーマニズムの報告でも、上昇イメージや天空への飛翔体験が頻繁に出てくる。瞑想や呪術や薬物によって、身体が軽くなって空中に浮いたり、空中に飛んでいると感じる恍惚や変成意識は、たましいの上昇イメージとも関係するだろう。

天の車はアーモンド形の円盤、円盤に似た光背のような乗り物として表されることもある。ユングは、現代の人びとが「空飛ぶ円盤」を待望するのは、工業化した時代の天の車ではないかといった。確かに、「未確認飛行物体（UFO）」の飛来を人びとが追い求めるのは、現代版の天の車を探しているのかもしれない。

2　天使形——羽の生えた人

事例5-20は、死んでたましいになると人間形に羽が付加された「天使形」に変化する例である。天人形が、人間の形態のままで着脱可能な衣や道具や乗り物を用いて空を飛ぶのに対して、天使形は身体に羽が生えて身体そのものが変容し、人間形と鳥形の合体形になっているところに大きな相違がある。

事例5-20-3や事例5-20-4のように、天使の羽に加えて、頭

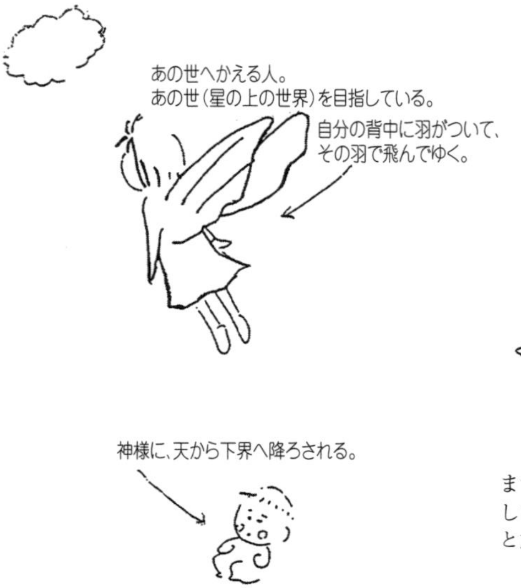

あの世へかえる人。
あの世(星の上の世界)を目指している。
自分の背中に羽がついて、その羽で飛んでゆく。

神様に、天から下界へ降ろされる。

【事例5-20-1】（J0127②）
羽をつけて昇天

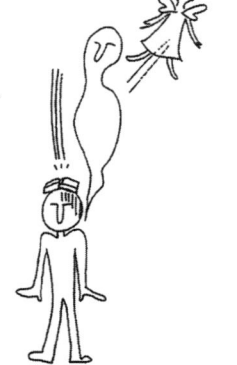

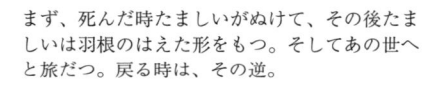

まず、死んだ時たましいがぬけて、その後たましいは羽根のはえた形をもつ。そしてあの世へと旅だつ。戻る時は、その逆。

【事例5-20-2】（J1301②）
羽を着脱して昇天と降下

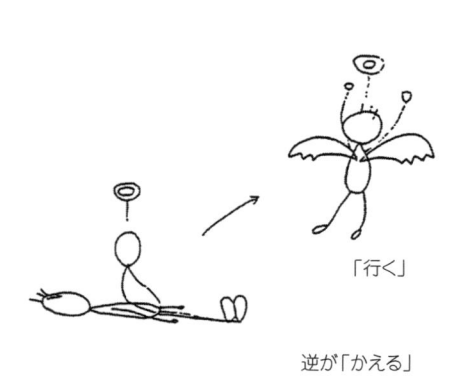

「行く」

逆が「かえる」

【事例5-20-3】（J0188②）
羽と光輪の付加

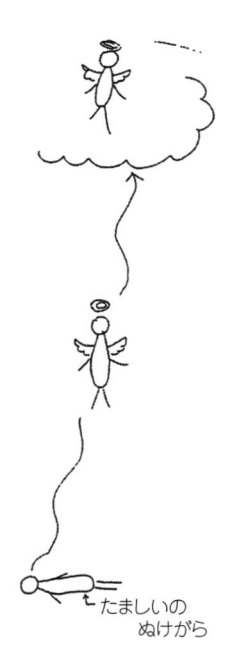

たましいのぬけがら

【事例5-20-4】（J0212②）
羽と光輪をつけて昇天

事例5-20　天使形

に聖なる印としての光輪が付加される例も非常に多かった。類似のイメージは日仏ともに見られたが、図5-2の量的分析で示したように、光輪の付加は日本で26・2％に見られ、フランスでは6・3％にすぎず、圧倒的に日本の絵に多かった。羽の付加も日本に多くみられた。

日本では、羽や光輪の付加など西欧の表象をたましいのシンボルとしてフランス人以上に用いたのである。それは、西欧の聖なる印が現在の日本の民間文化のなかにしっかり根づいてポピュラーになった証拠であろう。しかし、詳しく見ると相違がある。日本ではなぜ、それほど多く聖なる印を死者のたましいを表すのに用いるのだろうか。日本では死者が「仏」や「神」になるという考えがかなり根強くあり、死者のたましいに聖なる光の輪をつけることに抵抗がないのではないだろうか。フランスでは、死者のたましいがそのまま聖なるものになるとは限らず、まして神や神の使者である天使と人間とのあいだには距離がある。したがって、光輪や天使の表現は一見すると「西欧的」に見えるが、死んだ人間のたましいが「清いもの」になるという日本的イメージである可能性がある。

特に興味深いのは、事例5-20-2のようにあの世に行く途中に羽をつけて、帰るときにも羽を着脱することである。この羽は身体の変容なのに、天人の衣のように脱着自由なのである。これは人間に「飛ぶ」機能を加えるための合理的な変化である。
「天人形」と「天使形」の相違について、もう少し考えてみたい。天人形は、人間のままで羽衣など衣服をまとったり、魔女のように魔法の杖などの道具を使ったり、飛天や天女のように雲などの乗り物に乗ることによって、空を飛ぶ力をえるものである。天使形は、人間と動物との中間形で、人間に鳥の翼や昆虫の羽を生やしたものである。天人形では、羽が衣になっており、着脱が簡単で、羽衣を脱ぐことで元の人間に戻る。それに対して、天使形では身体そのものが変容している。

天人形のように着脱可能な記号を身につけて変わるのであれば、状況や時間に応じた一時的な記号である。昔話の「羽衣」では、霊力をもつものは天の衣なので、羽衣をなくすと飛べなくなるが、羽衣を身にまとえば空を飛べるようになる。

それに対して鳥と人間の変身譚では、身体の形態が変わる。霊力はこの世の外から人間界に来訪してきた異界や他界の生きものにある。したがって本来の姿や変身する姿を人間に見せてはならず、「夕鶴」や「うぐいすの里」など、再び鳥になって大空に飛び立った後は戻ってこない。

天人形も天使形も、空飛ぶ人間や有翼人間のイメージであるから、女性に限らない。悪魔も羽をもっていることがある。いずれ、この世にいる人間とは異なる霊力をもち、空を飛んで異次元の世界へ行くことができる。

中国の「孫悟空」や日本の「天狗」などは、たましいの表象というわけではないが、人間と動物形の中間で異形性をもち、空を

飛ぶ能力をもつ。特に天狗は、身体の変容をともなわない鳥天狗のように翼をもって空を飛ぶので、人間と鳥の中間形とである天使形の一種とみなしてもよいかもしれない。天狗は、天上や深山に住むという妖怪で、山伏姿で顔が赤く鼻が高く手足の爪が長く翼があって、金剛杖や太刀やうちわを持ち、神通力があって飛行自在といわれる（倉本 1991）。

天人形と天使形は、どこの文化圏にもよく似ていながら多様なイメージがあり、特定の宗教に限られない大きな広がりをもつ。キリスト教の天使は神の死者であり、死者のたましいではない。

日本の天地を結ぶ聖なるイメージ「天女」と西洋の天地を結ぶ聖なるイメージ「天使」を融合。

図 5-10　天人形と天使形の合体
（狩野芳崖 1870 年代「観音下図」）

で、立派で頑丈な鳥の翼をもって空を飛んでおり、神は人間の顔をした天馬に乗って空をかけている絵が描かれている（岡崎市美術博物館 1996）。

天使の役割もいろいろに変化する。羽の生えた男の子のキューピットは、天使の姿となってあちこちで大活躍をする。ローマ皇帝の栄誉をたたえ、リビアの貴人の墓を守り、キリスト教の神や聖人にも仕えた。それからはポップカルチャーのなかで世界中の恋人たちに愛され、今では日本の森永製菓の CM のアイドルもつとめている。

また、天使も多様で天国で序列やヒエラルヒーが与えられている。しかし、もっと以前に遡れば、神々と死者は近しい関係にあったと考えられる。紀元前 5 世紀ころの古代ギリシアの赤絵壺に描かれているように、死と眠りは天使の姿をしており、死者を運ぶ役割をしていた。11 世紀ロマネスク時代のキリスト教の図像にも、よく似た図像がある（ウィルソン 1980; 1995）。天使は、死者のたましいを天国へ運ぶ役割もある、この世とあの世の移行表象なのである。

キリスト教に限らず、ユダヤ教、イスラーム、そしてゾロアスター教にも仏教にも天使や飛天の図像がある。イスラームの天使像では、天使たちは、風に渦巻きながら流れる雲と炎のなか

天人形と天使形は、大きく見れば洋の東西を分けるだろう。地中海をとりまく文明と溶け合ったインドにはどちらの図像もあるが、紀元1世紀ころから天人形は中国を経由してアジア文化圏に広がり、天使形は中東から西欧文化圏で発展したといわれる（奈良博物資料館、岡崎市美術館、ウィルソンなど）。

インド北部の仏教美術には二つの異なる流れがある。一つはインダス河の上流、現在のペシャワール付近を中心とするガンダーラで、ヘレニズムの強い影響下にあり、ギリシア彫刻の影響が認められる。ここの飛天には翼がある。

もう一つは中インド北部のマトゥーラで、ここの飛天は翼をもたず、ショールをひるがえして空中を駆けるインド土着の自然の精霊の形だった。後者が、中国を介して日本に伝わって、うすい羽衣で空を飛ぶ飛天や天人や天女の姿になったと考えられている。飛鳥時代に日本へ渡来した飛天は、法隆寺の金堂壁画、玉虫厨子、灌頂幡の透かし彫り、そして天寿国繡帳など聖徳太子ゆかりの品のなかで優美に舞い、しなやかに造形されている（図5-9参照）。この飛天の形が、その後も日本で現在まで受け継がれているようである。

「天人」と「天使」の形をいくつかの絵で比較してみよう。図5-10は、1870年代ころ狩野芳崖が描いた観音下図である。慈母観音を伝統的な天女の姿だけではなく西欧の天使の姿と融合させて、背中に羽をつけて描いた。この絵は、日本人の観音さまのイメージとして違和感がある。それで完成した絵では羽がとりはずされた。

図5-11と図5-12は、『竹取物語 かぐや姫』の月への昇天場面を日本とオランダで描いたものである。比較して見ていただきたい。図5-11は羽衣をつけ雲に乗った天人形の昇天の姿は、極楽浄土の天女にも仙人にも似た、なじみのイメージである。

図5-12は、オランダで出版されたかぐや姫の英訳（The Moon Maiden）のイラスト画である。かぐや姫は日本の着物を着ており、まげも日本風であるが、羽が生えた女性（天使形）になって昇天していく姿が描かれている。透けた虹色の孔雀の羽のような衣を身にまとい、大きな鳥の翼を広げて天に昇っていく姿である。お迎えの天人は描かれていない。ひとりの美しい女性が羽を得て天使形に変身し、孤高にまっすぐ天に昇っていく姿は美しい。しかし、私たちが抱いている日本のかぐや姫のイメージとはほど遠いものである。日本人がこの絵を見ても、かぐや姫の話だとは想像できないのではないだろうか。しかも、この絵は、西欧の天使とも異なる不思議な絵になっている。西欧の天使では、羽をつけた身体は明確で、足もしっかり描かれていることが多い。しかし、この絵には、足がなく空中に溶けているようで、まるで幽霊形のように半透明になって、すうっと音もなく天に吸い込まれように昇っていく姿をしている。

図5-13は、「姑獲鳥」を描いた江戸時代の絵である。この絵でも羽を生やした鳥の化身のような女性がうすものを着て下半身が

かぐや姫の昇天は羽衣を着て雲にのる。

図 5-11　かぐや姫の昇天 1 —— 雲に乗った天人形
（『竹取物語』16 - 17世紀、吉田家本）

溶けた幽霊のように空へ昇っていくところは美しい。しかも、オランダで描かれたかぐや姫の昇天の絵と、たいへんよく似ている。うぶめは、「産女」だともいわれ、妊娠中や出産時に死んだ女性の妖怪で、下半身を赤くそめた女性の姿で子どもを抱いてくれと懇願するといわれる。『和漢三才圖繪』などの絵では必ずしも羽が生えているわけではないが、「姑獲鳥」という表記は、中国の「姑獲鳥(こかくちょう)」と同一視されたともいわれる。この鳥は、荊州に住み、毛を着ると鳥になり、毛を脱ぐと女性になる。人のたましい（魂魄）を食べるとされ、うぶめと同じように産婦が死んで妖怪になったものである。

以上のように、天使形も天人形も現在の私たちのイメージにおいては、両方なじみになっているし、縦横無尽に自由にそのイメージを駆使しているようであるが、どこかで天人形と天使形のあいだで境界をひき、その適用範囲を制限しているように思われる。

図 5-12　かぐや姫の昇天 2 —— 羽をつけた天使形（竹取物語の英訳　*JAPANESE Fairy Tales : The Moon Maiden* のイラスト）

日本では古来、天使形よりも天人形のほうが定着していた。それでは、本書のイメージ描画において、日本のほうがフランスの絵よりも天使形が多く描かれたのは、なぜだろうか。それは日本では、キリスト教文化圏ほど「天の使い」「神のメッセンジャー」としての天使の役割が明確ではなく、その制約がない分だけ天使形を自由に引用でき、死者のたましいのイメージとして天使を描くことに抵抗がないからではないかと考えられる。

先に見た、事例5-20-2「羽を着脱する天使」の絵などは、身に生えた鳥の翼というよりも、まるで天女の羽衣のように羽を脱ぎ着している。描かれたのは天使形でも、天人の羽衣のように翼を扱っているところが興味深い。

3　鳥形——動物化とお迎え

たましいのイメージとして、人間に鳥のような羽が生えた天使形のイメージは多数見られた。しかし、そこからさらに鳥に接近した形態に変容する絵はなかった。鳥から動物への変化と考えられるが、それはまったく見られなかったのである。

人間形と鳥形（動物形）は、かつては自由に行き来できたようである。昔話における鳥と人間の変身譚は数しれず、『夕鶴』『うぐいすの里』など現在でも語りつがれている物語が多々ある。神話や昔話では、イメージの世界において人間形と動物形は自由に往来し、両者のあいだの変身や合体も容易に想像できたのだろう。

図5-13　「姑獲鳥（うぶめ）」図——羽をつけて天に昇る「天使形」（『幽霊の正体』）

しかし、現代のイメージ画では、人間形と動物形との境界は、きわめて明確に区切られており、図3-7「たましいの形態変化モデル」において点線で示した境界を越えることはなかった。それは、人間形から気体形への変化が容易であるのと比較すると、大きな相違である。

たましいと鳥をむすびつけて考えるのは、古今東西の神話や民話に見られる、きわめて普遍的なコア・イメージである。そのようなむすびつきは、人類が歴史を書きはじめたときより前からあるかもしれない。旧石器時代のフランスのラスコーの洞窟壁画には、槍に貫かれて血を流す野牛と人の姿と鳥のついた棒のようなものが一組になって描かれている。鳥や鷲などの鳥を祖先や神々と伝えるトーテム神話や口頭伝承をもつ民族も多い。かつて多くの場所でなされた鳥葬も、死後のたましいと鳥との深い関係を連想させる。日本でもたましいが鳥になって天空に飛んでいくという話は、至るところに見られる。ヤマトタケルも死後には、白い鳥になって飛んでいったとされる。海辺の千鳥の鳴き声もたましいとむすびつけられる。

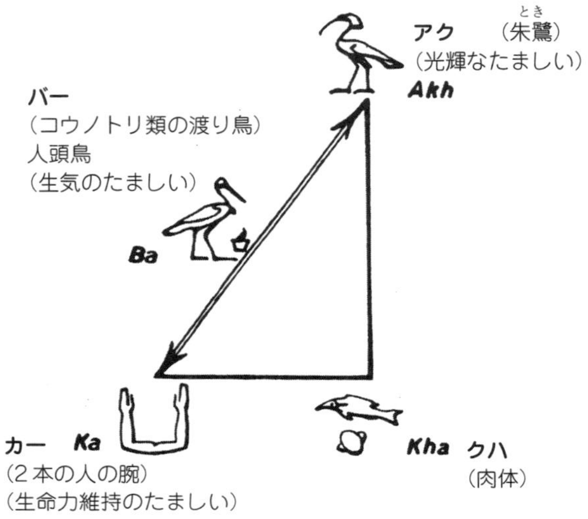

アク　（朱鷺）
（光輝なたましい）
Akh
バー
（コウノトリ類の渡り鳥）
人頭鳥
（生気のたましい）
Ba
カー　Ka
（2本の人の腕）
（生命力維持のたましい）
Kha　クハ
（肉体）

図5-14　古代エジプトの三種のたましいの関係図式
（ラミ『エジプトの神秘』）

古代エジプトでは、死後の国やたましいイメージに特別の関心がもたれ、高度で精緻な文化が発展した。そこでは何種類もの「たましい」概念が考えられた。図5-14は、それらのたましい間の関係を象徴するヒエログリフと共に示した図式である（ラミ 1992）。この図式において、死すべき肉体は、「クハ」と呼ばれて地上の右端に位置している。三種のたましいは、三角形の対角線上に位置する。天上にあるのは、光輝で純粋な光のたましい「アク」であり、朱鷺で表される。天と地をむすぶのは「バー」で、燃えあがる炎の器をそえたコウノトリなどの渡り鳥や、墓場をとびまわる人間の顔をもつ人頭鳥（図5-6）で表される。バーは、生命の息吹も表し、再受肉（復活）にもかかわる。地上にあるのは肉体と共にあって栄養的・精神的・価値的欲求と生命維持力にかかわる「カー（人間の二本の腕で表される）」である。

これらのたましいの働きは複雑で、現代の私たちのイメージとかなりの違いがある。しかし、大きく見れば、この三つのたましいの位置づけは、図3-7の「たましいの形態変化モデル」におけける右上方向への異形化プロセスに適合すると考えられる。

コウノトリ類は、古代エジプトでたましいを運搬するといわれた渡り鳥で、死と再生（復活）とがむすびつけられていた。今でも赤ん坊はコウノトリが運んでくるという伝説が、ヨーロッパで広く語られている。死と再生のいのち循環は、たましいの往来でもあり、渡り鳥のいのちと重ねるのは自然なイメージ生成である。死後の世界と神々の世界も、想像以上に近い関係がある。鳥は、天空にあるとイメージされる神々とたましいの世界「あの世」と、地上の人間の世界「この世」を行き来することができるメディエーターだと考えられる。その働きには、二種類がある。第一には、生命原理としてのたましいが空中に昇っていくイメージである。それにもっとも近い具象的な姿や比喩形は、必然的に鳥の形をとるだろう。死者のたましいは、この世ならぬ聖なる鳥や不死の鳥の姿になって天の高みに飛翔していく。第二には、天と地のあいだを飛び、天から地上に降りたつこともできる鳥は、人間には感知できない天からのメッセージを伝えにくい聖なるメディエーターにもなるだろう。この場合には、鳥は天と地を往来する使者になる。死者のたましいを迎えにきたり、天からやってくる使者になる。
最近では手塚治虫（2004）のマンガ『火の鳥』が、そのような天と地をむすぶメディエーターとしての鳥のイメージを体現している。

中国には、火烏（かう）と呼ばれるカラスが太陽のなかにいるという伝説があり、三本の足をもつといわれる。紀元前1〜2世紀の長沙馬王一号墓には、朱地彩絵棺において崑崙山（こんろん）へのたましいの昇仙が描かれたと思われる漆画には、「龍」に乗った全身羽衣の生えた「羽人」と共に「鳥」が描かれている。天帝の使者であるとされる「鳳凰（ほうおう）」という吉祥の鳥は、天を飛翔する霊的力をもつとされ、孔雀の尾羽根のような長い尾と冠毛をもつとされる（曽布川 1981）。かつて鳳凰は墓の死者を迎えに来る役目をし、龍はたましいが天に昇っていく乗り物だったのかもしれない。人間が死ぬとその死者のもとへ、天上の天帝から鳥などの死者が遣わされ、崑崙山からも羽人など迎えの神が降り、死者のたましいは龍などの乗り物に乗って崑崙山に昇仙し、霊魂は不死の神仙世界に入ると考えられた。

日本神話にも、八咫烏（ヤタノカラス）が出てくる。神武天皇東征の途中、熊野から大和への道に迷ったときに天上より派遣され、道案内をした烏とされる。熊野三山では、烏はミサキ神（死霊が鎮められたもの。神使）として信仰されている。

八咫烏は、カミムスビの曾孫である賀茂建角身命（かもたけつのみのこと）の化身であるともいわれる。世界遺産に登録された京都の賀茂御祖神社（下鴨神社）と賀茂別雷神社（上賀茂神社）は、今でも御蔭祭（みかげ）や葵祭で有名であるが、共に古代の賀茂氏の氏神を祀る神社である。上賀茂神社の祭神は、賀茂別雷命であるが、下鴨神社では、その母

玉依姫命と、玉依姫命の父の賀茂建角身命（八咫烏はその化身）を祀っている（紀の森顕彰会1989）。それらの古い神々は「祖父－母－息子」という親子関係でむすばれているが、それぞれ「からす（烏）」「たま（玉）」「いかづち（雷）」という名をもつ。それらは「鳥形」「人魂形」「気体形」のたましいイメージと合致するわけで、たいへん興味深い。

もう一方で烏は、中世の絵画では犬とともに穢れた死体を食んで清掃する姿で描かれ、墓地空間を象徴する動物でもあった（黒田1986）。烏は、この世とあの世のあいだを往来する境界的で両義性をおびた生きものなのであろう。

霊魂は、鳥以外にも、蝶、蛾、蛍、トンボなど、天空に飛翔する動物形としてもイメージされる。日本では、たましいは夜飛ぶ「蛍」のぼんやりした青白い光やふわふわした飛翔とむすびつけられている。「夕焼け小焼けの赤とんぼ」の歌も、日が沈む西の空に向かって夕暮れに飛ぶので、たましいイメージと重なって特別の情感をかきたてるのではないだろうか。

ギリシアのプシュケ（たましい、気息、風）には、「蝶」という意味もある。かよわい蝶が風に乗ってひらひら飛ぶ気まぐれな飛翔は、たましいの飛翔を表すのにふさわしい。ギリシア神話のプシュケは、擬人化されて蝶の羽をつけた美少女で表されるが、羽が生えた天使形へと変換されてより人間に近づいていく。アイルランドの小さな妖精たちも昆虫の羽をもつ天使形をしているが、妖精のイメージも時代を遡るほど死者の霊魂とのむすびつきが深

いといわれる。

このように鳥形を含む動物形への変化例は、きわめて少なが、イメージ画では鳥形はたましいイメージの代表的な位置をしめる。お話としてはよくあっても、実際に人間のたましいが、死後に人間以外の生きもの「動物」になると想像するのは、強い抵抗があったのだといえよう。

4 鬼形——他者化と異形化

「鬼」のイメージは、死者のたましいが変容する人間と動物形との中間形として代表的なものである。しかし、事例5-21のように、移行途中やあの世に鬼がいることがあっても、死者のたましいが鬼に変わる絵は見られなかった。これは神形や鳥形への変容がなかったことと共通している。

鬼は、地獄絵や説話や昔話や絵画にはふんだんに出てくるし、他の多様な妖怪ともむすびついている（阿倍1956b；稲田1992；河鍋1988）。現代でもマンガやアニメでは誰でも知っているポピュラーなキャラクターで、恐ろしい魔物というだけではなく愛されている。しかし、現代のイメージ画に鬼への変身がほとんど見られなかったことは興味深い。

「鬼」の字は、中国では死者の頭を意味したといわれ、たましいを意味する「魂魄」の漢字には、どちらも鬼がついている。日本では、「鬼」は、「隠」が変化したもので、隠れて人の目に見え

ないものの意といわれる。国語大辞典によれば、鬼はもとは死者の霊魂、精霊を意味した。その後、鬼は人に祟りをすると信じられていた無形の幽魂、想像上の怪物、餓鬼、地獄の赤鬼、青鬼など、多様な意味をもつようになった。六道輪廻絵や地獄絵では鬼が地獄で大活躍する(網野・大西 1999；渋澤・宮 1999)。鬼は、人間の異形化、怪物や妖怪など多義性をもつが、図3-7の形態変化モデルでは、人間形と動物形との中間においた。

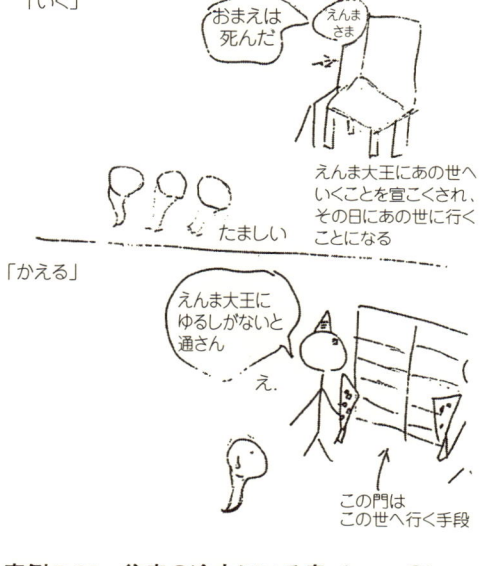

事例5-21　往来の途中にいる鬼　(J0066②)

「いく」
おまえは死んだ
えんまさま
えんま大王にあの世へいくことを宣こくされ、その日にあの世に行くことになる
たましい
「かえる」
えんま大王にゆるしがないと通さん
え.
この門はこの世へ行く手段

馬場(1971)の定義によれば、「鬼」は次の六つに分けられる。(1)異形のもの(醜なるもの・体の部分のそこなわれたもの)、(2)形をなさぬ感覚的な存在や力(もの)と呼ばれた力)、(3)神と対をなす力をもつもの(邪しき神、姦しき鬼など)、(4)辺土異邦の人(異国の蝦夷人や粛真人、荒々しい性格と体躯の違いなど)、(5)笠に隠れて視るもの(朝倉山より喪を視る鬼)、(6)死の国へ導く力(鬼のために圧殺せられる)。

「鬼」の字が使用された初期の例である『出雲風土記』(荻原1999)の「阿用の鬼」には、下記のように書かれている。一つ目の鬼という身体の「異形性」、人間集団の外に属する「他者性」、食人という「敵対行動」など、鬼の基本特徴が短い話のなかに集約されている。なお「動ぐ」という語が繰り返し使われていることも興味深い。人間の赤ん坊は、まず最初に「動くもの」を知覚するしくみをもって生まれてくる。自分以外の生きものに好奇心であれ恐怖であれ、注意をひかれ強い情動を感じるのは、それが自己のコントロールがきかないもの、まず注意しなければならない「他者性」を感知するセンサーでもある。

動く(animating)」からである。動きは、自己とは異なるもの、

古老の伝えていへらく、昔、或る人、此処に山田を佃りて守りき。その時、目一つの鬼来たりて、佃る人の男を食ひき。その時、男の父母、竹原の中に隠りて居りし時に、竹の葉動げり。その時、食はるる男、「動動」といひき。

(荻原千鶴『出雲風土記』)

207　5章　たましいの形といのち循環——日本のイメージ画2をもとに

動物と人間の合体形としての異形への変化例は、ヨーロッパには非常に多い。天を飛ぶ魔女も図5-15のように、中世ヨーロッパには動物との合体形として描かれていた。鬼に類似した例をあげれば、紀元前5世紀ころから実在すると信じられていたマンティコラ（倉本 1991）など、人間狼がある。人間狼は、阿部（1987）によれば、「小宇宙から大宇宙へ追放された人間」である。中世のヨーロッパは、人間の力でコントロールできる、家を中心とした小宇宙と、その外側の大宇宙の二つの世界から成っていたという。大宇宙は、人間の力の及ばない、災害、病気、戦争、海、川、山などの領域であるが、そこに住む動物と人間との境界は流動的であり、変身

図 5-15　動物との合体形として描かれた魔女　杖に乗って飛んでいく（ヴェルトン『図説　夜の中世史』1998, p.79）

形の稀人（まれびと）の到来、鬼として到来する他者などは、この系譜であろう。異形化した人間でもあ異人、鬼、山姥（やまんば）、妖怪、狐憑（きつね）きなどは、う構図がある。他者や異人の人間化といったらよいだろうか。異でいた他者が、「ここ」へやってきて人間世界に迫ってくるといもう一つの方向として、もともと別の異世界「あそこ」に住ん化した像が自己を脅かすという構図である。霊や死者のたましいなど、自己の分身としての他者、自己の二重あの世「あそこ」への移行としてなされる。それは、影や夢や幽人間が異形化する一つの方向としては、人間世界「ここ」から、

もある。た外の人間のことである。人間以外の生物や自然現象をさすことは、自己、仲間、共同体の場所（ここ）からはずれ「異形化」「他者化」していくと考えられる。他者と以上考察してきたように、たましいは、死後にしていることを改めて考える必要がある。という表象が、ヨーロッパで根強いイメージを形成信憑性をもったのだろうか。「狼と人間の中間形」され続けている。この話は、なぜ強い衝撃をもち、それが作り話であったとわかった後でも、まだ引用ば、「人間」とは何かを考える教材にしてきた。たとそのイメージは、現代においても見られる。たとのイメージは豊富であった。

り、人間化した異形でもある。この世とあの世の「あいだ」、人間と動物の「あいだ」、この世界と異界の「あいだ」の存在は、両義的意味を帯びてイメージ世界を暗躍している。しかし、現代のイメージ画では、人間とほかの生きものを分ける境界は強固で、人間のたましいが異形化する様子はほとんど描かれなかった。

9節 たましいの連続性──不死性、同一性と形態変化

西欧のたましい概念は、身体という物質的なものと対立させて発展してきた。身体は、ここという場所と空間に局在する可視的な物体であるが、たましいは不可視の霊的なものであるからどこにでも偏在しうる。身体は死んで滅びてなくなってしまうのに対して、たましいは不死で永遠に存続しうる。身体は時間の経過によって変化することは避けられないが、たましいは時間によって変化しないものであり、時間がたっても同一のままで変わらず連続性をもつと考えられてきた。

たましいの理想は、キリスト教世界観によって洗練されて、至高の神の世界にまで高められ、不死性（immortality）と永遠性（eternity）をもつまでに至った。

たましいは、ここという空間、今という時間に依存しないで存続できる。つまり、有限の世界にしばられないで、自由に無限に移動できる究極の存在である。なぜ西欧文化において、空間や時間という文脈に依存しないで「独立」していること（independence）と「自由」（freedom）が理想とされてきたのか、なぜ有限の世界の枠を超えてここから出て行くこと、遙か彼方の無限の世界に移動していくことが理想とされてきたのか。たましい概念は、個人や自己の理想的なイメージをかたちづくってきたと考えられる。

このようなたましい概念は、エリクソンが「自我アイデンティティ」を、同一性（sameness）と連続性（continuity）によって定義したように、「個人」と「自己」を支える根本概念であったと考えられる。

たましいの永続性という概念は、キリスト教的世界観を経て、近代科学の根本概念にもなった。たましいは、もとは事物と対立する概念であった。しかし、近代以降は、たましいの永続性や普遍性という概念は、事物の永続性（object permanence）や普遍性（universality）という概念に姿を変えたと思われる。物理学の根本的な考え方である「質量の保存」についての次の説明文は、「物質」を、「たましい」ということばに変えれば、そのまま「たましい」の説明として読むことができるだろう。

　物質といえば、ものであって、何も説明などいらないわかりき

ったことと思われるかもしれない。しかしこれは案外厄介な問題なのである。人間の身体とか、茶碗とか、水とか、というものは、なるほどものであるから、これは物質にちがいない。しかしこれをものと感ずるのは、形が目に見え、またさわってみると硬かったり、とにかく手にふれるからである。

それならば、物質でないかといえば、もちろんこれも物質である。水の場合はわかりやすいが、温めて水蒸気にすると、これはまったく空気と同じく、目にも見えず、また手にもふれないものになる。鉄瓶の口からでる湯気は白くて目に見えるが、あれは水蒸気ではなく、小さい水滴の集まりである。ところで水蒸気を冷やすとまたもとの水にかえる。水は物質であるから、それが水蒸気になっても、やはり物質と考うべきである。冷やせばまた水という物質にもどるのであるから、途中だけ物質が消えてはおかしな話になる。

手にふれられないもので、やはり物質と考うべきものは、ほかにもたくさんある。たとえば、月や太陽なども、これは物質である、とだれでも考えている。……

それでは、物質と物質でないものとを、何で区別するかというと、それはなかなかむつかしい。形や硬さで区別することのできないことは、水蒸気の例で既に説明ずみである。色などはもちろん判定要素にはならない。ある茶碗を赤い光で見れば赤に見えるが、青い光で見ると青く見える。しかし色などはどう変わっても、茶碗には実質というべきものがあって、それは不変なものと考える方が至当である。

この不変の実質が何であるか、更に進んでは、そういう不変の実質というものがはたして存在するか否かが、大いに問題である。ところで科学も、けっきょくは人間がつくったものであって、そういう一つの学問をつくり上げるには、なにか基盤になるものが必要である。その一つとして物を取り扱う以上、物には実質があって、その実質は不変であるということにしないと、学問を組み立てる足場がない。

以上の話を要約すると、物質には色や形や硬さとは無関係に、質量と称すべきものがあって、それは天秤に、目方として現れる。別の表現では、目方のあるものが、物質なのである。……ところで、このものの実質、すなわち質量については、従来から一つの大切な法則があった。それは物質不滅の法則と呼ばれている法則である。物質は、形がどのように変化しても、その実質すなわち質量は不変であるというのが、この法則である。

（中谷宇吉郎『科学の方法』）

中谷の説明にある異なる種類の物質の例「人間の身体」「水、水蒸気」「太陽や月」などは、いずれも「たましい」の形態モデルに登場する。壊れた「茶碗」の例はモデルにはないが、茶碗を「身体」におきかえてみてもよい。

身体が死後ばらばらになって地に散った後で復活によって人体の形態に再構成されて復活する神話は、古代イランやエジプトのオシリス神話などに繰り返し現れる。オシリスは、身体を切り刻まれてエジプトの大地にばらまかれるが、それによって大地は

肥沃になる。オシリスは、ナイル川の化身でもあり、毎年の洪水によって復活する。オシリスのたましいは、水盤の上の人間の顔をした不死鳥で表される。

現前するこの世界にあるものは、一見すると確かなもののように見えても、死や衰退や破壊によって変化していくことを免れない。そのときに二つの考え方ができる。第一には、変化こそ常のものと考えて、すべてのものに実体はない、万物は絶えず変化する「無常」のものとしてとらえることができる。そして、第二には、その見かけの変化の奥に変わらない不変の「実質」「本質」があると見ることもできる。西欧の「たましい」概念は、第二のアプローチを特別に強化してきたといえよう。

精神の活動を外から見えない大脳活動に関連づけて物質的根拠を求めようとするアプローチも、精神分析における深層心理を探る見方も、科学的な方法論という観点では正反対のように見えるが、「表層（見かけ）は変化するが、その奥の見えないところ（深層）に本質的な真実がある」とみる見方は、同じ世界観を共有していると考えられる。なぜ、心の表層にあって外から見える形態変化よりも、見えない深層のほうに確かな真実があると考えるのだろうか。かつて「身体とたましいの関係」をとらえたものの見方が、現在では「意識と大脳の関係」、あるいは「意識と無意識の関係」におきかわっただけで、基本的なものの見方は共通している。

さて自然科学では、形の変化によって「氷」「水」「湯」「水蒸気」「雲」などと呼び名や意味が変わる表層の「ことば」を棄てて、H_2Oなど一貫した変わらない化学記号で記述できる方法を選んだ。数字や記号による科学的記述様式も、変化するものに信頼をおかず、不変（普遍）の「物質」を求めるアプローチをすすめた帰結である。

質的心理学は、H_2Oなどの数量化や抽象的な記号のことばよりも「広義（広い意味）のことば」のレベルを大切にする。それは、たとえ同じ成分であっても「氷」「水」「湯」「水蒸気」「雲」などの形態変化が、人間の意味世界において重要だと考えるからである。ことばは、文化によっても変化する。英語では「水（water）」と「湯（hot water）」は温度が変わっても「水」だが、日本語では区別される。また、「あたたかい水（湯）」を「茶」にするか「コーヒー」にするかは、わずかな味や色や香りの差であるが、どちらを飲むかは日常生活の文脈において大きく意味が変わる。「水」の細かい区別、「真水」か「塩水」か「泥水」かなども、飲み物という文脈では区別しなければ、いのちにかかわる。

ここで扱う「たましい」イメージも、この「水」を表すことばの違いのようなものである。それを抽象的な記号や概念、あるいは不変の物体に還元しないで、ことばの形態変化のレベルを大切にしているのである。本書において、なぜあえて表層にしているように見える「たましいの形態変化」を扱い、なぜあえて「深層にある不変・普遍の真実」というような説明のしかたを避けてきたのかが理解していただけるだろうか。

211　5章　たましいの形といのち循環——日本のイメージ画2をもとに

このように考えると、イメージ画2の研究、たましいの形態変化プロセスを考え、あの世へ「行く」だけではなく「帰り」も含めた移行と往還プロセスを考えるという、本書の研究の意図そのものが、すでに西欧のたましい概念を批判する立場からできているといえよう。

ただし西欧の価値観も多様で重層的であり、永遠の原理を求める世界観だけではなく、風のようないのちの出会いを尊び、時間によって変化し続ける流転する世界観もあった。キリスト教の父と子と聖霊が唯一神で三位一体という考え方も、見えは異なっても実は一体だと「同一性」を強調する見方になっているが、反転して考えれば、形態変化の可能性を認めているわけである。また、実際にイメージ画に現れたように、キリスト教文化圏のフランスやイギリスの絵も、たましいの永遠性を強調するよりも、日本の絵とたいへんよく似ていた。

スピリットやソウルやアニマなど、たましいの原義に戻ってみれば、たましいは生命概念でもあった。それを「生きている(living)」「動きがある(animating)」という意味を強化する方向でイメージし直すことも可能である。アニミスティックな考えによれば、「風のようなもの」の生き生きした動きにこそ、たましいの活動の本質があるとみなされるからである。アニミズムは、生きものを中心に世界を見る見方であるが、それを幼稚で原始的な思考法とのみ見ることは誤りだろう。人間のイメージの動き方、メタフォリックな機能から見ていくと、意味のむすびつき方を合理的に説明できると考えられる。

10節　たましいの往来プロセスと生まれ変わり

1　たましいの往来パターン

以下は、たましいの往来プロセスの分析である。たましいがこの世からあの世へ、あの世からこの世へ移行する方法に着目し、二つの心理的場所（この世とあの世）の移動のしかたや、あの世からこの世へ帰るときの生まれ変わりのイメージについて分析した。たましいの往来プロセスでは、この世とあの世をどのように移行するか、その過程に着目した。往来のしかたは、一方向（行きのみで帰還なし）か両方向（帰還あり）かによって、大きく分かれた。往来が両方向でなされる場合にも、「生まれ変わり」があるかどうかで区別した。生まれ変わりが描かれた場合は、再び人間形となるか、赤ん坊として生まれ変わるか、他の生きものへ万物転生するかが分析された。日本では、赤ん坊への生まれ変わりと円環をなすライフサイクルのイメージが多く見られた。

「たましいの往来パターン」と「生まれ変わり」については、四か国の量的分析を行った。その結果、図5・16のように日本では往来を描く双方向の割合がほかの国よりも多く、6割に特に超していた。また、図5・17のように、生まれ変わりを描く比率も

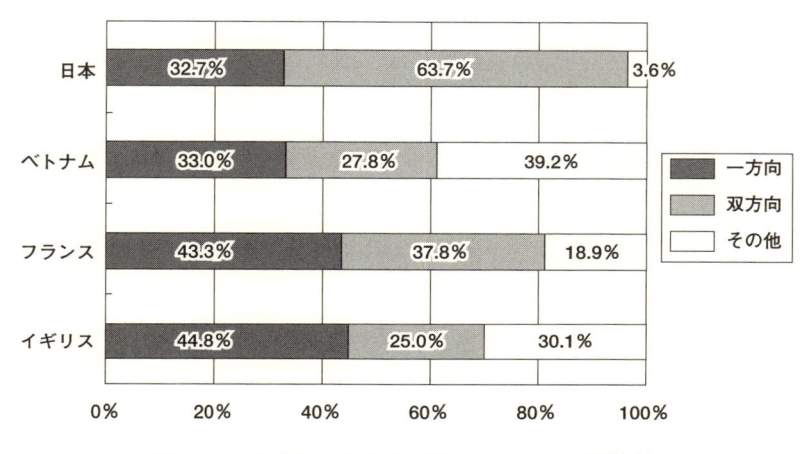

図5-16　たましいの往来パターン —— 4か国比較

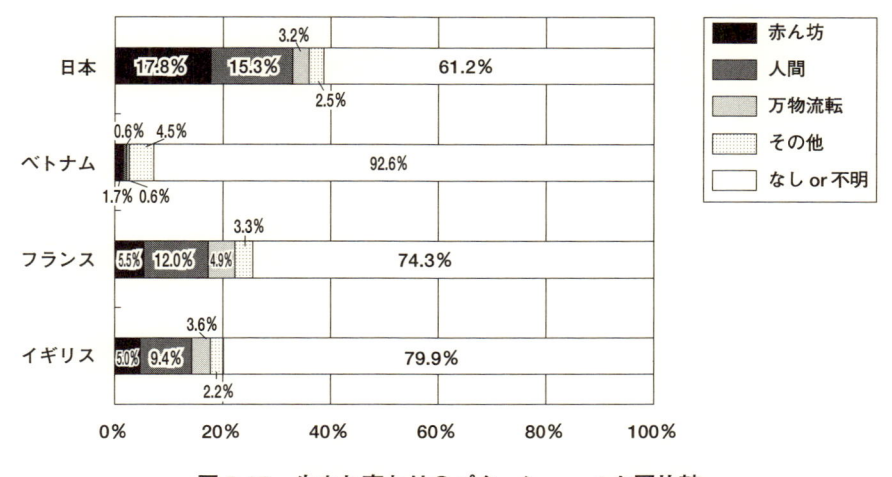

図5-17　生まれ変わりのパターン —— 4か国比較

高かった。生まれ変わりは、動物とのあいだでは起こらず、圧倒的に人間どうしのあいだの生まれ変わりが描かれた。特に日本では、死んでたましいになった後、そのたましいが赤ん坊として生まれ変わる比率が高かった。

その他、「移行過程に存在するもの（お迎え、審判、自然、人工物）」「この世とあの世の連続性」「移行ステップの回数」なども調べた。生前の生き方で死後が分岐する絵はあったが、因果応報的に審判によって天国と地獄と行き先が分かれる絵は、非常に少なかった。日本の観心十界図など歴史図像では、審判や地獄の絵が多いが、イメージ画では明確な地獄が描かれにくかったこともあり、生前の行いによって、あの世の行き先が分かれる図はほとんどなかった。

事例5-22は、日本とフランスのたましいの往来プロセスと生まれ変わりの代表例である。フランスなどキリスト教文化圏にお

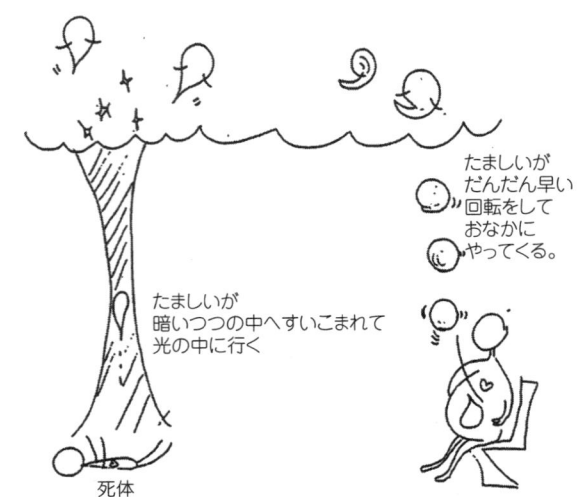

【事例5-22-1】（J0151②）

人魂形になって昇天した後、地上に戻って胎児になる（日本、たましいが地上から暗い筒のなかを通って天空に昇り、回転しながら地上に降りてくる。円環に近い循環プロセス）

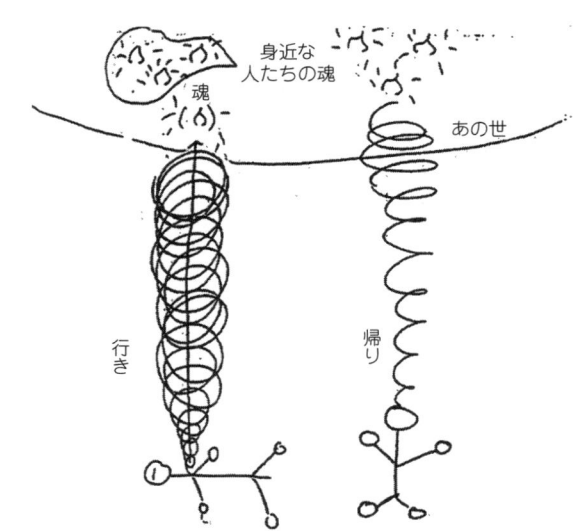

【事例5-22-2】（F0118②）

人魂形になって昇天した後、地上に戻って人間になる（フランス、たましいが地上から螺旋のなかを通って天空に昇り、回転しながら地上に降りてくる。円環に近い循環プロセス）

事例5-22　たましいの往来プロセスの代表例（日本とフランス）

あの世からこの世へ「行く」ことは可能でも「かえる」ことは不可能。もしやった人がいるのなら、テレポーテーションでもつかっていると思う。雲でできた階段をのぼっていく。肉体とたましいははなれない。

【事例5-23-1】（J1278②）
死者が雲の階段を登っていく

土にかえると思う

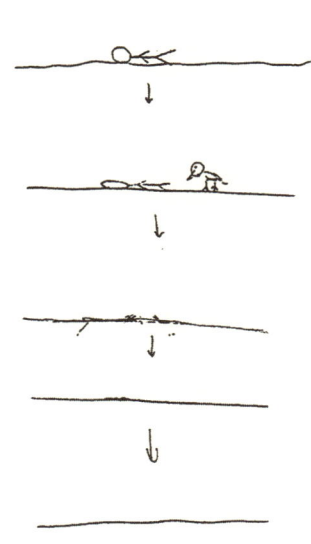

【事例5-23-2】（J0289②）
死者が土にかえって消滅

事例5-23　死者の上と下への一方向的移行
──階段で雲の上へ、土に帰る

いては、たましいの循環や生まれ変わりは教義にないはずであるが、日本とよく似た絵が描かれたことが注目される。事例5-22-1では、たましいが人魂形になって昇天した後、地上に戻って胎児になる絵である。たましいの形も、移行プロセスのそれぞれの相によって、微妙に異なるように描き分けられている。たましいが暗いトンネルを吸い込まれていくときは尾の長い細い形、雲の空では浄化されて羽が生え、その後は玉のように早く回転しながら地上に降りて妊婦のお腹のなかに入って胎児として新しい生命になる。日本ではこのように円環に近い循環プロセスとして似た絵が多く描かれた。事例5-22-2では、人魂形のたましいが地上から螺旋のなかを通って天空に昇り、回転しながら地上に降りてくる絵で、円環に近い循環プロセスが描かれている。たましいの移行が一方向的で、帰還や生まれ変わりが描かれない絵は少数であった。それを事例5-23に示した。

事例5-23-1は、死者が階段をのぼって雲のなかへと一方向的に上昇していく絵である。事例5-23-2は、死者が下降して、だんだん土に帰って消滅していく移行プロセスが描かれている。土葬でなくても遺骨は墓に埋められるので、現代でも「死ぬと土に帰る」という物語は日常的によく語られる。しかし、イメージ画では、このように土のなかに消えていく絵や、方向として下降し

これらの絵は、きわめて稀少であるのに、死者を見守る存在として、地から空への「移行過程」に位置する鳥が描かれているのは興味深い。これらの絵では、階段や段階をふんで移行していくプロセスが描かれ、徐々に変化していくことが強調されている。「人間」から「たましい」が離脱し、たましいという別の存在形態へ変化するわけではない。事例5-23-1では「肉体とたましいははなれない」ていく絵は、きわめて稀少であるのに、死者を見守る存在として、地から空への「移行過程」に位置する鳥が描かれているのは興味深い。特に事例5-23-2では、土と説明されているように、死者がたましいになるのではなく、死者（人間形）のままであの世に移行するとイメージされている。事例5-23-2では、死者がそのまま土にかえって消滅する。

死んでたましいがある場所で「じょうか」されて、次の新しい生命の中に宿っていく。

【事例5-24-5】（J1098②）
罪を払ってきれいになる

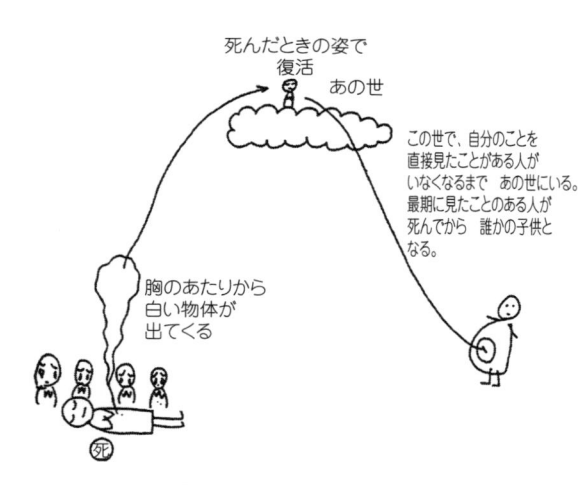

2 たましいの往来と生まれ変わり

事例5-24は、たましいの移行と生まれ変わりを描いた日本の

煙の人魂形から、あの世で人間形に復活、再び小さくなって胎児に

【事例5-24-6】（J0118②）

事例5-24 たましいの移行と生まれ変わり（つづき）

216

【事例 5-24-1】（J0215 ②）
火の玉のような人魂形（盆に家へ帰る）

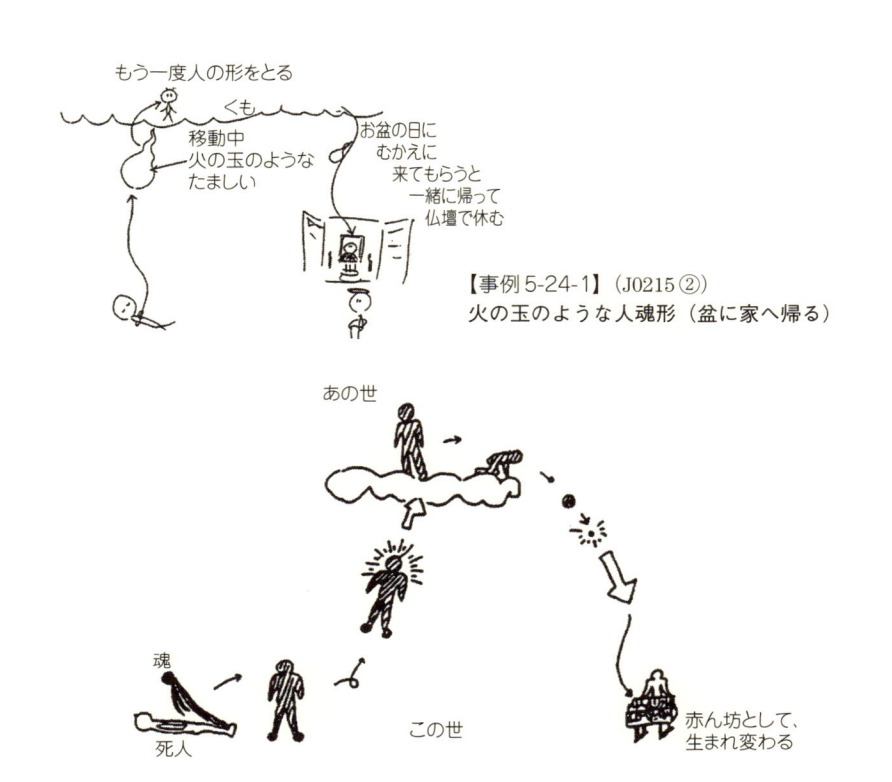

【事例 5-24-2】（J0053 ②）
影の人間形から消失、生まれ変わる

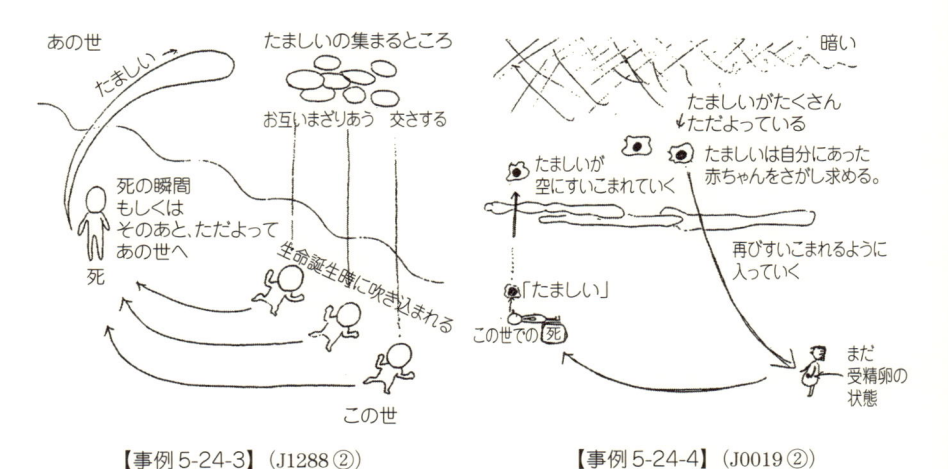

【事例 5-24-3】（J1288 ②）
多くのたましいが混ざる

【事例 5-24-4】（J0019 ②）
多くのたましいがただよって生まれ変わる

事例 5-24　たましいの移行と生まれ変わり

代表的イメージを集めたものである。

事例5-24-1は、火の玉のような人魂形になって上空に移行し、雲の上で再び人間形になり、戻ってくるときには人魂形になって、あの家へ帰ってくるというイメージである。盆に死者を迎えて送る風習や行事は、いまも日本各地で実践されている。このような帰還では、死者は祖霊として家に帰るので、名前やアイデンティティや家や故郷の概念が保たれている。それに対して、イメージ画では、事例5-24-1のような祖霊の帰還というイメージはきわめて少なかった。圧倒的に多くのイメージ画では、事例5-24-2、事例5-24-3、事例5-24-4、事例5-24-5、事例5-24-6のように、死者はたましいに変化したのちに匿名化して、いのちのもとのようなものになり、そのたましいが新しい別の赤ん坊のいのちになって胎内に宿り、「赤ん坊への生まれ変わり」によって還ってくる絵であった。

事例5-24-2は、死人から「影形」のたましいが起き上がって、雲の上のあの世へ移行する。帰りは、玉の形になって降りてきて、赤ん坊として生まれ変わる絵である。

事例5-24-3は、たましいが人魂形になって匿名化し、多くのたましいがあの世で混ざって、新しい生命の誕生時に新しいたましいが吹き込まれて生まれ変わる絵である。

事例5-24-4は、たましいがあの世で多くのたましいと漂っており、空へ吸い込まれていき、あの世で人魂形になって抜けて匿名化し、自分にあった赤ちゃんを探して再び吸い込まれるように妊婦の胎内に入って生まれ変わる絵である。

事例5-24-5は、たましいが人魂形になって抜けて匿名化し、あの世の霊界で浄化され、次の新しい生命として生まれ変わる絵である。

事例5-24-6は、たましいが煙のような人魂形になってあの世へ行った後で人間形になって復活し、誰か見知らぬ人の赤ん坊となって生まれ変わる絵である。

事例5-25も、事例5-24と同様に生まれ変わりのイメージであるが、ぐるぐる円環するイメージが強調されているものである。先にあげた事例5-22なども含めて、死者のたましいが循環しているイメージである。先にあげた事例5-22なども含めて、死者のたましいが循環しているイメージは、非常に多く見られた。

しかし、これらのイメージは、人間の生と死のみに限られており、他の動物を含む輪廻転生ではないことに、特に注意が必要である。インドの土着思想を背景にした仏教の輪廻転生思想では、迷いのあるものは死んでも六道を転生し続け、そのサイクルから抜け出すことができないという。六道とは、天道、人間道、修羅道、畜生道、餓鬼道、地獄道である。事例5-26は、循環サイクルのなかに動物への転生が含まれる稀少な例である。

輪廻転生のイメージは、日本でも非常にポピュラーであり、図像資料でよく目にするにもかかわらず、イメージ画で描かれるこ

218

とはほとんどなかった。日本よりもむしろ、輪廻転生思想の伝統がうすく、しかも人間と動物が峻別されるはずのフランス人のほうが、やはり少数派ではあっても日本人よりも多く、動物に転生するイメージを描いたことは興味深い（事例6-12参照）。たましいは気体形へは容易に変容しても、動物形へと変容しなかったことを合わせて考えると、人間から動物への変容や往来には強い抵抗があると考えてよいだろう。

【事例5-25-1】（J0006②）
変形しながら円循環

しばらくしたら生まれる前の赤ちゃんに「たましい」がおりてくる

死んでその人の「たましい」がぬけだして上にあがっていくイメージ

生まれる

ぐるぐる回る

事例5-27は、人間界のサイクルではなく、宇宙や自然サイクルとしての循環が描かれている。事例5-27-1は、宇宙に溶けて消滅してしまい、その後しずくのように再生される。事例5-27-2は、雪になって昇天し、雪になって降ってくる。事例5-27-3は、素粒子に分裂してから再構成されるイメージである。

なお、たましいの往来のしかたで特記すべきは、事例5-28のように、行きと帰りの行程に相違があり、往復時間が異なってい

【事例5-25-2】（J0020②）
変形しながら円循環

成長

たん生

事例5-25　サイクル循環

①魂がぬける
②やはり三途の川をわたり「あの世」へ
③いわゆる主神に生まれかわりをきめられる
④生まれかわる

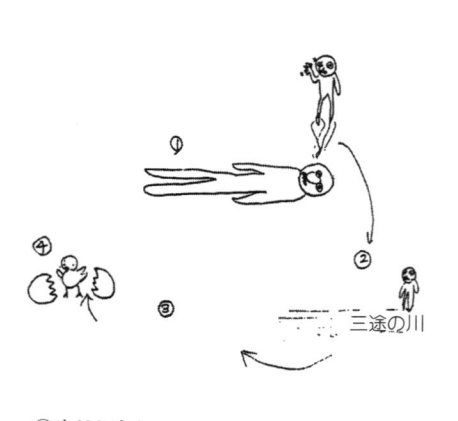

あっ、この犬はあの人の生まれかわりだワ
設定：この犬は、あの人の亡くなった次の日、家の前でうろついている。

【事例5-26-1】（J1085②）
神が生まれ変わりを決める

【事例5-26-2】（J1066②）
生まれ変わった犬を見る

事例5-26　動物への転生を含む生まれ変わり

たことである。事例5-28-1、事例5-28-2、事例5-28-3に見られるように、いずれも行きがゆっくりで、帰りが速いというイメージであった。この世からあの世へ行く生から死への移行と、あの世からこの世へ帰る死から再生への移行は、同じ時間プロセスをたどるのではない。行くほうが長い時間がかかるとイメージされていた。

11節　いのちサイクル（ライフ）と循環する時間

10節で事例を見たように、日本の絵では、いのちが循環するイメージが多く見られた。日本文化の根底には、循環する時間という世界観があり、それが今でも根強いイメージとしてあるのではないかと考えられる。循環する時間概念は、四季の変化を「繰り返し巡ってくる」と見る生態循環の概念や、冬に枯れて春に再生する植物の「死と再生」概念と関連している。

たとえば、坪井（1984）は、日本の通過儀礼を顕界（この世）と幽界（あの世）が相似で、生と死が一巡する円環図にまとめ、この円環を、稲の生育と重ねてモデル化している。稲は、発芽→生育→結実→枯死→〈種子化〉→発芽と循環する。人間の生命もまた、出生→成人→婚姻→出産→死→〈祖霊化〉

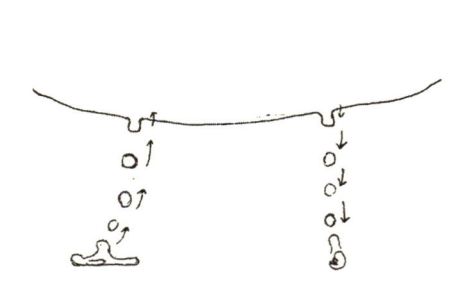

たましいとよばれる存在は死後、体からはなれ宇宙にとけていく。絵ではわかりやすいように下から上へ、上から下へとかいたが、たましいが行きつく先は時間と空間からはなれたもう一つの世界のようなもので、上もなく下もなく今も昔もない無の世界だと思う。

【事例 5-27-1】（J1204②）
宇宙に溶けて再生

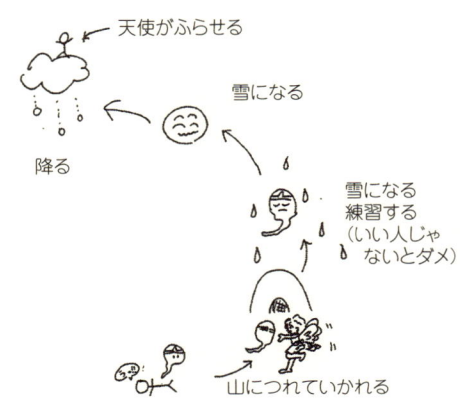

【事例 5-27-2】（J1286②）
雪になって降る

【事例 5-27-3】（J0235②）
素粒子への分裂と再構成

事例 5-27　自然のなかへ循環

221　5章　たましいの形といのち循環――日本のイメージ画2をもとに

（らせん状にゆっくりと上がってゆく）

ゆっくり行く

稲妻のように

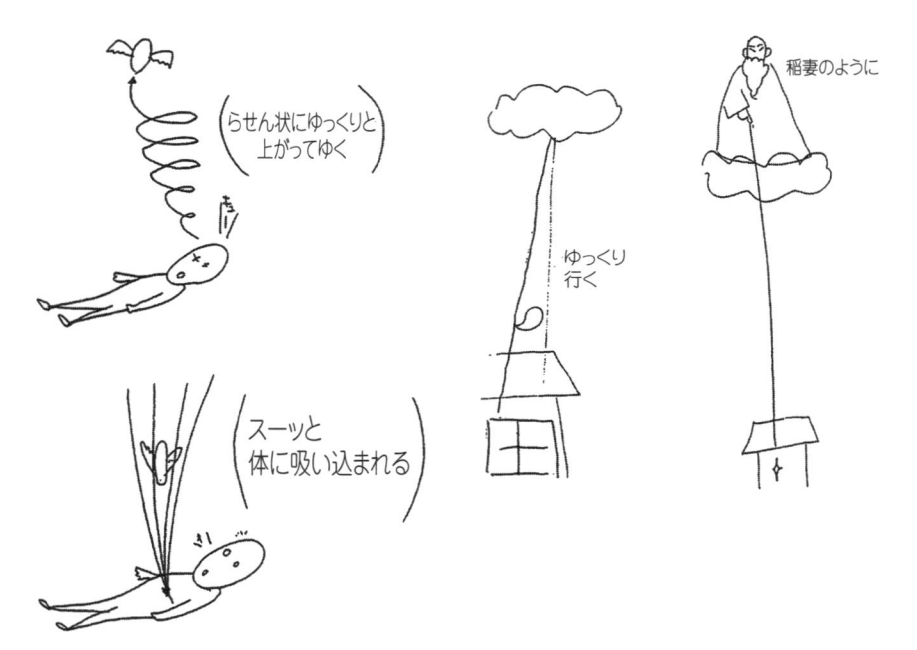

（スーッと体に吸い込まれる）

【事例5-28-1】（J0032②）
ゆっくり行き速く帰る

【事例5-28-2】（J0098②）
ゆっくり行き稲妻のように帰る

【事例5-28-3】（J0071②）
階段で行き飛んで帰る

事例5-28　行きと帰りの時間差 ── 行きはゆっくり、帰りは速い

→再生と円環的につながると想定されてきたのである。宮本（1972）は次のように述べている。

> 土着の思想は農耕文化の中から生まれた。土を耕し種子をまく。やがて作物は芽を吹き成長してみる。そしてその茎は枯れても、実は翌年また新しい芽を吹く。その媒介となるのは土である。土に埋められなければ種子は芽吹き成長しない。農耕民は大地に母神を想定した。土は無限にものを生み育てていく。また種子のいのちを無限に再生していく。作物は無限に生き続けて生命は永遠であることを農民はまなんだ。農民にとって土に生き土に帰することは決して死を意味しなかった。むしろ生命の再生を信じさせたのである。
>
> （『宮本常一著作集12』）

死から再生へとつなぐために、「種子」や「土」を再生の源泉とみなし、そこに霊的な力の存在を想定するのだろう。人間にも同様の霊的な力があると考えられ、それが「タマ」「たましい」と呼ばれてきた。肉体は朽ちても「種子」というべき「たましい」は残り、それが再び新たな生命になって蘇ると考えられたのである

このような、日本近世のたましい観は、「農耕」や「土」からの急速な乖離をもたらした工業化や都市化によって、現代の若者

においては急速な変化をもたらしたと考えられる。死後のたましいが土のなかで再生するという概念や種子に似たイメージ、土母神信仰や山岳信仰は絵のなかにほとんど見られなかった。

また、柳田（1969a）が強調した、死者の拠り所としての「家」や「祖霊」の観念も、絵のなかにあまり現れなかった。「たましい」の往来を問うても、祖霊が盆に定期的に帰還するというイメージを描いた絵は、わずかしか見られなかった。現代日本の都会の青年層においては、近世以来の「村」の共同体を基盤にした伝統や風習は、急速に生活から遠のいているというべきだろう。

一方、中世以来民衆にも普及した、仏教の「浄土」や「極楽」や「地獄」などの図像表象は、現代の若者においてもよく知られている。極楽も地獄も鬼も妖怪もマンガやTVなどマスメディアで強調されて、おどろおどろしく活躍している。それにもかかわらず、彼らが自発的に描くイメージ画のなかに表現されることは非常に少なかった。

しかし、そのような表面的アイテムに見る「日本の伝統」離れにもかかわらず、現代の若者において「生と再生」にかかわる循環世界観は強力に保持されていた。

「たましい」は、天空に昇って雲の上へいくものであった。たましいは、人間の形やアイデンティティを失って風船のように浮遊し天へと上昇し、空気のように実体をもたない。しかし、その「たましい」イメージには、種子にも似た丸い玉や人魂形の形、生命のもとというイメージが保持されていた。その生命のもとで

あるたましいは、天と地のあいだを循環し、その生命のもとが、また新たに赤ん坊になって生まれ変わるという「死と再生」の循環サイクルが認められた。

また、よく似た絵が日本人のみではなく、カトリック信者のフランス人にも見られたことは興味深い。フランスでも、一方的にあの世へ行ったきりになるのではなく、たましいが再び帰ってくるイメージや生まれ変わりのイメージが、日本よりは少ないとはいえ、かなりの頻度で見られた。循環世界観は、西平（1997）が分析しているように、日本文化だけではなく、西欧文化や西欧思想のなかにも根強く存在していると考えられる。ただし、たましいのライフサイクルがより高次のスピリチュアリティへ向かうという方向性は西欧的かもしれない。

なお日本において「生と再生」「生まれ変わり」イメージが過半を占めたにもかかわらず、死後他の動物にも変化しうるという「輪廻転生」はきわめて少なかったことは特記すべきである。この点に関しては、柳田（1969a）が、日本文化の他界観を「六道輪廻・前世の功過によって鬼にも畜生にも堕ちていくという思想」とは異なると述べていることが当たっているかもしれない。インドの輪廻転生思想では、その運命的な循環は「苦」である。そのサイクルを断って解脱する悟りを覚知することが望ましく、それが仏陀の教えであった。日本では、仏教の普及にもかかわらず、生まれ代わりの循環は、四季のいのち循環でもあり、人間の世代継承的ないのち循環でもある。それは、望ましい生成

（generative cycle）とみなされてきたのだと思われる。

平田篤胤は、輪廻転生を考える仏者と、それを妄説とする儒者とを「新鬼神論」で論争させ、両者を退ける。儒者は、次のように述べる。「死ぬものは、神と形とが離れ、形は朽ちて土となり、神は風火のごとく散ってしまう。たとえば、木や草の花の今年咲いたものは、往った年の花ではないし、今日流れる川の水は、昨日流れた川の水ではない。死んだ人がかえらないのも、これと等しいではないか。人が生まれるということは、木の実より木が生まれるように、梅の実は梅の樹となり、梅の実は桃の木にならず、桃の樹は梅の樹になることなどない。どうして、人が死んで再び生まれるとか、禽獣や虫魚に生まれるというような理があるだろうか。人が死んで造化に帰すとか、化して異物になるなどということが、あるはずがないではないか。」

篤胤は、このように合理的な考えをする儒者に対しては、儒者である荻野徂徠の「樹を剖いて花をその中に求めても見ることはできないが、これを花は無いと言っていいだろうか」ということばを逆手にとって、「人間の知識では、さらに知りがたい」ことがあるのではないかと言う。そして、たましいは水や土になって夜見（よみ）に帰るだけではなく、風と火になって天にも帰るのではないかと下記のように述べている。

人の生出る所由（ウマシイヅ）、また死して後の事実を察して暁（サト）るべきは、まづ人の生出ることは、父母の賜物なれども、その成出る元因（ナリイヅルモト）は、の

産霊(ムスビ)の、奇(クス)しく妙(タエ)なる御霊(ミタマ)によりて、風と火と水と土、四種(ヨクサ)の物をむすび成し賜ひ、それに心魂を幸賦(サチハ)ひて、生しめ賜ふことなるを、〈但し、そは、いかにして結成(ムスビナシ)たまふと云ふことは、知るべからず、こは、現在に見たる、有りのままをもて云ふのみぞ、怪(アヤシ)むことなかれ。〉……死ては、水と土とは骸(ナキガラ)となりて、顕(アラハ)に存在(ノコリア)るを見れば、神魂は風と火とに、供ひて、放去ること見えたり。……人の神魂のなべては、夜見に帰(ユ)まじき一の理なり。然るは、神魂はもと、産霊神の賦(タマ)へるまにまに、天に帰(ユ)くべき理なればなり。然れども、おしなべて然在(シカル)べきは、たしかなる事実も、古伝もいまだ見あたらず。

（平田篤胤『霊の真柱』）

もちろん、彼のように「幽冥(かみ)」や「御霊(みたま)」という神秘的な名前で呼ばないで、より科学的な名前にすべきだろう。しかし、上記のことばを、現在の科学の考え方や、本書の気体形になって循環するイメージ画とつきあわせてみると、興味深いように思われる。現在の科学の「宇宙論」「エコロジー的循環」を総合すれば、人間はもちろん父母の「むすび」から生まれて死んで土に帰っていくが、そのような人間世界の循環とは別に、もっと大きな「むすび」や循環系も考えられるからである。たとえば、人間は元素に分解されて、あるものは空中に昇って雲などの一部になり、また雨などになって帰ってきて他の物質と結合されるような「むすび」もある。また、太古にビッグバンによって無機物が、長い年月をかけて有機物や生命体になり、それが人間

にまで進化・生成する「むすび」もあり、それがまた滅亡して宇宙の塵になっていくサイクルも考えられる。そのような、幾重もの宇宙的な生成サイクルを考えてみることもできるだろう。

生成サイクルとしての循環思想は、人間世界の世代間循環のナラティヴとしても機能している。子どもが誕生したときに「亡くなったおばあちゃんの生まれ代わりかもしれない」というような語りや、おばあちゃんの名前の一部を子につけることなどがあげられる。それは、死者を次に生まれてくる生者に「むすび」つける機能、世代をつなぐ意味づけの一環としての働きをもっているのではないだろうか。

やまだ（2000b; Yamada & Kato 2006a）は、図5-18のりんごのライフサイクル図を「生成的ライフサイクルモデル（The generative life cycle model）」として提案してきた。西欧近代の個人中心の人生観では、人生を個人の誕生から死まで、前進的・直線的・上昇的時間概念でとらえてきた。それに対して日本文化に根ざしたモデルである。

これらのイメージで重要なことは、サイクルの「むすび」が個人や祖霊などの狭い世界に閉じていないことである。波平（1996）がいうように、誰か特定の個人が死ぬと、必ずいつか誰か特定の個人になって生まれ変わるというような強い連結の再生観とは異なる。また村の内だけ、親子という直系の血縁だけの循環を考える、祖霊的な「むすび」とも違う。死んでいった者と生まれてくる者とのゆるやかな交流であり、大きな生命連続系のなかの一部

図 5-18　生成的ライフサイクル図（りんごのライフサイクル図）
私の人生は、私の誕生から始まらない。大きな生態系（1）が先にあり、両親の木（2）のあとで「私」が誕生する（3）。私の人生は、死で終らない。私の実が土に落ちて死んだ（5）後も、ゆるいかたちで次の世代へ（6）いのちサイクルが生成的・循環的にむすばれていく（やまだ, 2000b; Yamada & Kato, 2006a）。

たましいは　この世の中に大きなのが　1つだけあって　それを　みんな（動植物、またはそれ以外のものら）で共有しているとおもっている。

事例 5-29（J1034 ②）　**一つの大きなたましい**
たましいは大きいものが一つあり、すべての動植物が共有（日本的なイメージ）

として生き、また大きな生命体のなかに帰ってむすばれていくというイメージが重要ではないかと考えられる。

事例5-29は、たましいのイメージとして、大きいもの、いのちのもとのようなものが一つだけあり、みんながそれを共有しているというイメージである。たましいを個別のもの、個人の私有物のようなもの、個人の心の世界に閉じたものと考えるかどうか、また個人が死ねばすべてが終わりで、自分の死後に続くものは何もないと考えるかどうかは、大きな分かれ目である。日本では個

人のたましいというよりも、より大きなたましいのなかに統合されるというイメージが強いと思われる。

12節 たましいの形態変化といのち循環
——日本のイメージ画2のまとめ

イメージ画2の研究では、永続する「たましい」の本質は何か？ たましいは不死か？ たましいは死後も永遠に生き続けるか？ という問いの立て方をしなかった。本書では、たましいを、この世とあの世を移行し、変身し、往還して移動するものとしてとらえようとした。このような本書の問い方や見方そのものが、すでに西欧のたましい概念とは異なる「ものの見方」から出発しているといえよう。

国際学会で「たましいの形態変化モデル」を発表すると、幾多の疑問が寄せられた。まず死後のたましいを信じるかどうかを問うことが大事ではないか。たましいがどのような形態をとろうとかまわないではないか。天使は単にたましいの使者であるから、どのような使命を帯びているのか、その機能や働きこそ大切ではないかなど。

本書は、たましいが死後も続くというイメージ、つまり連続性や不変性や永遠の概念を扱っている。しかし、たましいの不死性や不変性や永遠性の概念にはもとづいていない。手塚治虫（1994）が「火の鳥」で描いたように、同一の個我としてのアイデンティティを保ち続け、無限に永続する世界に生きることは、人間にとって幸福であるとは限らないという見方が裏打ちされている。

イメージ画2の結果では、人間の死後、「たましい」が身体から分離して存続するというイメージは、現代の日本の若者においても顕著に見いだされた。たましいは天空へと上昇していく移行イメージが圧倒的に多かったので、次の三つの変化モデルで考えた。第一には、気体化プロセスで、たましいが幽霊形になって空中に浮き、たまに尾のついた人魂形になり、さらには拡散して空気や風のように気体形になって無形化・希薄化していくプロセスである。第二は、天体化プロセスで、人間の形のままで雲の上まで上昇して雲上人になり、やがて神格化して雲よりさらに上の太陽や星のような天体形へ変容するプロセスである。第三は、動物化プロセスで、天人のように人間形のまま衣服や道具によって空を飛び、羽をもつ天使になり、鳥に変容していくプロセスである。

イメージ画2では、三つのすべての変容プロセスが見られたが、そのなかでは、幽霊形、人魂形、そして気体形へと変容して、天に昇っていくというイメージがもっとも多かった。気体形への変化は、人間としてのアイデンティティを失い匿名化して、拡散していくイメージで、人間の境界を越えて気体にまで変容した。天

体化プロセスでは雲上人まで、動物化プロセスでは天使形までで、そこに大きな境界があり、そこを超えて人間の形が変化していくことはなかった。

たましいの形は、この世とあの世の中間の移行表象であり、生から死へ、死から再生への循環的変化を媒介する「生命の素としてのたま（玉）」としてイメージされた。たましいは、空中に拡散しても、また地上に帰ってきて、赤ん坊になって生まれ変わるとイメージされた。

上記のようなたましいイメージは、プラトンが述べ、キリスト教文化圏で発展した「霊魂の不死性」「永遠」という観念とは大きく異なると考えられる。不死の霊魂という観念は、変化し消滅し死んでいく身体に対する究極の「実体」と考えられてきた。時間性をもたない究極の対立概念であり、霊魂は永遠に変化しないもの、時間性をもたない究極の「実体」と考えられてきた。

日本文化においては、「たましい」は、実体として永遠性をもつのではなく、常に流動し変化する存在と考えられる。たましいの中核概念としては、無時間性や永遠性や不死性ではなく、時間にともなう形態変化や位置変化など、変化のプロセスを見ていくことが必要だと考えられた。図3-7のようなモデルは、日本文化の他界観をもとにつくったものである。このモデルは、今後つくるべき循環する時間世界のモデルと統合し、さらに洗練していく必要がある。従来は西欧文化の他界観をもとにして、そこへ他文化を位置づけることが多かったが、このようなモデルによって、別の基準系から眺めてみることは、西欧文化を相対化するためにも有益であろう（Yamada & Kato 2004）。

個々のたましいは、大きないのちのもとである「たましい」から生まれて、また大きな「たましい」に匿名化して帰って行くという日本文化のイメージは、祖先や家や世代という概念を越えて、循環しながら長いときを越えて続いていく人びとのいのちの連続性やむすびを想像させる。自分のいのちは自分だけのものではなく、自分でも知らない大きないのちの流れの一部として、今ここで生かされているとイメージすることで、いのちというものの不思議と尊さが実感されるのではないだろうか。

　いのちの流れいうもんがあるようにわしは思う。そこにぽっかりういた泡のようなものが、人それぞれ、生きとるということじゃ。死ねばその流れに帰っていく。じぶんでもしらん長い時の流れの一部や。

（松谷みよ子『ふたりのイーダ』）

6章 フランスのイメージ画をもとに

1節 フランスの他界イメージをめぐる社会的・宗教的背景

1 キリスト教移植以前のヨーロッパの他界観

フランスは西ヨーロッパの中心部に六角形の形をした国土[註1]をもつ。南は地中海、西は大西洋に面し、ローマの時代にはガリアと呼ばれていた。ローマの人びとにとってガリア人とは北方ケルト人を意味したという (Gaxotte 1951)。カエサルが紀元前58年から51年にかけてこの地に遠征したとき、果てしなく広がる深い森林に驚いたことが、かの『ガリア戦記』には記されている。金色に波打つ麦畑と緑の牧場のなかにところどころ小さな森が点在する現在の「美しいフランス (La douce France)」(これはフランス人がその国土を表すのに好んで使う表現である) とはかけ離れて、当時は厳しい自然がこの地を支配していた。地中海沿岸より北の内陸部のヨーロッパは、ガリアも含めていずれも同じような自然条件にあったと考えられる。キリスト教は紀元2世紀ころからゆるやかに、地中海沿岸部からローヌ河を遡って内陸部に浸透し、5世紀にはフランス全土に広がった。そして、496年にフランク王クロヴィスがキリスト教へ改宗したことによって、布教はほぼ完了したとされる (渡辺 1990)。しかし、このキリスト教化は、内陸ヨーロッパや北方ヨーロッパに存在した土着の宗教を根絶して成し遂げられたのではない。人びとの心の奥底に届き、生活に浸透するためには、キリスト教は古い宗教的遺産を一部受け継ぎ、土着の神々や伝統的慣習と妥協し、神話的な物語を取り込んで自らを変える必要があった。こうしてはじめて、キリスト教はヨーロッパ全域に君臨することができたのである。ド・モンクロはその著『フランス宗教史』のなかに次のように書いている (De Montclos 1988)。「教会の使命は古代の宗教のあらゆる機能を排除する (ことではなかった) ……二千年に及ぶフランスの歴史は、

自然、岩石、泉水、さらにまた山岳、森林、天体がいつの時代にもキリスト教徒の心と典礼の祈りのなかにひそんでいることをわれわれに示してくれる」。

では、キリスト教以前に存在した内陸および北方ヨーロッパの土着の宗教とは何であったのだろうか。それは、樹木や岩や山が崇敬の対象となり、大勢の神々が生活の細部とむすびついた太古のアニミズム的多神教世界であった（De Montclos 1988）。とはいっても、その具体的信仰形態は地域によってさまざまであり、本来は「キリスト教以前の宗教」という一語で括りえない多様性がある。ここでは、そのなかでも、前7世紀に生まれガリアの地に広く分布していたケルト人の宗教、ドルイディズムに焦点をあて、特にその他界観を見てみることにしたい。

ドルイディズムとは、古代ケルト人の祭祀階級であるドルイドを中心とする信仰のことである。そこでは霊魂の不滅と輪廻転生が信じられていた。紀元前1世紀のシチリア島出身の歴史家ディオドロスはその『歴史叢書』に次のように書いているという。「（ケルト人のあいだには）ピュタゴラスの教説が広まっている……、それによると、人間の霊魂は不死で、定められた年月を経ると別の身体に入り込んで生き返るとされる」［月川 1997］。ここでいうピュタゴラスとは、あの「ピュタゴラスの定理」で有名な紀元前6世紀の哲学者・数学者ピュタゴラスである。『ギリシャ哲学者列伝』には、彼の輪廻転生観を伝える次のような逸話が残されている。

この信心深い大学者は鞭で打たれる仔犬をあわれみながら、「よせ。打つな。それはまさしく私の友人の魂なのだから。啼き声を聞いて、それと分かったのだ」と叫んだという。［本村 2005］

ドルイディズムの輪廻転生観がピュタゴラスからのどの程度影響を受けたかはともかくとして、ここで確認したいのは、「たましいの輪廻（metempsychosis）」という観念が古代ギリシアにも、古代西欧にもあったということである。輪廻とは単なる生まれ変わりなのではない。たましいがこの世に戻って、人間を含む動物の生命として再生し、やがてまた死を迎え、それが幾度も経巡るように繰り返されることをさす。それはキリスト教的な最後の審判による復活とは根本的に異なる観念であって、むしろ日本文化のなかで私たちが仏教を通して親しんできた観念に近いといえよう。

ドルイディズムのもう一つの特徴は、アニミズム的な儀礼の重要性であるという。ケルト人は樫の木を神聖視し、それに寄生した宿り木を周期的に刈り取る儀礼を行っていた。宿り木には樫の木から神聖な生命力を吸い取って女性や雌の動物たちを孕ませる力があると考えられていたからである［中沢 1997］。こうした樹木の神聖視は、日本の神道に見られる神の依り代としての御神木の概念にも通ずるところがあり、興味深い。

ドルイディズムの世界では、たましいは輪廻し、樹木は力と生

命にあふれているとして、では、「あの世」はどのようにイメージされていたのだろうか。アイルランドのケルト人たちにとっての他界は、花咲きみだれ果実たわわに実る海の彼方の常春の国としてイメージされていたが、他のケルト世界では他界は地続きのどこかであったり、ドルメン（新石器時代の巨石墓、図6-1）の下であったり、泉や湖の底であった（田中 1995）。そして、興味深いことに、彼らにとっての「あの世」は「この世」と何ら変わった世界でなく、今しも死にゆく人にすでに亡くなった死者宛の手紙を返したり、「この世」で金を借りて「あの世」で借り手に託したりできると考えられていたという（Vernette 1998）。「あの世」は「この世」と隔絶した世界ではなく、輪廻によって行きつ戻りつの可能な身近な、垂直軸に沿って天を仰ぎみる独特の空間構成は、当時の人びとの死生観、他界観のあり方に深い影響を与えた。

ここで簡単に、中世のフランスの人びとの心を支配したキリスト教の他界観を見ておこう。死後に存続するたましいの行く末をめぐって、キリスト教でもっとも重要な概念は「復活 (resurrection)」の概念である。この世には、キリストが見せた奇蹟によって死生観は、一神教のヨーロッパの他界観やってすでに神の国が到来しつつあるが、未だ完全ではない。神の国が完成するのは、この世の終わりであって、そのとき神によっ

図6-1 フランス・ブルターニュ地方のカルナックのドルメン

かった私たちの文化の他界観や死生観にとても近かったことがわかる。視点を変えた言い方をすれば、ユダヤ教、キリスト教、イスラム教という一神教の系譜が西洋において支配的な宗教となっていった歴史のほうが新しく、かつ特殊な地域性を帯びた現象だったのではなかろうか。

2　中世のカトリック・フランス

紀元5世紀以降、ガリアの地にキリスト教が広がり、8世紀にはシャルルマーニュがフランク王に即位して、西ヨーロッパの大半をその領地におさめた。彼の死後、その王国は三分割されて、西の王国の領土が現在のフランスにつながるフランス王国となり、この頃より中世フランスのキリスト教文化が花開いていくことになる。10世紀後半にはロマネスク様式の教会が、12世紀後半からはゴシック様式の教会がフランス各地に建てられ、とりわけ後者の、垂直軸に沿って天を仰ぎみる独特の空間構成は、当時の人びとの死生観、他界観のあり方に深い影響を与えた。

て正しき者として選ばれたたましいは復活し、神の国=天国に入ることが許される。それ以外の者には地獄の刑罰が与えられる（ひろ 1986, 1987）。

以上がキリスト教の来世観のアウトラインであるが、このアウトラインの解釈には無限といってよいほどの神学的バリエーションがある。曰く、神の国とはどのような所か、地獄とはどのようなところか、最後の審判が行われるまでたましいはどのような状態にあるのか、最後の審判の前にも復活はありえるのか、復活とは肉体の復活でもあるとして、それはどのような肉体か、復活に際して人格の同一性は継続するのか、最後の審判はいつ訪れるのか等々、中世キリスト教神学とはこのような問題を延々と議論する場でもあった（Grégoire 1956）。加えて、民衆レベルでは、キリスト教導入以前の古い宗教的遺産にもとづくさまざまな他界イメージが残っており、これらのイメージがキリスト教の教義の衣をまとって、生き延び続けたことも忘れてはならない。たとえば、ヨーロッパ各地にキリスト教以前からあった豊穣儀礼と死者儀礼の祭りは、中世にはキリスト教の聖者を祝う祭りとなってその形を後世にとどめることになる。そのフランスにおけるもっとも例は、11月1日の万聖節（Toussaint）で、この日と翌日は現在でも多くのフランス人が先祖の墓参りをする日となっている。表向きはカトリックの聖人すべてを祝う日なのだが、聖書にその謂れがあるわけではない。もともとは、ドルイディズムの冬の始まりを告げる行事であって、戻ってくる死者の霊をあたたかく迎え

る日であった（谷口・遠藤 1998）。このように、民衆生活のなかに古くからあったキリスト教とは無縁な伝統的な行事が、やがてキリスト教の祭日として取り込まれ公認されていったことによって、本来はキリスト教の教義にそぐわない観念やイメージ（上記の例の場合、キリスト教では死者は生者のもとに繰り返し戻ることはない）も、時代を超えて人びとの心のなかに共有され続けたものと思われる。

さて、中世フランスのキリスト教は、16世紀には宗教改革の大波によって大きな転機を迎えることになる。1562年からはじまったカトリックとプロテスタント（当時フランスではユグノーと呼ばれた）の熾烈な宗教戦争は36年間の長きにわたって続き、フランス国内は極度に疲弊していった。16世紀末になってやっと、プロテスタントの領袖であった国王アンリ4世がカトリックに改宗し、一方でユグノーに信仰の自由を与えたことによって、宗教戦争は終息し、以後、フランスはイギリスやドイツと異なって、多数がカトリック教徒の国民国家となったのである。

3 「ライシテ」国家としての近現代フランス

フランスは、今日もカトリック教徒がもっとも多数を占める国である。しかし、イギリスやドイツ、あるいは新大陸のアメリカと比べたとき、現代のフランスには、もう一つ宗教をめぐって大きな特徴がある。この特徴は、イタリアやスペインなどの他のカ

トリック諸国とも異なるフランス固有の特徴である。それは「ライシテ（laïcité）」という概念にかかわる。近代国家の多くは今では政教分離をその統治の当然の原則としているが、「ライシテ」とはその政教分離をさすといっても間違いではない。ただ、フランス語の laïcité の語は、国家が特定の宗教にかかわらないという意味での政教分離を越えて、国家の非宗教化を徹底して貫徹しようと企図する概念である。

このことは私たちにはたいへんわかりにくいので、工藤（2007）のあげている例で示そう。たとえば、アメリカの新大統領は聖書に手を置き、キリスト教の神の名において宣誓を行う。イギリスでは国教会は王制と一体となっており、国政においても国教会の聖職者だけが上院に一定の議席を占めるようになっている。ドイツでは公立学校で宗教の教義を教える科目が正規の科目として認められている。以上のすべては、フランスでは絶対に許容されない。加えて、フランスの公教育の場では「これみよがしな（ostentatoire）宗教的シンボル」の着用が法によって禁じられている（小泉 1997）。その対象は、キリスト教徒の十字架のネックレスであってもイスラム教徒のスカーフであっても、原理的には変わらない。周囲がそのような意味をもつ着用であると認知し本人も自覚的であれば、宗教の如何によらず等しく同じ法の適用を受ける。

フランスの「ライシテ」の原則とは、ことほど左様に厳しいも

のなのである。これには、キリスト教に対してその宗教的蒙昧を激しく攻撃した18世紀の啓蒙主義、その啓蒙主義の影響を受けキリスト教にかわって理性を神の座に祭り上げたフランス革命、そのフランス革命によって成立した共和政を実質化するために、19世紀を通じて行われてきた国家やその公教育をカトリック教会から独立させようとする涙ぐましいばかりの努力が、歴史的背景としてある。

それが現在の憲法（1958年に成立した第五共和国憲法）第1条の「フランスは、不可分の非宗教的、民主的かつ社会的な国家である」という規定につながっている。まさに「非宗教性」こそは、フランスという国家の第一の自己規定なのである。

現代のフランスの若者が、このように徹底して非宗教的な学校教育のなかで育っていることは念頭においておく必要がある。慣習や道徳のレベルでどんなにカトリック的要素が社会のなかに残っていても、宗教をあくまで内面の私事として受け取る人びとや積極的無神論者のあいだにはあり、この合意を脅かさない限り、どんな宗教の存在も許容される懐の深さがフランス社会のなかにはあるといえよう。

ただ、そのことが他の欧米諸国にもまして、フランスの若者の脱宗教化、世俗化を促している一因となっていることも確かである。巻末の資料3～6を見るとわかるように、本調査のフェースシートで尋ねた調査協力者の宗教分布では、「無宗教」という回答はフランスもイギリスも共に5割弱で差が見られなかったが、10年ごとに行われている大規模なヨーロッパ価値調査（European

Value surveys）で見ると、フランスはヨーロッパ諸国のなかでもっとも宗教への帰属意識の薄い国の一つであることがわかる。特にこの傾向は若者に顕著で、1999年調査では18歳から29歳の年齢層で何らかの宗教への帰属意識を表明した青年は47％であり、オランダに次いで低い（ちなみに、イギリスは75％）。月1回以上教会へ行く青年となると、わずか6％であり、他のカトリック諸国の数字が30〜40％台であることからすると、極端に低いといえよう（Lambert 2004）。ただ、それが、死後の生を信ずるか否か（belief in a life after death）という質問になると、ヨーロッパ諸国の平均並みの数字（42％）となることが興味深い点である。この数字は、巻末資料の他界信念調査の項で見るように、本書の研究の結果ともおおむね一致している。

2節 フランスのイメージ画──事例と特徴

日本と比べた場合、フランス青年のイメージ画は全体として稚拙・単純であり、人物のほとんどもスティック画の技法で描かれていた。巷に流布する「美術の国・フランス」のイメージからは、まずこの点が意外な結果であったが、後で見るようにイギリスもベトナムも同様であったので、マンガ文化のなかで育った日本青年の描画スキルの高さが、世界的に見ればむしろ特異なのであろう。絵の質に対し、それに付加された言語的説明のほうでは、

逆にフランスの青年はイギリスの青年と同様、日本の青年よりも記述量が多くなる傾向が見られた。こうした傾向は、筆者たちの母子関係イメージの日英比較研究で確認された結果とも一致している（やまだ・加藤 1993；加藤・やまだ 1993）。それぞれの文化によって絵画表現と言語表現のいずれが得意な表現モードであるかに違いがあること、両者の表現はその巧拙を相互補完する関係にあること、などが推定される。

イメージ画の描き方をめぐってはこのような違いがあったが、筆者たちのいちばん大きな驚きは、にもかかわらず、フランスのイメージ画には日本のイメージ画と質的、内容的に類似した絵が多数見いだされたことであった。以下では、このような絵を中心に紹介することにしたい。

1 この世に対するあの世の位置

空間配置という観点から見てフランスのイメージ画にもっとも多かったのは垂直他界である。それも「あの世」を上に描き「この世」を下に描く天上他界のイメージが圧倒的に多かった。典型的な絵としては、事例6-1-1、事例6-1-2および4章の事例4-1-2があげられる。どの絵でも、「あの世」は天上にあって「天国」あるいは「調和と交流の世界」として説明され、光輪を頭上に抱く人（天使）がいたり、太陽の光や花があふれていたりする。これらは4章の日本のイメージ画の事例4-2-2、事例4-

天国

生者の世界

上の絵：人々は幸せで、人生を楽しんで生きている。天気は申し分なくとても良い。
下の絵：人々は悲しそうである。とても寒く、人々は互いに信頼しあっていない。

【事例6-1-1】（F0269①）　　　　【事例6-1-2】（F0324①）

事例6-1　垂直配置であの世が上 —— あの世は調和的世界

2・3と驚くほど類似していることがわかるだろう。なお、事例としてあげたフランスのイメージ画を描いた三名の調査協力者は、自分の宗教を事例6-1-1はカトリック、事例6-1-2はイスラム、事例4-1-2はプロテスタントと名のっている。つまり、調和的天上他界のイメージが特定の宗教にのみ立脚したイメージでないことが、ここからもわかるであろう。

この世とあの世をこのように上下の二層構造として表現するだけでなく、あの世をさらに天国と地獄に分けて垂直三層構造に表現するイメージ画も少なからずあった。事例6-2-1、事例6-2-2はその典型的な絵である。どちらも、この世を中間にはさんで天国を上、地獄を下に描いている。日本のイメージ画にも4章の事例4-5-1のような同じ空間的構図の表現が見られたことを、ここでも指摘しておきたい。

西欧世界でもっとも有名な、上に天国があり下に地獄がある空間構図の典型は、ミケランジェロが描いたシスティーナ礼拝堂の「最後の審判」であろう（図6-2）。ここではいちばん上層に天使たち、次にキリストを中心とする天国、その天国に入れずに地獄へ落ちていく人びと、そして地獄世界が描かれている。この構図は繰り返しその後もキリスト教美術のなかで描かれている（久重1996）。しかし、キリスト教世界に限らず、垂直方向の空間配置を価値の序列としてとらえる傾向は多くの文化で存在するので、「あの世」を「この世」よりも望ましい天国、楽園などとして肯定的にイメージすれば、「この世」に対して上部に位置づけるこ

235　6章　フランスのイメージ画をもとに

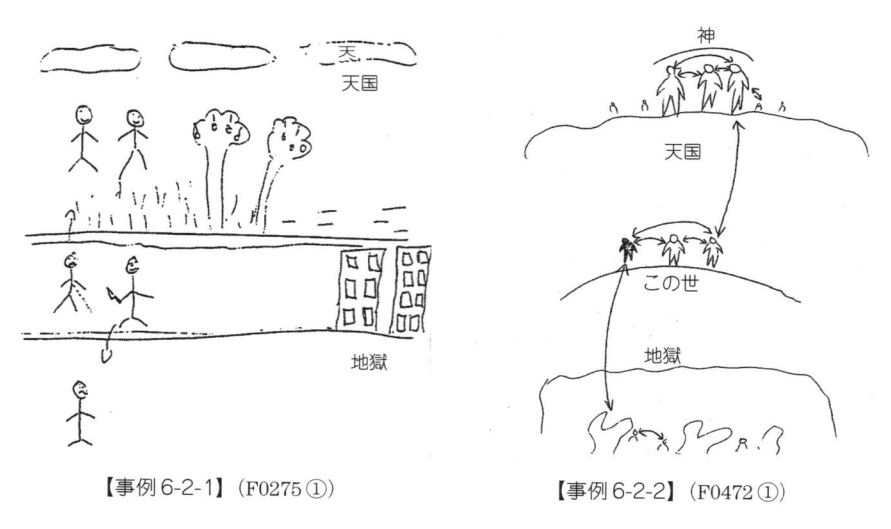

【事例6-2-1】（F0275①）　　　　　　　【事例6-2-2】（F0472①）

事例6-2　上下三層構造のあの世

とになるだろうし、地獄として否定的にイメージすれば下部に位置づけることになるのは自然であろう。フランスと日本に共通するイメージ・タイプの絵が比較的多く見られたのは、このようなためでもあろうと思われる。

垂直的な三層構造であるが、「移行領域」を含む三層のイメージ画として、事例6-3のような絵が見られた。説明によると、死後にはまず「お迎え」の段階があって、ここで前世の過ちを申告した者だけが、次の「移行領域（zone de transit）」に進むことができる。何の悔い改めもなければ、その人は地獄へ落ちること

図6-2　ミケランジェロ「最後の審判」
（1536-41年）

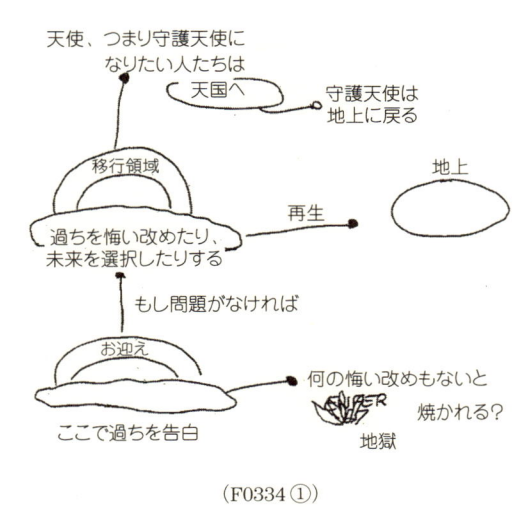

[図:垂直配置のあの世のイメージ]

- 天使、つまり守護天使になりたい人たちは → 天国へ
- 守護天使は地上に戻る
- 移行領域
- 過ちを悔い改めたり、未来を選択したりする → 再生
- 地上
- もし問題がなければ
- お迎え
- ここで過ちを告白
- 何の悔い改めもないと焼かれる？
- 地獄

（F0334 ①）

事例 6-3　垂直配置のあの世 ── 移行領域のある場合

になる。「移行領域」では過ちの浄化に努め、その結果二つの選択肢が用意されている。再生して地上に戻る道と、天国に昇って天使あるいは守護天使になる道である。守護天使となった場合は、やがて地上に戻ることになる。

よく知られているように、カトリックでは13世紀以降、天国と地獄のあいだに「煉獄（purgatoire）」という死後の行き先の第三の候補地が認められるようになった（Le Goff 1981）。この教理が最終的に承認されたのは16世紀中葉のトレント公会議であり、そこで作成された『教義問答集』には、「煉獄の火というものがあり、敬虔なるものの霊魂はこのなかで一時的な罰を受けることで浄化される。汚れたる者の入ることのできない永遠の国への門戸が、彼らのために開かれるようにするためである」と述べられているという（Turner 1993）。つまり、キリスト教の神を信ずる者は原理的には救済を約束されているが、キリスト者といえども清廉潔白な人生を誰もが送れるわけでない以上、犯した罪が大罪でなければ、汚れたたましいでも死後に清めの試練を経ることによって天国への切符を手にできると考えられたのである。ちなみに、煉獄はカトリック独特の概念で、正教やプロテスタントには類似の教理は存在しない。

事例6-3のイメージ画は「移行領域」がメインテーマになっているという点で、煉獄の概念に近い絵といえそうであるが、しかし、死者のたましいがたどる運命という点では、この概念通りではない。まず、このイメージ画では、死者のたましいには「移行領域」から天国に昇って天使や守護天使になるコースが用意されている。また、直接、地上に再生するコースも描かれている。煉獄とむすびついたカトリックの教義では、天使は直接に姿を現すことのない神の代理あるいは使いであって、死者のたましいの到達先ないし天国の姿ではない。したがって、このイメージ画が煉獄の概念を忠実になぞったものでないことは明らかである。事例6-4-1の絵はシン

死者が天使や守護天使になるイメージ画は他にも見られた。事例6-4-1、事例6-4-2がそれである。事

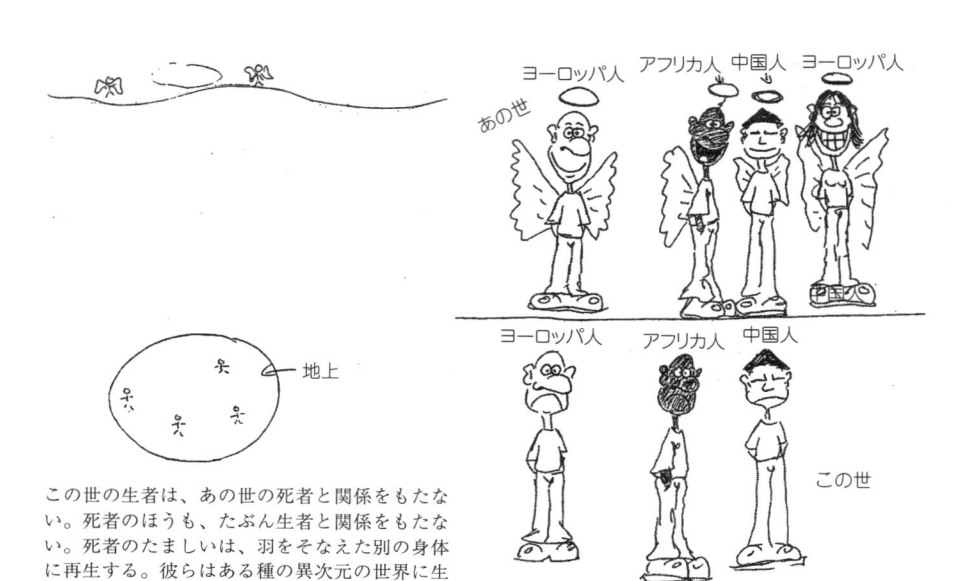

この世の生者は、あの世の死者と関係をもたない。死者のほうも、たぶん生者と関係をもたない。死者のたましいは、羽をそなえた別の身体に再生する。彼らはある種の異次元の世界に生きていて、私たちは彼らをとらえられない。

【事例6-4-1】（F0341①）　　　　　　　【事例6-4-2】（F0363①）

事例6-4　羽の生えた別の身体に再生した死者

プルであるが、説明文にははっきりと「死者のたましいは羽をそなえた別の身体に再生する」と書かれている。また、事例6-4-2は、この世の人があの世では光輪と羽をつけて微笑んでいる絵となっている。このイメージ画では、この世の人とあの世の人が同一人物の対比的な表現となっている。この世の人種の異なる人びとは口を「への字」に曲げて互いに無関心を示しあっている。あの世では光輪と羽をつけ笑顔で互いに親しみを示しあっている。人びとのなかに差別や分断が支配するこの世と、連帯と親和力が支配するあの世。このイメージ画を描いた青年は、移民によって多民族社会化するフランスの現状と未来の理想社会とを、この世とあの世の関係に投影してこのように描いたのであろうか。

羽が天使の表徴であることを考えれば、この二つの絵に表現されたイメージは、すでに引用した日本の事例4-3-1や事例4-5-1の「天使となった死者のたましい」と同じである。フランスの上記のような絵は、西欧のキリスト教世界にあっても、神学的な教理問答とは無縁なところで生き続ける民衆の素朴イメージが何であるかを物語っているようで、興味深い。文化を越えて日本の青年と共通性の高いイメージが現れた理由の一端は、ここにあるように思われる。

空間配置という点では、以上に述べてきたように、フランスのイメージ画には垂直的配置が多かったが、少なからず水平的配置の絵も見られた。その一つが事例6-5である。この絵は、この世とあの世が同時に並行して存在することを表しており、それゆ

現在の生　　　　　　あの世の生

同じ時

この世での生（現在の生）はあの世での生と並行している。つまり、同じ世界を分かち合っているのだ。しかし、異なる次元で。

(F0337①)

事例6-5　水平配置のこの世とあの世

2　あの世はどういうところか？

フランスでも、日本と同様、あの世は調和的世界として肯定的にイメージされる絵が多数見られた。それも、花、太陽、光輪やえ同格としての水平配置として表現されているように思われる。

さらに、日本で比較的多数見られた背後霊あるいは守護天使タイプの水平配置のイメージ画が、少数ながらフランスでも見られた。事例6-6-1、事例6-6-2はその典型例である。一瞥して、4章の日本の事例4-10-2とあまりによく似ていることに驚くのではないだろうか。

守護天使

生きている人

守護天使は、私たちが忘却しないよう、過ちを犯さないよう、見守っている。

【事例6-6-1】（F0350①）　　　【事例6-6-2】（F0415①）

事例6-6　背後霊あるいは守護天使タイプの水平配置

羽をつけた天使などの共通の具体的表象によって比較的豊かに表現されることが多かった。事例6-7は、事例4-1-2などと同型のイメージ画であるが、そこに描かれている天使は死者のたましいの形象化であるのか、それとも神の使いとしての天使であるのか、絵からだけでははっきりしない。

あの世を否定的に描いたイメージ画は、フランスの場合も日本同様、少なからずあり、それはすでに触れたように、天国と対比した地獄（enfer）として描かれることが多かった。地獄の図像的表象については、洋の東西を問わず、人間の想像力の限りを尽くして、天国や楽園よりははるかに多様なイメージが生み出されてきたといえる。フランスを含めた西欧中世のキリスト教美術には

（F0235①）
線と雲

事例6-7　あの世の光輪と羽をつけた天使

数限りない地獄絵があるし、ルネサンス期になると15世紀フランドルのヒエロニムス・ボスが描いた『悦楽の園』や『最後の審判』のなかの地獄のイメージはあまりにも有名である（中野1999）。日本にも平安末期から鎌倉初期にかけてつくられた『地獄草紙』や『北野天神縁起八大地獄めぐり』などの凄まじい地獄絵がつくられている（真保1988）。ところが面白いことに、本研究のイメージ画においては、日仏どちらにおいても、地獄は天国ほどにはていねいかつ生き生きと描かれることが少なく、恐ろしいイメージからはほど遠いものであった。事例6-8はあの世が上部に描かれたイメージ画で、その上部の右に天国、左に地獄が割り当てられている。地獄では人が業火に焼かれているが、まったく恐ろ

死後には、世界は2つに分かれる。神を信ぜず、隣人を助けず、悪をなした人々には地獄が、神を信じ、他者のために善をなした人には天国が、用意されている。

（F0241①）

事例6-8　あの世は上――上に天国と地獄

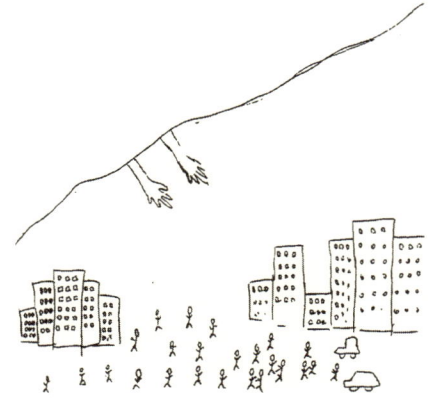

この世の生者は、日々のくだらないことであまりに忙しすぎる。彼らは自分の周りを見ていないから、どうしたらあの世の住人と会えるか、知らない。反対に、あの世の死者たちは、この世の生者たちにたぶん手を差し伸べている。

【事例6-9-1】（F0178①）　　　　　　【事例6-9-2】（F0313①）

事例6-9　見守る死者、手を差し伸べる死者

3　見守る死者、手を差し伸べる死者

しい世界という印象を受けない。もちろん、描画表現能力の問題もあるが、天国の表現のほうはシンプルななかにそれなりの心安らかな世界の雰囲気がよく出ているのに対して、地獄のほうは滑稽な感じすら受ける。これを4章の日本の事例4-5-1と比べてみると、よく似た印象をもたないだろうか。どちらも地獄は描かれているが、絵全体のトーンのなかでそこがとりわけマンガ的に見えてしまう。フランスでも日本でも、日常生活から飢えや悲惨が遠のき、死が身近な現実として体験されなくなった分だけ、地獄のイメージは豊かな想像力の対象となりにくくなっているのだろうか。

フランスでも日本と同様、イメージ画1によく現れた表現に、雲の上や天にあるあの世からこの世の人びとを見守っていたり、手を差し伸べていたりする絵があった。事例6-9-1、事例6-9-2はこのような絵の典型例である。4章の日本の事例4-3-1はこれらと類似の表現である。フランスの二つの絵では、あの世から見守ったり手を差し伸べたりしているのは、神やその使いの天使でなく「死者」であると説明されている。

しかし、キリスト教では、死者（のたましい）がこのような役割を担うとは教えていない。カトリックでは、庇護や救済は神の領域に属する事柄であろう。洗礼によって原罪の許しを得たカトリックの信者は、人間共通の弱さゆえ、後々も罪を犯し、掟を破

241　6章　フランスのイメージ画をもとに

る可能性がある。そのため、カトリックでは告解という制度が設けられ、信者は司祭に罪を告白し懺悔することによって許されることになっている。しかし、許す権限はあくまで神にある。司祭や教会はその許しを仲介するにすぎない。プロテスタントの場合はもっと厳しくて、カルヴァン派の予定説に典型的に見られるように、この世の人間の誰が救われるかはあらかじめ決められていて、神は「許し、手を差し伸べる」存在であるよりも「裁く」存在である。死者自体は裁かれるのであって、救う側の存在へと簡単に移行できるということではない。

このように見てくると、フランスでも日本と同じように、死者がこの世の人を庇護したり、救済したりするイメージが現れるのは、たいへん面白い。しかし、考えてみると、死者がこの世の生者を守るという物語は、西洋においても珍しいものではない。1990年に大ヒットしたアメリカ映画『ゴースト／ニューヨークの幻』は、この種の典型的な映画であろう。暴漢に殺された主人公がゴーストとなって恋人を守ろうとする。しかし、直接コミュニケーションできないので、霊媒師に伝令役を頼んでその使命を果たそうとする。この映画では、死者となった主人公はこの世にとどまって、恋人の傍らに常にいるのであるが、これは先に見た事例6-6-1のイメージに近いといえよう。

「見守る死者、手を差し伸べる死者」のイメージがフランスのなかにも根強くあるとすると、それは聖人崇拝との関係で解釈可能かもしれない。一度でも内部に入ったことがある人ならわかる

ことだが、フランスのカトリックの教会には神に祈る主祭壇だけでなく側廊に幾人もの聖人の祭壇が設けられ、礼拝の対象となっている。聖人はかつてこの世でキリストの教えを広めることに貢献した人びとであり、今は天国にいてこの世の人びとを神へと仲介する役割を果たしていると考えられている。このように、聖人の加護や庇護は神への仲介という間接性によってはじめて可能になっているのだが、聖人そのものが礼拝の対象となった時点で、素朴信仰レベルではこの関係はあいまいになってしまったのであろう。聖人に救済や庇護の力があるとなると、その力は専門分化して考えられるようになり、「眼病治療のための聖ルチア、火災よけのための聖フロリアヌス、紛失物探しの聖アントニウス…」（谷 1997）と、多彩な様相を呈するようになる。さらには、それぞれの都市、村、教会がそれぞれの守護聖人をもつようになり、一年の365日すべてにもそれぞれの聖人が割り当てられるようになっていった。しかし、一神教原則のキリスト教にこのように多彩な聖人崇拝が初期からあったわけではないようである。教義レベルにとどまらず生活誌レベルでのカトリック理解をめざしている谷は、中世キリスト教が聖人崇拝を取り込んでいった事情を次のように述べている。

聖人崇拝がその源をキリスト教の普及以前の英雄崇拝や祖先への崇拝に持っているということである。キリスト教は普遍宗教として自然神への儀礼、つまり農耕儀礼を捨て一神教として祖先

崇拝を拒否した。にもかかわらず祖先をまつることによって生存中と同じく加護を受け、またその徳をみずからのうちに得たいという民衆の自然な気持ちに発した慣習は、たとえ新しい宗教のもとにあっても、うちけすにはあまりにも根づよいものがあった。こうして英雄崇拝や祖先崇拝は新たに聖人崇拝というかたちをとって、一神教カトリック教会の教義の中に編成されていったのである。

カトリックには一神教的な衣をまとったこのような多神教的側面があり、聖人崇拝を媒介として、親しい関係にあった死者を庇護者としてとらえる、日本の私たちに近い素朴イメージが、今も息づいているものと思われる。

(谷 1997, p.79)

3節 フランスのイメージ画2 ―― 事例と特徴

1 イメージとしての「この世への帰還」と教義としての「ありえない帰還」

「たましいの帰還」をめぐっては、フランスでも「この世に帰還」するイメージと「帰還のない」イメージが共に見られた。5章の事例5-22-2、本章の事例6-10-1、事例6-10-2、事例6-10-3は、帰還を表した典型的なイメージ画である。事例5-22-2

では、人魂形をしたたましいは地上から螺旋のなかを通って天空に昇り、やがて回転しながら地上に降りて再び人間として生まれ変わっている。事例6-10-1では、死者のたましいは天上に昇り、ここで浄化されて再び地上に降りてくる。この二つのイメージは不思議なほど5章の日本のイメージ画、事例5-22-1とよく似ていないだろうか。フランスの二枚のイメージ画はどちらもカトリックを自分の宗教と答えている青年の絵であるだけに、いっそう興味深い。

事例6-10-2も、死後たましいは昇天し、天上でしばらく別の生を営んだ後、地上に戻ってまったく別の人間としての生を得るという、同タイプのイメージ画である。事例6-10-3は、事例6-3の煉獄を表現したイメージ画1に対応するイメージ画2だが、煉獄というカトリック的概念装置が描かれながら、天国へ行かなかったたましいは再び地上に戻って新たな生命となりながら、循環的イメージの絵となっている。そして、この青年は、説明文で「ユダヤ教徒にとっても、プロテスタント、カトリック、仏教徒にとっても、たどる道筋は同じだと思う」と記している。このイメージもそうだが、イメージ画事例6-11-1、事例6-11-2に典型的に見られるように、帰還はこの世での新たな生命の妊娠・誕生として表現されるケースが多い。特に、事例6-11では、あの世からこの世へのたましいの帰還は胎児の形をとり、新しい個人として生まれ変わるという循環が描かれている。

この世への帰還は、人間への生まれ変わりだけではない。事例

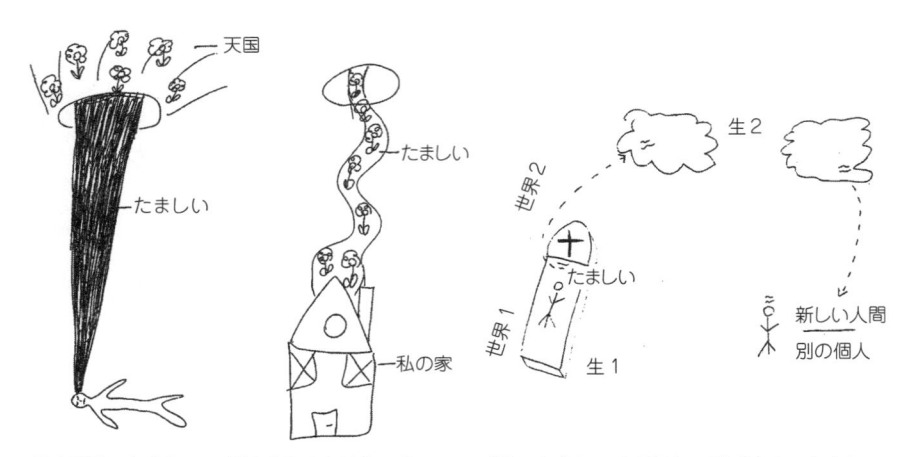

私は死後のたましいの存続はあると思う。私のたましいは天国へと昇天する。私が想像するには、そこは新しい、花が咲き乱れた、幸福な世界である。私のたましいは昇っていくときは黒いが、降りてくるときは、天国で得た善意と幸福によって満たされた状態になっている。

【事例6-10-1】（F0462②）

死後にたましいは存続し、昇天する。たましいがこの世に戻ってまったく新しい人間として生きる準備が整うまで、天で別の生が営まれる。

【事例6-10-2】（F0335②）

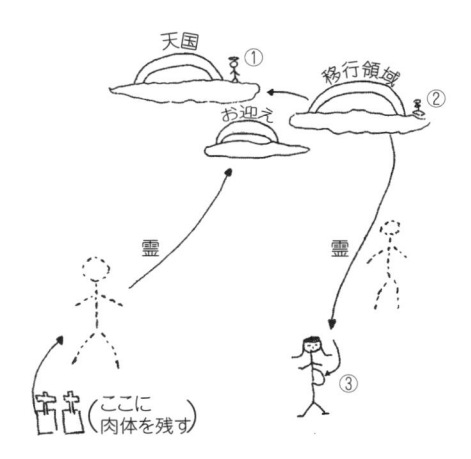

①は聖人、②は仏陀、③は未来の母親。
移行の領域は、煉獄であろう。
ユダヤ教徒にとっても、プロテスタント、カトリック、仏教徒にとっても、たどる道筋は同じだと思う。なぜなら、みんなすべて唯一の神を信じているのだから、多神教を信じる人でも、最高神が入るはずだから、やはり同じ図式になるはずである。

【事例6-10-3】（F0334②）

事例6-10　この世への帰還

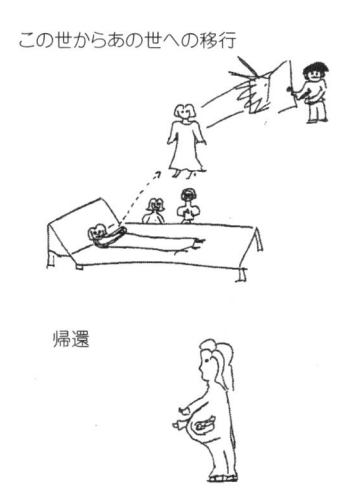

この世からあの世への移行

この世からあの世への移行

あの世からこの世への帰還

胎児

たましい

体

① ②

帰還

開いた扉は、光と太陽、内的平安の道に続いている。扉に現れたのは、私の祖父で、私を迎えてくれる。
（この世への）帰還は、妊娠の際になされる。

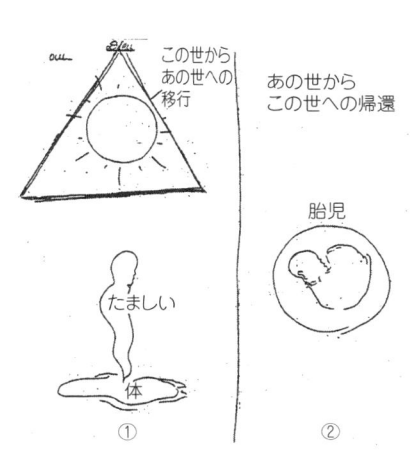

①私は、たましいは存在し、永遠であると思う。死ぬと、たましいは愛の神（絵では太陽で表してある）と合体する。たましいがピラミッドのほうへ行くほど、この愛の神に近づくのである。
②あの世からの帰還は、私にとっては、誕生を意味する。つまり、ある個人として再生するということで、私はそれを信じている。

【事例6-11-1】（F0337 ②）　　　　　　　　　　　【事例6-11-2】（F0003 ②）

事例6-11　この世への帰還 ── 新たな生命の妊娠・誕生

6-12-1、事例6-12-2、事例6-12-3、事例6-12-4のように多様な生命に生まれ変わる。事例6-12-1では、たましいは肉体なしでしばらく存在し続けた後、人間の赤ん坊となって生まれ変わったり、動物となって生まれ変わったりしている。事例6-12-2では生まれ変わりはコブラであり、説明文にはライオンや鷲などの他の動物への再生も示唆されている。事例6-12-3でも、人間、鳥、てんとう虫と、再生の可能性は多様である。事例6-12-4のように、不死鳥となって蘇るとする見事なイメージ画もあった。キリスト教的な観念からすれば、人間と動物とのあいだには越えがたい境界が存在するはずであり、仮にたましいの地上への帰還がイメージされたとしても、動物への転生の描かれた絵がフランスでも現れたとは、私たちの予想外であった。

この世への帰還を、よりはっきりと反復する循環として示したイメージ画もあった。事例6-13は、そのような円環的表現の絵である。事例6-14は、絵自体は円環的な表現となっていないが、説明文では「地上への帰還も信じている」と述べた上で、その帰還のしかたは、さまざまな生の経験を通してたましいがその都度純化されていくようにして起こると解説している。ここでの循環のイメージは同じことの永遠の繰り返しでなく、たましいの純度の高まりとともに、やがては循環自体が消滅していく詩的なイメージとなっている。

上記のような「帰還」イメージに対し、「帰還はありえない」と明確に表現する事例6-15-1、事例6-15-2のようなイメージ

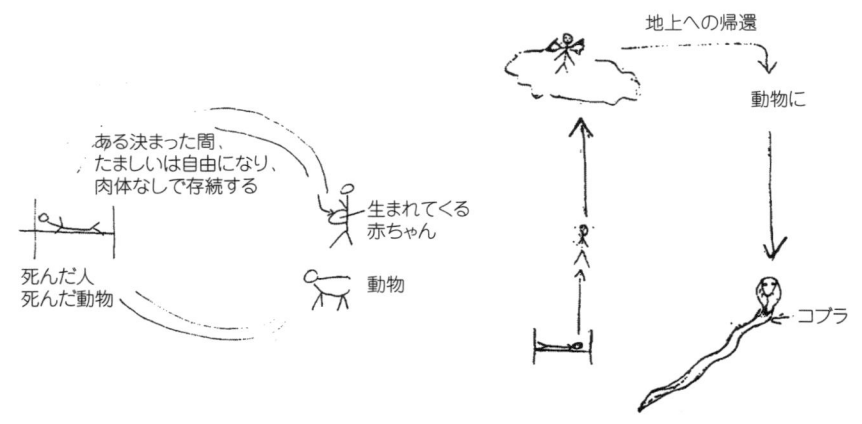

私はたましいの再生（incarnation）を信じている。

【事例6-12-1】（F0300②）

みんなあの世へ行く。絵の中の天使は、あの世には善しかもはや存在しないという事実を表している。私のイメージでは、地上への帰還は、動物—たとえばコブラとか、ライオンとか、鷲とか—への再生（incarnation）によって果たされる。

【事例6-12-2】（F0184②）

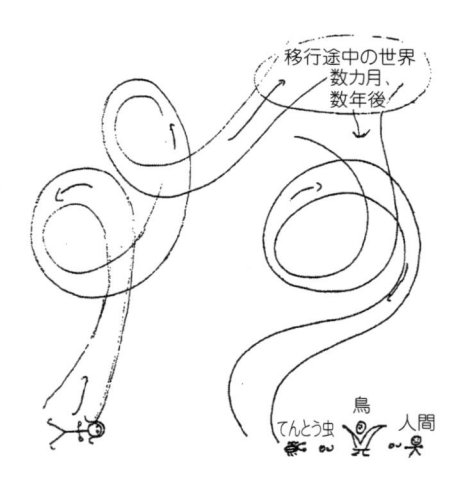

動物が、別の人間に再生する。

【事例6-12-3】（F0172②）

この絵は、灰の中から再び生まれる不死鳥を表しているイメージだ。灰は、身体とたましいを別の存在に変貌させるが、火のほうは、破壊者であるとともに豊饒な存在でもある。この錬金術が生から死への、またその逆の場合の移行なのである。死そのものは、象徴的な観点からすると破壊的なものではない。

【事例6-12-4】（F0396②）

事例6-12　この世への帰還 ── 人間や動物に生まれ変わる

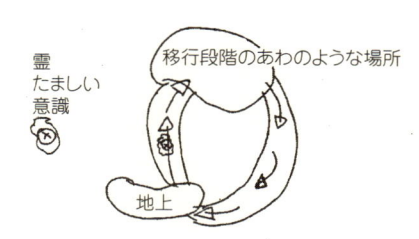

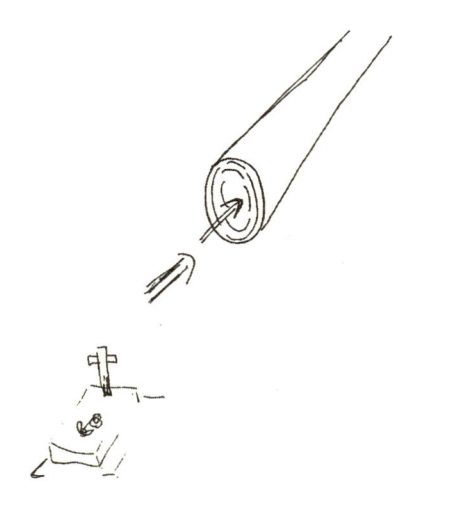

帰還はない。生きたこともない何かを絵に描くことは不可能である。

【事例6-15-1】（F0427②）

絵は、死についての私のだいたいのイメージである。そうしたテーマについては、私ははっきりとした形而上学的な考えをまだもっているわけではない。（絵の中の説明：魂が形を変えて地上に戻ってくることを示す図）

（F0238②）

事例6-13　円環構造

「たましい」は「この世」から「あの世」へ移行する。しかし、「あの世」から「この世」へ移行することはできない。この移行は、生者から死者へと一方向だけ、一度だけ可能である。

【事例6-15-2】（F0384②）

事例6-15　この世への帰還はありえない

死後にたましいの存続はあると思う。わたしはたましいの存続を信じるし、その地上への帰還も信じている。その帰還の仕方というのは、さまざまな生を何度も経験してその度に純粋なたましいに近づき、ついには希薄になって消えていくような、そういうものである。たぶん理想化されたイメージだろうが、私はこのイメージを信じている。

（F0311②）

事例6-14　循環とその消滅

247　6章　フランスのイメージ画をもとに

画も見られた。特に事例6-15-2では、「あの世からこの世へ移行することはできない。この移行は生者から死者へと一方向だけ、一度だけ可能である」と、移行の一方向性が説明文でも強調されている。

ユダヤ教を起源とするキリスト教、イスラム教の一神教宗教では、教義上は死者のたましいの「この世への帰還」はありえない。しかし、にもかかわらずフランスでも「帰還」イメージの絵が比較的多数見られたので、さらに往来のパターンのイメージ・タイプと調査協力者の宗教とのあいだに関係があるかどうかを調べてみた。ここでは比較的人数の多かったカトリックと無宗教の人びとを比較してみると、図6-3に見るように分布に差があり（$\chi^2 = 9.668, df = 2, p < .01$）。残差分析の結果、カトリックの青年は「双方向」の帰還イメージの絵を描く者が有意に多く、「その他」が有意に少なく、無宗教の青年は逆に「一方向」が有意に多いことがわかった。つまり、カトリックに比較的よくコミットしている人びとが、常にその教義と合致したイメージをもっているとは限らないことが、ここからわかる。

では、フランスのイメージ画のなかに、日本のイメージ画で見られたような「この世への帰還」タイプの絵が多数見られたことをどのように考えたらよいのだろうか。一つの仮説として、以下のようなことが考えられる。

本書の研究の調査対象者の多くはパリあるいはパリ近郊に居住する人たちであったが、何世代も前から都会生活者であった家庭

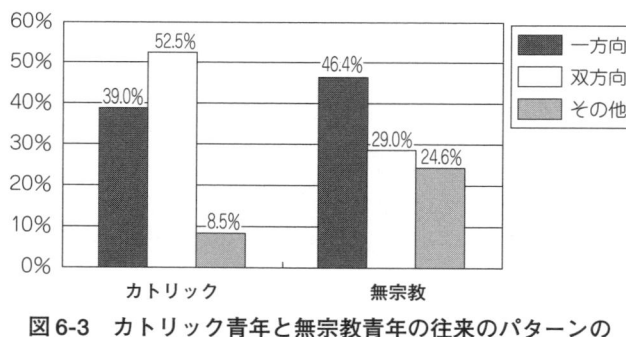

図6-3 カトリック青年と無宗教青年の往来のパターンの比較（フランス）

カトリック: 一方向 39.0%、双方向 52.5%、その他 8.5%
無宗教: 一方向 46.4%、双方向 29.0%、その他 24.6%

の出身者は必ずしも多くない。パリに暮らす青年は、自身の故郷が農村部であったり、親や祖父母の代になってはじめてパリに移り住むようになり、田舎に親類縁者が今もたくさんいる者も多いと聞く。日本と同様、フランスも国の産業化とともに、20世紀を通じて農村部から都市部へ人口が大きく移動した。ただそれが日本よりも長い時間をかけて緩慢に生じた点が異なる。そして、この人口移動が緩慢であった分だけ、フランスはパリと地方のいくつかの中心都市を除けば、今でも広大な農業国の性格を色濃く残すことになった。夏には延々とひまわり畑の広がる美しいフランス西部の農村出身の筆者の友人は、アメリカ南部が deep south と呼ばれることをもじって、「フランスには二つのフランスがある。パリと France profonde (deep France）だ」と語ったことがある。ことほど左様に、農村部には今も1節で述べたような、土着の慣習や本来はキリスト教の教義にそぐわない素朴信仰を含んだ生活レベルのカトリック信仰が根強く残っているのである。おそらく、本調査の協力者のなかにも、カトリックを自己の宗教として意識している青年であれ、また必ずしもそのような意識のない青年であれ、その他界観、死生観には、こうした素朴観念やイメージ、感性が浸透していると考えることはできないだろうか。カトリック以前からの土着の農耕的な循環思想は人びとの素朴イメージのなかに根強く生きており、それは私たち日本のアニミズム的な生命循環のイメージからさほど遠くなく、その結果、フランスの青年のイメージ画のなかに、日本の青年と類似のイメージを見いだすことになったのではないだろうか。この説明はあくまで大雑把な仮説の域を出ない。この仮説の適否はともかくとして、ここで重要なのは、文化や宗教によって大きく異なると考えられてきた死生観、来世観にかかわるイメージに、フランスと日本のあいだで差異性よりも思わぬ類似性が現れたという事実である。この事実こそ重要である。

2　フランスにも人魂形がある？

5章ですでに見たように、たましいをどのような形としてイメージするかを人間形、人魂形、気体形に分けると、人間形は各国共通に40％前後の比率で見られるが、人魂形は日本に多く、フランス、イギリスに少ないことがわかる。もともと目に見えない対象を視覚化するわけであるから、たましいの形がそれぞれの文化的伝統のなかで固有のイメージ形態をとったとしてもおかしくない。したがって、基本の三つの形の出現頻度が日本とフランスで異なっていたことは、十分予想された結果である。しかし、ここで興味深いのは、フランスであっても特定の形のイメージだけが描かれるわけではなく、いずれの形も一定割合あって、そのなかのひとつひとつを見ていくと、実に日本のイメージ画とよく似た絵にしばしば出会えたことである。

たとえば、人魂形のなかの、尾のある玉形の基本形は、日本美術では古くからある表現であり、現代においても私たちに親しい形態イメージであるが、西洋においてこのような形が絵画に現れることはあまりないように思われる。少なくとも、一つの文化表象として定着しているようには思われない。しかし、5章の事例5-2ですでに比較したように、フランス青年の絵（事例5-2-2）にも、日本の典型的な人魂形のイメージが現れることに驚いてしまう。さすがに、このような典型的な人魂形のイメージは多くはないが、そのバリエーションである玉形、雲形、炎形の表現は、フランスでも少なからず見られた。事例6-16は基本形が少し崩れたもの、事例6-17は雲形や炎形へと変化したもの、事例6-18は、説明文にないので描画意図は不明であるが、人魂形のこうしたバリエーションの一つと考えることができよう。事例6-19は玉形であるが、光の玉である。なぜ光の玉かといえば、説明文によると、そ

(F0242②)
３つの世界

事例6-18　人魂形の変形 ── 炎のような

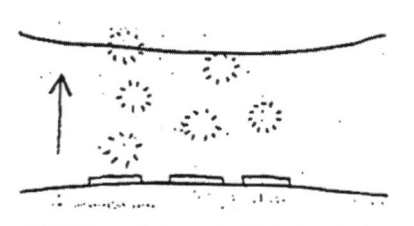

私が思うに、たましいとは私たちの心（coeur）であり、私たちの存在の最も深部にある現実の私たちの心である。死後、この存在は生き続ける。あるいはこの存在は存在し続ける。つまり、「あの世」で自己開花する。
絵の上部は「あの世」で、下部は「この世」である。故人は「この世」から「あの世」へ小さな光の形になって移行する。この光は、彼らのたましい、存在が生き続け、昇天し、自己開花することを象徴している。その一方で、人間のはかない部分である身体は、下のそれ自体が仮の世界である「この世」に残る。
「あの世」から「この世」への移行については、それはないと思う。すべての人間存在はユニークであって、「この世」に"降臨"することはできない。

(F0109②)

事例6-19　人魂形の変形 ── 光の玉

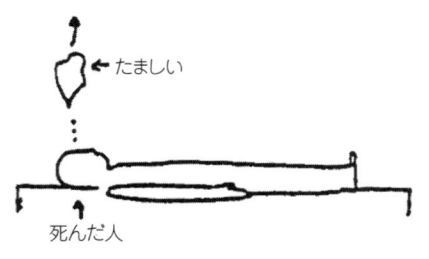

←たましい

死んだ人

私は、「あの世」から「この世」への帰還が再生のような形で行われるとは信じない。また、カトリックでいうところの死者の復活については、私は明瞭にして正確なイメージをもてない。そういうわけで、「あの世」の通路は、私の図式では「この世」から「あの世」への一方通行のイメージになってしまう。

(F0108②)
頭からぬける

事例6-16　人魂形の変形

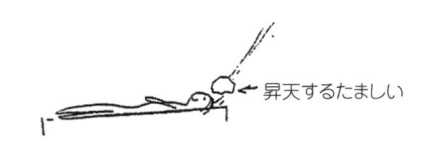

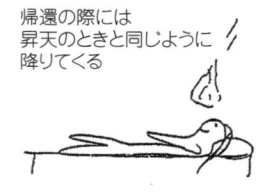

昇天するたましい

帰還の際には
昇天のときと同じように
降りてくる

この世からあの世へ移るとき、たましいは小さな炎のようだ。もし万一この世に戻ってくる機会があるときには、たましいは昇天したときと同じようにして降りてくる。

(F0341②)

事例6-17　人魂形の変形 ── 炎形

れは昇天後に「自己開花」を約束されたたましいを象徴するものだからである。このイメージ画は絵画的表現としての技巧は高くないが、説明文と併せて読むとなかなか美しい。すでに見た事例6-14では、さらにたましいは星形で表現されている。

図3-7のモデルⅡ「たましいの形態変化モデル」で明らかにしたように、実にさまざまなたましいの形は、どれも人間形からの変化過程の一形態として関連づけることができる。この変化過程そのものをイメージのなかに取り込んだ絵として、事例6-20をあげることができる。このイメージ画では、肉体を離れたばかりのたましいは人間の形を残した星気体（corps astral：人体をとりまく薄い膜）であるが、しだいに人魂形へと変化していく。事例6-20同様、事例6-21のたましいは肉体から離れても人間形を保っているが、オーラに包まれている。そして、そのまま透明感を増した存在になって昇天し、次には逆のプロセスをたどってこの世に戻ってくる。

たましいの形でいちばん多いのは、フランスでも日本でも人間形であるが、その多くが生前の肉体にはなかった羽や光輪などの特徴を付加されたり、あるいは生前の肉体にそなわっていた特徴を欠いた表現（足のない人間）となるのがふつうであった。事例6-22では、輝かしい光と幸福に満ちたあの世へ羽と光輪をつけて移行していくたましいが描かれている。このようなイメージは、日本においても少なからず見られた。

（F0470②）

事例6-20　星気体（corps astral）から人魂形へ

あの世に行くには、私たちの霊（esprit）は肉体を離れて自由にならなければいけない。というのも、あの世へと昇天していかなければならないからだ。そして霊はエネルギーを保持している。あの世から戻ってくるためには、身体の物質化が必要だが、しかし、その身体は透明のままで、ほとんど非現実に近い。
どちらの場合も、霊のまわりには光（aura）があり、エネルギーが充ちあふれている。

（F0307②）

事例6-21　オーラにつつまれた人間形

3 イメージの欠落――「信じないゆえにイメージせず」と「信ずるゆえにイメージせず」

ここまではおもに、フランスと日本のイメージ画の類似性に焦点をあてて見てきたので、最後に一点だけ、日本や他の二か国にもあまり見られなかったフランス的特徴といえる点に触れておきたい。

フランス文化のなかには、パスカルやデカルトに象徴される幾何学的精神が息づいている。つまり、少なくとも高等教育のなかでは、具体的な事実の地道な収集や技能習得よりも抽象度の高い

この世からあの世への帰還はない

影の世界からまぶしい光と希望の世界への移行。光は生のシンボル、この世からあの世への帰還はない。（注：文は、この世とあの世を間違えて逆に書いていると思われる）
（F0235②）

事例6-22 羽と光輪をつけてあの世に移行

理論的思考が尊ばれる風土がある。その傾向は、明示的あるいは暗示的にもっている観念を視覚的イメージに結晶化する必要のある今回の調査のような課題でも、一部の青年の回答に顕著に現れた。絵が抽象的であったり、説明文が哲学的であったりする傾向に加えて、信念とイメージとの関係理解のしかたに、上記のようなフランス的思考が反映していたように思う。

本調査の課題では、他界に対してどのような（宗教的）信念をもっているかを問題にしているのではなく、信念にかかわらず、あるいは信念を欠いていても、文化表象としての他界イメージを青年が自らのうちに取り込みつつそれぞれにどんなイメージ化を行っているかを検討の対象とした。実際、日本の調査協力者の多くは、自分の宗教は「なし」と答えたにもかかわらず、信念とは別次元で保持されていると思われる豊かなイメージを絵に表現してくれた。もちろん、フランスの場合も、このような青年が多いことに変わりはなかったが、「あの世はない」「たましいの存続はない」と答えて、それゆえにイメージは描けないとする青年の数は日本よりかなり多かった。たとえば、ある青年（女性、無宗教）は、「死後にたましいが存続するとは思わない。だから、私はこの世からあの世への移行を絵に描くことはできない。あの世があるとも信じていないから。」と答えて、絵を描いていない。説明文はあっても絵は白紙という回答の比率がフランスで高くなったのは、このような青年が比較的多かったためである。このように、「ない」と思っている対象にイメージをもつことを矛盾

感じ、そこに一貫した姿勢を保持しようとすること自体が、フランス的である。

さらに言えば、説明文のみで絵のない回答には、上記と対照をなすケースがフランスにのみ見られた。信ずるがゆえに視覚的な表現の不可能性を積極的に論ずる青年のいたことである。これは個人レベルの描画技法の貧しさによる表現不可能性の訴えとは本質的に異なる。ある調査協力者（女性、無宗教）は、このことを次のように具体的な"移行"を語ることはできない。絵にこの移行を表すということは、具体的で手に触れうる事柄を問題にすることだからだ。……神やその世界を表現することなどできない！」。

この青年は自らの表現技法の欠落を自己弁護しているのではない。というのも、この青年は美術専攻の学生だからである。超越的な対象の表象不可能性を主張することはある意味でとても論理的であり、一神教のような絶対神が支配する世界では、突き詰めればもっとも整合性のある主張といえる。逆に言うと、日本のイメージ画ではこのような主張が皆無であったのは、日本では祖先崇拝に見られるように、もともと神や霊魂の領域がこの世に生きる人びとの生活と連続しており、超越的領域と観念されていないことを含意しているようで、興味深い。

キリスト教以上にイスラム教は、超越的な存在の表象不可能性という点で徹底していることで有名である。偶像崇拝は厳しく禁じられ、モスクもアラベスク模様などの幾何学的抽象性の高い装飾で彩られていることは、私たちにもよく知られているところである。本研究の調査では、あるイスラム教徒の男性に、この徹底ぶりを見ることができた。この男性は、「表象不可能なものを表現することはできない。私の育った文化によると、表象不可能な現象であるたましいを表現することなどできないのだ」と断言し、絵を描いていない。

4節　フランスのイメージ画の特徴──まとめ

評論家・三浦雅士は、ある本の書評で次のように書いている。

村上春樹の小説が欧米でよく読まれるのは、ほんとうはこの世とあの世の関係を描いているからだ。よしもとばななや小川洋子の小説もそうだ。なぜ欧米なのか。欧米では天国も地獄も力を失ったからだ。もはやイメージとして思い描くことができなくなったからである。日本の小説家たちは彼らに、彼岸がすぐそばにあること、いや、人間は彼岸と此岸とを往還しながら生きていることを教えた。欠落を埋めたのである。

（三浦 2009）

フランスでも村上春樹は、今や若い人びとにもっとも人気の高い現代作家である[注2]。そのフランスの若い人たちの描いたこの世とあの世の関係についてのイメージ画を見て、筆者は上記の三

浦の指摘に半分納得し、半分納得できない感じをもった。確かに、「あの世はない」「死後のたましいは存在しない」と答えてイメージ自体を描かなかったフランスの青年の数は、日本よりも多かった。しかし、フランスでもそれをはるかに上回る青年たちが、あの世とこの世の関係をイメージに描いてくれた。彼らは他界を「もはやイメージとして思い描くことができくなる」っているわけではなく、いったんイメージが絵になれば、そのなかには驚くほど日本の青年と類似の図像パターンも多数見いだされたのである。

死者が私たちに寄り添って生き続けているといったイメージや、遠くから見守ってくれているといったイメージ、死者が定期的に私たちのもとに戻ってくるといったイメージは、日本の生活文化のなかに深く根づき、今も至るところに存在するイメージである。それらを本当に信じているかどうかとは別の次元で、日本の私たちに広く共有されているイメージである。今回の研究結果で重要なのは、こうしたイメージが決して日本文化の専売特許ではなく、地理的に遠く離れたフランスにも存在することを示すことができた点である。この結果を、世界がグローバル化するなかで、日本の小説やアニメやその他の映像媒体に見られる他界やまましいのイメージがフランスにも浸透し、若い人たちに身近になったからだ、と解釈してみることもできる。しかし、日本文化の

影響は、日本の工業製品の浸透に比べればごく最近のことで、未だ限定的な域を出ないことを考えれば、やはり話は逆であろう。1節で論じたように、フランスの農村や都市の生活のなかには、キリスト教導入以前の循環的な世界観や死生観が近代に至るまで通奏低音のように持続してきた。そして今も、人びとの心の片隅に基本イメージとして息づいている。その結果として、フランスと日本に類似のイメージ画が見られた、と考えるほうが自然ではないだろうか。しかし、こうしたイメージ自体が、大きく見れば、今や生活的基盤を失って危機に瀕しつつある。だからこそ、三浦雅士が指摘するように、新しい言語感覚によって私たちの現在の生を「傍らの死者」との関係から照らし直そうとする村上春樹の小説が、フランスの青年にも受容されるようになっているのではないだろうか。

［註1］ Hexagone（六角形）という名詞は、フランス本土をさす名称でもある。

［註2］ 村上春樹の『海辺のカフカ』フランス語訳は2006年1月に出版されると同時に4万8千冊が売れ、文芸誌や新聞、メディアで絶賛されたという（柴田・沼野・藤井・四方田編 2006）。

7章 イギリスのイメージ画をもとに

本章では、イギリスの宗教的背景をふまえ、まずは、イギリスのイメージ画の傾向について概観する。その上で、四か国全体の描画に関する検討や要素比較では扱わなかった内容について、おもに、アイデンティティの連続性と因果関係に関する信念の観点からの検討を行う。

1節 イギリスの他界観をめぐる歴史的状況

イギリスには、有史以来、ケルト人、ローマ人、アングロ・サクソン人などが、さまざまな宗教を展開してきた。特に、ヘンリー8世の時代にローマ教皇庁から決別した英国国教会は、教義の面ではカルヴァン主義を採用し、制度の面ではカトリックに似た主教制度を残した（橋本 2002）ために、カトリックからも、ピューリタンなどの非国教徒プロテスタント諸派からも批判・攻撃の対象となった。それが政治権力の抗争とからみあい、16世紀から18世紀初頭にかけて、権力者の交替のたびに宗教教義に関する法の制定・改廃がなされ、聖職者や信者の免職・処刑が繰り返された。イギリス宗教史は、ローマ・カトリック、英国国教会、プロテスタント諸派などが、憎悪の歴史の教訓から、信仰への世俗権力の介入を排して政教分離・信教の自由を獲得する長い道のりであった。

20世紀後半においては教会離れの傾向がいちじるしく、そのような世俗化の進行は合理主義などの影響だけではなく、非国教徒の側からの差別撤廃の要求が教義の異なる複数の教会の公認をもたらし、結果として国教・非国教のいずれの側にもくみしない世俗主義をもたらしたのではないかと、浜林（1987）は論じている。

キリスト教の内部における正統と異端との争いの歴史については、「いわば客観的な制度化と主観的な信仰との争いの歴史でもあったということができるであろう」と浜林（1987, p.249）は概括している。まさに、超常的な宗教体験をもつカリスマと制度化

された教会組織の権威の上に立つ役職者たちの争い、直感的な霊感や宣託と教会の定める信仰規範のせめぎあいは、組織の新陳代謝の活動のようでもあるが、憎悪の連鎖も伴っていたのである。

そのような歴史を背景とした「あの世」に関する宗教的信念は、文献や図像というかたちで歴史の表層に現れた痕跡をとどめているだけではなく、古代ケルト人のドルイド教については、霊魂が不滅であるだけではなく「死後はあるものから他のものへ移る」という「霊魂転移説」が、ケルト人に関するカエサルの『ガリア戦記』での記述としてもっとも注目されてきた。そのドルイド教は、キリスト教の全盛期には目立つものにはなりえなかったものの、1960〜70年代のオカルト・ブームにあっては、新しい魔女信仰や新興宗教の流行とともに復活している（浜林 1987）。最近も、イギリス各地の観光地を訪れると、美しい風景の写真集の隣に、ゴースト・ストーリーの小さな冊子が売られている。アニミズム的な自然崇拝もケルト人の昔から存在し、キリスト教伝来後も、民衆の迷信・俗信として根強く生き続けた。カトリックと深い関係をもつ「煉獄説」も、カトリックの消長に影響されつつ、宗教史のなかに登場している。

2節 調査地域と調査協力者

イギリスでの調査が行われたのはロンドン南東部地域である。

日本人はあまり住まないこの地域を歩くと、家族で歩いて回れる範囲に、尖塔をもつ教会、モスクなどが見られるが、日曜でにぎわう教会、尖塔のない教会、モスクなどが見られた。住民は、アフリカ系、アジア系、インド系など多様であり、ベトナム系の子どもが増えたのでベトナム人の教師を雇ったと、ある初等学校の校長先生が話してくれた。調査実施当時は、ある中等学校の校長先生が話してくれた。ある初等学校の校長先生に関して一回にひとり、いずれかの宗教団体の人を招いて、その宗教に関する話を聞くとともに礼拝などをその場で行ってもらっていた。

調査協力者の多くは、ロンドン大学の学生・院生である。もちろん、今回の調査協力者がそのことを知っていたかどうかはわからないが、1826年にジェームズ・ミルなどの自由主義者たちによって創立されたユニヴァーシティ・カレッジ・ロンドンは、当時の他大学では入学資格を認められなかった非国教徒の入学に際して、教派の違いを問わなかった。それに対抗して国教徒によって創立されたキングス・カレッジ・ロンドンも、1836年には時のユニヴァーシティ・カレッジ・ロンドンと合併してロンドン大学となり、教派による入学差別をなくしたのである。

ゴールドスミス・カレッジは、そのような歴史のあるロンドン大学の数十のカレッジや研究所の一つで、ロンドン南東部の地下鉄の終点駅付近に位置する。芸術の分野で屈指のこのカレッジには世界各国からの留学生が多く、本調査の実施に際しては留学生

3節　イギリスのイメージ画——事例と特徴

にも回答してもらってあったのだが、描画要素などの集計の際には除いてある。芸術の学生のなかには、「さまざまな絵の課題をこなしてきたが、今まででいちばん難しい課題だ」と真剣に取り組んでくれた学生や、回答後に白紙のアンケート用紙を希望して持ち帰った学生もいた。

について論じられたようにスティック画が多く、また、記述で補われる傾向が顕著であった。また、本章1節で現代の若者の世俗性について述べたが、イメージ画に英国の教会の壁画や天井画などに見られるキリストを中心にした構図の絵は見られなかった。2節で述べたような調査協力者の特性を反映しているイメージ画も多くあり、日本に比べて単純な絵が多いなかで、美術専攻のある学生は事例7-1のようなイメージ画を描いた。

しかしながら、全体的には、日本やフランスのイメージ画と質的・内容的には類似した絵が大半であった。

イギリスのイメージ画は、6章でフランスの青年のイメージ画

心と体は別で、一緒にはなれない。この体と心の二元性は、この地上での我々の存在に、具体的な説明や、確かさや安全性を許すものではない。
（E0086①）
芸術性の触発

事例7-1　美術専攻の学生のイメージ画

1　この世に対するあの世の位置

英国のイメージ画で空間配置の観点からもっとも多かったのは、日本・フランスと同様、垂直配置である。事例7-2-1や事例7-2-2などが典型的な垂直配置で、地上が下、天国が上である。天国ではスティック画の人物や羽をもった天使が浮遊していることが多い。事例7-2-1では植物が雲の上に生えている。事例4-1-3と事例7-2-3および事例7-2-4では左上や上にGodと書かれたり、十字架が描かれたりしているが、これは珍しい。天国が上というイメージ画が多いなか、事例7-3のように、あの世が下、あるいは、あの世は上だが地獄は右というイメージ画も少数ながらある。

6章で指摘された非カトリック的な要素は、英国のイメージ画

257　7章　イギリスのイメージ画をもとに

【事例7-2-1】(E0208①)
垂直配置

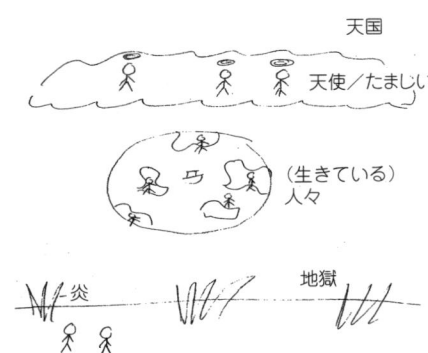

天使が天上におり、地球上の私たちの世話をしている。人が死んだとき、どのような生き方を選んだのかによって、天国か地獄へ行く。

【事例7-2-2】(E0039①)
垂直配置

神の存在　両方の世界を見ている。
この世—物質的な存在は、孤立した個人として生活している。
あの世—霊的な存在は一つになっている。

【事例7-2-3】(E0037①)
水平配置

【事例7-2-4】(E0205①)
垂直配置と十字架

事例7-2　垂直・水平配置のイメージ画

この世では、私たちの主な関心はお金、愛欲、暴力に集中しており、人びとの関係は複雑である。人びとは差別され、かくも隔絶されている。あの世では、人種、宗教、色に頓着せずに、お金や暴力も必要なく、（おそらく）ひとまとまりの共同体として共に暮らしている。

【事例7-3-1】（E0046①）
他界憧憬、あの世が下

【事例7-3-2】（E0270①）
上に天国、横に地獄

事例7-3　位置関係が珍しいイメージ画

2　あの世はどういうところか？

英国でも、日本やフランスと同様、あの世が肯定的なイメージで描かれていることが多い。事例7-3-1では「この世では、私たちの主な関心はお金、愛欲、暴力に集中しており、人びとの関係は複雑である。人びとは差別され、かくも隔絶されている」とされ、四人の人が四隅に離れて描かれている。それに対して「あの世では、人種、宗教、色に頓着せずに、お金や暴力も必要なく、（おそらく）ひとまとまりの共同体として共に暮らしている」と説明され、多くの人びとが太陽と山と川、音符を散りばめられたなかにある。事例7-5はイギリス国籍のヒンズー教徒で、「あの世の存在は信じない」としながらも、「この世では、人びとのあいだに多くの葛藤があるが、あの世ではただ調和的」と記している。地球上の人には武器らしきものも描かれているが、あの世の人の手はつながれている。

「信じていない」あるいは「（おそらく）」と付記しながら描出しているところから、強い信念というよりも願いとして記述あるいは描出していると推察できる。

にも見られる（事例7-4）。事例7-4-1では「私たちは天使に再生する」と記入している。また、日本と同様の人魂型のたましい、背後霊的なたましいのようなイメージ画も見られる。

あの世には、天国の天使がいると信じる。私たちは天使に再生する。空中のやわらかいふわふわした世界。

【事例7-4-1】（E0030①）
天使への再生

【事例7-4-2】（E0212①）
尾付きのたましい

精神は、人の形をとらない。それらは、どんな形もとらない。それらは物質ではなくエッセンスだ。おそらく電気だろう。それらはそこらじゅうにいつもあり、輪廻転生を経て、戻ってくる。

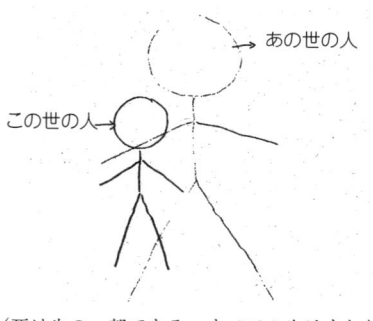

（死は生の一部である。すべての生はまわりまわっている。愛することは生きることであり、永遠に生き続けることである。）私たち（生きるもの）を取り囲み、うちに存在するすべての生命、かつてそのようにし、今も、そして未来も繰り返すように、あの世の「人々」は、ぼんやりしてはっきりしない。「生きているもの」よりむしろ「一つになった全体」の一部分であるから。また、「死んだもの」はより大きく、人間らしくない（つまり、怖れ＝嫌悪を置き去りにしている）。―それは明らかだ。

【事例7-4-3】（E0036①）
手足の無いたましい

【事例7-4-4】（E0043①）
薄く大きいたましい

事例7-4　さまざまなたましいの形

260

3 見守る死者、手を差し伸べる死者

日本やフランスの場合と同様、英国のイメージ画でも、あの世の人びとは、この世の人を見守っていたり、この世の人に何らかの影響を与えていたりする。英国でも、6章で論じられているように、本来は神の権能である庇護を死者が果たしているわけである。事例7-6-1では「私を世話してくれた人びと、祖父母が私のことを見守ってくれていると信じる。恐れるものはない」と記し、天空にいくつもの笑顔を描いている。このような肯定的な関係は、生前の血縁などを前提にしていることが多いかもしれない。一方、事例7-6-2では、「もしも悪霊（つまり地獄から）がいたら、霊

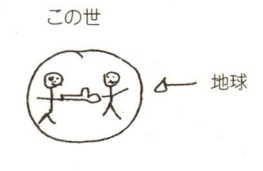

この世
地球

あの世

（あの世の存在は信じない。）
この世では、人びとのあいだに多くの葛藤があるが、あの世ではただ調和的。
（E0002①）
他界憧憬　あの世が下

事例7-5　「あの世の存在は信じない」ながらも描かれたイメージ画

あの世

この世

他の所
精霊

霊応盤

私を世話してくれた人びと、祖父母が私のことを見てくれていると信じる。恐れるものはない。

手が伸びて、人を通じて板の上のマーカーを動かす。もしも悪霊（つまり地獄から）がいたら、霊は人に入れて、その身体を乗っ取る（つまり憑依）。

【事例7-6-1】（E0055①）
輪郭の無い顔

【事例7-6-2】（E0007①）
精霊が人を動かす

事例7-6　死者との関係を描いたイメージ画

は人に入れて、その身体を乗っ取る（つまり憑依）と記されている。生前の関係と働きかけの質に関連性があるようである。死者からの否定的影響（祟り）を描いたものは、英国のイメージ画には無かった。

4節　イギリスのイメージ画2 —— 事例と特徴

1　この世への帰還のイメージ

フランスの場合と同様、英国のイメージ画においても、事例7-7のように、あの世からこの世への帰還が描かれたものが少なくない。この世への帰還に関する論考は6章でほぼ尽くされているが、ここで、一つだけ興味深い観点を述べておきたい。その観点とは、たましいの再生の時点での違いである。この違いは、日本のイメージ画でもフランスのイメージ画でも見られるものであるが、ここでは英国のイメージ画に即してみていく。
事例7-7-1は、どの時点でたましいが身体に入るのかがイメージ画からは不明であるが、「子どもが生まれ、精霊は天国を離れてその新しい身体に入る」と書かれている。事例7-7-4は産まれて泣いている乳児に「私のたましい」が入り込もうとしている。事例7-7-5は、たましいとは別に経路が描かれており、雲の上から赤ちゃんのいる家をのぞきこんでいると解釈するならば、破線は

再生の予定を示しているのかもしれない。事例7-7-8では、他の身体を占有（occupy）すると書かれている。
このようなイメージ画における違いは、人間がどの時点から「心」や個性をもつと考えるかということと関係するのかもしれない。

2　植物への再生のイメージ

日本やフランスのイメージ画と同様に、死後再生する場合、人間のみに再生するとは限らない。事例7-8-1は猫への再生が描かれ、「他の動物なんかもかかわってくるのだろうけれど、私は猫になるの」と説明がつけられている。
ここで指摘しておきたいのは、動物への再生にとどまらず植物への再生も描かれているということである。たとえば、事例7-8-2は、死後の人魂型のたましいにだんだんと花びらや葉がついて、雲の上で花となって咲いている。斎藤隆介（著）・滝平二郎（画）の『花さき山』を想起させるような絵である。
事例7-8-3には「それは一種の木であり、たましいはその木の根として育つ。それらは穴に向かって育つ。たましいが常に個人主義的に切り離された個ではなく、同じ樹木からの分岐体として描かれている。このように根源的に共同体的なものとして個々人をとらえる作法が、キリスト教に深く根ざすものとは思えない。事例

262

7-8-4では、「たましいは、死後間もなく輪廻転生前のたましいたちに歓迎される。やがてそのたましいたちは、ツタをたどって下り、再生する」と述べている。頭頂から抜けていく。また「たましいのエネルギーが頭に集まって、頭頂から抜けていく」とも書かれ、インドのヨーガや『チベットの死者の書』などにおけるチャクラ（cakra）に関する記述に近く、そのような思想の影響を受けていることをうかがわせる。チャクラは、自身を認識する」とも書かれ、インドのヨーガや『チベットの死者の書』国はかつてインドを植民地にしており、現在も、ロンドンの小さな雑貨店の店主がインド系であることは珍しくない。ヒンズー教系や仏教系の教えが一部で広がっているのであれば、草木がいのちのつながりのなかに位置づく考え方が描画に現れていることは驚くべきことではないのかもしれない。

5節 この世とあの世のアイデンティティの連続性

前節までは、日本やフランスのイメージ画の特徴として抽出されたことに即して、英国のイメージ画を検討してきた。本節以降で論じる内容は、英国のイメージ画から読み取ったことであるが、日本やフランスのイメージ画にも出てくる可能性は高く、英国に限定せずに検討する必要もあるかもしれない。

1 この世とあの世のアイデンティティの連続性の問題

ここでの関心は、ある人の「前世を記憶している」等の言説における「記憶」の真偽ではなく、描画においてはそのアイデンティティの連続性がどのように描かれるのかということである。通常、アイデンティティに関する議論は、人間の誕生から死までの期間を前提に論じられている。本書全体の問題意識では、人が遠い未来に向けてのアイデンティティの展望をもって今を生きているということを、アイデンティティを考える際の視野に入れている。「死後も自分のアイデンティティを維持できるのかどうか」という問いは、少なくとも、宗教の領域においても無視できない、生きている人間が直面する問題の一つである。

2 この世とあの世のアイデンティティの連続性の描画表現

この世におけるアイデンティティのあの世における維持が描にどのようにイメージされているのかを、いくつかの観点から検討していきたい。ここでは、アイデンティティの連続性を保障する可能性のあるものとして、（1）この世からあの世への何らかの通路あるいは経路、（2）この世の存在があの世に移行するまでの矢印などの軌跡、（3）この世の存在とあの世の存在の類似

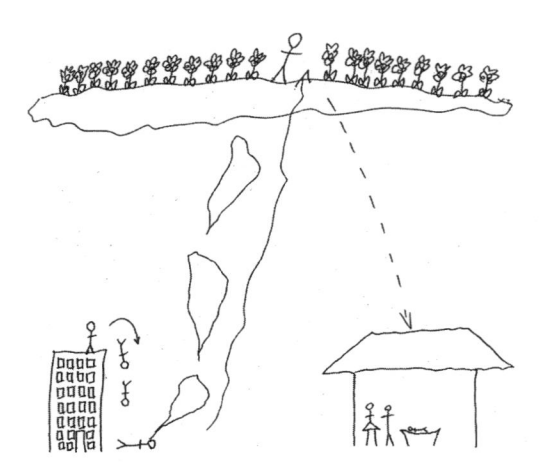

【事例7-7-5】（E0208②）
再生の予定

同じく、たましいを信じません。でも、私たちの転移ということに魅惑・触発されて……

【事例7-7-6】（E0249②）
人間と動物の転移

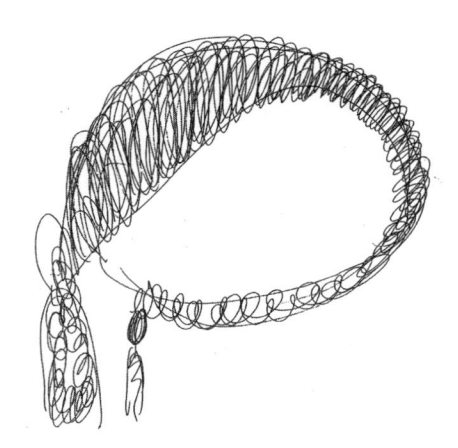

身体を残して、あまりよくわからない旅に出る。そして、心地よいと思われる他の身体や、場所や物に、また入り込む。

【事例7-7-7】（E0266②）
旅からもどる

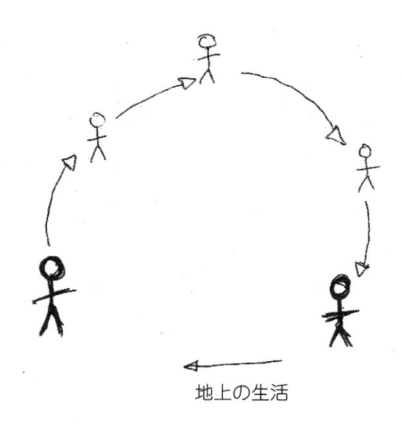

身体が死ぬ　たましいが身体を離れる　たましいはまずあの世にいて　時がくればこの世に戻る　そして他の身体を占有する

【事例7-7-8】（E0296②）
時をへて他の身体を占有

事例7-7　あの世からの帰還を描いたイメージ画（つづき）

人が死ぬと精霊は身体からはなれる。
子どもが生まれ、精霊は天国を離れその
新しい身体に入る。

【事例7-7-1】（E0003②）
精霊が身体を移動

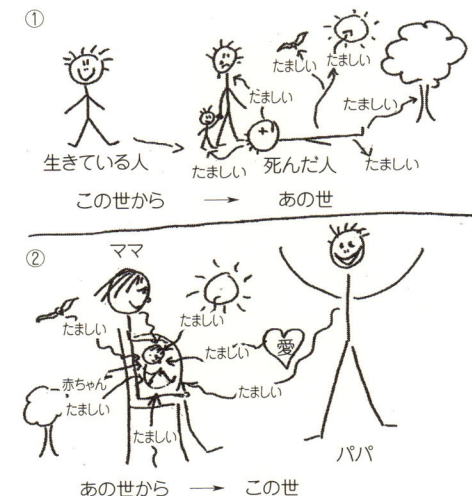

（上）たましいは身体を離れて「世界」と一つになる。（同時に、数え切れない数の破片になる。）
（下）精子と卵子が結合する瞬間に、「世界」のすべてのものから「たましい」を受け取ることができる新しい生命形ができる。（「世界」は常に与える—我々は受け取ることが可能であるだけでよい。）

【事例7-7-2】（E0043②）
「たましい」を受け取る

死後、たましいはあの世（善か悪か）に行き、
それから得体の知れないものをいじくり回す。
つまり精神などと接触する人々を通して、その
たましいはこの世に引き戻される。

【事例7-7-3】（E0046②）
たましいが引き戻される

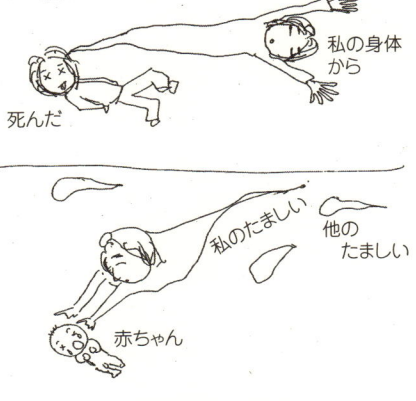

【事例7-7-4】（E0065②）
たましいが赤ちゃんに入る

事例7-7　あの世からの帰還を描いたイメージ画

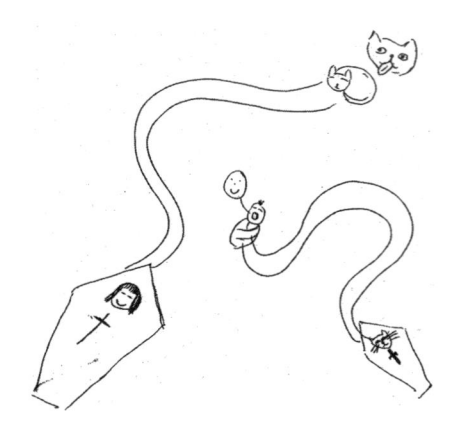

それぞれに一つのたましい。ユニークで固有のもの。（他の動物なんかも関わってくるだろうけど、私はネコになるの）十字は、キリスト教におけるように、死を表しています。でも、これは私がうけた教育の影響からの表象であるだけで、私はキリスト教を信じてはいません。表象として使っているだけです。

【事例7-8-1】（E0042②）
人とネコの転生

【事例7-8-2】（E0224②）
たましいが雲上の花に

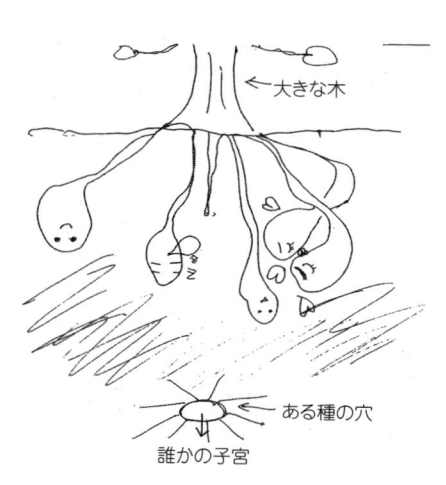

それは一種の木であり、たましいはその木の根として育つ。それらは穴に向かって育つ。それらはやがて精子になる。はっはっは！！

【事例7-8-3】（E0062②）
たましいは木の根

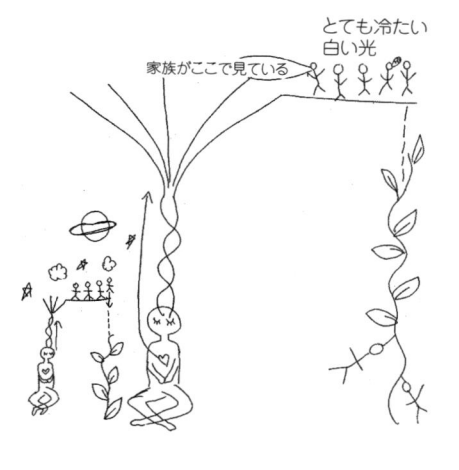

たましいのエネルギーが頭に集まって、頭頂から抜けていく。チャクラは、自身を認識する。これらの線は、たましいそのものの反映。そして、そのたましいは、死後間もなく輪廻転生前のたましいたちに歓迎される。やがて、そのたましいたちは、ツタを再びたどって下り、再生する。

【事例7-8-4】（E0263②）
たましいがツタをたどる

事例7-8　　動物や植物への再生を描いたイメージ画

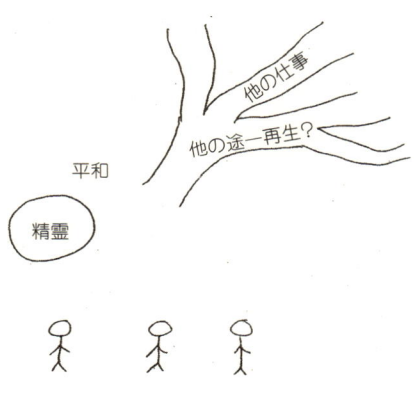

死体は抜け殻で、精霊は生き続け、しばらくは遺族を世話すると思われる。その後、その精霊は再誕し、精霊／たましいを成長させるための新たな学びをしたり仕事を遂行したりするために再び生きる。これが、我々がなぜここにいるかについて、私が思う唯一の理由だ。でなければ、人生やその奮闘は私にとって意味をなさない。

死後の梯子を登り、休むために大地に横たわる前に、一生の回顧をする。

【事例7-9-1】（E0024①）
死後の様々な方向性

【事例7-9-2】（E0075①）
あの世への梯子

事例7-9　通路あるいは経路としてイメージされる連続性

（1）通路あるいは経路としてイメージされる連続性

事例7-9-1は途中で分かれる小路（paths）として、事例7-9-2は梯子（ladder）を登るというかたちで、あの世への経路が描かれている。それぞれ、自らの意思で方向性を決める、あるいは、登る努力を要するということを想像させる。その一方で、イギリスの描画に見つけることができなかったのは、あの世に向かう舟やエレベータなどの乗り物である。たとえば、舟の場合、小路を歩くことに比べると自分の意思以外に方向性を決定する要素を含むだろうし、エレベータに乗る場合は梯子ほどの努力を要しない。それらが無かったのは今回の描画に限ってのことなのか、文化によるイメージの違いと受け止めていいのか考えるためには、さらなる調査を要する。

アイデンティティの連続性という問題意識からすると、このような経路は、記憶や意識の一時的な途切れもなく、アイデンティ

性の高さに焦点をあてる。このほかにも、アイデンティティの連続性を表象する描画要素は存在する可能性があるし、後述するように、（2）や（3）のような描画が、必ずしもアイデンティティの連続性を描出するものではないことにも留意しなければならない。

以下、上記の三つの観点から選んだ代表的な描画を検討することで、この世とあの世のアイデンティティの連続性に関する見方について考えていく。

267　7章　イギリスのイメージ画をもとに

すべての苦しみは消え去る。

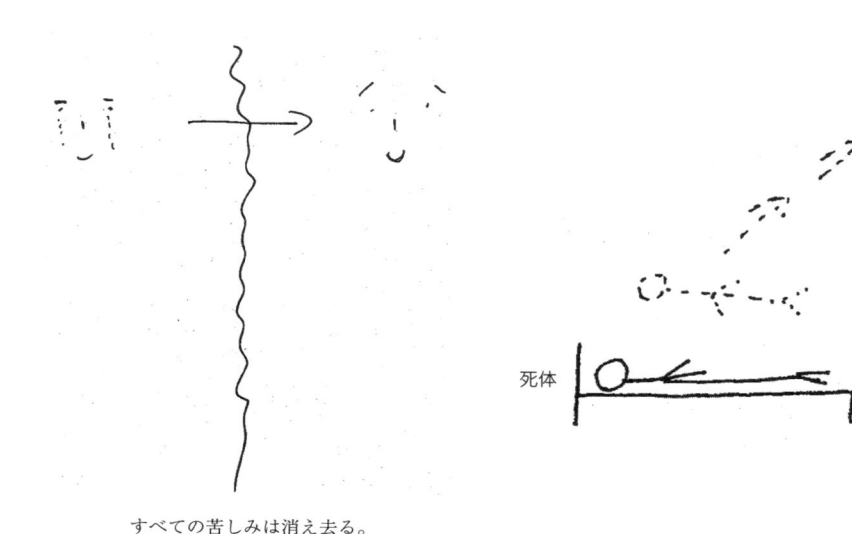

【事例7-10-1】（E0218①）
輪郭の無い顔

死体

【事例7-10-2】（E0272①）
破線の軌跡

事例7-10　軌跡でイメージされる連続性

ティの連続性を維持しながらこの世からあの世へと移行していく過程をイメージしているのではないだろうか。

(2) 軌跡でイメージされる連続性

境界を越える軌跡の多くは、矢印やたましいの継続的変化で示されている。事例7-10-1では、この世での痛みがあの世では軽減されることが矢印でつないで描かれている。また、事例7-7-5以外で、唯一、軌跡が破線で描かれた事例7-10-2では、死体から浮上したたましいも破線で描かれている。事例7-8-2では、胸から出た尾つきのたましいが、だんだん変形して花になって雲の上に咲いている。

このような矢印などが、時間的経過を示すだけではなく、その矢印の前後の存在の連続性を意味していると考えても大きな間違いはないと思われる。しかしながら、その移行において、記憶あるいはアイデンティティが維持されているとは限らない。特に、破線で示す場合、実線で示された移行のあり方とは異なる移行の意味を想定している可能性がある。

(3) この世との相似性で示されるあの世

事例7-11-1では、「この世の人びとはあの世でも同じであろう」として、この世の環境・人物とあの世の環境・人物は類同的に描かれている。そこには、何らかの連続性が想定されているのかもしれないが、同様の描画である事例7-11-2に加えられ

この世の人びとはあの世でも同じであるだろう。

あの世は私たち自身のこの世を映す。それはまったく同じだが、ただし、人びとはこの世に生まれ死んだらあの世に行く。そして、その逆もある。誰もこのことに気づいていない。

【事例7-11-1】（E0033①）
この世と似たあの世

【事例7-11-2】（E0096①）
パラレルなあの世とこの世

事例7-11　この世との相似性で示されるあの世

3　あの世におけるアイデンティティのあり方

この世とあの世のアイデンティティの連続性の問題とかかわって、そのアイデンティティのあり方の問題に気づかされる。それが描画にどのようにイメージされているのかを、いくつかの観点から検討していきたい。まず、(1) あの世では身体の一部分しか描かれないことがあること、(2) 個が拡散したり個に集合したりするような絵があることに着目し、そのような観点から選んだ代表的な描画を検討することで、あの世でのアイデンティティのあり方に関する意識について考えていく。

た説明には「あの世は私たち自身のこの世を映す。それはまったく同じだが、ただし、人びとはこの世に生まれ死んだらあの世に行く。そして、その逆もある。誰もこのことに気づいていない」とある。あの世でも、もしも、この世から「来た」ことに「気づいていない」のであれば、何らかの連続性が想定されていたとしても、そこに記憶の継承はなく、したがってアイデンティティの連続性も想定しにくい。このように、記憶やアイデンティティの継承のない連続性が想定されて描かれること自体、興味深いことと思われる。肉体はもちろん記憶やアイデンティティが継承されないとき、個体の何が継承され、そのことはどういう意味をもつのであろうか。

(1) 身体の一部分のみが描かれるあの世

この世の人物には、頭部も胴体も描かれているのに、あの世の人物には胴体が無かったり、さらには、顔の輪郭や顔の要素も全部は無かったりする描画もある。あの世の、頭部のみに羽がついている描画は、欧州においての文化的なイメージとして、絵画だけではなく陶器製品にもあるが、輪郭がなく目と口だけの顔（スマイルマークと同様）は、描画だからこそ表現できる。

事例7-12-1はイギリスの33歳女性の絵で、頭部のみの存在が波線の境界の両側に寄り添っている。「生者の頭の横の死者の頭」との説明があり、それらがいくつかの線でつながっているようにも見える。この世では、この世の人物も頭部のみである。

事例7-12-2は、イギリスでの調査であるが、23歳のドイツ人男性の絵である。生者のあいだには死後は頭部のみで、描いた胴体の絵をわざわざ消している。生者のあいだには双方向の矢印があるが、死者にはそういう矢印がないことについて「（あの世では）対人関係はないだろう」と注記している。この描画と説明は興味深い。対人関係がないのであれば、新たな記憶が蓄積していくことは想定しにくい。

あの世の存在に顔の輪郭がない絵も少なくない。そして、前出の事例7-6-1は目と鼻と口のみ、事例7-12-3から事例7-12-6はそれぞれ、目と鼻のみ、目と口のみ、口のみと描き方も多様である。ただし「鼻と口のみ」「鼻のみ」という絵は、今回の収集事例のなかには無かった。

描画がなく用紙は空白のままであるが、21歳の英国女性は、「分離した世界を想像できない。あるいは空虚（この空白のページのように）」。あるいは、単に世界を見下ろす能力のないのだが、その能力には肉体的な付随物はない」と述べていて、これらの事例に近いと思われる。

これらの描画においては、あの世における、身体機能、認識機能、コミュニケーション機能の制限がおそらく想定されている。そのうちのいくつかでは、あの世の存在は記憶の貯蔵庫と何かを見る機能しかもたない。それは、あの世での変化（発達を含む）の制約ともいえる。これらの制約性が何らかの文化的な起源をもつのか、それとも、近年の若者たちの文化的な創造なのかについては、各国の文化に詳しい研究者との共同検討が必要になろう。

(2) 個からの拡散と個への集合

事例7-7-2は23歳のスウェーデン人女性の描画だが、死に際してはたましいが身体を離れて「数え切れない数の破片になる」が、精子と卵子が結合する瞬間に、『世界』のすべてのものから『たましい』を受け取る」としている。事例7-13-1は、33歳英国男性の描画で、「あの世での生命を生み出すために、人は微小分子へと霧散するだろう」と述べている。事例7-13-2は、英国の21歳女性の描画で、知識、情緒、記憶の線が別々に体から出ており、これらを指す矢印には「たましい」と書かれている。事例7-13-3は、22歳英国男性の描画で、身体のあちらこちらから

270

生者の頭の横の死者の頭

【事例7-12-1】（E0089①）
頭部のみのたましい

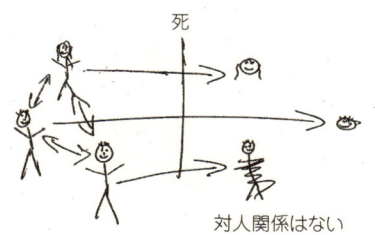

生　　　　　　　死後
死

対人関係はない

【事例7-12-2】（E0012①）
頭部のみのたましい

たましい

日常世界

【事例7-12-3】（E0092②）
頭部のみのたましい

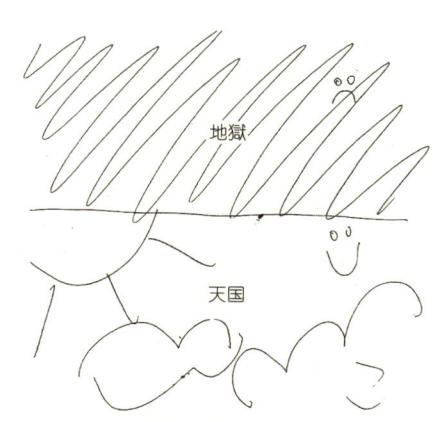

地獄

天国

【事例7-12-4】（E0231①）
輪郭の無い顔

生きている世の人びとや、私なしで生き続ける
人びとのありさまをぼんやりと見ている。私の
死後、親族や友人がどのように反応し、どのよ
うに過ごしているかを観る遊び。賞賛が集まり
エゴは人びとが私を惜しむものを期待する。

【事例7-12-5】（E0094①）
目のみのたましい

幸せなところ

【事例7-12-6】（E0281①）
口のみのたましい

事例7-12　身体の部分のみが描かれるあの世

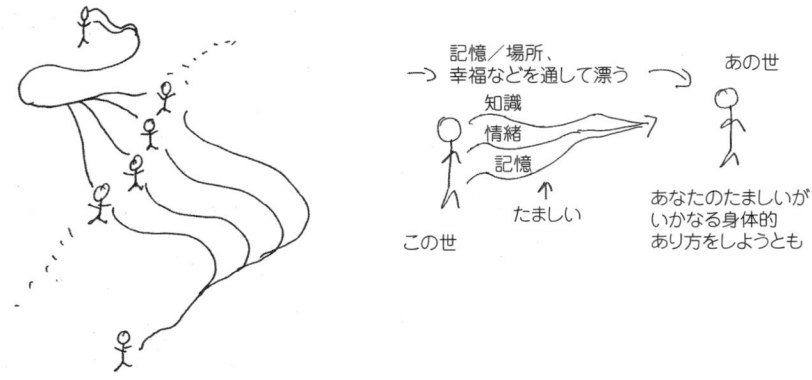

【事例7-13-1】（E0090②）
人は微小分子へ霧散

【事例7-13-2】（E0247②）
知識・情緒・記憶の線

たましいは、何にでも入り込んでいく。

【事例7-13-3】（E0312②）
たましいが分かれて何にでも入り込む

事例7-13　個からの拡散と個への集合

出ている線が、動植物だけではなくさまざまなものに向かい、「たましいは、何にでも入り込んでいく」と書かれている。23歳の英国女性は、描画は描いていないが、「死後の私のたましいは、知人に分有されることで存在していると思いたい」と述べている。

これらのイメージ画からは、この世の存在とあの世の存在が、一対一対応とは限らないイメージもありうることを示している。つまり、アイデンティティがそのまま連続しているのではなく部分的に連続している、あるいは拡散しているといえるのではないだろうか。その場合、一対一対応での連続性のイメージとは、アイデンティティという点でかなり異なるイメージであると思われる。

6節 この世での行動とあの世での姿の因果関係

1 この世での行動とあの世での姿の因果関係の問題

死後生に関する信念は、ただ表明されているのではなく、「だからこそ、いかに生きるべきか」という問いへの回答につながっていることがある。

あの世までの時間的展望をもっての規範や応報性は、多くの宗教教義に現れているのはもちろんであるが、俗信型しつけことば

（戸田 1997）にも見られる。そのような、この世での言動があの世での行き先やあり方と関連しているという信念を表現した描写や記述があるかどうかを、ここでは検討する。また、あの世の双極性とこの世での言動との因果関係がそこに示されているかどうかについて、考えていく。

その際、あの世に「天国」と「地獄」という双極性があるかどうかだけではなく、そのどちらでもない第三の領域のイメージがあるかどうかに着目したい。それは、先述したあの世での変化の限定性と、この世の存在からあの世の存在への関与についての信念とかかわっている。このことについて、詳しく説明しておきたい。

アリエス（1983/1990）は、図像における死後のイメージの分析において、11世紀から12世紀にかけて煉獄の「発見」がなされ、17世紀以降の図像のなかに煉獄の描写が爆発的に増加していることを指摘している。特別の信心会の会員たちは、煉獄における魂の救済のためミサを行うわけだが、「彼らは、自分たちの死後の魂の救済を保証しあい、特権としてその救済を確認している資格貧しい人たちにとっては、みずから自身のアイデンティティと、自分たちに残された唯一の財産を救うための手段となった」と述べている。これらの二つの世界のあいだの対話は、もっとも貧しい人たちにとっては、みずから自身のアイデンティティという、自分たちに残された唯一の財産を救うための手段となった」と述べている。

そこに、アイデンティティの連続性が希求されている。そして、アイデンティティの補償という死者の福利は、死者自身によってではなく、まだ生きている会員仲間の捧げるミサに依っている。

それが、死者の側での主体的変化の限定性を前提にしているようだ。つまり、死者の側の主体的変化の限定性が、この世の仲間によるあの世の仲間の福利への介在の前提になっているということである。

このような中間世界に関する信念と、救いの共同体観が、今回収集したイメージ画にどのように現れているのかを検討したい。

2 この世での行動とあの世での姿の因果関係の描画表現

先に述べたこの世での言動とあの世での姿の因果関係が描いどのようにイメージされているのかを、いくつかの観点から検討していきたい。そのために、（1）あの世の双極性、（2）転生と再生における因果関係、（3）この世とあの世の中間世界と共同体、に焦点をあてる。以下、上記の観点から選んだ代表的な描画を検討することで、この世での行動とあの世での姿の因果関係に関する意識について考えていく。

（1） あの世の双極性

事例7-3-2の27歳英国女性の描画は、地上に対して、天国上に、地獄が横にあるという配置が珍しい。事例7-12-4の27歳英国男性の描画も、垂直配置としては珍しくないが、天国が下、地獄が上という配置が珍しい。ただし、天国には太陽、地獄には斜線が施され、顔の表情も異なる。

あの世にこのような双極性があるとすると、その行き先の決まり方がどのようになされるのかが問題になる。

（2） 転生と再生の法則性

事例7-14-1は32歳のアルバニア出身の女性で、「殺しをしていない人のたましいは、輝く光線に導かれる。殺しやレイプなどをした人のたましいは、暗い、あるいは黒い光線に導かれる」と記している。ある30歳の英国女性は、イメージ画2の部分には何も描かずに「物質界をひとたび通り抜けたたましいは、地獄か天国を経験する。それゆえ、この世で悪いことをすると、パラレルワールドで生き続けるたましいは、その行動に見合ったある種の苦行を行わなくてはならない（過ちを自覚する）。輪廻転生は、何らかの本源的な目的を達するために、動物や人間の肉体へと、未知の物体のたましいが向かっていくことを含んでいる。（その目的とは）かつての罪をつぐなうためだったり、何者かを助けるためだったりする」と述べ、同じく描画のない19歳の英国女性は、「この世で人とうまくやっていけなかったら、それがあの世で変わるわけがない。逆もそう」と述べている。

死後生を自分で選ぶというイメージ画もある。事例7-14-2は18歳の英国女性の描画で「死後生は、それぞれが選ぶ。私のは、きっと、タイ国での生活という感じでしょうか」と言う。事例7-7-7の21歳の英国女性の記述は輪廻転生であるが、善悪の因果性は述べられていない。

あの世

エデンの浜辺

タイ国の浜辺

殺しをしていない人のたましいは、輝く光線に導かれる。殺しやレイプなどをした人のたましいは、暗い、あるいは黒い光線に導かれる。

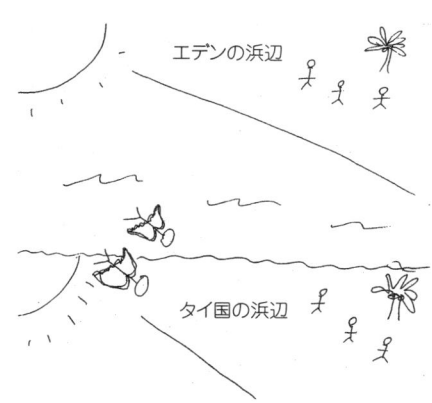

死後生は、それぞれが選ぶ。私のは、きっと、タイ国での生活という感じでしょうか。でも、そこでも飢饉があるという知識を持ってしまう。どこか別のところに行く。天使も生きている世界をたずね、できるだけ助けとなる。

【事例7-14-1】（E0267②）
犯罪者には黒い光線

【事例7-14-2】（E0295①）
死後生を自分で選ぶ

事例7-14　転生と再生の法則性

このほかにも、猫や兎などの動物に生まれ変わるイメージ画もあるが、そこには「人間には生まれ変われない」という懲罰的なニュアンスは感じられない。つまり、転生と再生に生きていたときの言動による因果の法則性を想定しての描画もあるが、ないものもあるということである。

では、生きていたときの言動とあの世でのあり方に因果の法則性があるとする描画の場合に、先に述べたような死後生に対する共同体の関与は描かれているであろうか。

（3）この世とあの世の中間世界

事例7-15-1は、この世とあの世のあいだにある世界を描いているが、あの世に双極性はなく、そのため、因果の関係性も示されていないし、共同体の関与の記述も描写もない。事例7-15-2は天国への門に入る際に神の前に引き出されることが描かれているが、やはり、双極性が読み取れるわけではない。そのほかのイメージ画も検討したが、あの世の双極性に加え、どちらでもない中間世界（煉獄）が描かれ、かつ、その中間世界以降のアイデンティティのあり方への生きている仲間の関与が描写あるいは記述されたものは、見つけることができなかった。

アリエス（1983/1990）が指摘したような煉獄の機能のイメージが見いだせなかったのは、調査の時代的な要因によるものなのか、あるいは、回答者の世代的な要因によるものなのかは、わからない。もしかしたら、そのような中間世界や共同体の関与を示唆した教

275　7章　イギリスのイメージ画をもとに

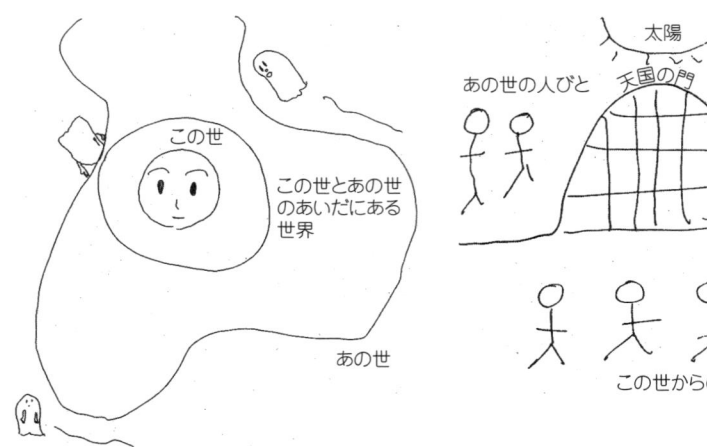

【事例 7-15-1】（E0256 ①）
この世とあの世の中間世界

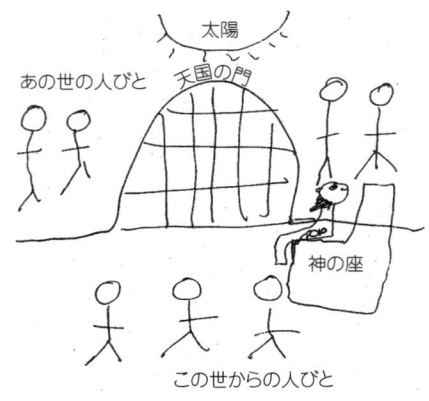

王座
あの世の人はこの世の人を歓迎し、天国に入る前にすべての人は神の前にひきだされる。

【事例 7-15-2】（E0048 ①）
天国に入る際に神の前にひきだされる

事例 7-15　この世とあの世の中間世界

示で描画を促した場合には、出てくるのかもしれない。この問題については、英国のイメージ画のみではなく数か国のイメージ画を検討するとともに、中間世界と共同体に関する信念に焦点を絞った調査を、広い世代で実施する必要があるだろう。

8章 ベトナムのイメージ画をもとに

1節 ベトナムの社会的・宗教的背景

1 ベトナムの成り立ち

ベトナムの正式名称はベトナム社会主義共和国であり、共産党一党が統治する社会主義国である。ベトナムでは、第二次世界大戦での日本の敗戦後、再びインドシナ半島の植民地支配を狙ったフランス軍が1954年のディエンビエンフーの戦いで敗走し、暫定的に南北に分割されて統治されることになった。ジュネーブ協定が結ばれ、二年後に統一選挙が実施される予定だったものの、アメリカの介入で実現せず、南北分断がしばらく固定化されることになってしまった。夥しい数の犠牲者を出したその後の長いベトナム戦争[註1]は、1975年4月30日のサイゴン解放（陥落）を経てようやく終結し、1976年に正式に南北が統一され、現在の国名となった。

ベトナム戦争中は国際的な同情を集めたベトナムであったが、1977年に国連加盟を果たしたものの、カンボジア侵攻（1979年）などのために国際的に孤立し、中越戦争（1978年）などのためにまた戦うことになった。こうした状況ゆえに、ベトナム反戦運動に傾倒した人びとのなかには、ベトナムに裏切られたという複雑な想いを抱く人もいた。1980年代前半は、社会主義体制下における計画経済が必ずしもうまくいかなかったこともあって、「貧しさを分かちあう社会主義」と呼ばれる貧困の時代を過ごすことになった。またその間、多くのベトナム人が社会主義政権を嫌って、あるいは経済的困窮から、決死の思いでボートピープルとなり、その結果多くのベトナム難民が生み出されることになった。

しかしながら、1986年からはじまったドイモイ（「刷新」の意）という社会主義下での市場経済化が相応に功を奏し、国外からの投資も増え、1990年代以降はめざましい経済発展を遂げるよ

うになった。特に首都ハノイの光景などは一変し、街ではかねてから多かった自転車の数が減り、日本製のバイクが大挙して走るようになり、ものが溢れんばかりに売られるようになった。2000年代に入って、車の台数も増えている。一方貧富の差は拡大し、都市と農村との格差も広がって、すべての人が平等にという社会主義の建前との矛盾が顕在化している。若者は都市にあこがれ、都市にある大学に通う学生が卒業後も故郷に戻りたがらないなどの問題が生じている。

ベトナムの国土は日本よりやや小さいにもかかわらず、8000万人を超える人口をかかえ(2005年)、54もの民族が共存する社会でもある。海岸部に沿った平地に暮らす人びとのほとんどは多数派であるキン族であり、彼らが狭義のベトナム人であり、ベトナム語とは「キン語」のことである。一方残りの少数民族のほとんどは山間部に暮らし、それぞれ独特の文化と言語を有している。戦時中は少数民族たちも戦争と無縁ではいられず、しかしながらキン族との関係はおおむね良好で、両者は協力関係にあったと言われる。しかし貨幣経済が山間部にまで浸透するにつれて、ベトナム語を話せなければいい仕事にありつけないという状況も生じており、そこにはやはり多数派と少数派のあいだの不平等という問題が生じている。

ドイモイ後は、国外に出ていったベトナム人たちともつながりを強め、いわゆる同じ国土内の国民国家とは異なる枠組の「ベトナム」が顕著になりつつある。1995年にアメリカとの国交回

復およびASEAN加入を果たし、2020年に工業国家となることを目指しているベトナムは、今後の動向がますます注目されていくだろう。

2 ベトナムと日本の文化的共通性

ベトナムと日本は、さまざまな面で文化的な共通性がある。巨大な中国の南の海縁、南シナ海に面して細長く張りついているように見えるのがベトナムである。日本もまた、北朝鮮や韓国、モンゴルなどとともにベトナムをとりまく国の一つであり、圧倒的な存在感をもつ漢民族を中心とした中国文化の影響を、日本もベトナムも長年受け続けてきたという歴史がある。

それゆえ日本語にしてもベトナム語にしても、その単語の多くを漢語から得ており[註2]、ベトナムもまた漢字文化圏の一つである[註3]。宗教的にも、儒教がなお生活のなかで影響力を有しているという点でも、日本と共通性がある。さらに食文化の面でも、米が主食であり――ベトナムでは米粉にして麺にして食べることも多いのだが――、お箸を使って食べるという点が明らかに共通している[註4]。漢字文化・儒教文化・お箸文化という日本との共通性を有するベトナムであるが、さらにベトナムにおける多数派であるキン族はとくに、日本人とも顔立ちがよく似ている。それらはもちろん、中国との共通点でもある。しかしながら日本にしてもベトナムにしても、中国文化の力に呑み込まれないよ

うな文化的しくみを巧みにつくってきたのではないかと、中国を おもなフィールドとして研究を行ってきた発達心理学者の山本登志哉氏は話している。人間関係のあり方については、日本人とベトナム人とのあいだでは微妙な差異が認められるが[註5]、中国人のそれと比べればかなり近似しており、概して人当たりは柔らかく、あまり角が立ちすぎないような工夫をしているように見える。中国への対抗ということを通して――ベトナムの場合は直接的な支配を中国から長年受けたという点で、よりその問題は深刻であった――結果として日本人にとってなじみのある親しみやすさを感じやすいベトナム文化が生まれたと考えてよいであろう。

しかしながら周知のとおり、ベトナムは19世紀から続いたフランスによる植民支配を経験し、その後日本軍の侵攻、フランス軍の再侵攻、さらにはアメリカの干渉を受け南北の分断を余儀なくされ、長い戦争を戦うことになった。それゆえ日本とは異なる独特な精神風土が育まれていったという側面も見落とすことはできない。「女が強い」というのも、男たちが戦争に行ってしまって女たちが村や家を守らなければならなかったという要因があるとも言われる。ベトナム戦争は、20世紀の世界を揺るがした歴史的事件であり、象にたとえられるアメリカに、蟻にたとえられるベトナムが「勝利」したという点でも特筆すべき事象である。それゆえに、特に北部のベトナム人は、当時を振り返って、プライド高く自分たちの経験を語ることが少なくない[註6]。その精神的支えとなっているのは、現在においても故ホー・チ・ミン主席

である。ホー・チ・ミンに対する評価は、特に国外ではさまざまなものがありうるが、ベトナムの学校等には必ず肖像画が教室に飾られ、Bác Hồ（ホーおじさん）と呼ばれ、多くのベトナム人にとってなお敬愛の対象となっている。

3 宗教的背景

ベトナムには、「国教」にあたる宗教は存在しないが、宗教的背景として顕著であるのが三教である。三教とは儒教・仏教・道教をさす。ベトナムにおいても儒教は、現在でも人びとに強い影響を与えている。中国から入ってきた大乗仏教は、おもに伝統的な祖先崇拝を司っており、寺院はベトナム人の心の拠り所である。また道教は、日常生活を司る細々とした規範であって、精霊崇拝や英霊崇拝を旨とする神社をその象徴として有している（冨田 1995）。

これらに加えて、19世紀からはキリスト教が加わり、儒教・仏教・道教・キリスト教を融合したカオダイ教と呼ばれる新興の総合宗教[註7]なども見られるようになった。そのほかに少数派ながら、イスラム教や上座部仏教、少数民族のアニミズムなども認められる。キン族の大半は仏教徒であると自己規定しているとも言われるが、実際には三教に加えて祖先崇拝・アニミズム・各種の占いなどが融合しており（石井 1999）、それらが統合されて独特の民間信仰を生んでいる。ベトナムにおいては、既存の「宗教」

と、祖先崇拝などの「信仰」が区別されているとの指摘もある（今井 2004）。

各家には必ずと言ってよいくらい祖先を祀る祭壇があり、農村では祭壇を家のなかのいちばん中心に、都市ではいちばん高い階に置かれていることが多い。商売をしているお店や食堂でも、祭壇は客からも見える目立つ位置にしばしば置かれている。葬儀や結婚、家屋の新築・改築などの際に人びとは、占い師や風水師の指示に従い、彼らは「先生」と呼ばれて敬意を表される。寺社の参道には、占い師などが店構えをしていることが多い。人びとの日常における信仰の篤さを物語るように、巨木に小さな祠が設けられ、線香が常時供えられているのを見かけることもある。一方、クリスマスの日に向けてホテルなどには派手なデコレーションが飾られ、12月24日はクリスチャンでない人びとも繰り出し、街はお祭り騒ぎとなる。日本とは異なり、クリスマスのデコレーションは、そのまま2月ごろの旧正月まで飾られる。

伝統的な宗教思想や習慣が着実に現代にも受け継がれ、日常の信仰が生きている一方で、必ずしも多くの人が特定の宗教的アイデンティティを確固としてもっているとは限らないという点では、日本の状況と類似しているともいえよう。ベトナムの場合はこれに加えて、遅れてやってきた近代化と唯物論的な科学信仰が加わっている。それについては後述する。

4　陰陽思想

元来は山の日陰と日向を示したという陰陽は、言うまでもなく、もともとは古代中国の世界観を示したものの一つであり、すべての現象は太極から生じた陰と陽で成り立っているとされる一元論である。たとえば「地」と「天」、「夜」と「昼」、「あの世」と「この世」といった組み合わせが陰と陽の関係にあるとされる。西洋における対立概念が概して相容れないものとしてとらえられているのに対して、陰陽は、両者が分かちがたく結びついており、また一方が一方を生み出すという循環を繰り返す相補的関係をなすものである。その関係は、多くの日本人にとってもなじみのあるものである。陰陽図（図8-1）に象徴的に描かれているとおりである。

ベトナムでも陰陽思想は根強く人びとのあいだに浸透している。陰陽同一理とは、「あの世」も「この世」も同じ道理でものごとが進むという意味である。

それゆえ死者のたましいに対しては、同じ歳まわりの担当官が「あの世」の機関を代表して陰府（すなわち「あの世」）への入戸のために迎えにくると考えられている（末成 1998）。

ベトナム人学生が描いたイメ

図8-1　陰陽図

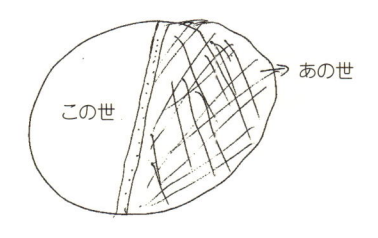

白い色はこの世を表す。網掛けした部分はあの世を表す。境界はこの世とあの世の関係を表す。

【事例8-1-1】（V0175①）
この世とあの世でひとつの円

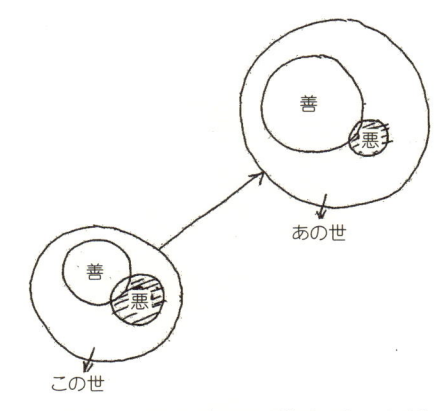

あの世はこの世より幸せで平等だ。人々は平和で親切に関連しあい、善が悪より多い。世界をバランスのとれた状態にするために、善と悪が一緒に存在している。

【事例8-1-2】（V0171①）
この世にもあの世にも陰と陽

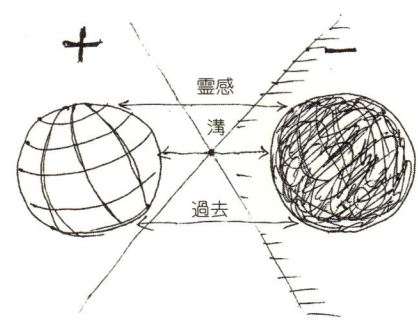

２つの丸い玉の中心は陽と陰を意味する。陰は砂、陽は神秘的な地球。

【事例8-1-3】（V0143①）
陰と陽　２つの球影

この世の人々は太陽のようにカラフル。あの世の人々は月光で冷たい。両者は一緒には暮らしてない。

【事例8-1-4】（V0083①）
太陽と月の比喩

事例8-1　陰陽が明示的に描かれたイメージ画

ージ画には、陰陽が明確に現れたものがある（事例8-1）。陰陽図がほぼそのまま描かれ、「あの世」と「この世」との密接した関係が象徴的に表されているものもあれば、「あの世」と「この世」にそれぞれ陰陽があるとするイメージ画もある。陰と陽を月と太陽にたとえた例もある。ベトナム人学生は、この章で紹介しているベトナムの習俗や伝統文化にもかかわらず、実は概して科学的な志向が強いのであるが、フランス・イギリスの学生はもとより、日本の学生もなかなか描かない陰陽思想を描くことがあるのは、その思想が深く若い層にも浸透して根づいていることを示唆している。

281　8章　ベトナムのイメージ画をもとに

5 死者の弔いと祖先崇拝

ベトナムでも葬儀は人生最大の儀礼とされ、死者が「あの世」で落ち着く場所を得て、「祖先」へと転身する重要な機会となる。また日本などでも見られる高齢者の葬儀を半ば吉事とする考え方はベトナムでも認められる（末成 1998）。遺体の埋葬については、

図8-2 ベトナム・ハノイ郊外の墳墓

現在では火葬が奨励されているものの、土葬がなお一般的であり[注8]、特に農村部では身近な田畑のなかの墓に埋葬されることが多い（図8-2）。ベトナム北部では、埋葬された遺体は二〜四年後に日時や地相を占い洗骨された上で、再び埋葬し直されることが多い（石井 1999）。ベトナムでは喧嘩の際、「先祖の墓を暴いてやる」というのが最大の侮辱の言い方ともなる（冨田 1995）。

末成（1998）によると、弔いに関するベトナムの特徴は、(1) 死の穢れの観念が比較的弱いこと、(2) 祖霊との距離が近いこと、(3) 死者との関係が個人的な感情にまかされていること、などであるという。死後3日間はあの世では食べるものがないためたましいは家に戻り、3日目に遺族は、会葬者へのお礼の意味も込めて宴会を催す。「あの世」での生活がよりいっそう具体的にイメージされ、それへ寄り添うのが子孫の義務であるとされる。先祖は子孫を見守る存在として位置づけられており（Kalman 1966）、ベトナムでは「あの世」は、比較的身近な存在であるともいえる。

結婚式などのときにも、挨拶をする相手はまず参列者でなく先祖である。そのほか、出産や旅行、就職など人生の重要な出来事には、必ず先祖への報告がともなう。先述のとおり各家には先祖を祀る祭壇が家の中心的な位置にあり、常に先祖の存在は意識されている。旧暦の1日と15日には先祖の供養が行われる。線香が焚かれ、紙製の衣服や品物等が燃やされ、それが水（もしくは酒）で消され灰になることによって、先祖はそれらを受け取ることが

できると考えられている。線香の煙は天に昇り、水は地へと染みこみ、前者が陽、後者が陰にむすびついている。

戦争で亡くなった無名戦士の墓はベトナム各地に見られるが、直接的に血縁関係があるわけでなくても、人びとは自分たちに縁のある存在であるとしてお参りをする。また田畑のなかにお墓の場合、その田畑の持ち主が変わってもその墓はそのままにされ、新たな持ち主が墓を守っていくのがふつうである。

6 魂と魄――お化けと悪鬼

ベトナムでは人が亡くなると、心情や思考を司るとされる魂と肉体を司るとされる魄が空にいったん飛び立つと考えられている。葬儀のなかの復魂の儀式で、魂は位牌に、魄は遺体に入る（末成 1998）。魂と魄という考え方はもちろん中国からのものであり、もともと魄は、横死したり無縁で祀る人がいない場合、幽鬼として祟りをなすとされる（『日本大百科全書』1998）。「魂魄をどこに置いてきてしまったの？」という言い方は、ぼんやりしている人への声かけのことばであり、「魂が傾き魄が落ちる」とは、驚いて恐怖を感じるときに口にされることばである。

ベトナムでは基本的に、ふつうに亡くなった人は、善人であれば天国に行き、悪人であれば地獄に堕ちて裁きを受けると考えられている。しかし不慮の死を遂げた人は、天国や地獄には行かず、

この世にとどまるという。そうした死者の霊は、手厚く遇されれば人間と共存することも可能なお化け（ma）となるが、そうでなければ悪鬼（quỷ）となって人間に取りつき悪さを働くとされる（冨田 1955）。

お化けは亡くなった人がなるものであるとされるが、それは人間と共存可能であるとしても、やはり恐怖の対象でもある。「悪鬼が釈放してもお化けになる」や「常に闇を行けばお化けに出会う」といった諺は、お化けもまた怖い存在としてとらえられていることを示唆している。また悪鬼は、死者がなるものではなく、地獄に住んでいるというとらえ方のほうが一般的ともいわれる。さらには、お化け（ma）と悪鬼（quỷ）を明確に区別せず、両者を合わせて「ma quỷ」という呼び方が使われることもある。なお、お化けを意味する「ma」は英語では「ghost」に、悪鬼を意味する「quỷ」は「devil」と訳されている。ベトナム人なら誰でも知っているはずの

鬼は怠け者を罰し、仙人は良い人を手を広げて迎える。あの世はきれいな世界。

事例8-2　お化け悪鬼と仙人のいる「あの世」
（V0104①）

「ma quỷ」は、イメージ画に明確に描かれるということは少ないが、そのような例もある（事例8-2）。

7 遅れてやってきた近代化と科学信仰

以上概観していたように、ベトナムにおける他界観には、日本のそれとも部分的には共通性のある要素から構成されていることがわかる。しかしながらベトナムにおける近代化の波は、長く続いた戦争の影響が大きく響いたこともあり、日本よりかなり遅れてやってきた。ベトナムを旅行した日本人がしばしば漏らす「〇〇年前の日本と同じ」といった言い方は、半分は当たっているものの、半分は当たっておらず、ベトナムでは伝統的な習慣などと近代的なもの（たとえば町中を大挙して走るバイク）が同居している（伊藤2001）。

政治的には社会主義体制を維持し、西洋からの唯物論の影響も認められる。ベトナムの医療には東洋医学と西洋医学が混在しているが、現在ではむしろ後者のほうの信頼が厚いようである。たとえば、どのような物を食べると身体が暖まるとか冷えるとかいったことに多くのベトナム人が精通している一方で、体調を崩したときには薬（おもに西洋医学の薬）を飲んでこそ治るという考えは現在ではかなり強い。主要な産業である農業は現在でもなお人力や水牛の力に頼る部分が大きいが、機械化をすればもっと社会が発展すると、多くのベトナム人が素朴に考えているようで

ある。工業化にともなう公害問題などを経験した日本に比べて、「発展」ということばが、素朴に良いこととしてとらえられている。

そのようななかでベトナム社会おけるエリートとして位置づけられる学生たち[註9]はなおさら、宗教的あるいは非科学的な考え方には傾倒しないような圧力が働いているように見える。本研究の調査でイメージ画を書くように求められたベトナム人学生が、「あの世の存在を信じていないので描けない」とだけ答えることがままあった。それは、そのような圧力が大きな要因となっていると考えられる。

2節 ベトナムのイメージ画1――事例と特徴

ベトナム人学生が描いたイメージ画には、先述のとおり陰陽が明確に描かれる例があるなど、日本・フランス・イギリスには見られないいくつかの特徴が認められる。イメージ画1において他に顕著であったのは、「あの世」が紙面上で下に描かれる例がくつも見られたということである（事例8-3）。もちろん地獄が下に描かれることは他国のイメージ画にもあるのだが、明確に地獄とはみなせない「あの世」が下に描かれることは、ベトナム以外にはほとんど見られない。

一方、地獄とみなせる「あの世」が、天国と同時に上に描かれるという例もある（事例8-4）。これは他国のイメージ画にはま

この世は鮮やかで、食べたり遊んだりできる。あの世では、牛と乾燥した骨以外何もない。

【事例8-3-1】（V0163①）
つまらない下方のあの世

この世はうるさくて埃がいっぱい。あの世はきれい。交通が早くて便利。

【事例8-3-2】（V0162①）
きれいで便利な下方のあの世

この世は活動的で生成する。あの世は静かで生がない。

【事例8-3-3】（V0178①）
静かな下方のあの世

事例8-3　下方に描かれた「あの世」

ったくみられなかったパターンである。ただしこのことは、ベトナムにおいて地獄が上にあると考えられていることを意味するのではないだろうか。他国のイメージ画と同様に、上方に地獄以外の「あの世」が描かれる例はもちろんあるし（事例8-5）、また上方に天国、下方に地獄が描かれるという例もあるからである（事例8-6）。ベトナム語で「地獄」を意味する「địa ngục」は、漢字表記の「地獄」そのものに該当し、このことばがやはり「地」の中にあるということを意味しているからである。地中にあるはずの地獄が上方に描かれることがあるではなぜ、地中にあるはずの地獄が上方に描かれることがあるのだろうか。ベトナムでは先に述べたとおり、生活圏に隣接した――あるいは生活圏そのもののなかにある――田畑などのなかに墓があることが珍しくなく、物理的に身近な土中に死者が土葬されていることが多いという現実があり、それとの関連を推測させるイメージ画が見られる（事例8-7）。しかし同じように土中に埋まると思われる死者が、下ではなく横に描かれるという例が見られるのである（事例8-8）。

物理的な垂直軸と紙面上の上下軸が、通常は合致するものと思われがちだが、ベトナムでは必ずしもそうではないことが示

285　8章　ベトナムのイメージ画をもとに

人々は常に天国のあの世へと向いている。人々は地獄に畏れを感じ、それを見たいとは思わない。

この世の人が寝ているとき、あの世は昼間である。この世で悪いことをすれば、あの世に行ってから他の魂と楽しく活動することができず、罰が当たり、油の鍋に入れられる。

【事例8-4-1】（V0048①）
上方の天国と地獄①

【事例8-4-2】（V0021①）
上方の天国と地獄②

事例8-4　上方に描かれた天国と地獄

あの世は美しく良い世界である。人々は、物やお金のためではなく、愛情を抱いて共に生きている。

あの世はもっと良い。人間関係は物質とかお金ではない。通信線を通して雲でこの世はあの世と関係する。

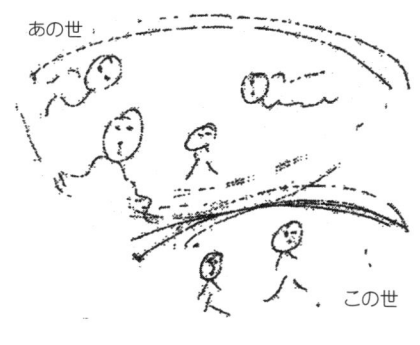

空にあの世がある。お化けの影が歩いて彷徨う。この世の人は土地の上を歩く。

【事例8-5-1】（V0126①）
通信できる上方のあの世

【事例8-5-2】（V0176①）
空にあるあの世

事例8-5　上方に描かれた地獄以外の「あの世」

この世にあるものは天国の影であり、地獄はこの世の影である。地獄には、鬼や幽霊がたくさんいる。

事例8-6　上方の天国、下方の地獄
（V0015①）

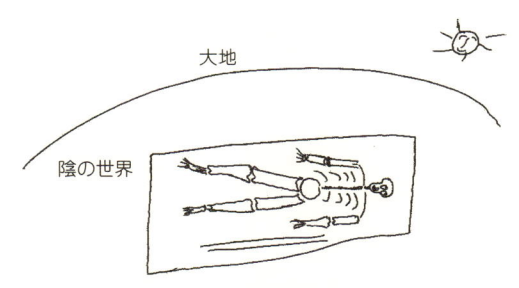

（死）は物理的な生活と精神的な生活の完了だ。

事例8-7　土葬された死者
（V0179①）

亡くなってからは土の下にいる。亡くなったら終りだが、想像では魂は存在している。

事例8-8　右方に描かれた土中の死者
（V0010①）

唆されている。物理的な垂直軸と紙面上の上下軸とを基本的に一致させるというのは、実際には三次元の広がりがあるものを二次元平面上に絵として描く際の、可能な一つの変換規則にすぎないのかもしれない。そうだとすると、私たちは、その変換規則の一つを自明のものとして、学校教育のなかなどでの絵画を描くトレーニングを通して、身につけてきたということなのだろう。物理的な水平軸と紙面上の左右軸も、ベトナムの場合一致しているのかどうかわからないということになろうが、ベトナムのイメージ画でもうひとつ特徴的であったのは、「あの世」と「この世」が水平に描かれることがしばしばあるということである。これも他国にはあまり見られない構図である（事例8-9。事例8-2もその一例）。しかも、ベトナムでは「あの世」はどちらかというとネガティブに捉えられていることが多く、「あの世」と「この世」が同じ太陽に照らされていると良いなという希望が述べられているものもある。また水平に描かれた「あの世」と「この世」が橋で結ばれ、しかもそれが虹という橋であることもある。虹は、他国のイメージ画には見られない。

さらに、同じく水平に描かれるものであっても、「影」という

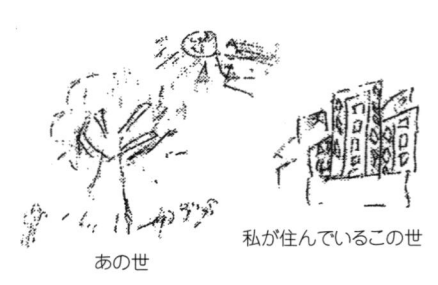

「この世」と「あの世」は同じ太陽に照らされていると良いなと思う。

【事例8-9-1】（V0001①）
同じひとつの太陽

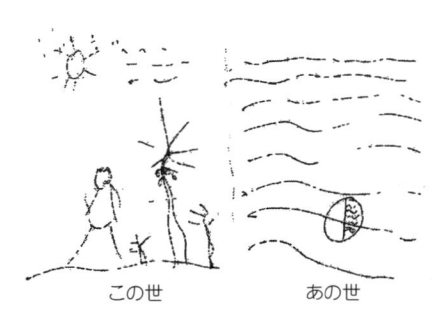

太陽はあの世の黒い幕。それはもともと存在していて、「この世」からあの世に人を迎える。

【事例8-9-2】（V0120①）
あの世でも太陽が

この世とあの世はあまり遠くない。2つの境界は、川にかかる橋のよう。

【事例8-9-3】（V0136①）
あの世とこの世をつなぐ橋

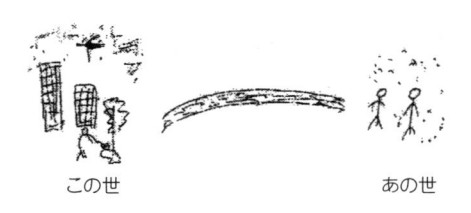

この世の生活はうるさいが平和で緑がいっぱい。あの世はぼんやりとしてつまらない。両者をつなぐのは虹。

【事例8-9-4】（V0139①）
あの世とこの世をつなぐ虹

事例8-9　水平に描かれた「あの世」と「この世」

あの世は現実世界の影。人びとはそこでより幸せである。2つの世界は関係がある。

【事例8-10-1】(V0059①)
現実世界の影

あの世の人は形がない。ぼんやりとして神秘的な生命。

【事例8-10-2】(V0160①)
形のないあの世の人

近しい人のたましいは、困難に直面したときに助けてくれる。あの世のことを考えなくても、たがいに結びつけられた精神がある。

【事例8-10-3】(V0050①)
助けてくれるあの世の人

事例8-10　影としての「あの世」の人

死後の世界は絶対にない。ただお墓だけ。

【事例8-11-1】(V0008①)
あるのはお墓だけ

一人の女が、墓を訪れて線香を焚いている。

【事例8-11-2】(V0065①)
墓と線香

事例8-11　土まんじゅうのお墓

289　8章　ベトナムのイメージ画をもとに

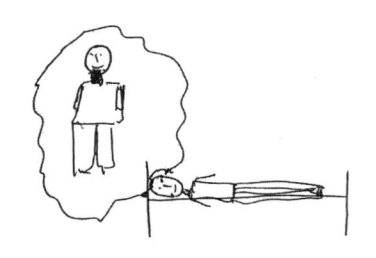

夢を通して亡くなった人はこの世の人に連絡する。

【事例8-12-1】（V0005①）
夢を通しての連絡

思考・想像・記憶のなかでは関係が存在する。

【事例8-12-2】（V0043①）
想像のなかの経験

事例8-12　夢や思考のなかの死者

ことが強調されたイメージ画も複数認められた（事例8-10）。影としての「あの世」（もしくは「あの世」の人）というのは、ベトナムだけに特徴的なことではないが、水平に描かれた「あの世」そのものが影であるという描き方は、ベトナムの特徴のひとつと捉えてよいだろう。

ここまで「あの世」と「この世」の位置関係に注目してきたが、そもそも死後の世界はないと考え、土まんじゅうの墓だけが描かれるという例がいくつか見られる（事例8-11）。また、夢や思考のなかにだけ死者が存在するとするイメージ画もいくつか見られた（事例8-12）。これらは、ベトナムの学生たちが、むしろ「あの世」のようなイメージを抱くことにむしろ抑制的になっていることの、一つの現れではないかと考えられる。

3節　ベトナムのイメージ画2──事例と特徴

次に、ベトナム人学生が描いたイメージ画2を見てみることにする。たましいの形については、人間形から魂形、そして気体形もあり、この点では、特にベトナムとしての特徴的な点は見られない。そしてそれらが死者から抜け出して上方に向かっていくものが多いという点（事例8-13）も、他国にも見られるパターンである。一方、動物形に変わっていくパターンもあり（事例8-14）、これも目新しいものではないが、逆に他国と似たような例がベト

290

たましいは、亡くなってから身体を離れ空に向かって飛んでいく。

【事例8-13-1】（V0022②）
天に昇るたましい①

死んだあとたましいは身体から離れて、空気中に彷徨って、極楽まで行く。悪い結果のたましいは存在せず、他の形に消える。

【事例8-13-2】（V0142②）
極楽へ行くたましい

星はあの世。木や山川はこの世。人は死んでからあの世に行く。

【事例8-13-3】（V0016②）
星へと昇っていく人間形のたましい

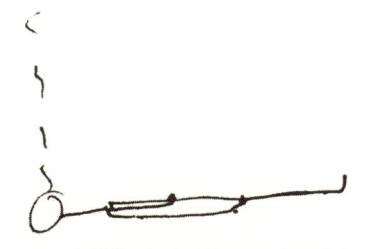

人が死ぬと精神の部分は離れ、一部は空中に分解し、この世で霧散し、他の部分は消滅してしまう。

【事例8-13-4】（V0011②）
霧散する精神

事例8-13　上方に向かっていくたましい

291　8章　ベトナムのイメージ画をもとに

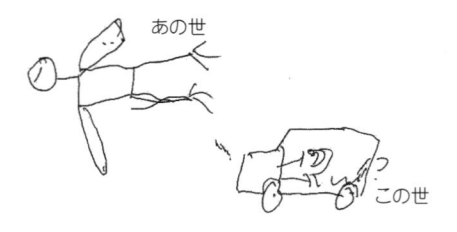

この世のたましいは物質的なもので行く。あの世のたましいは神秘的なもので行く。

【事例8-14-1】(V0155②)
鳥のようなたましい①

死んだ後たましいは彷徨っている。

【事例8-14-2】(V0151②)
鳥のようなたましい②

事例8-14　動物形に変化したたましい

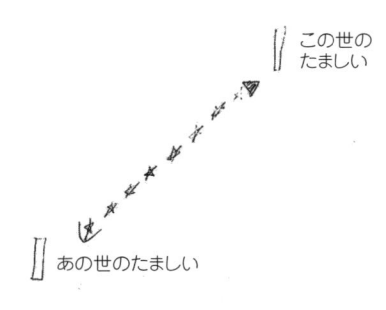

たましいは飛び、星のように輝く。

【事例8-15-1】(V0103②)
下方へ飛んでいくたましい

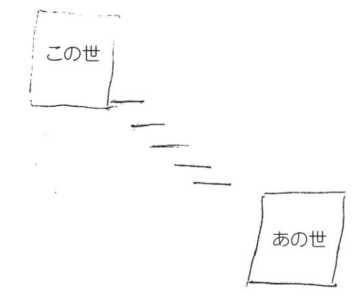

この世とあの世は似ている。この世からあの世への道は、行きやすい下り階段である。

【事例8-15-2】(V0077②)
あの世への下り階段

事例8-15　下方に向かっていくたましい

ナムでも見いだせるということを確認できたことは、これまで強調してきたベトナムの特異性とは別に、逆に共通性も見いだせるということである。

しかしベトナムの場合、たましいが上に飛び立っていくというだけでなく、下に向かっていくというパターンがあり、それがベトナムの特徴的な点の一つである（事例8-15）。これらのイメージ画でたましいは、斜め下に向かって進んでいくように描かれている。たましいになれば軽くなり、むしろ上昇していくのが当然だと、日本・イギリス・フランスのイメージ画2からは思われた。しかしベトナムでは必ずしもそのようには描かれないのである。

ただし前節で考察したとおり、物理的な垂直軸と、紙面上の上下軸が、必ずしも合致していないということはあるのだろう。しかしながら、たましいが、土中にあるように描かれ

登ることと降りることは簡単。

【事例8-16-1】(V0162②)
地上と地下の自由な移動

たましいはこの世からあの世へ行くことができるが、たましいは風であるから、見ることができない。

【事例8-16-2】(V0086②)
たましいは風

事例8-16　地上と土中の境界上のたましい

この世とあの世を区別する川がある。小舟は、この世とあの世のひとつだけの橋である。

事例8-18　川を渡って「あの世」へ向かうたましい（V0005②）

死体からたましいが出て、地獄に飛び降りる。用事があるときはまた飛び上がる。理由なく罪を被されたときは、悪鬼になって人を驚かす。

事例8-17　悪鬼に変身たましい（V0015②）

293　8章　ベトナムのイメージ画をもとに

死後たましいは明確になる。親しい人びとの生活と実在の世界の全てを知っている。あの世への道は、日没の彼方へと遠い。

【事例8-19-1】（V0094②）
日没の彼方への道

たましいは狭くて曲がりくねった道を行かねばならない。その道はつるつるで、滑ったら落ちて犬に食われる。

【事例8-19-2】（V0183②）
曲がりくねった滑る道

事例8-19　たましいの通る道

死んだとき、たましいは光のポイントの方へと向かう

息が止まってからたましいが死体から出て、光っている一点に向かっていく。

【事例8-20-1】（V0003②）
光に向かうたましい①

人が死んだとき、たましいは光に向かっていき、夜になって突然親しい人の夢に現れる。

【事例8-20-2】（V0019②）
光に向かうたましい②

事例8-20　光に向かって飛んでいくたましい

この世とあの世は間隔がある。この世からあの世までは抽象だ。

【事例8-21-1】（V0143②）
たましいの抽象的な（？）往復

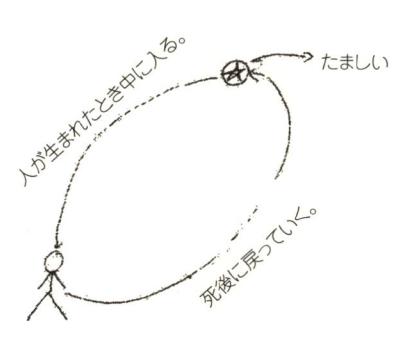

たましいはどこかの世から人に入って、人が死んだ後、身体から離れる。

【事例8-21-2】（V0191②）
たましいの出入り

事例8-21　循環するたましい

ている「あの世」と地上の「この世」を行き来する様が描かれた事例もあり、ベトナムにおいてたましいは、やはり下のほうへも、あるいは地面の中へでも潜りうるものだと思われる。そしてしかもその二つの世界を自由に行き来するかのような描き方もあり、またその境界にとどまっているように見える描き方もある（事例8-16）。そして、いったん土中にたましいが入り込み、またそれが何らかの理由で地上に戻ってきて、お化け・悪鬼になってしまうという様まで描かれているものがある（事例8-17）。

その他、後述する映画でも実際にシーンとして描かれているように、ベトナムでも死者が川を渡って「あの世」へ行くというイメージがあり（図8-3）、それがまさに描かれたイメージ画も見いだすことができる（事例8-18）。また、はるか彼方へとたましいが移動していく道、あるいは長く曲がりくねった道が描かれたイメージ画もある（事例8-19）。さらに、光に向かってたましいが飛んでいき、それが場合によっては生者の夢に現れるというイメージ画もある（事例8-20）。これらのイメージ画から、たましいがどこかに移動していくというイメージには、かなりバリエーションがあることがうかがえる。これらのたましいの移動は一方向的である。

もちろんベトナムにも、循環するたましいが描かれたイメージ画もあり、そのなかにはベトナムのイメージ画に特徴的な陰陽とともに描かれているものもある（事例8-21）。また、生まれ変われるか悪鬼になるかの2通りがあることを具体的にイメージさせるものもある（事例8-22）。事例8-17でも悪鬼が描かれていたが、

295　8章　ベトナムのイメージ画をもとに

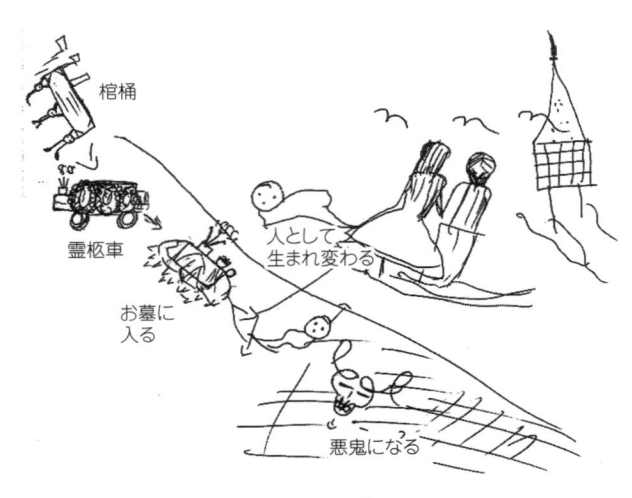

生まれ変わりか悪鬼になるか
事例 8-22　天国と地獄の分かれ道（V0202②）

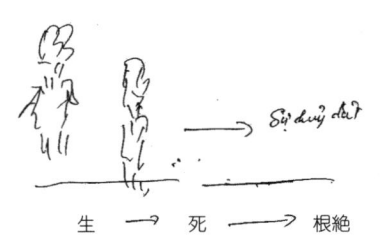

生 → 死 → 根絶

死後たましいは存在しないので、それを描くことはできない。
【事例 8-23-1】（V0047②）
たましいは存在しない①

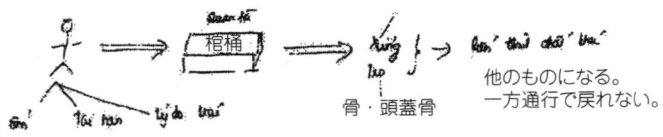

他のものになる。
一方通行で戻れない。

病気・事故・他の理由　　　　　骨・頭蓋骨

【事例 8-23-2】（V0107②）
たましいは存在しない②

事例 8-23　たましいの否定

296

4節 ベトナムの他界イメージの探究
——映画や小説等を手がかりに

以上見てきたとおりベトナムのイメージ画は、イギリス・フランスとももちろん、文化的共通性の高いはずの日本とも、かなり

図8-3 不慮の死を遂げた二人の少女が「あの世」へと向かうシーン（映画『ニャム』より。イラスト：中野聡子）

この事例は、生まれ変わることができなかったたましいが悪鬼になるということを連想させる。

なお、前節で指摘したように、「あの世」のイメージを抱くことに抑制的な場合があり、たましいについても同様に、その存在自体を明確に否定するイメージ画も見られた（事例8-23）。

違った特徴を示していることがわかる。このことは、単純に洋の東西で捉えきれない文化の多様性を如実に示すものであり、たいへん興味深い。このように独特とも見えるベトナム映画や小説などにはどのように現れてきているのか、そのいくつかを紹介することにしたい。

映画『ニャム』（ベトナム語タイトルの原意は「故郷の農村をなつかしく思い出す」。ダン・ニャット・ミン監督。1995年）は、ベトナム北部の農村に暮らす多感な17歳の少年ニャムを主人公とし、ドイモイによって都市との経済格差が広がった農村の困難さを背景に、しかしそのなかで素朴に生きる人びとを描いたものである。物語は、この村を出てボートピープルとなってアメリカに移住した美しい女性クエンが久しぶりに帰郷することを通じて展開していく。ニャムが異性に目覚めていくことを一つの軸として展開しているミイとその友だちミンは、飲酒運転の大型トラックの下敷きになり、不慮の死を遂げてしまう。嘆き悲しむニャムとクエンら。そのクエンが再び村を離れるときに、回想シーンが幻想的に描かれる（図8-3）。その前に出てくる野辺送りのシーンでは、墓地に到着する前にいったん立ち止まり、先頭にいる老婆たちが舟の櫂を漕ぐようなしぐさを見せるのだが、これは川を死者が渡っていくことを象徴的に表したものである。

ベトナム戦争時には、多くの兵士が行方不明となり、膨大な数

297　8章　ベトナムのイメージ画をもとに

の兵士たちの遺骨がいまだに見つかっていないといわれる。映画『サイゴンからの旅人』。レ・ホアン監督。(ベトナム語タイトルの原意は「誰が万里を流れゆく」。レ・ホアン監督。1997年)は、かつて解放闘争を共にした戦友の遺骨を探し当てて何とかそれを掘り起こし、彼の故郷に届けに行くという物語である。主人公タンは、担ぎ屋の仕事をしている女性ミエンと出会い、旅を共にするのだが、彼はひょんなことから途中で列車に乗り遅れてしまい、遺骨が入ったリュックはその中身を知らないミエンに裏腹に「万里を流れ」、手の届かない先へ先へと旅をしていってしまうことが想像される映画である。死者とともに旅をする主人公、しかしその死者のほうが生者の思いとは裏腹に「万里を流れ」、手の届かない先へ先へと旅をしていってしまうことが想像される映画である。

元北ベトナム兵士の作家バオ・ニン[註10]による小説『戦争の悲しみ』(ベトナム語タイトルの原意は「戦争の悲しみ」もしくは「愛情の身の上」。1991年)では、筆者自らの過酷な従軍経験を下敷きに、戦争に参加していく主人公キエンと、その若く美しい恋人フォンが、戦争に翻弄され引き裂かれていく悲劇が描き出されている。故郷のハノイに戻って再開したフォンは、すでにキエンが思い描いていた彼女ではなくなってしまっていた。この小説の冒頭で、キエンが身をおくことになったジャングルで、戦死し

た兵士のたましいが漂い泣き叫ぶ様が描写されている[註11]。運命を全うできずに亡くなった人のたましいはこの世にとどまり続けるとされるベトナムの死生観が垣間見えるシーンである。ここに、先に触れたお化けや悪鬼が登場している。この小説の主人公キエンは、作者自身がモデルになっていると思われ、その実感にもとづいての描写であろう。

……数え切れないほどのお化けや悪鬼の魂たちがその致命的な敗退をした戦場で生まれていたが、その戦闘の後、誰も第27歩兵大隊のことは口にしなかった。その魂たちは解き放たれ、ジャングルのあちらこちらの藪のなかを彷徨い、小川の流れに沿って漂い、あの世へ旅立つことを拒んでいた。

その時からそこは、泣き叫ぶ魂のジャングルと呼ばれた。その名がささやかれるのを聞くだけで、背筋を凍らせるのには十分だった。おそらく泣き叫ぶ魂たちは、失われた大部隊のメンバーとして、ダイヤモンドの形の小さな草地に整列し、自分たちの階級や数を確認するのや、特別な祭りの日々に寄り集まるのだった。涙にむせぶささやき声は、夜になるとジャングルに深く響きわたり、その遠吠えは風に乗った。おそらくそれらは本当に、亡くなった兵士たちの彷徨う魂の声だったのだろう。

なお、ベトナム戦争をベトナム人の視線で描いたと評される映画『コウノトリの歌』(ベトナム語タイトルの原意は「コウノトリの舞曲」)。ジョナサン・フー/グエン・ファン・クアン・ビン監督。2

001年)でも、亡くなった戦友のたましいが彷徨う森のなかで主人公が悪夢にうなされるという、『戦争の悲しみ』と類似したシーンが登場する。ベトナムの映画や小説にはこのように、その背後に戦争の歴史が織り込まれることになることが多く、そしてしばしば必然的に死の問題が描かれることになる。近年になってベトナムでは、戦死した元兵士の日記が相次いで出版され、ベストセラーになるほど反響を呼んだ。20歳の若さで命を落としたグエン・ヴァン・タクの『永遠に20歳』(2005年)と、軍の女医として献身したダン・トゥイ・チャムの『ダン・トゥイ・チャムの日記』(2005年)(日本語版は経済界から『トゥイーの日記』のタイトルで2008年に出版)である(図8-4)。このようなすではるか以前に死者となった人が本の著者となって蘇ってくる様と、そこに多くの人が関心を寄せるところに、またベトナムの他界イメージの一端がうかがわれるように思われる。

ところで、2002年冬のベトナムでの調査でやまだと伊藤は、中部の古都フエで、ブー・チー[註12]という画家の自宅を訪ねていった(図8-5)。フエは、かつての南ベトナムの北の端近くにあり、学生や僧侶などによる激しい反戦運動があった場所である。ブー・チーもその渦中にいて、反戦画を描いていた。そして戦後は、「生」「死」「時間」などをテーマにした抽象画を数多く描いた。彼を訪問したときのフィールド日記から引用し、本章を締めくくることにする。

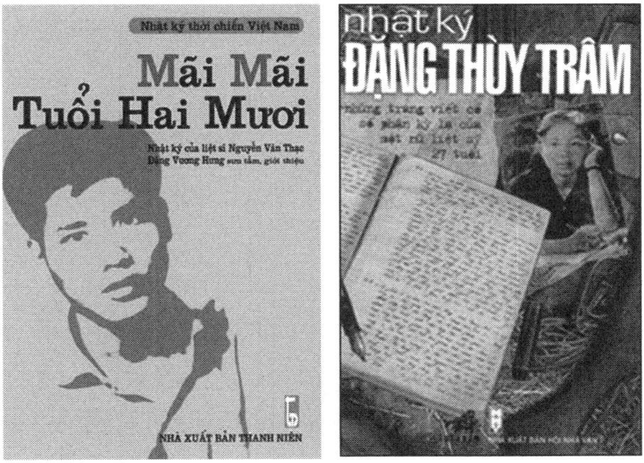

昼過ぎに市街に戻って、昼食を急いでとり、画家のブー・チーさんを訪ねていった。彼の家は、ちょっと古風な屋敷で、味のある庭もあるところだった。応対してくれたアトリエには、彼の作品がいくつもあった。1948年生まれだというブー・チーさんは、恰幅がよく、ベトナム人にしては珍しく中年太りでお腹がポコンと出ている。ヘビースモーカーのようで、くわえタバコのまま喋り、火がフィルターギリギリのところに来るまで吸う。芸術

図8-4 ベトナムでベストセラーとなった『永遠に20歳』(左)と『ダン・トゥイ・チャムの日記』(右)

図8-5　画家ブー・チーさんのアトリエで（ベトナム・フエ。左からブー・チーさん、伊藤、やまだ、川島（当時やまだ研ゼミ生）

家らしく少々気むずかしい感じでもあるのだが、その割には結局二時間ぐらいよく喋ってくれた。特にやまださんが、私たちのイメージ画による研究とむすびつけて関心を示し、いろいろ質問したのに対し、とても好意的に答えてくれた。

そのブー・チーさんが現在描く絵の一貫したテーマは、どうやら「生」「死」、それに「時間」といったことのようだ。反戦歌を生み出し、その後も多くのベトナム人の心をつかんだ音楽家チン・コン・ソンとも親友だといい、彼の死後に彼を想って描いた絵もある。「この世では戦争があった。ひどい爆撃もあった。この世にあって早く戦争のことを忘れてリラックスして生活したいと思う。あの世へ行くことは避けられず、人はいつもそのことを考えてなければならない。あの世が本当にあるのかどうかはわからない。チン・コン・ソンは亡くなってしまった。しかし霊魂はどこかにあると思う。いつも私の頭のなかでは生きている」と彼は語った（二〇〇二年一二月四日のフィールド日記から一部修正）。

ブー・チーさんとお会いしてからわずか８日後に、彼は脳溢血で倒れ、二〇〇二年一二月一四日に帰らぬ人となってしまった。享年54歳だった。訪問したときに、時間に翻弄される人間が描かれている作品を見ながら、「時間というのは怖い。時間はとても早く過ぎていってしまう。でも人は速いスピードで生きたいとは思っていない。私自身も長く生きたいと思うのだが、でも無理だろう。戦争では子どもでさえあっけなく亡くなってしまう。一生は短い。だからこそ大切にしなければ」と彼は語っていた。その彼が私

ちとの出会いの後すぐに逝ってしまったとに呆然とすると同時に、その直前に出会えたことの幸運をかみしめることになった。日本と西洋諸国との比較文化だけでは見えてこない軸がある。それを見いだしていくためにも、ベトナムを研究上の検討対象にしっかりと据えていくことが、きわめて有益かつ重要である。ベトナムを真正面から扱った本章は、これまでとられがちだった「日本」対「西洋」という比較の構図を見直すきっかけにもなるであろうことを、最後に強調しておきたい。

[註1] ベトナムでは決して「ベトナム戦争」という言い方はしない。かわりに「chiến tranh Pháp（フランス戦争）」「chiến tranh Mỹ（アメリカ戦争）」などと呼ばれる。

[註2] これを漢越語と呼ぶ。

[註3] 結果としてベトナム語の単語には、日本語と発音および意味が類似したものが散見される。たとえば「nghiên cứu（研究）」「ý kiến（意見）」など。ただし現在のベトナムでは漢字が使われることはない。漢字からつくられたチューノムという独特の文字も使われることはない。現在のベトナム語の表記では、19世紀以降に普及した声調記号などを付加したアルファベット表記（chữ quốc ngữ＝「国語文字」の意）がもっぱら用いられている。

[註4] 隣国のカンボジアやラオスは、お箸文化圏ではないと言われている。

[註5] ハノイのある路地でフィールドワークを行った伊藤（2001）の観察によれば、ハノイにおけるベトナムの人びとには、日本人が共有している「世間」は認めがたいという。

[註6] もちろん南ベトナム側にいた人びとにとってはベトナム戦争の結果は単純に「勝利」であったとは言いがたい。ましてや戦後ボートピープルとなって国外に命がけで出た人にとっては、当然より複雑な想いを共有しているのは想像に難くない。また国内にいるベトナム人にとっても、現在政権を担当するベトナム共産党に対する不満が、特に若い人のあいだでないというわけでもない。

[註7] カオダイ教は孫文やビクトル・ユーゴーの思想までを集合し、巨大な「天眼（thiên nhãn）」をご神体としており、約50万人の信者がいるといわれる（冨田 1995）。

[註8] 火葬はかえって墓を確保する必要が必ずしもなく、お金がかからない＝貧乏だというイメージがあるという。

[註9] ベトナムでの統計資料はなかなか正確なものが手に入らないのだが、2006年時点でも、大学進学率は10％未満と見られる。

[註10] 作家バオ・ニン氏については、伊藤（2004）も参照されたい。

[註11] 日本語版の『戦争の悲しみ』（井川一久訳、めるくまーる）は、英語版の『The Sorrow of War』（London: Martin Secker & Warburg Limited）からの訳を一次訳とし、ベトナム語の原版と照合したというのだが、意訳が相当多いといわれる。この部分は、より原版に近いと思われる英語版から筆者が訳出した。なお日本語版として原版から直接訳したという『愛は戦いの彼方へ』（大

川均訳、遊タイム出版）もある。

[註12]ブー・チー氏との出会い等についてより詳しくは伊藤（2004）を参照されたい。なお彼の作品については、インターネット上で「Buu Chi」で検索すれば、いくつも鑑賞することができる。これらの作品のなかでギターともに描かれているのが、ベトナムでは著名で根強い人気がある音楽家・故チン・コン・ソン氏である。

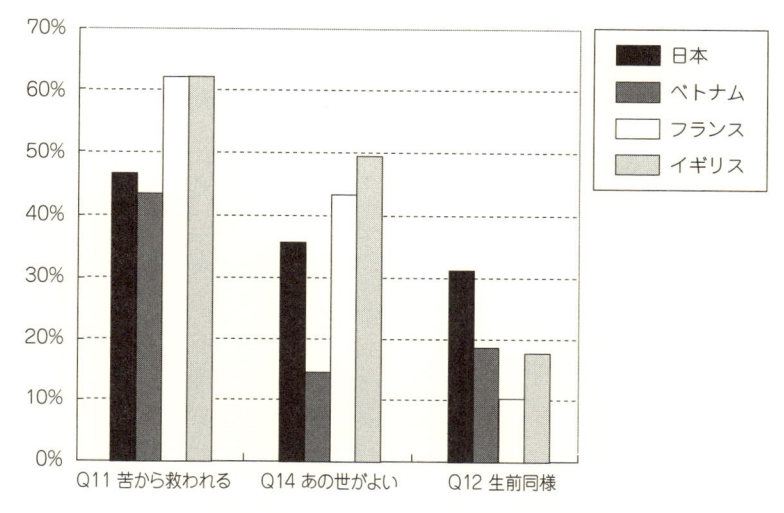

資料13　この世とあの世の感情的価値

　以上、他界信念に関する 21 項目の統計的分析の結果を 6 つの観点から 4 か国の傾向を比較してきた。全体を通して主要な点を要約すれば、以下の 10 点が指摘できる。これらの結果は、イメージ画の分析結果と類似しており、両者の傾向は全体的に一致していたと考えられる。

① 「死後の世界がある」は、日本、フランス、イギリス 3 か国で、高い肯定率がみられた。ベトナムでは、否定的であった。
② 「地獄がある」は、4 か国すべてで否定的であった。
③ 「たましいの存続」は、4 か国すべてで高い肯定率がみられた。
④ 「死後は暗闇」は、日本、フランス、イギリス 3 か国では、顕著に否定され、ベトナムでは、肯定的であった。
⑤ 「生まれ変わり」は、特に日本の肯定率が高かった。
⑥ 「自然に霊が宿る」アニミズムは、4 か国すべてで肯定的であった。
⑦ 「死者に守られる」「死者に再会できる」は、特に日本で顕著に肯定率が高かったが、他の 3 か国でも肯定的な傾向が見られた。
⑧ 「現世の行いで天国や地獄へ」「死後の審判」など因果応報的信念は、4 か国すべてで否定的であった。
⑨ 「供養とたたり」「水子供養」は、日本とベトナムで肯定率が高かった。
⑩ 「あの世で苦から救われる」は、特にフランスとイギリスで肯定率が高かった。

人々は神社仏閣にお参りし、どれほど真剣かは別にしてその都度願いごとをし、それぞれ願い毎に違ったお守りを幾つも身につける生活慣習のなかで生きている。日本でこの項目への賛成比率が他の国より高かったのは、こうした点を反映しているのかもしれない。

　項目21「死後の審判」、項目18「天国、地獄はこの世の行いしだい」は、この世での行いしだいで審判によってあの世が天国か地獄かに行き先決定されると考える因果応報的な考え方である。キリスト教も仏教も宗教の教義として因果応報的な考え方を説いてきた。現代の日常的なフォークイメージとしてもこの考え方は多く語られており、誰でも常識として知っている。しかし、4か国ともに、この項目への賛成はそれほど多くなかったことが興味深い。これは、イメージ画における審判や地獄の少なさと呼応する結果である。

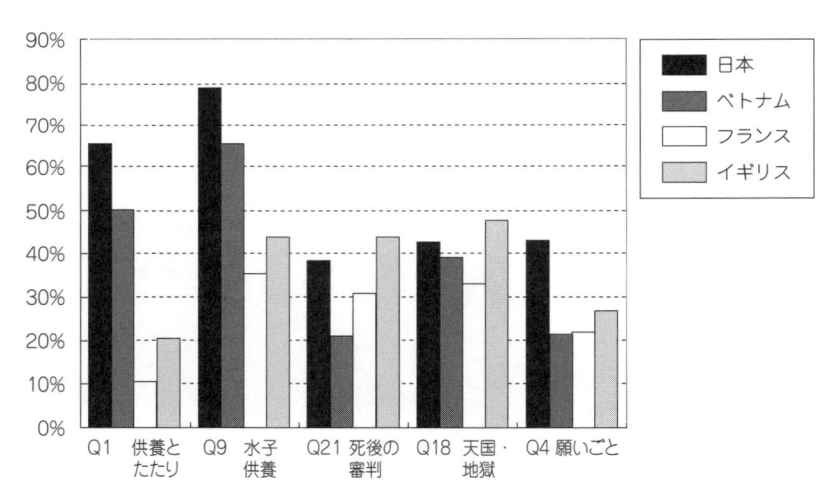

資料12　この世とあの世の因果関係

(6) この世とあの世の感情的価値

　資料13の3項目は、両世界の感情的価値を扱っている。イギリス、フランスではどちらかというと現世否定的で、項目11「あの世では苦しみから救われる」は、西欧2国はいずれも6割を超す高い肯定率であった。日本、ベトナムでは5割を下回った。項目14「あの世はこの世よりもよい」では、特にベトナムの肯定率はわずか14.6％できわめて低く、現世中心主義的傾向がはっきり出ていた。

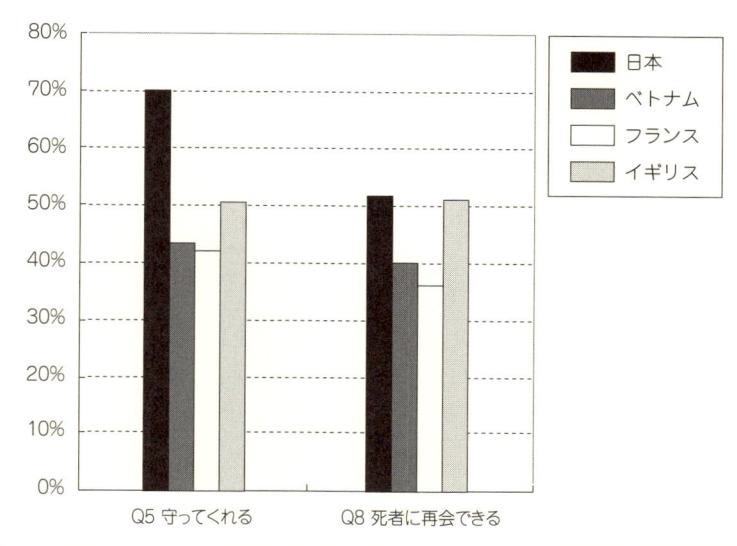

資料11　死者は守ってくれる、死者に再会できる —— この世とあの世の相互作用

(5) この世とあの世の因果関係 —— 因果応報

　資料12は、この世とあの世の因果関係に関する項目である。項目1「死後の供養をしないとたたりがある」と項目9「水子供養はするべき」において、4か国がはっきり東西の2群に分かれた。2つの項目はいずれも「供養」にかかわり、その心的背景をなすのは、死者に対する罪意識やそれゆえに生ずる死者の側からの否定的働きかけ（たたり）への恐れである。この2項目の肯定率は、日本とベトナムにおいて、イギリス、フランスよりはるかに高かった。

　金児（1993, 1997）は、日本の民衆の素朴な宗教意識の中核は「タタリの観念」であると指摘した。本調査での「供養」に関する日本の大学生の高い支持率は、日本文化のなかでのこうした観念の浸透の深さを示している。「タタリ」の背景をなす感情は、現在の私たちの生が死者たちによっていつ脅かされるかもしれないという不安であり、それを避けたいという願いであろう。加藤周一（1997, 2007）は、日本文化の重要な特徴は「此岸性」にあると指摘した。これらの結果は、過去や未来よりも現在（いま）のこの世を守る態度と関係しているかもしれない。項目1と9に関する限り、ベトナムの結果は日本と類似していたが、儒教文化の影響を受けた同じ東アジアの国として、ベトナムも現世中心の時間意識の構造が日本に類似していることが想像される。

　項目4「願いごとをすれば、いつかかなえられる」は、「タタリ」と反対に、現世における実利への期待と関係している。この項目への賛成率は、他の項目に比べて全体に低かったが、4か国のなかでは日本が相対的にもっとも高かった。日本では、

想の広がりや仏教的世界観に対する関心の高まりが見られるが、これらの結果にそうした影響を読み取ることができよう。また、ヨーロッパにはもともとキリスト教流入以前のケルトの文化に見られるような、東アジアの死生観と通底する循環的世界観が存在する（田中1995;阿部1995）。いまも民衆の素朴信念のうちにそうした循環的世界観が生き続けているのかもしれない。

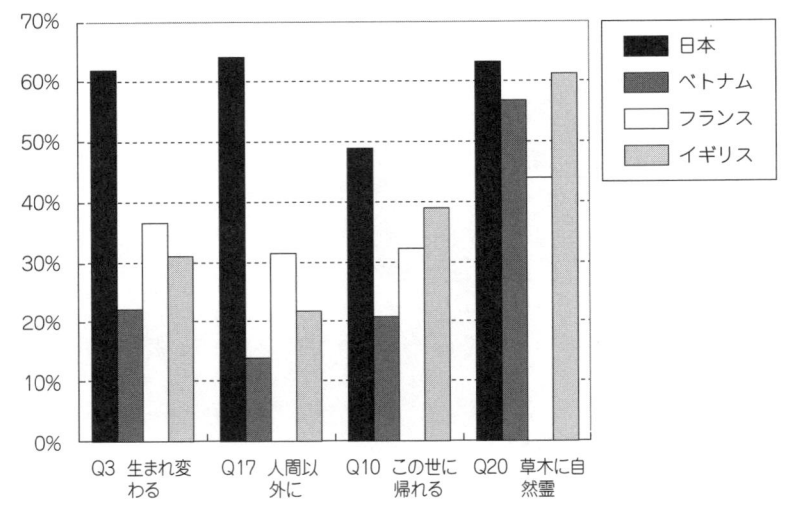

資料10　生まれ変わりやアニミズム

(4) この世とあの世の相互作用

資料11は、この世の人とあの世の人の相互作用の可能性についての回答である。項目5「身近な人は亡くなった後、自分を守ってくれる」において、日本の肯定率が70.1％と、他国に比べて際立って高いことが注目される。イメージ画でも、死者が天空や背後から生者を見守る絵が日本で多く見られたが、この結果と一致する。

ただ、西欧文化のなかにも守護天使、守護霊という考え方が伝統的にあるので、「死者に守られている」観念自体はかなり普遍的なものといえそうである。実際、フランスとイギリスの肯定率は42.3％と50.6％で、中程度に高い比率である。「死者に再会できる」も全体としては同じ傾向であり、死者との親密な関係性は4か国通じて高い比率を示した。

死を肯定的に見ることを阻んでいるのかもしれない。

　それに対し、他の3か国では項目13の肯定率が著しく低く、項目6との間に大きな隔たりが見られる。これは項目13の意味を死後のたましいの存続の一様態を示すものとして受け取った結果と思われる。項目19「いき場所がなく、ただようたましいも存在する」では、逆に日本の肯定率だけが際立って高かった。日本では、個としてのたましいの存続よりも、「心理的場所（トポス）」が重要だからであろう。「居場所のないことへのおそれ」、「浮動する状態への不安」は、定住を旨とする日本的な心性の特徴かもしれない。

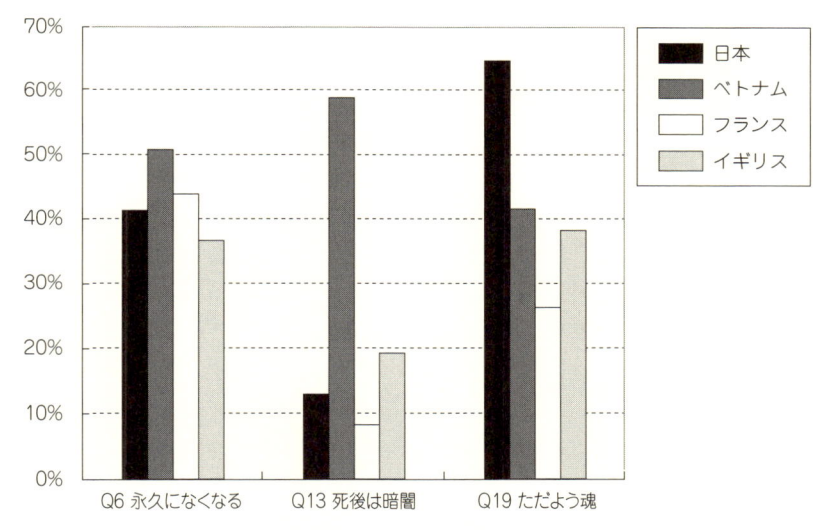

資料9　死後の状態は否定的なものか

(3) 生まれ変わり

　資料10は、生まれ変わりなど生死の循環性やアニミズムにかかわる項目への回答である。図を見るとわかるように、第一の特徴は、項目3「人は死んでも繰り返し生まれ変わる」、項目17「人は人間以外のものに生まれ変わることもある」において、日本の肯定率が著しく高いことである。これは、日本のイメージ画において、生まれ変わりやたましいが循環する世界観が多く描かれたことと一貫している。

　第二は、項目20「山・川・草・木などの自然の霊が宿っているように感じる」において、全体としては4か国の肯定率が接近していることである。これはアニミズム的心性に関する項目である。キリスト教的世界観や近代合理主義の世界観と矛盾する内容であるにもかかわらず、4か国とも肯定率が高く、特にイギリスで6割、フランスでも4割を超えたことは驚きだといえよう。

　近年、ヨーロッパでは、地球を一つの循環システムとしてみるエコロジカルな思

の若者の間では明らかに宗教への所属意識は後退したのに、死後の世界に関する信念はむしろ強まっているという点である。

こうしてみると、先進諸国では、工業化のもとで農村社会の古い共同体意識が解体し市場の単一化が進むなかで、宗教意識は着実に低下しているにもかかわらず、それが必ずしも「他界の存在やたましいの存続」への素朴な信念の低下と直結していない現実が浮かび上がってくる。近代化ということでいえば、発展途上にあるベトナムにおいてむしろ「死後の世界の存在」についての肯定率がもっとも低かった事実も、上記の一般論が通用しないことを物語っている。ベトナムの結果は、社会主義国家の教育が唯物論的な観点で行われていることの影響として解釈することも可能であろう。あるいは、近代化途上の国で高等教育を受ける人々のほうが、科学の進歩に無条件の信頼を寄せているのかもしれない。ポスト・モダンの時代に突入した欧米諸国や日本の大学生のほうが近代科学の限界を認識する機会が多く、その裏返しとしてあの世やたましいなど不可視の世界への関心が高まるという傾向があるのかもしれない。

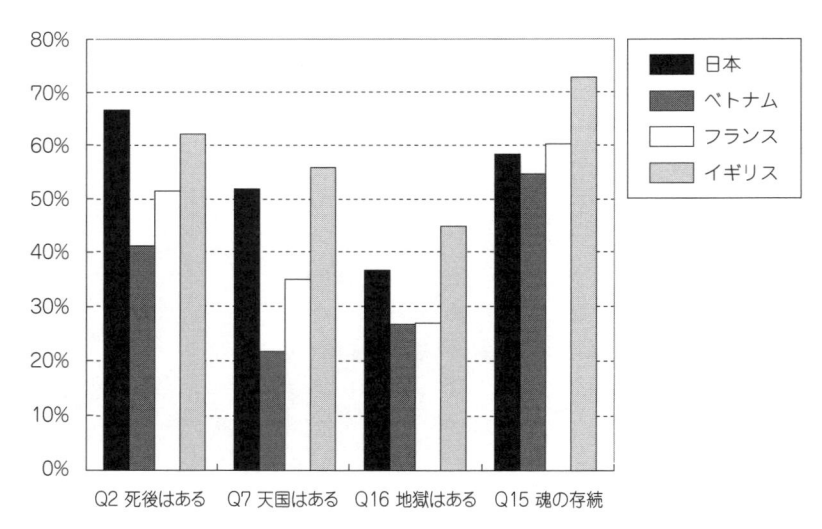

資料8 死後の世界とたましいの存続を信じるか ── 高い賛成率

(2) 死後の状態は否定的なものか

資料9では、死後の状態を否定的に見る3項目をとりあげ、それに対する肯定率を示した。際立った傾向は、項目13「死ぬと暗闇へ入って出られない」に対するベトナムの肯定率が他の3か国に比べて突出している点である。ベトナムでは、項目6「死とは自分が永久になくなってしまうこと」の肯定率と接近しているので、項目13を項目6同様に唯物論的に解釈した可能性がある。また、ベトナム戦争の体験が

るかどうかを χ^2 検定によって調べたところ、すべての項目で有意な差が認められた（項目 6 と 18 は 5 ％水準で、他の項目はすべて 1 ％水準で有意）。以下では個々の統計結果の数値は記さないが、考察はそれぞれの項目で有意差を示した分析結果を踏まえている。

（1）死後の世界とたましいの存続を信じるか ── 高い賛成率

資料 8 は、死後の世界とたましいの存続を信じるかどうかにかかわる項目の賛成率であるが、いずれの国も高い割合を示した。これは、イメージ画に描かれたあの世にポジティブなものが多かった事実と一致しており、興味深い結果である。

詳細に見ると他界の存在を「場所」という視点から問う質問 2, 7, 16 では、日本とイギリスの賛成率が高く、フランスとベトナムは低かった。また、「死後の世界はある」と一般的に尋ねた場合よりも、天国や地獄など具体的な他界イメージをともなう問いのほうが、賛成率が低くなった。天国と地獄では、ベトナムを除いて 3 つの国では、地獄よりも天国の存在を肯定する回答が多かった。質問 15 を加えると、日本では「死後の世界はある」のほうが「肉体は死んでもたましいは残る」よりも賛成率が高く、イギリス、フランス、ベトナムでは逆であった。

以上のように「死後の世界の存在」と「たましいの存続」の肯定率は、ベトナムで 40 ～ 50 ％、その他のすべての国で 50 ～ 70 ％という高い比率となった。自然科学の知識が普及している現在において、死後の世界を肯定する大学生が、洋の東西を問わず高い比率であることに驚かされる。

これは私たちの調査だけに特異な傾向ではない。たとえば、2006 年 3 月に行われた日本全国の 20 歳以上の男女 1600 人を対象とする調査（回答率 49.2 ％、有効回答数 882）では、「死後の世界」と「霊魂」が「ある」（「あるような気がする」を含む）とする回答はそれぞれ 46.5 ％と 63.9 ％であった（真鍋 2008）。また、1994 年から 2003 年の大学生 603 人の調査を見ても、「あの世・来世」を信じるものは 4 割に近かった（關岡 2003）。

海外のデータでは、フランスの新聞「ルモンド」の依頼で 1993 年に行われた調査（Panorama, Hors-serie no.24, 1997）によると、「あなたにとって死とは何ですか」という問いにフランス人の 42 ％は「肉体も霊魂も消滅」と答えたが、「別の生命体への移行」と答えた比率はそれよりも多く、45 ％であった。また、1981 年、1990 年、1999 年の 3 回にわたって行われたヨーロッパ価値意識調査の宗教関連の項目について分析したランバート（Lambert 2004）によると、「死後の生（life after death）」の存在を信じている若者（19 歳から 29 歳まで）はフランスで 42 ％、イギリスで 43 ％であった（いずれも 1999 年）。ちなみに、西ヨーロッパ諸国のなかで、この数字のもっとも高かったのはイタリアで、64 ％であった。なお、「天国」、「地獄」の存在については、フランスの若者ではそれぞれ 32 ％と 21 ％、イギリスの若者では 39 ％と 25 ％が「信ずる」と答えている。

私たちの調査で明らかとなったもう一つの興味深い点は、1990 年代を通じて西欧

資料7　他界信念21項目の4か国比較―賛成全体の比率（%）

質問項目		日本	ベトナム	フランス	イギリス
質問1	死者の供養をしないとたたりがあると思う	65.2	50.3	10.4	20.4
質問2	死後の世界はあると思う	66.5	41.0	51.3	62.0
質問3	人は死んでも繰り返し生まれ変わるものだ	61.7	21.8	22.1	26.9
質問4	仏様や神様を信心して願いごとをすれば、いつかその願いはかなえられる	43.2	21.8	22.1	26.9
質問5	身近な人は亡くなった後、自分を守ってくれる	70.1	43.5	42.3	50.6
質問6	死とは自己が永久になくなってしまうことである	41.2	50.8	43.9	36.5
質問7	天国あるいは極楽浄土はあると思う	51.7	21.6	35.0	55.8
質問8	死ぬと、先に死んだ親しい人たちに再会できる	51.9	40.4	36.4	51.3
質問9	水子供養はするべきである	78.6	65.3	35.2	43.7
質問10	死んだ後も、この世に帰ることができる	48.6	20.6	32.1	38.6
質問11	あの世では苦しみや痛みから救われる	46.3	43.1	62.0	61.9
質問12	死んだ後も、あの世では、生前同様に生活することができる	31.3	18.9	10.4	17.8
質問13	死ぬと、暗闇になって、二度とそこから出ることはできない	12.7	59.1	8.2	19.2
質問14	あの世は、この世よりもっとよいと思う	35.5	14.6	43.2	49.3
質問15	肉体は死んでも魂は残る	58.4	54.6	60.3	72.9
質問16	地獄はあると思う	36.4	26.8	27.1	44.8
質問17	人は人間以外のものに生まれかわることもある	63.3	13.6	31.3	21.4
質問18	この世のおこないによって、天国へ行くか地獄へ行くかが決まる	42.6	39.2	33.2	47.7
質問19	死後、行き場所がなく、ただよう魂も存在する	64.7	41.5	26.3	38.3
質問20	山・川・草・木などに自然の霊が宿っているように感じることがある	63.1	56.5	43.8	61.3
質問21	死後に、なんらかの審判はあると思う	38.2	20.9	30.8	43.5

2-2　他界信念を6つの観点から見る ── 4か国比較

　他界信念に関する21の質問項目は多岐にわたり、それぞれの文化で項目間にどのような構造が認められるかについては、従来の多変量解析と異なる新たな手法を開発中である（戸田・酒井・やまだ 2009）。ここでは、質問内容の論理的な近縁性と回答傾向の類似性から21項目を6つのグループに分け、4か国の信念特徴を見る。

　以下で取り上げる信念項目については、項目別に4か国間の賛否の分布に差があ

教」と「家族の宗教」との関係は、後者に比べて前者で「無宗教」が倍増（22.5％→48.1％）していた。これは、日本やフランスと同じような傾向であった。

最後に、4か国を比較した特徴についてふれる。ベトナムを除き、日本、フランス、イギリスでは「無宗教」の比率がきわめて類似していた。「家族の宗教」の場合、その数字は、日本26.9％、フランス26.7％、イギリス22.5％であり、「自分の宗教」の場合、日本57.5％、フランス47.6％、イギリス48.1％であった。「家族の宗教」では4分の1、「自分の宗教」では約半数が「無宗教」と答えたわけで、「無宗教」の比率は家族に比べて「自分の宗教」で倍になっていることがわかる。宗教的伝統は異なっても、工業化の水準で肩を並べるこれらの国で、共通して若者の「脱宗教化」が着実に進展している様子がうかがえる。

別項目の「死にかかわる経験」への回答では、死別した近親者が「いる」と答えた割合は、フランス（89.5%）日本（78.6％）、ベトナム（65.4%）の順に高かった。

ところが、身近な死に立ち会った経験では、日本（59.9％）のほうがフランス（31.0%）よりもはるかに多かった。フランスの場合は、死別した近親者がいても、その死に直接立ち会う経験は少ないということなのであろう。イギリス（26.9%）もフランスに近かった。

自分が死ぬかもしれないと思った経験者も、フランス（31.0％）、イギリス（20.6%）に比べて日本（45.3%）のほうがやや高かった。2つの経験に関する結果を見ると、日本のほうが総じて、死にかかわる経験を豊富にしているように思われる。

2　他界信念調査 ── 4か国の比較分析

2-1　他界信念調査 ── 21項目の賛成率の4か国比較

他界質問調査の結果を、信念項目群別に見た国別の回答分布の比較を通して検討する。まず、質問内容にかかわらず回答のスタイルに文化差があったことを指摘しておきたい。フランスの大学生が賛成、反対の意思表示を明確に表す（「まったく反対」あるいは「まったく賛成」という両端の回答を好む）傾向が強かったのに対し、日本の大学生は断定的な回答を避ける（「どちらかというと反対」あるいは「どちらかというと賛成」）傾向が見られた。ベトナム、イギリスは、中間的であった。こうした文化差を考慮して、以下では賛否の強度は問題とせず、「賛成」全体の割合に注目して考察をすすめる。そこでまず、資料7に、21の質問項目に対する国別の「賛成」全体の比率を示した。

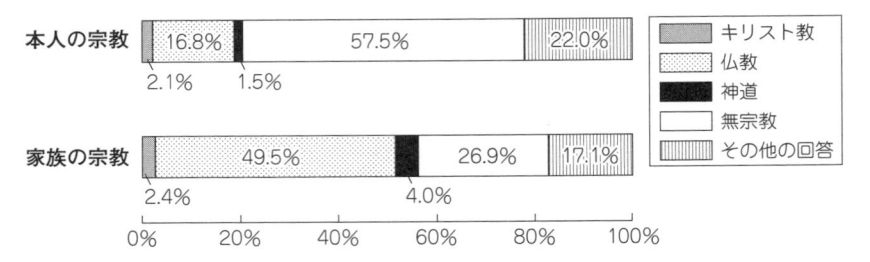

資料3　日本　調査協力者本人の宗教と家族の宗教の分布

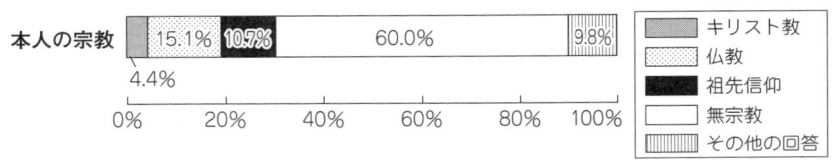

本人の宗教: キリスト教 2.1%, 仏教 16.8%, 神道 1.5%, 無宗教 57.5%, その他の回答 22.0%
家族の宗教: キリスト教 2.4%, 仏教 49.5%, 神道 4.0%, 無宗教 26.9%, その他の回答 17.1%

資料4　ベトナム　調査協力者本人の宗教の分布

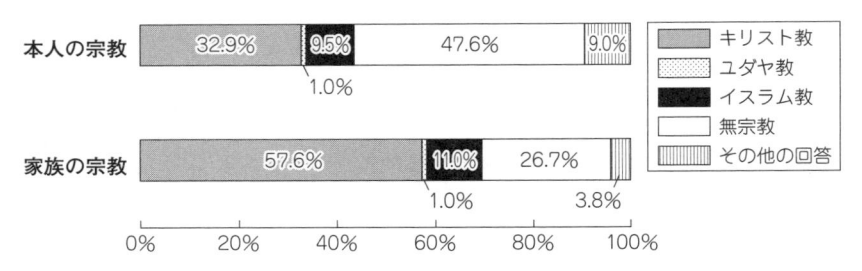

本人の宗教: キリスト教 4.4%, 仏教 15.1%, 祖先信仰 10.7%, 無宗教 60.0%, その他の回答 9.8%

資料5　フランス　調査協力者本人の宗教と家族の宗教の分布

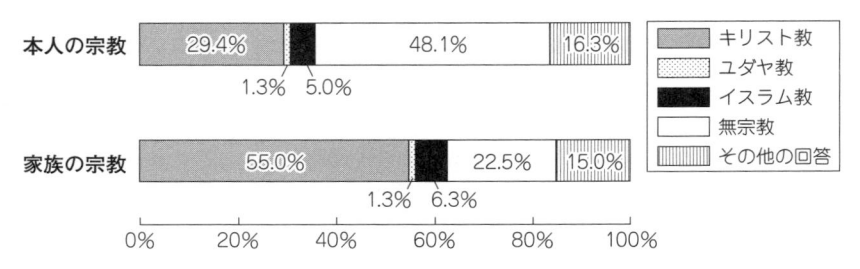

本人の宗教: キリスト教 32.9%, ユダヤ教 1.0%, イスラム教 9.5%, 無宗教 47.6%, その他の回答 9.0%
家族の宗教: キリスト教 57.6%, ユダヤ教 1.0%, イスラム教 11.0%, 無宗教 26.7%, その他の回答 3.8%

資料6　イギリス　調査協力者本人の宗教と家族の宗教の分布

本人の宗教: キリスト教 29.4%, ユダヤ教 1.3%, イスラム教 5.0%, 無宗教 48.1%, その他の回答 16.3%
家族の宗教: キリスト教 55.0%, ユダヤ教 1.3%, イスラム教 6.3%, 無宗教 22.5%, その他の回答 15.0%

1-3　調査協力者の宗教別分布と死にかかわる経験

　4か国の調査協力者（外国人を除く）が「家族の宗教」と「自分の宗教」（ベトナムの場合は後者のみ）を回答した結果を資料3から資料6に示した。日本における顕著な傾向は、「自分の宗教」を18.0％が「わからない」と答えたこと、および「無宗教」という答えが57.5％に及んだことである。これは、日本の大学生の多くが意識的に宗教とかかわる姿勢に乏しいことを示している。ただ、興味深いのは、「家族の宗教」は約半数（49.5％）が「仏教」と答えており、葬式等の儀礼や仏壇などを中心とする慣習的宗教としての「仏教」が家庭において一定の存在感をもっていると考えられる。

　ベトナムは「自分の宗教」しか尋ねなかったが、社会主義体制にある国情を反映してか、「無宗教」の比率が他の国より高く、60.0％に及んだ。ただし、ベトナムに固有な伝統的宗教（ルーオングなどの祖先信仰）をあげる者も少なからずいた。

　フランスでは「家族の宗教」には、57.6％がキリスト教（その内訳は56.2％が「カトリック」、1.4％が「プロテスタント」）と答えた。伝統的宗教としての「カトリック」の存在感は、現代のフランス社会のなかでも依然として高いことがわかる。ただ、「自分の宗教」となると、キリスト教は32.9％（その内訳は30.5％が「カトリック」、2.4％が「プロテスタント」）と約半分に割合が減少し、ほぼその減少分が「無宗教」の比率に相当している。フランスにおいても、世代間には宗教意識のギャップがあると考えられる。フランスに特徴的な点は、「イスラム教」の割合が、「家族の宗教」で11.0％、「自分の宗教」で9.5％だったことである。「イスラム教」では「カトリック」と異なって、宗教的伝統の世代間継承がなされているように思われる。（イスラームをイスラム教と記す）。

　ただし自分の宗教があると答えても、礼拝に参加したり、その宗教の規範や慣習を自覚的に守っているとは限らない。宗教的実践を行っているか否かは、また別である。そこで、宗教的実践の有無も併せて問うたところ、「カトリック」では実践者は2割にすぎず、非実践者のほうがはるかに多かった。それに対し、「イスラム教」では実践者は5割を超し、信者の生活のなかにこの宗教が深く根をおろしている様子がうかがえる。なお、「イスラム教」と回答した人々の多くは、先の「出身国」の回答では北アフリカであった。

　イギリスの調査協力者の宗教分布の特徴では、「家族の宗教」のなかでキリスト教が55.0％と高い割合を占めたが、その内訳を見ると、意外にも「イギリス国教会」の占める比率（17.5％）よりも「カトリック」の比率（18.8％）のほうがわずかに上回っていた。イギリスの調査では選択肢の宗教カテゴリーをフランスの調査より細分化したため、「キリスト教」のなかでも他に、「プロテスタント」8.8％、「ギリシャ正教」1.3％、「キリスト教その他」8.8％という回答があり、イギリス社会のなかのキリスト教宗派が多様である様子を垣間見ることができたといえよう。「本人の宗

資料2　質問紙（日本版）⑤

14	あの世は、この世よりもっとよいと思う	1	2	3	4
15	肉体は死んでも魂は残る	1	2	3	4
16	地獄はあると思う	1	2	3	4
17	人は人間以外のものに生まれかわることもある	1	2	3	4
18	この世のおこないによって、天国に行くか地獄に行くかが決まる	1	2	3	4
19	死後、行き場所がなく、ただよう魂も存在する	1	2	3	4
20	山・川・草・木などに自然の霊が宿っているように感じることがある	1	2	3	4
21	死後に、なんらかの審判はあると思う	1	2	3	4

ご協力、ありがとうございました。

◇◇◇◇◇◇

　描いていただいた絵は、学術論文などに利用する場合があります。この点も含め、この調査についてご意見があれば、なんでもお書きください。

◇◇◇◇◇◇

資料2　質問紙（日本版）④

3）もし「この世」と「あの世」のそれぞれを色でイメージするとしたら、どの色で表しますか？
それはなぜですか？

この世　_____
　　　（理由　　　　　　　　　　　　　　　　　　　　　）
あの世　_____
　　　（理由　　　　　　　　　　　　　　　　　　　　　）

4）次の問いについて、いちばん当てはまる番号にマルをつけてください。

まったく賛成	どちらかといえば賛成	どちらかといえば反対	まったく反対
1	2	3	4

1	死後の供養をしないとたたりがあると思う	1	2	3	4
2	死後の世界はあると思う	1	2	3	4
3	人は死んでも繰り返し生まれ変わるものだ	1	2	3	4
4	仏様や神様を信心して願いごとをすれば、いつかその願いごとがかなえられる	1	2	3	4
5	身近な人は亡くなった後、自分を守ってくれる	1	2	3	4
6	死とは自己が永久になくなってしまうことである	1	2	3	4
7	天国あるいは極楽浄土はあると思う	1	2	3	4
8	死ぬと、先に死んだ親しい人たちに再会できる	1	2	3	4
9	水子供養はするべきである	1	2	3	4
10	死んだ後も、この世へ帰ることができる	1	2	3	4
11	あの世では苦しみや痛みから救われる	1	2	3	4
12	死んだ後も、あの世では、生前同様に生活することができる	1	2	3	4
13	死ぬと、暗闇の世界へはいって、二度とそこから出ることはできない	1	2	3	4

資料2　質問紙（日本版）③

2) もし死んでも「たましい」があるとしたら、どうでしょうか？
亡くなった人のたましいが、この世からあの世へ「いく」過程、あの世からこの世へ「かえる」過程をイメージして絵に描いてください。　説明をつけ加えてください。

説明：（もし必要なら、絵の中に説明をつけ加えて結構です。）

資料2　質問紙（日本版）②

1) もし死後の世界があるとしたら、どうでしょうか？
　　あの世にいる人と、この世の人との関係をイメージして絵に描いてください。
　　説明をつけ加えてください。

説明：（もし必要なら、絵の中に説明をつけ加えて結構です。）

資料2　質問紙（日本版）①（原版は A4）

最初に、あなた自身のことについて、おうかがいします。

（1）調査年月日：　19　　　年　　　月　　　日
（2）年齢（性別）：　　　　　　歳　（男　女）
（3）次の問いにたいして、下から番号を選んで（　）内に記入し、県名を書き添えてください。
　　a．あなたが主に育ったところ：　（　　）　　　　　　県
　　b．あなたが現在住んでいるところ：（　　）　　　　　　県
　　　＜選択肢＞　1　農・山・漁村地域
　　　　　　　　　2　一部は市街化が進んでいるが、農・山・漁村の姿が多く残っている地域
　　　　　　　　　3　ほとんどが市街化された都市の近郊（住宅地）
　　　　　　　　　4　中小都市の町なか
　　　　　　　　　5　大都市の町なか
（4）次の問いにたいして、下から番号を選んで（　）内に記入してください。
　　a．あなたの現在の職業：　（　　　　　　　　）
　　b．あなたのお父さんの職業：（　　　　　　　　）
　　c．あなたのお母さんの職業：（　　　　　　　　）
　　　＜選択肢＞　1　学生　2　自営業（農業、商業など）　3　現業・技能職　4　一般事務職
　　　　　　　　　5　管理職　6　専門職　7　主婦（パートで働いている）　8　主婦（専業）
　　　　　　　　　9　そのほか［　　　　　　　　　　　　　　　　　　　　　　　　　　］
（5）前問 a で「学生」と答えた方は、学校名を記入してください。
　　学校名：　　　　　　　　　　　　　（　　　　学部　　　　学科・課程　　　年）
（6）近親者のうち死別した人がいますか。当てはまる番号にマルをつけ、「いる」と答えた場合には、さらに（　）内の該当する項目にマルをつけてください（複数回答可）。
　　　　1　いない　2　いる　（祖父母　父　母　兄弟姉妹　そのほか［　　　　　］）
（8）身近な死に立ち会った経験がありますか。「ある」と答えた場合には、さらに（　）内の当てはまる項目にマルをつけてください（複数回答可）。
　　　　1　ない　2　ある　（近親者　友人　ペット　そのほか［　　　　　］）
（9）自分が死ぬかと思った経験がありますか。「ある」と答えた場合には、さらに（　）内の当てはまる項目にマルをつけてください（複数回答可）。
　　　　1　ない　2　ある　（病気　事故　悩み　そのほか［　　　　　］）
（10）次の問いにたいして、下から番号を選んで（　）内に記入し、答えてください。
　　a．あなたの家族の宗教：　（　　　　　　　　）
　　b．あなた自身の宗教：　　（　　　　　　　　）
　　＜選択肢＞　1　キリスト教（カトリック）　2　キリスト教（プロテスタント）　3　ユダヤ教
　　　　　　　　4　イスラム教　5　仏教　6　神道　7　そのほかの宗教［　　　　　］
　　　　　　　　8　なし　　　　9　わからない

(4) 第4段階（やまだ・加藤・伊藤・戸田）：ベトナム、イギリス調査。
⑧ イギリス調査 1998年12月－2001年11月、ロンドン近郊2大学　計222人（男性69人、女性147人、不明6人）。
⑨ ベトナム調査　1998年10月、ハノイ市内の大学　計205人（男性71人　女性131人　不明3人）。

資料1　「4か国比較の統計的分析」対象となった調査協力者の人数と内訳

調査実施国	調査対象人数	主な内訳
日本	327人（男性96人、女性231人）	東京および名古屋の大学生（教育系、芸術系、理学系）
ベトナム	205人（男性71人、女性131人、不明3人）	ハノイの大学生（心理学、日本語、ロシア語、法律学専攻など）
フランス	210人（男性42人、女性157人、不明11人）	パリの大学生（心理系、芸術系）
イギリス	160人（男性54人、女性101人、不明5人）	ロンドンの大学生（心理系、芸術系など）

日仏イメージ画の質的分析には、日本1193人、フランス420人の描画を用いた。

1-2　4か国調査の質問紙

調査は、その国の主要な大都市かその近郊の総合大学の大学生を対象に、おもに授業時間中に、大学の教室で30人～100人を単位として集団で実施した。教室での実施が困難であった一部の大学では、後で個別に回収した。実施インストラクションでは、① イメージの文化比較のための集団調査であり、② 性格調査や心理分析や描画能力を見るためのものでない、③ 個人を問題にしない、④ 無記名でよい、⑤ 絵の稚拙は問わない、⑥ 調査は学会発表や学術論文などに利用することなどを伝えた。実施時間は全体で30分～40分であった。

調査紙はA4の大きさで、表資料2に示すように、フェイスシート（属性、背景情報、死別経験、自分と家族の宗教）、① あの世とこの世の関係イメージ（イメージ画1）、② たましいの移行と往来イメージ（イメージ画2）、③ 他界信念質問項目からなる。

フェイスシートは、その国の文化の実情にあうように部分的に改変した。フランス、イギリスでは、移民家族の出身者や留学生がいることが予想されたため、上記に加え、現在の国籍、出身国（nation of origin）、母語を尋ねた。死に関する経験については、近親者のうち死別した人、死に身近に立ち会った経験の有無と対象、自分が死にそうになった経験の有無、死を想像して恐怖した経験の有無を尋ねた。家族および本人の宗教については、国によって宗教事情が大きく異なるため、選択肢にあげる宗教名を変化させた。

資　料

1　調査方法と調査協力者

1-1　調査協力者と実施経過

　本書の研究は、下記に示すように1994年～2004年の10年間にわたって、4段階のステップで行われた。イメージ画の事例とした質的データ分析の調査協力者は、計2040人であった。

　4か国比較の統計的データには、調査時期と人数をほぼ均等にした第3段階と第4段階のデータを用いた（資料-1参照）。フランスの24人とイギリスの62人は、外国人（国籍、出身国、母語のいずれも当該調査対象国のそれに該当しない者）とみなされたので、分析対象とするデータからは除外した。統計的分析の結果、有意な性差はほとんどなかったので、本書では全体の数値を提示し、性差が見られた部分のみ男女別に示した。

（1）第1段階（やまだ）：日本調査の開始。1994－1996年
　① 予備調査　1994年－1995年、名古屋近郊大学
　② 日本調査1（イメージ画1、2の決定）、1994年11月－1995年10月、名古屋近郊大学、計446人。
　③ 日本調査2（イメージ画1、2と他界信念調査）、1995年11月－1996年12月、名古屋近郊大学と東京近郊大学、計420人。

（2）第2段階（やまだ・加藤）：フランス調査の開始。
　④ フランス調査1　1996年2月－4月、パリ近郊大学、85人。
　⑤ フランス調査2　1996年10月－12月、パリ近郊2大学　計101人。

（3）第3段階（やまだ・加藤）：日本とフランスの本調査と日仏比較分析。
　⑥ 日本調査3　1996年11月－1997年1月、名古屋近郊3大学、計327人（男性96人、女性231人）。
　⑦ フランス調査3　1997年2月－6月、パリ近郊2大学　計234人（男性52人、女性170人、不明12人）。

日本エディタースクール出版会［Aries, P.（1983）*Images de l'Homme devant la mort.* Paris: Le Seuil.］
浜林正夫（1987）『イギリス宗教史』大月書店
橋本清一（2002）「王室と宗教」佐久間康夫・中野葉子・太田雅孝（編）『概説イギリス文化史』（pp.24-46）ミネルヴァ書房
戸田有一（1997）「しつけ言葉の受けとめ方」菊池聡・木下孝司（編）『不思議現象 ── 子どもの心と教育』（pp.131-155）北大路書房

8章

今井昭夫（2004）「『宗教』と『信仰』── 公認されている宗教と非公認の宗教」今井昭夫・岩井美佐紀（編著）『現代ベトナムを知るための60章』明石書店
石井米雄（監修）／桜井由躬雄・桃木至朗（編著）（1999）『ベトナムの事典』角川書店
伊藤哲司（2001）『ハノイの路地のエスノグラフィー ── 関わりながら識る異文化の生活世界』ナカニシヤ出版
伊藤哲司（2004）『ベトナム 不思議な魅力の人々 ── アジアの心理学者 アジアの人々と出会い語らう』北大路書房
Kalman, B.（1996）*Vietnam: the culture. The Lands, Peoples, and Cultures Series*, New York: Crabtree Publishing Company.
日本大百科全書（1998）『スーパー・ニッポニカ日本大百科全書＋国語大辞典』（Windows版）小学館
末成道男（1998）『ベトナムの祖先祭祀 ── 潮曲の社会生活』風響社
冨田健次（1995）「ベトナム 霊の幸う国」『月刊言語』大修館書店, 10月号, 32-33.

資料

阿部謹也（1995）『ヨーロッパを読む』石風社
金児暁嗣（1993）「日本人の民俗宗教性とその伝播」『心理学評論』第36巻第3号, 460-496.
金児暁嗣（1997）『日本人の宗教性 ── オカゲとタタリの社会心理学』新曜社
加藤周一（1997）「日本文化における時間と空間について」『加藤周一著作集19』平凡社
加藤周一（2007）『日本文化における時間と空間』岩波書店
Lambert, Y.（2004）A turning point in religious evolution in Europe. *Journal of Contemporary Religion*, Vol.19, No.1, 29-45.
真鍋一史（2008）「日本的な『宗教意識』の構造 ──『価値観と宗教意識』に関する全国調査の結果の分析」『関西学院大学社会学部紀要』No.104, 45-70.
Panorama（1997）Hors-serie no.24.
關岡一成（2003）「大学生の宗教意識について ── 神戸市外国語大学における意識調査を中心として」『神戸外大論叢』第54巻第1号, 45-60.
田中仁彦（1995）『ケルト神話と中世騎士物語』中央公論社
戸田有一・酒井恵子・やまだようこ（2009）「心理学研究における順序構造分析の提案と課題」『日本教育心理学会第51回総会発表論文集』p.303.

6章

ド・モンクロ，X./波木居純一（訳）（1997）『フランス宗教史』白水社 ［De Montclos, X. (1988) *Histoire religieuse de la France*. Que sais-je ? No.2123, Paris, P.U.F.］

ガクソット，P./林田遼右・下野義朗（訳）（1972）『フランス人の歴史1』みすず書房 ［Gaxotte, P. (1951). *Histoire des Francais*. Paris, Flammarion.］

グレゴワール，F./渡辺照宏（訳）（1992）『死後の世界』白水社 ［Grégoire, F. (1956) *L'au-delà*. Que sais-je? No.725, Paris, P.U.F.］

ひろさちや（1986）『仏教とキリスト教』新潮選書

ひろさちや（1987）『キリスト教とイスラム教』新潮選書

久重忠夫（1996）『西欧地獄絵巡礼』彩流社

加藤義信・やまだようこ（1993）「母子関係イメージを記述する言葉の日英比較（2）—— 記述量の分析」『日本心理学会第57回大会発表論文集』p.113.

小泉洋一（1997）「教育と宗教に関する法的問題 —— フランスにおける1990年以降の判例」『日仏教育学会年報』第3号，107-114.

工藤庸子（2007）『宗教 vs. 国家 —— フランス〈政教分離〉と市民の誕生』講談社現代新書

Lambert, Y. (2004) A turning point in religious evolution in Europe. *Journal of Contemporary Religion*, vol.19, No.1, 29-45.

ル・ゴフ，J./渡辺香根夫・内田洋（訳）（1988）『煉獄の誕生』法政大学出版局 ［Le Goff, J. (1981) *La naissance du purgatoire*. Paris, Gallimard.］

三浦雅士（2009）「よしもとばなな著 彼女について」『朝日新聞』2009年1月25日今週の本棚

本村凌二（2005）『多神教と一神教 —— 古代地中海世界の宗教ドラマ』岩波新書

中野孝次（1999）『ヒエロニムス・ボス「悦楽の園」を追われて』小学館

中沢新一（1997）「序文」中沢新一・鶴岡真弓・月川和雄（編）『ケルトの宗教ドルイディズム』(pp.1-8) 岩波書店

柴田元幸・沼田充義・藤田省三・四方田犬彦（編）（2006）『世界は村上春樹をどう読むか』文藝春秋．

真保亨（1988）「往生要集と日本の地獄絵」『別冊太陽 No.62, 地獄百景』67-74.

田中仁彦（1995）『ケルト神話と中世騎士物語』中公新書

谷泰（1997）『カトリックの文化誌』NHKブックス

谷口幸男・遠藤紀勝（1998）『図説ヨーロッパの祭り』河出書房新社

月川和雄（1997）「ドルイドとギリシャ・ローマ人 —— 古典文献の中のドルイド像」中沢新一・鶴岡真弓・月川和雄（編）『ケルトの宗教ドルイディズム』(pp.325-371) 岩波書店

ターナー，A. K./野崎嘉信（訳）（1995）『地獄の歴史』法政大学出版局 ［Turner, A. K. (1993) *The history of hell*. New York, Harcourt Brace & Company.］

Vernette, J. (1998) *L'au-delà*. Que sais-je? No.725, Paris: P.U.F.

渡辺義愛（1990）「フランス人の精神生活と宗教」菅野昭正・木村尚三郎・高階秀爾・荻昌弘（編）『読む事典フランス』(pp.342-360) 三省堂

やまだようこ・加藤義信（1993）「母子関係イメージを記述する言葉の日英比較（1）—— キーワードの分析」『日本心理学会第57回大会発表論文集』p.112.

7章

アリエス，P./福井憲彦（訳）（1990）『図説 死の文化史 —— ひとは死をどのように生きたか』

大江篤（2007）『日本古代の神と霊』臨川書店
荻原千鶴（1999）『出雲国風土記』講談社（講談社学術文庫）
大橋英寿（1998）『沖縄シャーマニズムの社会心理学的研究』弘文堂
岡崎市美術館（1996）「天使と天女 ── 天界からのメッセージ」岡崎市：岡崎市美術博物館
折口信夫（1967a）『折口信夫全集 10　産霊の信仰』中央公論社
リード, E. S.／村田純一・染谷昌義・鈴木貴之（訳）（2000）『魂から心へ ── 心理学の誕生』青土社 [Read, E. S. (1997) *From soul to mind: The emergence of psychology, from Erasmus Darwin to William James*. Yale University Press.]
佐々木宏幹（1993）『仏と霊の人類学 ── 仏教社会の深層構造』春秋社
渋澤龍彦・宮次男（1999）『地獄絵をよむ』河出書房新社
曽布川寛（1981）『崑崙山への昇仙 ── 古代中国人が描いた死後の世界』中央公論社（中公新書）
ストイキツァ, V. I.／岡田温司・西田兼（訳）（2008）『影の歴史』平凡社 [Stoichita, V. I. (1997) *A short history of the shadow*. London: Reaktion Books.]
立花隆（1994）『臨死体験（上・下）』文藝春秋社
多田智満子（1996）『魂の形について』白水社
糺の森顕彰会（1989）『鴨社の絵図』糺書房
谷川健一（1999）『日本の神々』岩波書店
寺島良安（1970/1995）『和漢三才圖會』東京美術
手塚治虫（1994）『火の鳥 1-17』手塚治虫漫画全集, 講談社
坪井洋文（1984）「ムラ社会と通過儀礼」網野善彦（編）『日本民俗文化大系 8　山民と海人 ── 非平地民の生活と伝承』(pp.455-506) 小学館
塚本邦雄（1971）『星餐圖 ── 塚本邦雄歌集』人文書院
塚本邦雄（1986）『詩歌變』不識書院
Tylor, E. B. (1871/1903) *Primitive culture VI, VII: Researches into the development of mythology, philosophy, religion, art, and custom*. London: John Murry.
梅原猛・中西進（編）（1996）『霊魂をめぐる日本の深層』角川書店
ヴェルトン, J.／池上修一（監修）／吉田春美（訳）（1995）『図説夜の中世史』原書房
ウィルソン, P. L.／鼓みどり（訳）（1995）『天使 ── 神々の使者』平凡社 [Wilson, P. L. (1980) *Angels: Messengers of the Gods*. London: Thames and Hudson Ltd.]
山田陽一（1991）『霊のうたが聴こえる ── ワヘイの音の民族誌』春秋社
やまだようこ（2000b）「日本文化の生命循環と生涯発達観」小嶋秀夫・速水敏彦・本城秀次（編）『人間発達と心理学』(pp.106-115) 金子書房
やまだようこ（2008c）「喪失を生きるナラティヴ ──『千の風になって』」やまだようこ（編）『質的心理学講座 2 巻　人生と病いの語り』(pp.15-50) 東京大学出版会
Yamada, Y. & Kato, Y. (2004) Japanese and French students' images of the soul and its passage after death. In S. Formanek & W. R. Lafler (Eds.), *Practicing the afterlife: Perspectives from Japan*. (pp.437-459) Wien; Verlag der Osterechischen Akademie der Wissenschften.
Yamada, Y. & Kato, Y. (2006a). Images of circular time and spiral repetition: The generative life cycle model. *Culture & Psychology, 12*, 143-160.
山折哲雄（1976）『日本人の霊魂観』河出書房新社
柳田國男（1969a）『定本 柳田國男集 10　先祖の話』筑摩書房
柳田國男（1976）『遠野物語・山の人生』岩波書店

and Hudson.]

箱崎総一（1988）『カバラ ── ユダヤ神秘思想の系譜』青土社

平田篤胤（1812/1973）「霊の真柱」「新鬼神論」田原嗣郎（校注）『日本思想史大系50』（pp.9-181）岩波書店

稲田篤信他（編）（1992）『画図百鬼夜行』国書刊行会

James, G. (2005) *The moon maiden and other Japanese fairy tales*. Dover Publications.

ジェイムズ, W.／桝田啓三郎（訳）（1962）『宗教的経験の諸相 上』ウィリアム・ジェイムズ著作集3, 日本教文社 [James, W. (1902) *The varieties of religious experience: A study in human nature*: being the Gifford lectures on natural religion delivered at Edinburgh in 1901-1902. New York; Bombay: Longmans, Green.]

鎌田東二（2009b）『神と仏の出逢う国』角川書店（角川選書）

河鍋暁斎／京極夏彦・多田克己（編）（1998）『暁斎妖怪百景』国書刊行会

川島大輔（2007）「死者と生者を結ぶ物語 ──『浄土でまた会える』という意味づけを巡って」『京都大学大学院教育学研究科紀要』53, 150-165.

小泉道（校注）（1984）『日本霊異記』新潮社

香山リカ（1997）「日・欧の幽霊観」『別冊太陽98 幽霊の正体』（pp.60-61）平凡社

倉本四郎（1991）『鬼の宇宙誌』講談社

黒田日出男（1986）『姿としぐさの中世史 ── 絵図と絵巻の風景から』平凡社

ラミ, L.／田中義廣（訳）（1992）『エジプトの神秘』イメージの博物誌22, 平凡社 [Lamy, L. (1981) *Egyptian mysteries: New light on ancient knowledge*. London: Tames and Hudson.]

松岡正剛（1995）『フラジャイル』筑摩書房

松岡静雄（1941）『日本固有民族信仰』刀江書院

松谷みよ子（1986a）『あの世に行った話 死の話・生まれ変わり』立風書房

松谷みよ子（1986b）『夢の知らせ・火の玉・ぬけ出した魂』立風書房

松谷みよ子（1995）『ふたりのイーダ』講談社

松谷みよ子（1997）「〈昔話・伝説〉の幽霊」『別冊太陽98 幽霊の正体』（pp.77-80）平凡社

マクダネル, C. & ラング, B.／大熊昭信（訳）（1993）『天国の歴史』大修館書店 [McDannell, C. & Lang, B. (1988) *Heaven: A history*. New Haven, Conn.: Yale University Press.]

マクマナーズ, J.／小西嘉幸他（訳）（1989）『死と啓蒙 ── 十八世紀フランスにおける死生観の変遷』平凡社 [McManners, J. (1981) *Death and the enlightenment: Changing attitudes to death among Christians and unbelievers in eigthteenth-century France*. Oxford: Clarendon Press, New York: Oxford University Press.]

宮本常一／田村善次郎（編）（1972）『宮本常一著作集12 周防大島民俗誌』未來社

宮田登（1983）「神と仏」宮田登ほか（編）『日本民俗文化大系4 神と仏－民俗宗教の諸相』（pp.5-62）小学館

宮田登ほか（編）（1983）『日本民俗文化大系4 神と仏 ── 民俗宗教の諸相』小学館

宮澤賢治（1969）『おきなぐさ・銀河鉄道の夜』角川書店

本居宣長（1968）『本居宣長全集9巻－12巻 古事記傳1-4』筑摩書房

中谷宇吉郎（1958）『科学の方法』岩波書店

波平恵美子（1996）『いのちの文化人類学』新潮社

西平直（1997）『魂のライフサイクル ── ユング ウィルバー シュタイナー』東京大学出版会

研究センター

トゥアン, Y./山本浩（訳）（1988）『空間の経験』筑摩書房［Tuan, Y. (1977) *Space and place*. Minneapolis: University of Minnesota Press.］

Tylor, E. B. (1871/1903) *Primitive culture VI, VII: Researches into the development of mythology, philosophy, religion, art, and custom*. London: John Murry.

内田啓一（2009）『浄土の美術』東京美術

上田篤（1984）『橋と日本人』岩波書店（岩波新書）

梅原猛（1989）『日本人の「あの世」観』中央公論社

山田孝子（1994）『アイヌの世界観』講談社

やまだようこ（1988）『私をつつむ母なるもの —— イメージ画にみる日本文化の心理』有斐閣

やまだようこ（1995）「生涯発達をとらえるモデル」無藤隆・やまだようこ（編）『講座生涯発達心理学1 —— 生涯発達心理学とは何か』（pp.57-92）金子書房

山田洋子（1997a）「いない母のイメージと人生の物語」濱口惠俊（編）『世界のなかの日本型システム』（pp.281-300）新曜社

やまだようこ（2004b）「事故死の『現場』における生者と死者のコミュニケーション」山田洋子（研究代表者）『人生サイクルと多文化比較による生命観モデルの構築』pp.219-230.

やまだようこ・加藤義信（1998）「イメージ画にみる他界の表象 —— この世とあの世の位置関係」『京都大学教育学部紀要』44, 86-111.

Yamada, Y. & Kato, Y. (2006b) Directionality of development and Ryoko Model: Reply to four comments. *Culture & Psychology, 12*, 260-272.

柳田國男（1969a）「先祖の話」『定本 柳田國男集10』筑摩書房

柳田國男（1969b）「葬制沿革史料」「魂の行くへ」「幽霊思想の変遷」「霊出現の地」『定本 柳田國男集15』筑摩書房

柳田國男（1969c）「民間信仰」『定本 柳田國男集25』筑摩書房

5章

阿部秀典（1997）「ヨーロッパをさまよう幽霊（ゴースト）たち —— よみがえる亡者の魂」『別冊太陽98 幽霊の正体』（pp.121-127）平凡社

阿部謹也（1987）『甦る中世ヨーロッパ』日本エディタースクール出版部

阿部正路（1995）『怨念の日本文化 —— 妖怪篇』角川書店

赤田光男・小松和彦（編）（1997）『神と霊魂の民俗』講座 日本の民俗学7, 雄山閣

網野義彦・大西廣・佐竹昭宏（編）（1999）『人生の階段』福音館書店

新井満（2003）『千の風になって』講談社

馬場あき子（1971）『鬼の研究』三一書房

ベッカー, C.（1992）『死の体験 —— 臨死現象の探究』法蔵館

別冊太陽（1997）『幽霊の正体』平凡社

土橋寛（1990）『日本語に探る古代信仰 —— フェティシズムから神道まで』中央公論社

エリアーデ, M./堀一郎（訳）（1974a）『シャーマニズム —— 古代的エクスタシー技術』冬樹社［Eliade, M. (1964) *Le Chamanisme*. Paris: Payot.］

福永光司（1966）『荘子 内篇』朝日新聞出版

グロフ, S. & グロフ, C./山折哲雄（訳）（1982）『魂の航海術 —— 死と死後の世界』平凡社［Grof, S. & Grof, C. (1980) *Beyond death: The gates of consciousness*. London: Thames

dela. Paris: Presses Universitaires de France.]
グロフ, S.／川村邦光（訳）(1995)『死者の書 —— 生死の手引』平凡社［Grof, S.（1994）Books of dead: Manuals for living and dying. London: Thames and Hudson Ltd.］
萩原秀三郎（1988）『境と辻の神 —— 目で見る民俗神 第三巻』東京美術
林雅彦（編）(2003)『生と死の図像学-アジアにおける生と死のコスモロジー』至文堂
比嘉康雄（1993）『神々の原郷久高島 上巻』第一書房
平田篤胤（1812/1973）「霊の真柱」「新鬼神論」田原嗣郎（校注）『日本思想史大系 50』（pp.9-181）岩波書店
堀一郎（1953a）『我が國民間信仰史の研究（一）序編 傳承説話編』東京創元社
堀一郎（1953b）『我が國民間信仰史の研究（二）宗教史編』東京創元社
ヒューズ, R.／山下圭一郎（訳）(1997)『西欧絵画に見る天国と地獄』大修館書店［Hughes, R.（1968）Heaven and hell in Western art. Weidenfield and Nicolson.］
ユング, C. G.／ヤッフェ（編）／河合隼雄・藤縄昭・出井淑子（訳）(1972)『ユング自伝 1 —— 思い出・夢・思想』みすず書房［von C.G. Jung / aufgezeichnet und herausgegeben von Aniela Jaffe（1962）Erinnerungen Traume Gedanken. Zurich: Rascher Verlag.］
鎌田東二（2009a）『超訳 古事記』ミシマ社
古東哲明（1994）「他界のちかさ」久野昭（編）『日本人の他界観』（pp.257-289）国際日本文化研究センター
久野昭（編）(1994)『日本人の他界観』国際日本文化研究センター
ラッシュ, J.／佐伯順子（訳）(1995)『双子と分身 ——〈対なるもの〉の神話』平凡社［Lash, J.（1993）Twins and the double. London: Thames & Hudson.］
Lewin, K.（1936）Principles of topological psychology. McGraw-Hill.
マクダネル, C. & ラング, B.／大熊昭信（訳）(1993)『天国の歴史』大修館書店［McDannell, C. & Lang, B.（1988）Heaven: A history. New Haven, Conn.: Yale University Press.］
マクマナーズ, J.／小西嘉幸・中原章雄・鈴木田研二（訳）(1989)『死と啓蒙 —— 十八世紀フランスにおける死生観の変遷』平凡社［McManners, J.（1981）Death and the enlightenment: Changing attitudes to death among Christians and unbelievers in Eighteenth-Century France. Oxford: Oxford University Press.］
宮澤賢治（1924/1995）「青森挽歌」『宮澤賢治全集第二巻（春と修羅）』筑摩書房
本居宣長（1968）「古事記傳 1-4」『本居宣長全集 9 巻－12 巻』筑摩書房
本居宣長（1798/1978）「古事記伝」『本居宣長 日本思想大系』岩波書店
中沢新一（1994）『三万年の死の教え ——チベット「死者の書」の世界』角川書店（角川文庫）
日本聖書協会（訳）(1954)「ヨハネの黙示録」21-22 章『新約聖書』日本聖書協会
西村亨（編）(1988)『折口信夫事典』大修館書店
折口信夫（1967*b）「民族史観における他界観念」『折口信夫全集 16』（pp.309-366）中央公論社
折口信夫（1967*c）「来世観」『折口信夫全集 20』中央公論社
斎藤茂吉（1913/1980）『赤光』東雲堂書店（新選名著復刻全集 近代文学館 ほるぷ出版）
曽布川寛（1981）『崑崙山への昇仙 —— 古代中国人が描いた死後の世界』中央公論社（中公新書）
立花隆（1994）『臨死体験』（上・下）文藝春秋社
棚瀬襄爾（1966）『他界観念の原始形態 —— オセアニアを中心として』京都大学東南アジア

川喜田二郎（1967）『発想法――創造性開発のために』中央公論社（中公新書）
小松和彦（1985）『異人論――民俗社会の心性』青土社
クリステヴァ, J.／足立和浩・沢崎浩平・西川直子・赤羽研三・北山研二・佐々木滋子・高橋純（訳）（1999）『ポリローグ』白水社［Kristeva, J.（1977）*Polylogue*. Paris: ?ditions du Seuil.］
Lewin, K.（1936）*Principles of topological psychology*. McGraw-Hill.
見田宗介（1965）『現代日本の精神構造』弘文堂
ピアジェ, J.／谷村覚・浜田寿美男（訳）（1978）『知能の誕生』ミネルヴァ書房［Piaget, J.（1936）*La naisance de l'intelligence chez l'enfant*. Delachux & Niestle.］
ファン・ヘネップ, A.／綾部恒雄・綾部裕子（訳）（1975）『通過儀礼』弘文堂［van Gennep, A.（1909）*Les rites de passege?, ?tude systematique des ceremonies*. Paris?: Librailie Critique.］
やまだようこ（1986）「モデル構成をめざす現場(フィールド)心理学の方法論」『愛知淑徳短期大学研究紀要』25, 31-51.［やまだようこ（編）（1997）『現場(フィールド)心理学の発想』（pp.151-186）新曜社］
やまだようこ（1987）『ことばの前のことば――ことばが生まれるすじみち 1』新曜社
やまだようこ（2002）「現場(フィールド)心理学における質的データからのモデル構成プロセス――『この世とあの世』イメージ画の図像モデルを基に」『質的心理学研究』1, 107-128.
やまだようこ（2008a）「多声テクスト間の生成的対話とネットワークモデル――『対話的モデル生成法』の理論的基礎」『質的心理学研究』7, 21-42.
やまだようこ（編）（2008b）『人生と病いの語り』東京大学出版会
やまだようこ（2010）「時間の流れは不可逆的か？――ビジュアル・ナラティヴ『人生のイメージ地図』にみる、前進する、循環する、居るイメージ」『質的心理学研究』9, 43-65.
やまだようこ・山田千積（2009）「対話的場所(トポス)モデル」『質的心理学研究』8, 25-42.

4 章

ベッカー, C.（1992）『死の体験――臨死現象の探究』法蔵館
シュヴァリエ, J. & ゲールブラン, A.／金光仁三郎・小井戸光彦・山下誠・熊沢一衛・白井泰隆・山辺雅彦（訳）（1996）『世界シンボル大事典』大修館書店［Chevalier, J. & Gheerbrant, A.（1982）*Dictionnaire des symbols: myther, re^ves, coutumes, gestes, formes, figures, couleurs, nombres*. Paris: Laffont.］
エリアーデ, M.／久米博（訳）（1974b）『聖なる時間と空間』エリアーデ著作集第 3 巻, せりか書房［Eliade, M.（1949）*Traite d'histoire des religions*. Paris : Payot.］
エリアーデ, M.／中村恭子（訳）（2000a）『世界宗教史 1　石器時代からエレウシスの密儀まで（上）』筑摩書房（ちくま学芸文庫）［Eliade, M.（1976）*De l'age de la pierre aux mysteres d'Eleusis*. Paris : Payot.］
エリアーデ, M.／松村一男（訳）（2000b）『世界宗教史 2　ゴータマ・ブッダからキリスト教の興隆まで』筑摩書房（ちくま学芸文庫）［Eliade, M.（1978）*De Gautama Bouddha au triomphe du christianisme*. Paris : Payot.］
藤村安芸子（2008）「日本古代の他界観」熊野純彦・下田正弘（編）『死生学 2　死と他界から照らす生』（pp.27-45）東京大学出版会
源信（985/1994）『往生要集』（上・下）岩波書店（岩波文庫）
五来重（1991）『日本人の地獄と極楽』人文書院
グレゴワール, F.／渡辺照宏（訳）（1958）『死後の世界』白水社［Grégoire, F.（1957）*L'au-*

implications of cognitive psychology. San Francisco: W. H. Freeman.]
西田幾多郎（1995）『西田幾多郎哲学論集1　場所』岩波書店（岩波文庫）
西出和彦（1993）「空間の言語学」『言語』22, No8, 36-43, 大修館書店
ピアジェ, J.／谷村覚・浜田寿美男（訳）（1978）『知能の誕生』ミネルヴァ書房 [Piaget, J. (1936) *La naisance de l'intelligence chez l'enfant*. Delachux & Niestle.]
坂本要（1997）「他界と異郷・異界」赤田光男・小松和彦（編）『神と霊魂の民俗』(pp.205-215) 雄山閣
佐久間鼎（1936）『現代日本語の表現と語法』恒星社厚生閣
島薗進・竹内整一（2008）「死生学とは何か」死生学1, 東京大学出版会
和辻哲郎（1935）『風土 —— 人間学的考察』岩波書店
Weissenborn, J. & Klein, W. (Eds.) (1982) *Here and there: Cross-linguistic studies on dixis and demonstration*. Amsterdam: John Benjamins Publishing Company.
やまだようこ（1987）『ことばの前のことば —— ことばが生まれるすじみち1』新曜社
やまだようこ（1988）『私をつつむ母なるもの —— イメージ画にみる日本文化の心理』有斐閣
やまだようこ（2007*b）「喪失の語り —— 生成のライフストーリー」やまだようこ著作集8, 新曜社
やまだようこ（2008b）「喪失を生きるナラティヴ ——『千の風になって』」やまだようこ（編）『人生と病いの語り —— 質的心理学講座2巻』(pp.15-50) 東京大学出版会

3章

バフチン, M. M.／新谷敬三郎・伊東一郎・佐々木寛（訳）（1988）『ことば・対話・テキスト』新時代社
バフチン, M. M.／望月哲男・鈴木淳一（訳）（1995）『ドストエフスキーの詩学』筑摩書房
ボルノウ, O. F.／大塚惠一・池川健司・中村浩平（訳）（1978）『人間と空間』せりか書房 [Bollnow, O. F. (1963) *Mensch und Raum*. Stuttgart: W. Kohlhammer GmbH.]
Bowlby, J. (1988) *A secure base: Parent-child attachment and healthy human development*. Basic Books.
ブルーナー, J. S.／田中一彦（訳）（1998）『可能世界の心理』みすず書房 [Bruner, J.S. (1986) *Actual minds, possible worlds*. Harvard University Press.]
デリダ, J.／梅木達郎（訳）（2003）『火ここになき灰』松籟社 [Derrida, J. (1987) *Feu la cendre*. Paris: Editions des femmes.]
ギアーツ, C.／梶原景昭他（訳）（1991）『ローカル・ノレッジ —— 解釈人類学論集』岩波書店 [Geertz, C. (1983) *Local knowledge: further essays in interpretive anthropology*. New York: Basic Books.]
ギブソン, J. J.／古崎敬・古崎愛子・辻敬一郎・村瀬旻（訳）（1985）『生態学的視覚論 —— ヒトの知覚世界を探る』サイエンス社 [Gibson, J. J. (1979) *The ecological approach to visual perception*. Boston: Houghton Mifflin.]
グレイザー, B. G. & ストラウス, A. L.／後藤勝・大出春江・水野節夫（訳）（1996）『データ対話型理論の発見 —— 調査からいかに理論をうみだすか』新曜社 [Glaser, B. G. & Strauss, A. L. (1967) *The discovery of grounded theory: Strategies for qualitative research*. Chicago: Aldine.]
印東太郎（1973）『心理学研究法17　モデル構成』東京大学出版会

山田洋子（研究代表者）(2004)「人生サイクルと他界イメージの多文化比較による生命観モデルの構築」平成 13-15 年度科学研究費補助金 基盤研究（B）海外 研究成果報告書.
やまだようこ (2006)「質的心理学とナラティヴ研究の基礎概念 —— ナラティヴ・ターンと物語的自己」『心理学評論』49, 436-463.
やまだようこ (2007*a)「質的研究における対話的モデル構成法 —— 多重の現実，ナラティヴ・テクスト，対話的省察性(リフレクシビティ)」『質的心理学研究』6, 174-194.
やまだようこ (2008*a)「多声テクスト間の生成的対話とネットワークモデル ——『対話的モデル生成法』の理論的基礎」『質的心理学研究』7, 21-42.
やまだようこ (2010)「時間の流れは不可逆的か？ —— ビジュアル・ナラティヴ「人生のイメージ地図」にみる、前進する、循環する、居るイメージ」『質的心理学研究』9, 43-65.
やまだようこ（編）(2007c)『質的心理学の方法 —— 語りをきく』新曜社
やまだようこ・加藤義信 (1993)「母子関係イメージを記述する言葉の日英比較 (1) —— キーワードの分析」『日本心理学会第 57 回大会発表論文集』pp.112.
Yamada, Y., Grabner, A., & Strohmeier, D. (2008). Cultural-historical representations of life courses: Contemporary drawing of the "image maps of life" and traditional folk images. *The 20th International Society for the Study of Behavioral Development*, W?rzburg, Germany, 14 July.
やまだようこ・山田千積 (2009)「対話的場所(トポス)モデル」『質的心理学研究』8, 25-42.

2 章

ボルノウ, O.F.／大塚惠一・池川健司・中村浩平（訳）(1978)『人間と空間』せりか書房 [Bollnow, O. F. (1963) *Mensch und Raum*. Stuttgart: W. Kohlhammer GmbH.]
バウアー, T. G. R.／鯨岡俊（訳）(1982)『ヒューマン・ディベロプメント —— 人間であること人間になること』ミネルヴァ書房 [Bower, T. G. R. (1979) *Human development*. San Francisco: W. H. Freeman.]
ギブソン, J. J.／古崎敬・古崎愛子・辻敬一郎・村瀬旻（訳）(1985)『生態学的視覚論 —— ヒトの知覚世界を探る』サイエンス社 [Gibson, J. J. (1979) *The ecological approach to visual perception*. Boston: Houghton Mifflin.]
ホール, E.／日高敏隆・佐藤信行（訳）(1970)『かくれた次元』みすず書房 [Hall, E. (1966) *The hidden dimension*. New York: Doubleday.]
エルツ, R.／吉田禎吾・内藤莞爾（訳）(1985)『右手の優越』垣内出版 [Hestz, R. (1960) *Death and right hand*. London: Cohen & West.]
池上嘉彦 (1981)『「する」と「なる」の言語学 —— 言語と文化のタイポロジーへの試論』大修館書店
川端康成 (1984)『雪国』岩波書店
キュブラー・ロス, E.／川口正吉（訳）(1971)『死ぬ瞬間 —— 死にゆく人々との対話』読売新聞社 (Kubler-Ross, E. (1969) *On death and dying*. New York: Macmillan.]
久野昭（編）(1997)『日本人の他界観』吉川弘文館
Lewin, K. (1936) Principles of topological psychology. McGraw-Hill.
森田良行 (1977)『基礎日本語 —— 意味と使い方』角川書店
中村雄二郎 (1989)『場所(トポス)』弘文堂
ナイサー, U.／古崎敬・村瀬旻（訳）(1978)『認知の構図 —— 人間は現実をどのようにとらえるか』サイエンス社 [Neisser, U. (1976) *Cognition and reality: Principles and*

述量の分析」『日本心理学会第57回大会発表論文集』pp.113.
木村敏（1972）『人と人の間』弘文堂
クリステヴァ, J./足立和浩・沢崎浩平・西川直子・赤羽研三・北山研二・佐々木滋子・高橋純（訳）（1999）『ポリローグ』白水社［Kristeva, J. (1977). *Polylogue*. Paris: ?ditions du Seuil.］
McAdams, D. P. (1993) *The stories we live by: Personal myths and the making of the self*. William Morrow.
マクダネル, C. & ラング, B./大熊昭信（訳）（1993）『天国の歴史』大修館書店［McDannell, C. & Lang, B. (1988) *Heaven: A history*. New Haven, Conn.: Yale University Press.］
マクマナーズ, J./小西嘉幸・中原草雄・鈴木田研二（訳）（1989）『死と啓蒙 —— 十八世紀フランスにおける死生観の変遷』平凡社［McManners, J. (1981) *Death and the enlightenment: Changing attitudes to death among Christians and unbelievers in Eighteenth-Century France*. Oxford: Oxford University Press.］
モスコビッシ, S./久米博・原幸雄（訳）（1984）『自然と社会のエコロジー』法政大学出版局［Moscovici, S. (1972). *La soci?t? contre nature*. Paris: Union G?n?rale d'?ditions.］
Moscovici, S. (1984) The phenomenon of social representation. In R. M. Farr & S. Moscovici (Eds.) *Social representations*. (pp.3-69) Cambridge University Press.
Moscovici, S. (1989) Des representations collectives aux repr?sentations sociales?: ?l?ments pour une histoire. D. Jodelet (Ed.) *Les repr?sentations sociales*. Paris?: Presses Universitaires de France.
Moscovici, S. (2001). Why a theory of social representations? In K. Deaux, & G. Philog?ne (Eds.) *Representations of the social*. (pp.8-35) Oxford: Blackwell Publishers.
村田孝次（1977）『言語発達の心理学』培風館
中村明（1977）『比喩表現辞典』角川書店
Nelson, K. E. (1971) Accommodation of visual tracking patterns in human infants of object movement patterns. *Jonrnal of Experimental Child Psychology, 12*. 182-196.
プロップ, V./北岡誠司・福田美智代（訳）（1983）『昔話の形態学』白馬書房
佐久間鼎（1936）『現代日本語の表現と語法』恒星社厚生閣
佐藤弘夫（2008）『死者のゆくえ』岩田書院
渡辺ミカコ（2001）「現代日本のマンガにみる『たましい』の形と他界観」山田洋子（研究代表者）『現代日仏青年の他界観の生涯発達心理学研究』平成10-12年度科学研究費基盤研究（C）研究成果報告書, pp.363-407.
ホワイトヘッド, A. N./上田泰治・村上至孝（訳）（1981）『科学と近代世界』松籟社［Whitehead, A. N. (1925) *Science and the modern world*. London: Macmillan.］
やまだようこ（1986）「モデル構成をめざす現場(フィールド)心理学の方法論」『愛知淑徳短期大学研究紀要』25, 31-51.［やまだようこ（編）（1997）『現場(フィールド)心理学の発想』(pp.151-186) 新曜社］
やまだようこ（1987）『ことばの前のことば —— ことばが生まれるすじみち1』新曜社
やまだようこ（1988）『私をつつむ母なるもの —— イメージ画にみる日本文化の心理』有斐閣
やまだようこ（1995）「生涯発達をとらえるモデル」無藤隆・やまだようこ（編）『講座生涯発達心理学1 —— 生涯発達心理学とは何か』(pp.57-92) 金子書房
山田洋子（研究代表者）（2001）「現代日仏青年の他界観の生涯発達心理学研究」平成10-12年度科学研究費 基盤研究（C）研究成果報告書.

Gibson ―― ヒトの知覚世界を探る』サイエンス社［Gibson, J. J.（1979）*The ecological approach to visual perception*. Boston: Houghton Mifflin.］

大江健三郎（1979）『同時代ゲーム』新潮社

1章

アリエス, P.／成瀬駒男（訳）（1983）『死と歴史 ―― 西欧中世から現代へ』みすず書房［Aries, P.（1975）*Essais sur l'histoire de la mort en Occident du Moyen-Age a nos jours*. Paris: Editions du Seuil.］

アリエス, P.／福井憲彦（訳）（1990）『図説 死の文化史 ―― ひとは死をどのように生きたか』日本エディタースクール出版会［Ari?s, P.（1983）*Images de l'homme devant la mort*. Paris: Le Seuil.］

バフチン, M. M.／新谷敬三郎・伊東一郎・佐々木寛（訳）（1988）『ことば・対話・テキスト』新時代社

バフチン, M .M.／望月哲男・鈴木淳一（訳）（1995）『ドストエフスキーの詩学』筑摩書房

ブルーナー, J. S.／岡本夏木・仲渡一美・吉村啓子（訳）（1999）『意味の復権 ―― フォークサイコロジーに向けて』ミネルヴァ書房［Bruner, J. S.（1990）*Acts of meaning*. Harvard University Press.］

デリダ, J.／高橋充昭（訳）（2002）『ポジシオン』新装版, 青土社［Derrida, J.（1972）. *Positions*. Paris: Galil?e. Paris: Les Editions de Minuit.］

デリダ, J.／梅木達郎（訳）（2003）『火ここになき灰』松籟社［Derrida, J.（1987）*Feu la cendre*. Paris: Editions des femmes.］

デュルケム, E.／古野清人（訳）（1975a）『宗教生活の原初形態』（上，下）岩波書店［Durkheim, ?（1912）*Les formes elementaires de la vie religieuse: le systeme totemique en Australie*. Paris: F. Alcan.）

ガーゲン, K. J.／東村知子（訳）（2004）『あなたへの社会構成主義』ナカニシヤ出版［Gergen, K. J.（1999）*An introduction to social construction*. London: Sage.］

ギブソン, J. J.／古崎敬・古崎愛子・辻敬一郎・村瀬旻（訳）（1985）『生態学的視覚論 ―― ヒトの知覚世界を探る』サイエンス社［Gibson, J. J.（1979）*The ecological approach to visual perception*. Boston: Houghton Mifflin.］

ゴドウィン, M.／大瀧啓裕（訳）（1993）『天使の世界』青土社［Godwin, M.（1990）*Angels: An endangered species*. Labyrinth Publishing.］

エルツ, R.／吉田偵吾・内藤莞爾（訳）（1985）『右手の優越』垣内出版［Hestz, R.（1960）*Death and right hand*.（pp.7-29）London: Cohen & West.］

廣松渉（1993）『存在と意味』第二巻, 岩波書店

堀一郎（1953）『我が國民間信仰史の研究（一）序編 傳承説話編』東京創元社

ヒューズ, R.／山下圭一郎（訳）（1997）『西欧絵画に見る天国と地獄』大修館書店［Hughes, R.（1968）*Heaven and hell in Western art*. Weidenfield and Nicolson.］

ユング, C. G.／河合隼雄（監訳）（1983）『人間と象徴 ―― 無意識の世界』上下, 河出書房新社［Jung, C. G. et al.（1964）*Man and his symbols*. London: Aldus Books Limited.］

ユング, C. G.／林道義（訳）（1999）『元型論』（増補改訂版）紀伊國屋書店［Jung, C. G.（1954）*Von den Wurzeln des Bewusstseins: Studien uber den Archetypus*. Zurich: Rascher.］

加藤義信・やまだようこ（1993）「母子関係イメージを記述する言葉の日英比較（2）―― 記

引用文献

序章

ブルーナー, J.／岡本夏木・仲渡一美・吉村啓子（訳）(1999)『意味の復権 —— フォークサイコロジーに向けて』ミネルヴァ書房［Bruner, J. S. (1990) *Acts of meaning*. Harvard University Press.］

エリクソン, E. H.／村瀬孝雄・近藤邦夫（訳）(1989)『ライフサイクル、その完結』みすず書房［Erikson, E. H. (1982) *The life cycle completed*. New York: W. W. Norton.］

Formanek, S. & Lafler, W. R. (Eds.) (2004) *Practicing the afterlife: Perspectives from Japan*. Wien: Verlag der Östreichischen Akademie der Wissenschaften.

小嶋秀夫 (2000)「人間発達と発達研究が位置している情況」小嶋秀夫・速水敏彦・本城秀次（編）『人間発達と心理学』(pp.3-34) 金子書房

大江健三郎 (1986)『M/Tと森のフシギの物語』岩波書店

サイード, E. W.／今沢紀子（訳）(1986)『オリエンタリズム』平凡社［Said, E. W. (1978) *Orientalism*. New York: Pantheon Books.］

谷川俊太郎 (2003)「鳥」『愛について』(p.26) 新宿書房

鶴見俊輔 (1967)『限界芸術論』勁草書房

やまだようこ (1997)「同時代ゲームとしての現場(フィールド)心理学」やまだようこ（編）『現場(フィールド)心理学の発想』(pp.13-27) 新曜社

やまだようこ (2000a)「人生を物語ることの意味 —— ライフストーリーの心理学」やまだようこ（編）『人生を物語る —— 生成のライフヒストリー』(pp.1-38) ミネルヴァ書房

やまだようこ (2000b)「日本文化の生命循環と生涯発達観」小嶋秀夫・速水敏彦・本城秀次（編）『人間発達と心理学』(pp.106-115) 金子書房

Yamada, Y. (2002) Models of life-span developmental psychology: A construction of the generative life cycle model including the concept of "death". 『京都大学教育学部紀要』48, 39-62.

Yamada, Y. (2004). The generative life cycle model: Integration of Japanese folk images and generativity. In de St. Aubin, (Ed.), McAdams, D. P., & Kim, T.C. (Eds.), *The generative society: Caring for future generations*. (pp.97-112) Washington, D.C.: American Psychological Association.

やまだようこ (2006)「質的心理学とナラティヴ研究の基礎概念 —— ナラティヴ・ターンと物語的自己」『心理学評論』49, 436-463.

やまだようこ (2008*a)「多声テクスト間の生成的対話とネットワークモデル ——『対話的モデル生成法』の理論的基礎」『質的心理学研究』7, 21-42.

Yamada, Y. & Kato, Y. (2006a). Images of circular time and spiral repetition: The generative life cycle model. *Culture & Psychology, 12*, 143-160.

第1部

ギブソン, J. J.／古崎敬・古崎愛子・辻敬一郎・村瀬旻（訳）(1985)『生態学的視覚論

ベトナム戦争　277
ホトケ（仏）　155, 156

■ま　行
マインド　150
魔女　208
無意識　32
むすぶ　156, 157
モデル構成　59
モデル構成的現場(フィールド)心理学　19, 59
モデル生成プロセス　63
モデルⅠ　抽象モデル　65, 67
モデルⅡ　媒介モデル，半具象モデル　66, 86, 98
モデルⅢ　具象モデル　66, 75
物語(ナラティヴ)　3, 7, 53
物語モード　35, 62
物の永続性　52

■や　行
幽霊形　89, 169-173

「よ」　46
黄泉の国　104, 105

■ら　行
来世　47
ライフ（人生(いのち)）サイクル　i, 8, 220
ライフサイクル心理学　17
ライフヒストリー　28
楽園　119, 121-123
両行　59, 102
量的：
　──研究　21
　──分析　21, 23, 78, 80-82, 111, 158, 160, 170, 212
　──方法　37
臨死体験　133, 135, 168
輪廻転生　130, 218, 224
霊魂　152
煉獄　237
ローカル（ローカリティ）　57, 58
論理実証モード　35, 62

多声対話　59
多声モデル生成法　5, 19, 20, 38, 57, 59
多層他界　129, 130
たま　154, 156
たましい　i, 150, 154, 156, 158
　——の移行　215-217
　——の往来プロセス　212
　——の形　149
　——の帰還　243, 262
　——の基本形　79, 83, 97, 159
　——の形態　75
　——の形態変化　227
　——の形態変化モデル　87, 88, 91, 158, 169, 204, 251
　——の同一性　209
　——の不死性　209
　——の連続性　209
多様性　58, 59
　——カタログ　79
地下　72, 127
　——他界　126
知覚　34
知活動の図式　61
地上　127
　——遠隔他界　130
　——界　105
　——近傍他界　135-138
中間世界　275
抽象モデル　62
超越的存在　139
調査協力者　(21), (28)
ツリーモデル　21-23
天空　72
典型性カタログ　79
天国　121, 122, 168, 273
天使　240
　——形　169, 197-202
天上　127
　——界　105
　——他界　114, 118, 234
転生　274
天体形　90, 190, 192, 193
天体化プロセス　159

天人形　169, 194, 195, 197, 199-202
ドイモイ　277, 278
投影　11, 19, 28, 31
動物化　203
トポス　48　→場所
鳥形　203
ドルイディズム　230
ドルイド教　256

■な　行
内的作業モデル　62
ナラティヴ　35
ナラティヴ・ターン　21
日本文化　24, 25, 39, 47, 97, 98, 103, 107, 108, 141, 147, 228
人間形　83, 84, 89, 90, 159, 161, 166, 249, 251
ネットワーク(網)モデル　22, 23, 36

■は　行
背後霊　139
場所(トポス)　48-53, 74
パーソナル・スペース　44
半具象モデル　6, 62
比較　ii
比較文化　24
彼岸　133
ビジュアル・ナラティヴ　i, 2, 7, 21, 27, 30, 37
ビジュアル・モード　62
非宗教性　233
人魂形　83, 84, 89, 159, 176-184, 249, 250, 251
　——の多様性モデル　183
比喩(メタファー)　53
表象　11, 19, 27, 29, 30, 31, 36
フォークイメージ　28, 30, 32, 36, 37
フォーク心理学　ii, 5, 17
不死性　153
プシュケ　152
復活　231
文化的物語(ナラティヴ)　i, ii
文脈主義　16

元型　32, 33
原点　71
現場データの加工　76
極楽浄土　103, 119, 121
「ここ」　17, 42
心　150
個人　15, 48
コソアド　39, 42
この世　2, 17, 40, 46, 54, 72, 108, 234, 257
　　→あの世
　　──とあの世のアイデンティティ　263
　　──とあの世の位置　112, 114
　　──とあの世の位置関係モデル　98-100
　　──とあの世の因果関係　(36)
　　──とあの世の感情的価値　(37)
　　──とあの世の境界　143
　　──とあの世のコミュニケーション
　　　　110, 112, 115, 123, 124
　　──とあの世の相互作用　(35)
　　──とあの世の中間世界　275
　　──での行動とあの世での姿の因果関係
　　　　273, 274
魂魄　283

■さ　行
再生　262, 274
座標系　68
三途の川　133
三層他界　127
山中他界　105, 115
此岸　133
自己　71
地獄　102, 240, 273, 284-286, (37)
死後の状態　(33)
死後の世界　(32)
死者　241, 242, 261
死生観　54, 55, 103
質的：
　　──研究　21, 58, 59
　　──分析　23, 78, 80, 81, 85, 158, 160, (21)
　　──方法　37
　　──モデル　62
質問紙　(22), (23)

地面　69, 72
社会的表象　33-36, 170
宗教　279, (28)
宗教的信念　252
集合的無意識　32
集合表象　34
循環（時間の）　220
生涯発達心理学　7
浄土　121, 122, 168
事例モデル　61
神仙思想　103
審判　(37)
心理的現実（サイコロジカル・リアリティ）　4
心理的場所（サイコロジカル・トポス）　i, 13, 15, 17, 37, 39, 45, 48, 49, 72
心理テスト　19
垂直軸　70
垂直他界　100, 101, 111, 126, 127, 234
垂直的三層構造　236
垂直配置　257, 258
水平軸　69
水平他界　100, 104, 130, 131, 135, 136
水平配置　238, 239
数理モデル　62
図式（シェマ）　61
スピリット　151, 158, 212
生活空間（ライフスペース）　49, 73
生成継承性（ジェネラティヴィティ）　4
生成的ライフサイクルモデル　225
生態学的場所（トポス）　49
世代間循環　i
葬儀（葬送）　54, 282
ソウル　151, 152, 158, 212

■た　行
代表例　61
対話　20
対話的モデル生成法　20, 59
他界　46, 47
　　日本の──観　102, 106
他界信念調査　(30)
他者化　206
多文化　24, 25, 37

(5)

事項索引

■あ行

アイデンティティ 16, 52, 53, 176, 178, 183, 209, 218, 269
　──の連続性 263
悪霊 189
「あそこ」 17, 42
悪鬼 283
アニマ 152, 158, 212
アニミズム 152, 230
あの世 i, 2, 13, 17, 40, 46, 47, 54, 72, 108, 135, 234, 239, 257, 259, 269　→この世
　──の双極性 274
あべこべ鏡映他界 131, 132
異形 159, 192
異形化 90, 206
　──プロセス 159
移行領域 74, 236, 237
異人形 90
移動 13, 14, 17, 37, 39, 45, 51, 108
いのちサイクル（いのち循環） 7, 8
居場所 51
イメージ 11, 26
イメージ画 12, 27, 29, 36, 37
イメージ画1 12, 15, 39, 111, 146
　イギリスの── 257
　フランスの── 234
　ベトナムの── 284
　日本の── 111, 146
イメージ画2 12, 15, 39, 85, 212
　イギリスの── 262
　フランスの── 243
　ベトナムの── 290
　日本の── 158, 227
イメージ描画法 17
入れ子の他界 141
因果応報 127,（36）
インターローカル 58, 59

生まれ変わり 212-214, 216-218, 224,（34）
英国国教会 255
応報 109
鬼形 206
お化け 283
お迎え 203
陰陽思想 280

■か行

海上他界 104, 126
概念 34
影形 89, 174-176
風 187
カミ 154, 155
神形 90, 190, 192, 193
川 133, 144, 295
関係概念 37
関係性 16
記憶 50
気化 89
気体化プロセス 159
気体形 83, 89, 159, 171, 184-189, 249
基本形 66
基本構図 66, 87, 98
基本単位 66, 75, 85
　──の分類カテゴリー 82
基本枠組 65, 67
境界 74, 108, 112, 114, 143-146
境界例 84
キリスト教 231
近傍他界 106, 110
空間 48, 50, 53
具象モデル 62
雲 144
クロノトポス・モデル 24, 25, 37
KJ法 76
継続 108

ひろさちや　232
ファン・ヘネップ　van Gennep, A.　74
フォルマネク　Formanek, S.　5
福永光司　188
藤村安芸子　127, 129
ブー・チー　Buru Chỉ　299, 300, 302
プラトン　48, 152
ブルーナー　Bruner, J. S.　3, 35, 62
プロップ　Propp, V.　14
ベッカー　Becker, C. B.　134, 168
ボウルビィ　Bowlby, J.　61
ホー・チ・ミン　Hồ Chí Minh　279
堀一郎　26, 101, 105, 106
ホール　Hall, E.　44
ボルノウ　Bollnow, O. F.　48, 68-70
ホワイトヘッド　Whitehead, A. N.　15

■ま　行
マクアダムス　McAdams, D. P.　35
マクダネル　McDannell, C.　26, 102, 148, 153, 168
マクマナーズ　McManners, J.　26, 102, 154
松岡静雄　154
松岡正剛　173
松谷みよ子　168, 172, 173, 228
真鍋一史　(32)
三浦雅士　253
ミケランジェロ　235, 236
見田宗介　58
宮次男　207
宮澤賢治　96, 191, 192
宮田登　155
宮本常一　223
ミル　Mill, J.　256
村上春樹　253

村田孝次　22
モスコビッシ　Moscovici, S.　11, 34-36
本居宣長　101, 154, 155
本村凌二　230
森田良行　44

■や　行
柳田國男　101, 106, 107, 168, 169, 223
山折哲雄　155
山田孝子　110
山田千積　15, 24, 25, 59, 60
山田陽一　189, 190
やまだようこ（山田洋子, Yamada, Y.）　3, 7, 15-25, 27, 36, 39, 48, 50, 53, 59, 60-62, 80, 124, 136, 188, 225, 228, 234, 299, (21), (31)
ユング　Jung, C. G. von　32, 33, 121, 152

■ら　行
ラッシュ　Lash, J.　132
ラフラー　Lafler, W. R.　5
ラミ　Lamy, L.　175, 204
ラング　Lang, B.　26, 102, 148, 153, 168
ランバート　Lambert, Y.　234, (32)
リード　Read, E. S.　150
ル・ゴフ　Le Goff, J.　237
レヴィ＝ブリュール　Lévy-Bruhl, L.　104
レヴィン　Lewin, K.　49, 73, 98

■わ　行
ワイセンボルン　Weissenborn, J.　45
渡辺ミカコ　29
渡辺義愛　229
和辻哲郎　49

古東哲明　106
ゴドウィン　Godwin, M.　26
小松和彦　90, 155

■さ　行
サイード　Said, E. W.　5
斎藤隆介　262
齋藤茂吉　97
酒井恵子　(31)
坂本要　47
佐久間鼎　11, 42, 43
佐々木宏幹　155
佐藤弘夫　26
ジェイムズ　James, W.　150, 151
柴田元幸　254
渋澤龍彦　207
島薗進　54
真保亨　240
末成道男　280, 282, 283
ストラウス　Strauss, A. L.　58
關岡一成　(32)
荘子　189
曽布川寛　205

■た　行
タイラー　Tylor, E. B.　101, 152
滝平二郎　262
竹内整一　54
立花隆　134, 166, 168, 169
多田智満子　149
ターナー　Turner, A. K.　237
田中仁彦　231, (35)
谷泰　242, 243
谷川健一　155
谷川俊太郎　1
谷口幸男　232
塚本邦雄　184
月川和雄　230
土屋文明　197
坪井洋文　220
鶴見俊輔　6
デカルト　Descartes, R.　252
手塚治虫　205, 227

デュルケム　Durkheim, É　33, 34
寺島良安　178
デリダ　Derrida, J.　20, 57
トゥアン　Tuan, Y.　135
戸田有一　273, (21), (31)
土橋寛　156
冨田健次　279, 282, 283, 301
ド・モンクロ　De Montclos, X.　229, 230

■な　行
ナイサー　Neisser, U.　50
中沢新一　144, 230
中西進　155, 157
中野孝次　240
中村明　22
中村雄二郎　48
中谷宇吉郎　210
波平恵美子　225
西平直　224
西田幾多郎　49
西出和彦　43, 44
ネルソン　Nelson, K. E.　22

■は　行
バウアー　Bower, T. G. R.　51, 52
バオ・ニン　Bảo Nihn　298
萩原秀三郎　143
箱崎総一　197
橋本清一　255
パスカル　Pascal, B.　252
馬場あき子　207
バフチン　Bakhtin, M. M.　59
浜林正夫　255, 256
林雅彦　129
ピアジェ　Piaget, J.　52, 61
ヒエロニムス・ボス　Hieronymus Bosch　240
比嘉康雄　111
久重忠夫　235
ヒューズ　Hughes, R.　26, 102, 122, 123, 129
ピュタゴラス　230
平田篤胤　101, 102, 106, 224, 225

人名索引

■あ行

赤田光男　155
阿部正路　206
阿部謹也　208, (35)
網野義彦　207
新井満　188
アリエス　Ariès, P.　26, 273, 275
アリストテレス　48
石井米雄　279, 282
伊藤哲司　284, 299, 301, 302, (21)
稲田篤信　206
今井昭夫　280
印東太郎　60
ヴァーネット　Vernette, J.　231
ウィルソン　Wilson, P. L.　200, 201
上田篤　145
ヴェルトン　Verdon, J.　208
歌川豊国　170
梅原猛　110, 155, 157
エヴァンズ＝プリチャード　Evans-Pritchard, E. E.　33
エリアーデ　Eliade, M.　101, 122, 166, 197
エリクソン　Erikson, E. H.　7, 209
エルツ　Hestz, R.　54, 135
遠藤紀勝　232
大江篤　155
大江健三郎　8, 10
大西廣　207
大橋英寿　157
荻原千鶴　207
折口信夫　101, 107, 123
オシリス　Osiris　210, 211

■か行

カエサル　Caesar　256
ガクソット　Gaxotte, P.　229
ガーゲン　Gergen, K. J.　35

加藤周一　(36)
加藤義信（Kato, Y.）　7, 18, 136, 234, 225, 228, (21)
金児暁嗣　(36)
狩野芳崖　200
鎌田東二　104, 105, 155
川喜田二郎　76
川島大輔　168
河鍋暁斎　206
川端康成　41
カント　Kant, I.　151
ギアーツ　Geertz, C.　58
カエサル　Caesar, G. J.　256
カルマン　Kalman, B.　282
北山修　188
木下順二　6
ギブソン　Gibson, J. J.　10, 13, 14, 16, 49, 50, 69, 70-72
木村敏　16
キューブラー・ロス　Kubler-Ross, E.　54
工藤庸子　233
久野昭　47, 101
クライン　Klein, W.　45
グラブナー　Grabner, A.　17
倉本四郎　200, 208
クリステヴァ　Kristeva, J.　20, 59
グレイザー　Glaser, B. G.　58
グレゴワール　Grégoire, F.　101, 104, 109, 145, 232
黒田日出男　206
グロフ　Grof, C.　173
グロフ　Grof, S.　144, 173
源信　103, 119, 121
小泉洋一　233
孔子　2
香山リカ　172
小嶋秀夫　5

(1)

編者，執筆者紹介 （執筆順）

やまだようこ（山田洋子）［編者，序章，1章，2章，3章，4章，5章，資料］
1948年，岐阜市で生まれ，山と川のある風景を見て育つ。
京都大学大学院教育学研究科教授，教育学博士。専門は，生涯発達心理学，ナラティヴ心理学，描画イメージ，文化心理学。
主要著書は，『喪失の語り』（新曜社），『私をつつむ母なるもの』（有斐閣），『現場心理学の発想』（編著・新曜社），『質的心理学の方法』（編著・新曜社），『人生と病いの語り』（編著・東京大学出版会），『生涯発達心理学とは何か』（共編著・金子書房），『人生を物語る』（編著・ミネルヴァ書房）など。

加藤義信（かとうよしのぶ）［6章，資料］
1947年，愛知県生まれ。
愛知県立大学教育福祉学部教授，博士（心理学）。専門は認知発達心理学，空間認知研究，フランス語圏発達思想史研究。
主要著書は，『「ピアジェーワロン」論争』（共著・ミネルヴァ書房），『認知発達心理学入門』（編著・ひとなる書房）など。訳書は『鏡の心理学』（ミネルヴァ書房），『子どもの絵の心理学』（共訳・名古屋大学出版会），『子どものコミュニケーション障害』（共訳・白水社クセジュ文庫）など。

戸田有一（とだゆういち）［7章，資料］
1962年，長野県生まれ。東京で学び，鳥取で大学教員になり，今は大阪人。
大阪教育大学教育学部教授。専門は，教育臨床心理学。
主要著書は，『母親の育児ストレスと保育サポート』（共編著・川島書店），『育自・共育あらかると』（北大路書房），『みんなちがって，つながる・ふかまる』（共編著・解放出版社）など。訳書は，『幼児・小学生の人権プロジェクト支援ガイド』（共監訳・解放出版社），『子どもをキレさせないおとなが逆ギレしない対処法』（北大路書房）など。

伊藤哲司（いとうてつじ）［8章，資料］
1964年，愛知県名古屋市生まれ。
茨城大学人文学部教授，博士（心理学）。専門は，社会心理学，ベトナム文化研究。
主要著書は，『往復書簡・学校を語りなおす』（新曜社），『ハノイの路地のエスノグラフィー』（ナカニシヤ出版），『常識を疑ってみる心理学』（北樹出版），『みる きく しらべる かく かんがえる』（北樹出版），『アジア映画をアジアの人々と愉しむ』（共編著・北大路書房），『サステイナビリティ学をつくる』（共編著・新曜社）など。

	この世とあの世のイメージ
	描画のフォーク心理学

初版第 1 刷発行　2010 年 11 月 30 日ⓒ

　　編　者　やまだようこ
　　著　者　やまだようこ
　　　　　　加藤義信
　　　　　　戸田有一
　　　　　　伊藤哲司
　　発行者　塩浦　暲
　　発行所　株式会社 新曜社
　　　　　　〒 101-0051　東京都千代田区神田神保町 2-10
　　　　　　電話 03-3264-4973㈹・Fax 03-3239-2958
　　　　　　URL http://www.shin-yo-sha.co.jp/

　　印刷　銀　河　　　　　　　　　Printed in Japan
　　製本　イマヰ製本所
　　　　　ISBN978-4-7885-1214-6　C3011

やまだようこ 著作集 全12巻 A5判上製・各巻250〜500頁

* 第1巻 ことばの前のことば ── うたうコミュニケーション
* 第2巻 意味のはじまり ── ことばと私のめばえ
* 第3巻 多声モデル生成法 ── 質的研究の方法
* 第4巻 私と母のイメージ ── 私をつつむ母なるもの
* 第5巻 いのちサイクル ── 生涯発達心理学のモデル
* 第6巻 人生のイメージ ── 心理的場所と移動
* 第7巻 語りを聴く ── インタビューの方法
* 第8巻 喪失の語り ── 生成のライフストーリー
* 第9巻 ビジュアル・ナラティヴ ── 映像の語り
* 第10巻 世代をむすぶ ── 継承と生成
* 第11巻 詩と絵の心理学 ── イメージの飛翔
* 第12巻 いのちを紡ぐ ── 希望をはぐくむ

＊は既刊